经以济世
建行尚志

贺教育印

重大改同项目

心至玉成

李路林
师大方八

教育部哲学社會科学研究重大課題攻関項目
"十四五"时期国家重点出版物出版专项规划项目

中国社会需求变化与学位授予体系发展前瞻研究

A PROSPECTIVE STUDY ON THE CHANGE OF SOCIAL NEW DEMAND AND THE DEVELOPMENT OF DEGREE AWARDING SYSTEM IN CHINA

姚云 钟秉林 李福华

等著

中国财经出版传媒集团

经济科学出版社
Economic Science Press

图书在版编目（CIP）数据

中国社会需求变化与学位授予体系发展前瞻研究/
姚云等著．－－北京：经济科学出版社，2022.11
教育部哲学社会科学研究重大课题攻关项目 "十四
五"时期国家重点出版物出版专项规划项目
ISBN 978 - 7 - 5218 - 4217 - 3

Ⅰ.①中… Ⅱ.①姚… Ⅲ.①学位－教育制度－研究
－中国 Ⅳ.①G643.7

中国版本国书馆 CIP 数据核字（2022）第 209647 号

责任编辑：陈赫男
责任校对：隗立娜
责任印制：范　艳

中国社会需求变化与学位授予体系发展前瞻研究

姚　云　钟秉林　李福华　等著

经济科学出版社出版、发行　新华书店经销

社址：北京市海淀区阜成路甲 28 号　邮编：100142

总编部电话：010 - 88191217　发行部电话：010 - 88191522

网址：www. esp. com. cn

电子邮箱：esp@ esp. com. cn

天猫网店：经济科学出版社旗舰店

网址：http://jjkxcbs. tmall. com

北京季蜂印刷有限公司印装

787×1092　16 开　27.75 印张　529000 字

2023 年 4 月第 1 版　2023 年 4 月第 1 次印刷

ISBN 978 - 7 - 5218 - 4217 - 3　定价：112.00 元

（图书出现印装问题，本社负责调换．电话：010 - 88191510）

（版权所有　侵权必究　打击盗版　举报热线：010 - 88191661

QQ：2242791300　营销中心电话：010 - 88191537

电子邮箱：dbts@ esp. com. cn）

课题组主要成员

钟秉林　北京师范大学
秦惠民　北京外国语大学
李福华　宿州学院
梁传杰　武汉理工大学
王伯庆　西南财经大学
周海涛　北京师范大学
刘宝存　北京师范大学
高益民　北京师范大学
杜瑞军　北京师范大学
王佳丽　内蒙古鸿德文理学院
曹昭乐　中国社会科学研究院

总　序

哲学社会科学是人们认识世界、改造世界的重要工具，是推动历史发展和社会进步的重要力量，其发展水平反映了一个民族的思维能力、精神品格、文明素质，体现了一个国家的综合国力和国际竞争力。一个国家的发展水平，既取决于自然科学发展水平，也取决于哲学社会科学发展水平。

党和国家高度重视哲学社会科学。党的十八大提出要建设哲学社会科学创新体系，推进马克思主义中国化、时代化、大众化，坚持不懈用中国特色社会主义理论体系武装全党、教育人民。2016年5月17日，习近平总书记亲自主持召开哲学社会科学工作座谈会并发表重要讲话。讲话从坚持和发展中国特色社会主义事业全局的高度，深刻阐释了哲学社会科学的战略地位，全面分析了哲学社会科学面临的新形势，明确了加快构建中国特色哲学社会科学的新目标，对哲学社会科学工作者提出了新期待，体现了我们党对哲学社会科学发展规律的认识达到了一个新高度，是一篇新形势下繁荣发展我国哲学社会科学事业的纲领性文献，为哲学社会科学事业提供了强大精神动力，指明了前进方向。

高校是我国哲学社会科学事业的主力军。贯彻落实习近平总书记哲学社会科学座谈会重要讲话精神，加快构建中国特色哲学社会科学，高校应发挥重要作用：要坚持和巩固马克思主义的指导地位，用中国化的马克思主义指导哲学社会科学；要实施以育人育才为中心的哲学社会科学整体发展战略，构筑学生、学术、学科一体的综合发展体系；要以人为本，从人抓起，积极实施人才工程，构建种类齐全、梯队衔

1

接的高校哲学社会科学人才体系；要深化科研管理体制改革，发挥高校人才、智力和学科优势，提升学术原创能力，激发创新创造活力，建设中国特色新型高校智库；要加强组织领导、做好统筹规划、营造良好学术生态，形成统筹推进高校哲学社会科学发展新格局。

哲学社会科学研究重大课题攻关项目计划是教育部贯彻落实党中央决策部署的一项重大举措，是实施"高校哲学社会科学繁荣计划"的重要内容。重大攻关项目采取招投标的组织方式，按照"公平竞争，择优立项，严格管理，铸造精品"的要求进行，每年评审立项约40个项目。项目研究实行首席专家负责制，鼓励跨学科、跨学校、跨地区的联合研究，协同创新。重大攻关项目以解决国家现代化建设过程中重大理论和实际问题为主攻方向，以提升为党和政府咨询决策服务能力和推动哲学社会科学发展为战略目标，集合优秀研究团队和顶尖人才联合攻关。自2003年以来，项目开展取得了丰硕成果，形成了特色品牌。一大批标志性成果纷纷涌现，一大批科研名家脱颖而出，高校哲学社会科学整体实力和社会影响力快速提升。国务院副总理刘延东同志做出重要批示，指出重大攻关项目有效调动各方面的积极性，产生了一批重要成果，影响广泛，成效显著；要总结经验，再接再厉，紧密服务国家需求，更好地优化资源，突出重点，多出精品，多出人才，为经济社会发展做出新的贡献。

作为教育部社科研究项目中的拳头产品，我们始终秉持以管理创新服务学术创新的理念，坚持科学管理、民主管理、依法管理，切实增强服务意识，不断创新管理模式，健全管理制度，加强对重大攻关项目的选题遴选、评审立项、组织开题、中期检查到最终成果鉴定的全过程管理，逐渐探索并形成一套成熟有效、符合学术研究规律的管理办法，努力将重大攻关项目打造成学术精品工程。我们将项目最终成果汇编成"教育部哲学社会科学研究重大课题攻关项目成果文库"统一组织出版。经济科学出版社倾全社之力，精心组织编辑力量，努力铸造出版精品。国学大师季羡林先生为本文库题词："经时济世　继往开来——贺教育部重大攻关项目成果出版"；欧阳中石先生题写了"教育部哲学社会科学研究重大课题攻关项目"的书名，充分体现了他们对繁荣发展高校哲学社会科学的深切勉励和由衷期望。

伟大的时代呼唤伟大的理论，伟大的理论推动伟大的实践。高校哲学社会科学将不忘初心，继续前进。深入贯彻落实习近平总书记系列重要讲话精神，坚持道路自信、理论自信、制度自信、文化自信，立足中国、借鉴国外，挖掘历史、把握当代，关怀人类、面向未来，立时代之潮头、发思想之先声，为加快构建中国特色哲学社会科学，实现中华民族伟大复兴的中国梦做出新的更大贡献！

教育部社会科学司

前　言

　　"我"国社会需求变化与学位授予体系发展前瞻研究"是教育部哲学社会科学研究重大课题攻关项目2015年的第31号投标课题序号的名称。本著作出版时将课题序号名称中的"我国"改为"中国"。

　　按照教育部社会科学司的有关规定，课题组按课题申报要求提交的研究报告、已发表论文和政府采信报告等作为结题材料，经哲学社会科学研究重大项目专家鉴定通过后，课题组根据专家鉴定建议和出版社对出版著作的修改意见，对研究报告作出最终修改后进行了定稿。

　　本书的写作逻辑与课题研究逻辑一样，它基于中国社会需求变化来发现问题、作出价值判断并提出中国学位授予体系未来发展与改革的路径与思路。首先，分析中国经济社会需求的变化，通过建模预测中国2020～2035年学位授予的规模、学科、类型、层次等研究生人才需求。其次，通过研究美国、英国、德国、日本四个发达国家研究生学位授予制度作为经验借鉴。再次，分别论述新时代中国研究生学位授予制度改革和学位授予体系保障制度改革，它们是本书研究的重点。最后，将研究生学位授予制度中比较急迫的三个问题作为专题分别进行实证研究。

　　学位授予学科目录和学位授权审核是学位授予制度中重要的两个问题：前者关系到研究生招收学科专业与学位授予的名称，与信息统计归口密不可分，而且又与获得学士学位和研究生学位后就业的职业划分紧密相连，不仅要理顺高等教育系统中的学科设置逻辑，而且要协调非教育系统人力资源就业市场的需求；后者直接决定高校研究生招收资格，它既要满足高校获得研究生学位授予资格的强烈愿望，又要坚守研究生培养质量条件的原则，在似乎矛盾的统一体中找到平衡，实现新时代研究生教育服务需求、内涵发展和质量提高的要求。

博士学位授予质量是当前社会和学界比较关注的问题。答辩是学位授予最后的把关环节，作为本书研究的一个子课题，课题组投入较大人力，对北京最有实力的 11 所"双一流"建设高校的 144 场博士学位论文答辩 64 个观测点进行现场观测、记录、访谈等，最后形成专题报告。博士学位论文答辩应该是神圣、严肃和规范的，但结果却有些出乎意料，每场答辩活动都或多或少存在违规现象，答辩专家的迟到、早退或离场已成常态，答辩过程中使用手机的现象也很普遍，答辩中有问无答，甚至更没有辩，等等。这不得不让人思考，为什么高校有答辩规则却视而不见，甚至"顶风作案"？"双一流"建设高校尚且如此，其他高校如何保障研究生教育质量？若学界都不尊重自己的学术规则，如何立德树人？或许这些思考，需要完善建章立制，更需要落实规章制度，对违规者的惩罚规定与执行必须明确与落实。

2020 年 7 月 29 日，全国研究生教育会议在北京召开，对研究生教育提出了新的要求。在新一轮研究生教育规模扩大之际，根据党和国家领导人有关研究生教育发展的指示精神，以下几点值得我们深入探讨，即如何在我国实施科教兴国、建立创新型国家政策要求下，对研究生教育进行分类培养、提高研究生学位授予质量，维护中国研究生学位的国际荣誉；如何根据国家经济社会和科技发展重大战略，调整学科专业机构和发展交叉学科，处理好大理科、大文科、新工科、新学科的关系，满足国家对急需专业领域研究生人才需求；如何划分政府、高校和社会在研究生教育治理体系中的权责，提高研究生教育治理现代化水平；等等。本书在最后的修改中有所侧重地增加了部分这方面的内容。

姚 云

北京师范大学英东楼850

2021 年 3 月 5 日

摘　要

20 20 年，中国高等教育迈入普及化阶段，毛入学率超过 50%；研究生教育自 1978 年以来有近 1 000 万人获得博士、硕士学位。在这历史性数字面前，研究生教育发展进入新阶段。随着中国社会发展的基本矛盾已从改革开放之初的"人民日益增长的物质文化需要同落后的社会生产之间的矛盾"转变为"人民日益增长的美好生活需求和不平衡不充分的发展之间的矛盾"，中国研究生教育必须回应社会发展新需求，接受"日益增长的研究生学位总需求与学位授予总供给间的矛盾，优质研究生教育资源需求与研究生学位授予不平衡之间的矛盾，高质量研究生教育需求与研究生学位授予不充分之间的矛盾"这三大挑战。

以研究生招收规模、层次、类型和学科等为因变量，以人均国内生产总值（GDP）、人均可支配收入、政府对高等教育经费投入、研究与开发（R&D）经费、本科生毕业人数和研究生导师数等为自变量，构建了研究生教育发展模型。预测了 2020～2035 年中国研究生教育学位授予总规模、授予博士硕士学位规模、学术型和专业型博士硕士学位授予规模、不同学科授予博士硕士学位规模。比较分析了美国、英国、德国、日本四国研究生教育的历史发展法治文化，研究生学位授予学科目录、授予机构、授予类型和授予层次，研究生学位授予外部和内部质量保障机制。

面对中国社会研究生教育发展的三大挑战，学位授予体系改革从中国研究生学位授予制度和学位授予保障制度两个角度进行了回应。前者从学位授权审核主体、学位授予学科目录、学位授权审核单位标准与学科标准、学位授权审核程序与常态化四个方面，后者从《中华人民共和国学位条例》有关学位授予条款的修订、研究生资助政策和学位授予质量第三方评估等学位授予保障三个方面提出了未来改革蓝图。

针对正在进行的学位授权审核改革、影响研究生教育质量的基本学制和博士学位论文答辩三个热点问题展开了较大样本的调研，根据统计数据和归因分析，提出了多项保障研究生教育内涵发展和质量建设的政策建议。

Abstract

Higher education of China stepped into universal access phase in 2020, with a gross enrollment rate of more than 50% ; nearly 10 million people have obtained doctoral and master's degree in graduate education since 1978. In the face of these historic figures, the development of graduate education has entered a new stage. As the basic contradiction of social development in China has changed from "the contradiction between the people's growing material and cultural demands and backward social production" at the beginning of reform and opening-up to "the contradiction between the people's ever-growing needs for a better life and unbalanced and inadequate development", China's graduate education must respond to the new demands of social development and accept three major challenges, including "the contradiction between the growing demand for graduate degrees and the total supply of degree awarding", "the contradiction between the demand of high-quality graduate education resources and the imbalance of graduate degree awarding", and "the contradiction between the demand of high-quality graduate education and the insufficiency of graduate degree awarding".

This research constructs the development model of graduate education, taking the enrollment scale, levels, types, and discipline of graduate students as dependent variables, and taking per capita GDP, per capita disposable income, government investment in higher education, R&D funds, the number of graduates with a bachelor's degree, and the number of graduate tutors as independent variables. This study forecasts the total scale of graduate education degree awarding, the scale of doctoral and master degree awarding, the scale of academic and professional doctoral and master degree awarding, and the scale of doctoral and master degree awarding in different disciplines in China from 2020 to 2035. This study also makes a comparative analysis of four developed countries, including United States, Britain, Germany, and Japan, in terms of development level of graduate education, and the course catalogue, units, types and levels of graduate degree awarding, and the external and internal quality assurance mechanism of graduate degree awarding.

Facing the three challenges to the development of graduate education in China, the reform of degree awarding system responds from two perspectives, including graduate degree awarding system and degree awarding assurance mechanism. The graduate degree awarding system puts forward a blueprint for future reform from four aspects, including the subject of postgraduate degree anthorization audit, the discipline catalogue of postgraduate degree awarding, the standards of units and disciplines of degree authorization audit, and the audit procedures and normalization of degree authorization. The degree awarding assurance mechanism puts forward a blueprint for future reform from three aspects, including the amendments to the regulations related to degree awarding in *Regulations of the People's Republic of China on Academic Degrees*, the postgraduate funding policies, and the third-party evaluation on the quality of degree awarding.

This research conducts a large sample survey on three issues, including the on-going reform of degree authorization audit, the basic educational system under consideration, and the doctoral dissertation defense. Based on the statistical data and attribution analysis, this book proposes several policy suggestions to ensure the connotative development and quality construction of graduate education.

目 ■ 录

Contents

Contents

1

第一章

新时代中国社会需求变化
与学位授予体系新挑战

第一节　新时代中国特色社会主义发展新成就

2017年10月18日，党的十九大在北京举行。党的十九大报告提出了中国发展新的历史方位——中国特色社会主义进入了新时代，中华民族迎来了从站起来、富起来到强起来的伟大飞跃。中国社会进入新时代，中国社会需求发生新变化。

一、中国特色社会主义进入新时代的标志[①]

中国特色社会主义进入了新时代，这是从党和国家事业发展的全局视野、从改革开放近40年历程和党的十八大以来取得的历史性成就与历史性变革的方位上，我国作出的科学判断。

1949年新中国成立到2017年近70年的历史，这段历史概括起来说就是中华

[①] 习近平. 决胜全面建成小康社会夺取新时代中国特色社会主义伟大胜利——在中国共产党第十九次全国代表大会上的报告[R]. http://www.gov.cn/zhuanti/2017 - 10/27/content_5234867.htm，2020 - 05 - 20.

民族从站起来、富起来到强起来的历史。

（一）中华民族站起来阶段

1949 年中华人民共和国成立，标志着中国共产党领导的新民主主义革命的胜利、旧中国半殖民地半封建社会历史终结和人民当家作主的新型国家政权的建立。中国在社会主义建设初期，建立和巩固了新生的人民政权，创立了中国特色社会主义基本制度，开拓性地实现了中国由新民主主义社会向社会主义社会的转变，建立起了独立的、完整的工业体系和国民经济体系，积累了社会主义建设与发展的基本经验。这一过程中，在以毛泽东同志为核心的党的第一代中央领导集体领导下，毛泽东思想始终是中国共产党和中国人民的思想武器。

（二）中华民族富起来阶段

这段历史的标志性事件是以改革开放进行社会主义初级阶段的理论和实践探索，标志性成就是经济得以快速增长和人民生活水平得到普遍提高。

从"文化大革命"困境中走出来的中国，特别是 1981 年党的十一届六中全会通过了《关于建国以来党的若干历史问题的决议》，标志拨乱反正任务基本完成。1982 年党的十二大提出"建设有中国特色的社会主义"以后，改革开放春潮涌动，给中国政治经济、社会发展、文教事业和人民生活带来了翻天覆地的深刻变化。改革开放是中华民族富起来的法宝，是邓小平思想在中国特色社会主义道路上取得的重要理论成果。

（三）中华民族强起来阶段

党的十九大宣告："经过长期努力，中国特色社会主义进入新时代。"中国特色社会主义进入新时代，是新中国成立以来特别是改革开放以来党和国家各项事业发展进步的必然结果，是当代中国社会主要矛盾发生变化的必然结果，是中国共产党领导中国人民承前启后、继往开来的必然结果。

二、新时代中国特色社会主义发展新成就[①]

中国特色社会主义建设与发展进入新时代，是以一系列社会主义建设新成就

---

① 习近平．决胜全面建成小康社会夺取新时代中国特色社会主义伟大胜利——在中国共产党第十九次全国代表大会上的报告［R］．http://www. gov. cn/zhuanti/2017 – 10/27/content_5234867. htm，2020 – 05 – 20.

为依据的。

（一）经济建设新成就

从经济总量排名来看，中国的 GDP 从 2012 年的 54 万亿元增长到 2017 年的逾 82 万亿元，稳居世界第二大经济体。据世界银行估测，中国经济占世界经济的比重提高到了 15.3% 左右，对世界经济增长的贡献率为 34% 左右。

（二）国家治理体系和治理能力现代化水平成就

中国全面深化改革取得重大突破，国家治理体系基本建成，国家治理现代化水平显著提高。进入新时代，中国特色社会主义制度更加完善，国家治理体系和治理能力现代化水平明显提高，全社会发展活力和创新活力明显增强。

（三）文体科教卫建设新成就

中国特色社会主义文化自信得到彰显，国家文化软实力和中华文化影响力大幅提升。党的十八大以来，党中央把科技创新放在党和国家发展全局的核心位置，大力实施创新驱动发展战略，开启建设世界科技强国的新征程。中国教育事业全面发展，中西部和农村教育明显加强。中国覆盖城乡居民的社会保障体系基本建立，人民健康和医疗卫生水平大幅提高，保障性住房建设稳步推进。

（四）生态文明建设新成就

中国大力度推进生态文明建设，贯彻绿色发展理念的自觉性和主动性显著增强。通过引导应对气候变化国际合作，中国成为全球生态文明建设的重要参与者、贡献者和引领者。

（五）强军兴军建设新成就

中国着眼于实现中国梦、强军梦，制定新形势下军事战略方针，全力推进国防和军队现代化。中国恢复和发扬我党我军光荣传统和优良作风，人民军队政治生态得到有效治理。

（六）中国特色大国外交建设新成就

中国全面推进中国特色大国外交，形成全方位、多层次、立体化的外交布局，为我国发展营造了良好外部条件。中国实施共建"一带一路"倡议，倡导构建人类命运共同体，促进全球治理体系变革。我国国际影响力、感召力、塑造力进一步提高，为世界和平与发展做出新的重大贡献。

第二节　新时代中国特色社会主义发展新任务

中国特色社会主义发展进入新时代，这是党的十九大对我国社会主要矛盾发生历史性变化做出的重大政治论断。我国只有正确把握中国社会的主要矛盾，据此来制定正确的发展纲领、路线、方针、政策，才能主动迎接新挑战，实现中华民族的伟大复兴梦。

一、新时代中国特色社会主义主要矛盾[①]

党的十九大明确提出，"中国特色社会主义进入新时代，我国社会主要矛盾已经转化为人民日益增长的美好生活需要和不平衡不充分的发展之间的矛盾"。我国社会主要矛盾发生历史性变化的重大政治论断，深刻揭示了我国经济社会发展的阶段性特征，为我们准确把握新时代发展的新要求提供了重要依据和实践遵循。我国在社会主义建设中，曾创造性地提出了具有代表性的三次社会主要矛盾变化的判断。

1956 年 9 月 15 日~27 日，中国共产党第八次全国代表大会在北京举行。党的八大正确分析了社会主义改造基本完成以后，中国阶级关系和国内主要矛盾的变化，明确提出我国社会主义改造基本完成以后的社会主要矛盾。解决这一矛盾的办法是发展社会生产力，实行大规模的经济建设。

经过 35 年的社会主义建设，1981 年 6 月 27 日召开的党的十一届六中全会通过的《关于建国以来党的若干历史问题的决议》中指出："我国所要解决的主要矛盾，是人民日益增长的物质文化需要同落后的社会生产之间的矛盾。党和国家工作的重点必须转移到以经济建设为中心的社会主义现代化建设上来，大大发展社会生产力，并在这个基础上逐步改善人民的物质文化生活。"

经过中国特色社会主义建设近 40 年的发展，在 2017 年 10 月 18 日党的十九

---

① 习近平. 决胜全面建成小康社会夺取新时代中国特色社会主义伟大胜利——在中国共产党第十九次全国代表大会上的报告[R]. http://www.gov.cn/zhuanti/2017 - 10/27/content_5234867.htm，2020 - 05 - 20.

大会议上，习近平总书记指出，"中国特色社会主义进入新时代，我国社会主要矛盾已经转化为人民日益增长的美好生活需要和不平衡不充分的发展之间的矛盾"。

以上三次代表性的中国特色社会主义建设主要矛盾的不同表述，如表 1 - 1 所示。它们都包含了人和生产力发展两个要素的关系问题，1956 年表述强调的是人民对发展工业化的迫切要求，1981 年的表述强调的是人民日益增长的物质需求与发展生产力的要求，2017 年强调的是人民美好生活追求与生产力发展不平衡不充分的矛盾。

表 1 - 1　　　　　　　　中国特色社会主义建设主要矛盾变化

序次	时间及会议	主要矛盾
1	1956 年 9 月 15 日 中国共产党第八次全国代表大会	人民对于建立先进的工业国的要求同落后的农业国的现实之间的矛盾，人民对于经济文化迅速发展的需要同当前经济文化不能满足人民需要的状况之间的矛盾
2	1981 年 6 月 27 日 中国共产党第十一届六中全会	人民日益增长的物质文化需要同落后的社会生产之间的矛盾
3	2017 年 10 月 18 日 中国共产党第十九次全国代表大会	人民日益增长的美好生活需要和不平衡不充分的发展之间的矛盾

总之，中国共产党对我国社会主要矛盾的认识是随着时代发展和我国国情的具体变化而不断与时俱进的，党对我国社会主要矛盾认识不断深化的过程，标志着我们党对人类社会发展规律、对社会主义建设规律的认识达到了一个新境界。

二、新时代中国特色社会主义发展新任务[①]

我国既要全面建成小康社会、实现第一个百年奋斗目标，又要乘势而上开启全面建设社会主义现代化国家新征程，向第二个百年奋斗目标进军。为了实现"两个一百年"奋斗目标，党的十九大提出新时代中国特色社会主义发展新任务。

---

① 习近平. 决胜全面建成小康社会夺取新时代中国特色社会主义伟大胜利——在中国共产党第十九次全国代表大会上的报告［R］. http://www. gov. cn/zhuanti/2017 - 10/27/content_5234867. htm，2020 - 05 - 20.

（一）贯彻新发展理念，建设现代化经济体系

我国经济已由高速增长阶段转向高质量发展阶段，必须坚持质量第一、效益优先，以供给侧结构性改革为主线，推动经济发展质量变革、效率变革、动力变革，提高全要素生产率，着力加快建设实体经济、科技创新、现代金融、人力资源协同发展的产业体系，着力构建市场机制有效、微观主体有活力、宏观调控有度的经济体制，不断增强我国经济创新力和竞争力。

（二）健全人民当家作主制度体系，发展社会主义民主政治

中国特色社会主义政治发展道路，必须长期坚持、不断发展我国社会主义民主政治，积极稳妥推进政治体制改革，推进社会主义民主政治制度化、规范化、程序化，保证人民依法通过各种途径和形式管理国家事务，管理经济文化事业，管理社会事务，巩固和发展生动活泼、安定团结的政治局面。

（三）坚定文化自信，推动社会主义文化繁荣兴盛

坚守中华文化立场，立足当代中国现实，结合当今时代条件，发展面向现代化、面向世界、面向未来的，民族的、科学的、大众的社会主义文化，推动社会主义精神文明和物质文明协调发展。要坚持为人民服务、为社会主义服务，坚持百花齐放、百家争鸣，坚持创造性转化、创新性发展，不断铸就中华文化新辉煌。

（四）提高保障和改善民生水平，加强和创新社会治理

带领人民创造美好生活，是我们党始终不渝的奋斗目标。必须始终把人民利益摆在至高无上的地位，让改革发展成果更多、更公平地惠及全体人民，朝着实现全体人民共同富裕不断迈进。

（五）加快生态文明体制改革，建设美丽中国

我国建设的现代化是人与自然和谐共生的现代化，既要创造更多物质财富和精神财富以满足人民日益增长的美好生活需要，也要提供更多优质生态产品以满足人民日益增长的优美生态环境需要。

（六）坚持走中国特色强军之路，全面推进国防和军队现代化

适应世界新军事革命发展趋势和国家安全需求，提高建设质量和效益，确保

到 2020 年基本实现机械化，信息化建设取得重大进展，战略能力有大的提升。同国家现代化进程相一致，全面推进军事理论现代化、军队组织形态现代化、军事人员现代化、武器装备现代化，力争到 2035 年基本实现国防和军队现代化，到 21 世纪中叶把人民军队全面建成世界一流军队。

（七）坚持"一国两制"，推进祖国统一

保持香港、澳门长期繁荣稳定，必须全面准确贯彻"一国两制""港人治港""澳人治澳"高度自治的方针，严格依照宪法和基本法办事，完善与基本法实施相关的制度和机制。解决台湾问题、实现祖国完全统一，是全体中华儿女的共同愿望，是中华民族根本利益所在。必须继续坚持"和平统一、一国两制"方针，推动两岸关系和平发展，推进祖国和平统一进程。

（八）坚持和平发展道路，推动构建人类命运共同体

中国将高举和平、发展、合作、共赢的旗帜，恪守维护世界和平、促进共同发展的外交政策宗旨，坚定不移在和平共处五项原则基础上发展同各国的友好合作，推动建设相互尊重、公平正义、合作共赢的新型国际关系。各国人民同心协力，构建人类命运共同体，建设持久和平、普遍安全、共同繁荣、开放包容、清洁美丽的世界。

（九）坚定不移全面从严治党，不断提高党的执政能力和领导水平

坚持和加强党的全面领导，坚持党要管党、全面从严治党，以加强党的长期执政能力建设、先进性和纯洁性建设为主线，以党的政治建设为统领，以坚定理想信念宗旨为根基，以调动全党积极性、主动性、创造性为着力点，全面推进党的政治建设、思想建设、组织建设、作风建设、纪律建设，把制度建设贯穿其中，深入推进反腐败斗争，不断提高党的建设质量，把党建设成为始终走在时代前列、人民衷心拥护、勇于自我革命、经得起各种风浪考验、朝气蓬勃的马克思主义执政党。

第三节　新时代中国学位授予体系发展新成就、新需求

中国学位授予体系取得新成就是与中国高等教育持续发展背景密切相关的。

自 1981 年以来，研究生学位授予制度经过 40 余年的发展，新时代学位授予体系面临新变化、新需求、新挑战。

一、中国特色社会主义高等教育发展新成就

（一）接受高等教育人数递增

1. 高校招生人数

1977 年中国恢复高考，高校招生人数由 1978 年的 40.2 万人增至 2019 年的 914.9 万人。招生人数在 1980 年和 1990 年出现阶段性下降，此后均呈现稳步上升状态。随着高校受到高等教育扩招政策的影响，我国高校招生人数的增幅在 2000 年前后达到高峰，其中 2001 年的增幅为 21.6%。此后，虽然增幅下降，但招收人数却不断增加，如图 1-1 所示。

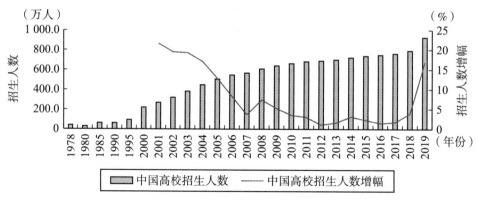

图 1-1　1978~2019 年中国高校招生人数及增幅

资料来源：《2007 中国教育统计年鉴》、2008~2019 年《全国教育事业发展统计公报》。

2. 高校在读人数

改革开放以来，中国普通高等学校在读规模稳步增长，在读人数由 1978 年的 85.6 万人增加至 2019 年的 3 031.5 万人。高校在读人数的增幅在 2000 年前后达到 30% 左右的峰值，之后呈逐年下降态势。2010 年的增幅为 4.1%，首次跌破 5%，此后增幅基本稳定在 3% 左右，如图 1-2 所示。

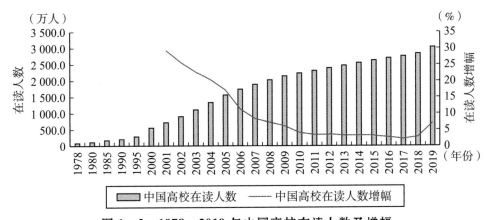

图 1 - 2　1978～2019 年中国高校在读人数及增幅

资料来源：《2007 中国教育统计年鉴》、2008～2019 年《全国教育事业发展统计公报》。

3. 高校毕业生人数

中国高校毕业生人数由 1978 年的 16.5 万人增加至 2019 年的 758.5 万人，改革开放至今，高校累计培养 1 亿人。高校毕业生人数增幅在 2002 年开始显著上升，并在 2003 年达到 40.4% 的峰值，之后基本呈逐年下降态势至 2009 年的 3.7%。高校毕业生人数增幅在 2010 年的增幅回升为 8.3%，其后围绕在 3% 左右呈波动下行，如图 1 - 3 所示。

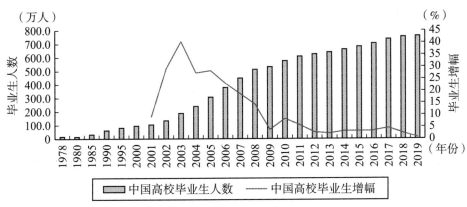

图 1 - 3　1978～2019 年中国高校毕业生人数及增幅

资料来源：《2007 中国教育统计年鉴》、2008～2019 年《全国教育事业发展统计公报》。

（二）高校数量发展

改革开放 40 年多来，我国高校数量从 1978 年的 598 所增加至 2019 年的 2 688 所。20 世纪 90 年代，我国高等教育进行打破管理机构条块分割的调整与

9

改革，一些高校合并和布局调整，这一时期高校数量有所下降，从 1990 年的 1 075 所降至 2000 年的 1 041 所。2000 年之后我国高校数量又有显著增加，其中 2001～2004 年的增幅均超过 11%，2005～2007 年的增幅在 3% 左右，2008 年有 350 余所新增高校获批，较上年增幅达到 18.6%。此后的高校数量年增幅基本维持在 2% 左右，如图 1-4 所示。

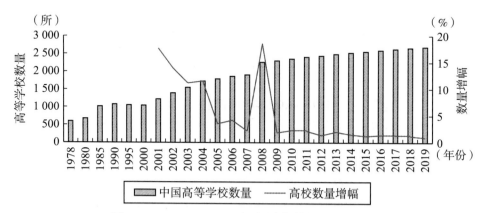

图 1-4　1978～2019 年中国高校数量及增幅

资料来源：《2007 中国教育统计年鉴》、2008～2019 年《全国教育事业发展统计公报》。

随着我国高校数量的增长，校均在读人数也发生了显著变化。经测算，中国高校校均在读人数由 1978 年的 1 431 人增长至 2019 年的 11 260 人。如图 1-5 所示，高校校均在读人数从 1999 年的不足 5 000 人，开始呈显著上升趋势，在 2007 年高校校均规模达到近万人。2008 年校均在读人数不足 9 000 人，下降近千人。此后校均规模稳步小幅增长，在 2014 年突破 10 000 人。

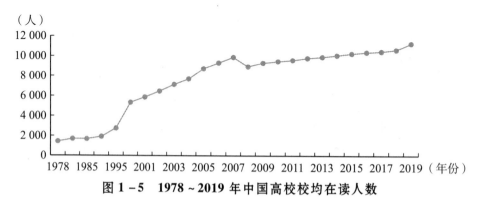

图 1-5　1978～2019 年中国高校校均在读人数

资料来源：2007～2019 年《中国教育统计年鉴》。

1. 本科院校数量发展

具体来看，我国本科高校的数量由 1999 年的 597 所增加至 2019 年的 1 245 所。如图 1-6 所示，其中 2002~2007 年的本科高校呈现为年均 2.5% ~6% 的小幅波动增长，2008 年新增 339 所本科高校，较上年增幅高达 45.8%。此后的本科高校数量维持在 3% 以下的小幅波动增长。

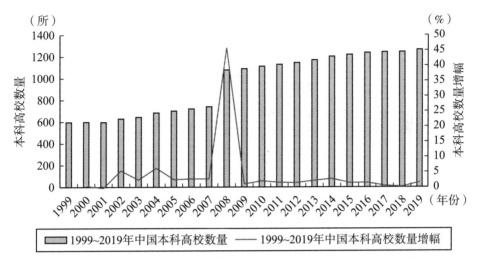

图 1-6 1999~2019 年中国本科高校数量及增幅

资料来源：1999~2019 年《中华人民共和国教育部．全国教育事业发展统计公报》。

我国本科高校的校均在读人数如图 1-7 所示，由 1999 年的校均 5 365 人波动增长至 2019 年的 15 179 人。其中 2003 年和 2008 年分别下降 684 人和 1 960 人。

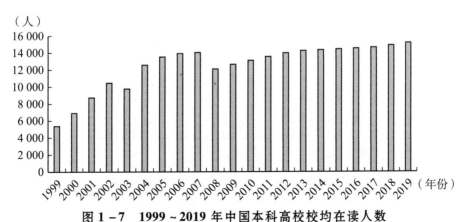

图 1-7 1999~2019 年中国本科高校校均在读人数

资料来源：1999~2019 年《全国教育事业发展统计公报》。

2. 专科院校数量发展

相对而言，我国专科院校数量发展更快。如图 1 - 8 所示，由 1999 年的 313 所增加至 2019 年的 1 423 所。其中 1999 ~ 2004 年为高速发展阶段，专科院校数量突破 1 000 所，增长近 2.5 倍，年增幅在 15% ~ 45% 之间逐年下降。2006 年之后专科院校数量增长速度放缓，增速稳定在 0.5% ~ 3% 之间。

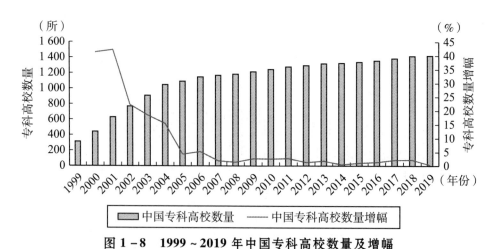

图 1 - 8　1999 ~ 2019 年中国专科高校数量及增幅

资料来源：1999 ~ 2019 年《全国教育事业发展统计公报》。

我国专科学校校均在读人数如图 1 - 9 所示，由 1999 年的 2 806 人增长至 2019 年的 7 776 人。其中 2000 年和 2011 年校均在读人数分别下降 524 人和 91 人。

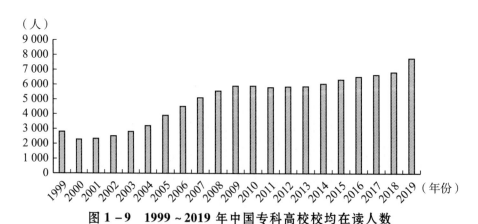

图 1 - 9　1999 ~ 2019 年中国专科高校校均在读人数

资料来源：1999 ~ 2019 年《全国教育事业发展统计公报》。

（三）高等教育经费投入

我国高等教育经费投入情况如图 1 - 10 所示，由 2005 年的 3 524 亿元增长至 2019 年的 13 464 亿元，其中 2013 年小幅下降 46 亿元。从增长情况来看，2005～2012 年是高等教育经费投入的高速增长期，年增幅为 9%～18%，其中 2007 年和 2011 年以 17.4% 和 18.33% 的增幅最为显著。2013 年 -0.54% 的小幅负增长后，2014～2019 年为高等教育经费投入的稳定增长期，年增幅为 4%～10%，其中 2019 年的增幅 11.99% 最为显著。

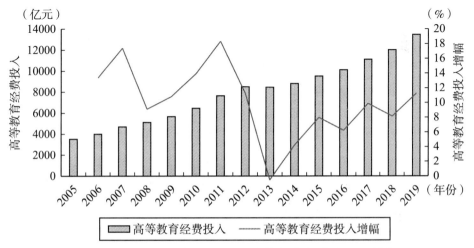

图 1 - 10　2005～2019 年中国高等教育经费投入及增幅

资料来源：2005～2019 年《教育部财政司.中国教育经费统计年鉴》。

（四）高校教师数量

中国高校专任教师数量情况如图 1 - 11 所示。随着我国高等教育的持续发展，高校专任教师的数量由 1978 年的 20.6 万人增加至 2019 年的 174 万人。2000～2008 年为我国高校专任教师数量的高速增长期，年增幅在 6%～18% 之间，其中 2004 年 18.3% 的增幅最为显著。2004 年达到增幅最高点后，高校专任教师数量的增幅开始下降。2009～2019 年为高校专任教师的稳步增长期，增幅在 2009 年的 4.7% 和 2016 年的 1.8% 之间浮动。

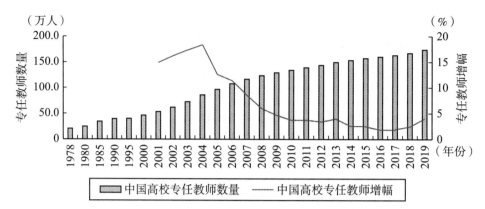

图 1 - 11　1978 ~ 2019 年中国高校专任教师数量及增幅

资料来源：2000 ~ 2019 年《中国统计年鉴》。

　　学校专任教师数与在校学生数的比例，简称"生师比"。"生师比"是衡量一所高校教育投入的重要指标，也是一所高校保障教育质量的前提。如表 1 - 2 所示，我国高校生师比由 2005 年的 16.85 波动增长至 2019 年的 17.95，其中 2019 年的生师比为最高值 17.95，2007 年、2008 年和 2016 年为负增长。

表 1 - 2　　　　　　　　　2005 ~ 2019 年中国高校生师比

项目	2005 年	2006 年	2007 年	2008 年	2009 年	2010 年	2011 年	2012 年
生师比	16.85	17.93	17.28	17.23	17.27	17.33	17.42	17.52

项目	2013 年	2014 年	2015 年	2016 年	2017 年	2018 年	2019 年	
生师比	17.53	17.68	17.73	17.07	17.52	17.56	17.95	

资料来源：1999 ~ 2019 年《全国教育事业发展统计公报》。

二、新时代中国研究生教育发展新成就

(一) 研究生招生人数

　　改革开放后，我国历年研究生招生人数情况如图 1 - 12 所示，从 1995 年的 5.10 万人增长至 2019 年的 91.65 万人。

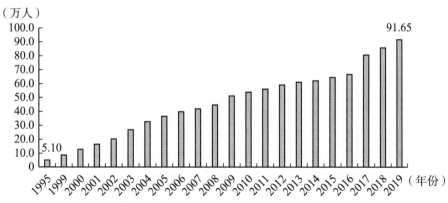

图 1 - 12　1995 ~ 2019 年中国高校研究生招生人数

资料来源:《中国统计年鉴 2019》。

（二）研究生在读人数

我国历年研究生在读人数如图 1 - 13 所示，由 1995 年的 14.5 万人增长至 2019 年的 286.4 万人。

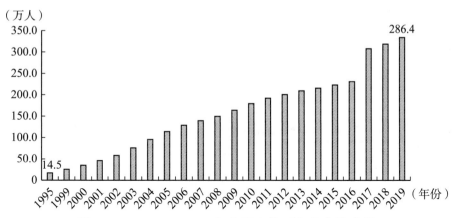

图 1 - 13　1995 ~ 2019 年中国高校研究生在读人数

资料来源:《中国统计年鉴 2019》。

（三）研究生毕业人数

改革开放后，我国历年研究生毕业人数如图 1 - 14 所示，由 1995 年的 3.20 万人增长至 2019 年的 63.97 万人。

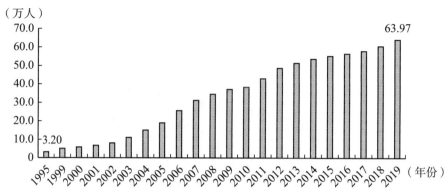

图 1-14　1995~2019 年中国高校研究生毕业人数

资料来源：《中国统计年鉴 2019》。

（四）研究生学术学位与专业学位结构

近年来，我国研究生教育学术学位与专业学位的比例结构不断调整，专业学位的比例不断提高。我国研究生教育中专业学位招生的占比如图 1-15 所示，专业学位占研究生教育招生的比例由 2009 年的 14.14% 提高到 2019 年的 52.88%，连续三年超过 50%。

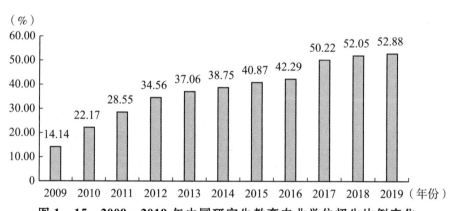

图 1-15　2009~2019 年中国研究生教育专业学位招生比例变化

资料来源：2009~2019 年《教育统计数据》。

具体来看，硕士研究生阶段专业学位的比例快速提高。如图 1-16 所示，硕士招生中专业学位的占比由 2009 年的 15.90% 逐步提高到 2019 年的 58.46%。

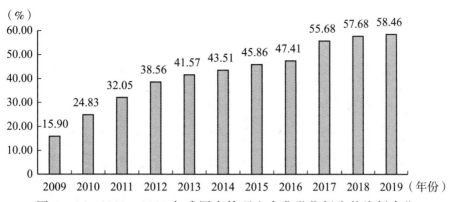

图 1-16　2009~2019 年我国高校硕士专业学位招生的比例变化

资料来源：2009~2019 年《教育统计数据》。

另外，博士研究生教育中专业学位的比例长期较低。如图 1-17 所示，2009~2017 年博士研究生招生中专业学位所占的比例始终不足 3.22%，2019 年博士专业学位的招生比例提高到 9.88%。

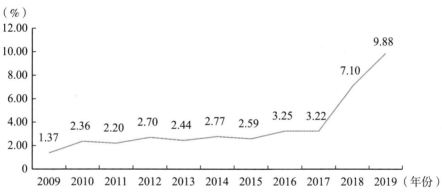

图 1-17　2009~2019 年我国高校专业博士学位招生的比例变化

资料来源：2009~2019 年《教育统计数据》。

（五）硕士研究生与博士研究生的比例

随着我国研究生教育的发展，硕士和博士研究生招生的比例发生了显著变化。如图 1-18 所示，我国博士占研究生招生总量的比例由 1999 年的 21.6% 下降到 2019 年的 11.5%，而硕士招生的比例由 1999 年的 77.9% 提高到 2019 年的 88.5%。

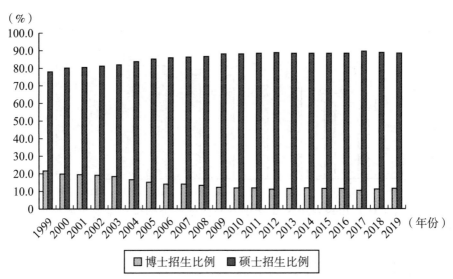

图 1 – 18　1999 ~ 2019 年中国高校硕士与博士招生比例变化

资料来源：1999 ~ 2019 年《教育统计数据》。

（六）研究生国际学生人数

据教育部发展规划司组织编撰的《中国教育统计年鉴》的数据显示，近年来，来华留学研究生的招生规模稳步快速增长（如图 1 – 19 所示），由 2008 年的 10 743 人增加到 2017 年的 57 726 人。

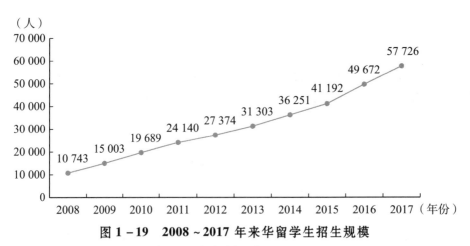

图 1 – 19　2008 ~ 2017 年来华留学生招生规模

资料来源：2007 ~ 2019 年《中国教育统计年鉴》。

教育部国际合作与交流司（港澳台办公室）发布的"来华留学统计"数据显示，来华留学研究生数量由 2003 年的 5 034 人增长至 2018 年的 85 062 人，其中硕士研究生人数由 3 397 人增至 59 444 人，博士研究生人数由 1 637 人增至 25 618 人，如图 1 - 20 所示。

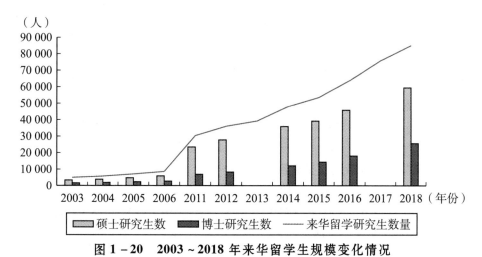

图 1 - 20　2003 ~ 2018 年来华留学生规模变化情况

注：2007 ~ 2010 年、2013 年和 2017 年的部分官方数据缺失，未对来华留学硕士研究生和硕博分类统计。

资料来源：2003 ~ 2018 年《来华留学统计》。

三、新时代中国学位授予体系新需求

党的十九大以来，我国进入了中国特色社会主义新时代，社会主要矛盾已经转化为人民日益增长的美好生活需要和不平衡不充分的发展之间的矛盾。随着社会主要矛盾的转化，研究生教育也必须重新审视新时代的主要矛盾，学位授予体系必须回应新时代的发展需要。

习近平总书记就研究生教育工作作出重要指示，强调研究生教育要瞄准科技前沿和关键领域，深入推进学科专业调整，提升导师队伍水平，完善人才培养体系，加快培养国家急需的高层次人才，为坚持和发展中国特色社会主义、实现中华民族伟大复兴的中国梦作出贡献。2020 年 7 月 29 日，全国研究生教育会议在北京召开。中共中央政治局委员、国务院副总理孙春兰出席会议并讲话，她表示要深入学习贯彻习近平总书记关于研究生教育的重要指示精神，全面贯彻党的教育方针，落实立德树人根本任务，以提升研究生教育质量为核心，深化改革创新，推动内涵发展。把研究作为衡量研究生素质的基本指标，优化学科专业布局，注重分类培养、开放合作，培养具有研究和创新能力的高层次人才。①

就中国研究生学位授予体系而言，人们对高质量研究生教育的需要与中国研究生学位授予规模、层次、类型等多方面存在的发展不平衡、不充分的矛盾，是进行研究生教育发展与改革的前提。

（一）日益增长的研究生学位总需求与学位授予总供给之间的矛盾

改革开放以来，中国经济总量和质量发生了翻天覆地的变化，人们生活质量显著提高。中国高等教育取得了巨大成就，研究生教育发展突飞猛进。人们对接受研究生教育的需求日益增长，报考研究生的人数连创新高。

1. 研究生报考人数创历史新高

据教育部统计数据显示，2010 年，全国研究生报考人数为 140 余万人，2019 年达到 290 万人，10 年间报考人数几乎翻了一番。2019 年与 2018 年相比，报考研究生人数增加 52 万人，增幅达到 21.8%，报考研究生人数增加量和增长率均为近五年来最高，也是历史新高。自 2015 年起，我国硕士研究生报名人数迅速增长，5 年来共增加了 125 万人②，如图 1-21 所示。人们越来越不满足接受专科和本科教育，更多的年轻学子追求更高层次的学位，对研究生学位的需求越来越旺盛。

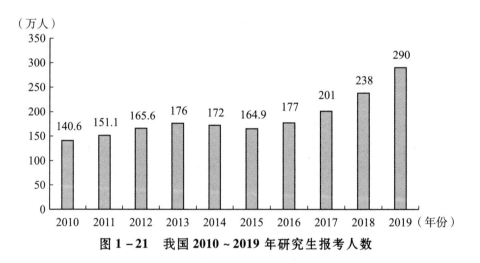

图 1-21　我国 2010～2019 年研究生报考人数

---

① 习近平对研究生教育工作作出重要指示 ［EB/OL］. http：//www. gov. cn/xinwen/2020 - 07/29/content_5531011. htm，2020 - 10 - 10.

② 中国研究生招生信息网. 研招网 2019 年全国硕士研究生招生数据报告 ［EB/OL］. https：// yz. chsi. com. cn/yzzt/fxbg2019，2020 - 04 - 13.

2. 研究生录取率变化不大

中国研究生招收人数虽年年不断刷新，但报录比却一直变化不大。从表1-3可知，从2010年开始，除2014年和2015年研究生报考人数较2013年略微降低外，其他年份都不断增加，特别是最近的2017年、2018年和2019年。在报录比方面，研究生报录比一直在3∶1左右徘徊。2010年报录比为2.8∶1，而2018年为3.1∶1。2018年比2010年报录比高，这在某种程度上反映出，报考研究生学位的人数较研究生录取人数增长更快。

表1-3　　　2010~2019年我国研究生报考人数与录取人数统计　　单位：万人

年份	报名人数	报名增长率（%）	录取人数	录取增长率（%）	报录比
2010	140.6	12.8	47.4	5.6	2.8∶1
2011	151.1	7.9	49.5	4.4	3.0∶1
2012	165.6	9.6	51.7	4.4	3.2∶1
2013	176.0	6.3	53.9	4.3	3.3∶1
2014	172.0	-2.3	54.9	1.8	3.1∶1
2015	164.9	-4.1	57.1	4.0	2.9∶1
2016	177.0	7.3	59.0	3.3	3.0∶1
2017	201.0	13.6	72.2	22.3	2.9∶1
2018	238.0	18.4	76.3	5.7	3.1∶1
2019	290.0	21.8	—	—	—

资料来源：根据教育部发展规划司统计数据整理。

（二）优质研究生教育资源需求与研究生学位授予不平衡之间的矛盾

优质的研究生教育资源不仅能够让研究生接受的教育物有所值，而且能够较为充分地保障就业与今后个人发展，但优质研究生教育资源发展不平衡的问题十分突出。中国优质研究生教育资源发展不平衡，突出表现在东部与中西部研究生教育发展极不平衡，具体反映在研究生招收规模、招收层次、招收研究生的高校数量、研究生培养质量、研究生教育国际化等多个方面。

1. 研究生报考第一志愿反映出优质资源发展不平衡

《国家创新驱动发展战略纲要》指出，"到2050年建成世界科技创新强国，成为世界主要科学中心和创新高地"，强调要让"科技和人才成为国力强盛最重

21

要的战略资源"，要"拥有一批世界一流的科研机构、研究型大学和创新型企业，涌现出一批重大原创性科学成果和国际顶尖水平的科学大师，成为全球高端人才创新创业的重要聚集地"。① 无论是之前我国实施的"211 工程""985 工程"，还是当前的"双一流"高校建设，地处东部的高校优势十分明显，不仅数量多，而且学科排名位次优势明显，但地处中西部的高校却处于劣势位置，虽然国家已采取了西部计划、东部支持中西部计划等措施，但中西部与东部的不平衡表现得越来越突出。

研究生对报考院校的选择最能反映出他们对优质研究生教育资源的自然判断。东部高校研究生录取人员大多为第一志愿学生，极个别高校接受调剂也仅限于本校。2019 年北京航空航天大学硕士招生总人数为 4 057 人，且均为第一志愿录取学生。② 而西部高校研究生第一志愿录取率较低，以调剂生源为主。据初步统计，内蒙古、新疆、宁夏、青海、甘肃、广西、云南、贵州西部八省区的高校，每年研究生招录中需要接受调剂才能完成研究生招收指标任务。仅以西部当地声誉较高的一些大学为例，2019 年硕士研究生招生人数中有 1/2 的高校其调剂志愿录取人数占比远高于第一志愿录取人数占比，甚至还有 65% 是通过调节录取的，如图 1-22、图 1-23 所示。

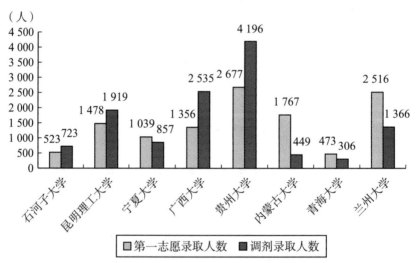

图 1-22 2019 年边远八省区高校研究生录取人数

---

① 中共中央、国务院印发《国家创新驱动发展战略纲要》［EB/OL］. http：//www.gov.cn/gongbao/content/2016/content_5076961.htm，2016-05-19.

② 北京航空航天大学研究生招生信息网. 北航 2019 年拟录取硕士研究生名单公示［EB/OL］. http：//cdn1.kybimg.com/ohr/2019/04/18/173603_5cb84503b5256.pdf，2022-10-25.

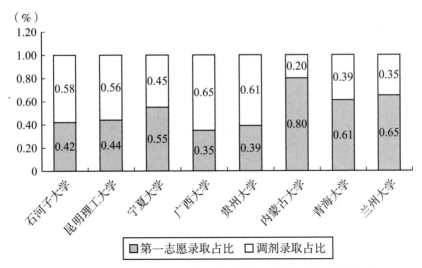

图 1-23 2019 年边远八省区高校研究生录取人数占比

从研究生报考的区域差异看，北上广等一线大城市的名校一直是考生们的首选高校。据《研招网 2019 年全国硕士研究生招生数据报告》显示，11 993 名考生中约 40.59% 的人第一志愿报考北上广等一线城市的院校，32.68% 的人选择报考二三线城市的高校，有 18.72% 的人报考家乡所在城市的高校，仅有 8.01% 的人选择报考本科所在高校。①

2. 新增学位授予单位反映出研究生教育发展不平衡

2017 年国务院学位委员会开展的第十二次学位授权审核，是时隔 10 年后进行的一次学位授权审核工作，它首次以"专任教师具有博士学位比例、生师比、科研经费、办学经费"四大定量指标作为"准入条件"作为新增单位授权审核评审条件，设立了开展研究生教育高校的"门槛"。但从审核结果来看，31 个硕士学位增列单位中，西部只有重庆科技学院达到"准入条件"，而东部有北京石油化工学院、北京电子科技学院、上海科技学院、南方科技学院、湖州师范学院五所；28 个博士学位授予增列单位中，西部也只有西安石油学院达到"准入条件"，而东部有北京工商大学、北京建筑大学、常州大学、浙江农林大学、浙江财经大学五所。达到准入条件的新增硕士博士学位授予单位数量，东部高校大大超过西部高校，如表 1-4 所示。

---

① 中国研究生招生信息网. 研招网 2019 年全国硕士研究生招生数据报告 ［EB/OL］. https：//yz. chsi. com. cn/yzzt/fxbg2019，2020 - 04 - 13.

表 1 – 4 　　　　全国 2017 年增列硕士、博士学位授予单位

序号	增列硕士学位授予单位		增列博士学位授予单位	
	单位名称	说明	单位名称	说明
1	北京石油化工学院	符合基本条件	北京工商大学	符合基本条件
2	北京电子科技学院		北京建筑大学	
3	上海科技大学		常州大学	
4	南方科技大学		浙江农林大学	
5	湖州师范学院		西安石油大学	
6	重庆科技学院		浙江财经大学	
7	上海海关学院	得票数 2/3	南方科技大学	得票数 2/3
8	北华航天工业学院		中国民航大学	
9	山西大同大学		内蒙古医科大学	
10	大连民族大学		沈阳航空航天大学	
11	吉林外国语大学		哈尔滨体育大学	
12	齐齐哈尔医学院		江西理工大学	
13	盐城工学院		河南工业大学	
14	合肥学院		吉首大学	
15	厦门理工学院		广西中医药大学	
16	南昌工程学院		贵州财经大学	
17	临沂大学		云南中医学院	
18	南阳师范学院		西藏藏医学院	
19	湖北文理学院		青海民族大学	
20	衡阳师范学院		塔里木大学	
21	东莞理工学院		新疆财经大学	
22	云南热带海洋学院		北方民族大学	
23	四川警察学院		海南医学院	
24	贵阳学院		上海科技大学	
25	昆明学院		上海电力学院	得票数 1/2 至 2/3
26	榆林学院		湖北工业大学	
27	天水师范学院		重庆师范大学	
28	赤峰学院		兰州财经大学	
29	钦州学院			
30	宁夏师范学院			
31	昌吉学院			

东部研究生教育发展水平相对较高，能够招收研究生的高校数量大大多于中西部，特别是像北京、上海、江苏、浙江、广东等省市。从 2017 年国务院学位委员会的第十二次学位授权审核结果来看，全国各省平均不到一所高校为新增的硕士和博士学位授予单位，而东部省市的高校成为大赢家，其中北京优势最为明显，分别有两所高校完全"符合基本条件"增列成为硕士和博士学位授予单位。

以"准入条件"为标准的学位授权审核，为什么导致地区之间高校发展不平衡，而且西部中部与东部的差距越来越大？分析"准入条件"各指标会发现，差距造成的重要原因是政府对研究生教育的经费投入问题。在"准入条件"中，除"生均经费""科研经费"直接与政府经费投入挂钩之外，"专任教师具有博士学位比例、生师比"也间接与政府经费投入有关。如果政府给予高校研究生教育投入足够的经费，西部高校就可以聘用或引进更多的具有博士学位的教师，也就可以招聘更多的专任教师来提高学校生师比，从而像东部高校一样达到"准入条件"。高校办学经费在很大程度上是造成我国东中西部研究生教育区域发展不平衡的重要因素。西部、中部达到"准入条件"高校数量少的问题，与当地或区域经济发展水平高低有关，更与政府举办研究生教育经费投入有关。

（三）高质量研究生教育需求与研究生学位授予不充分之间的矛盾

研究生教育需求不仅体现在总体规模上，而且反映在学位授予层次、类型和培养水平上。研究生学位授予层次、类型和培养水平不充分，还不能充分满足人们对高质量研究生教育的需求。

1. 研究生学位授予层次不充分

研究生教育在高等教育中具有重要地位，随着我国高等教育进入普及化阶段，人们对高层次学位授予的需求更加强烈，有更多人希望获得博士学位。但目前我国高等教育结构中，本硕博结构不合理、研究生学位授予不充分的现象较为突出。

2018 年中国博士研究生毕业人数约为 6 万人，硕士研究生毕业人数约为 54.4 万人，而普通本科毕业生的人数约为 386.8 万人，研究生毕业生人数仅占本科毕业生的 15%。博士、硕士、学士的毕业生结构为 1：9：64.5。[①] 而美国早在 2013 年，其博士、硕士、学士的学位授予结构就已达到 1：4.29：10.51。[②]

---

① 教育部发展规划司. 2018 年教育统计数据 [EB/OL]. http：//www. moe. gov. cn/jyb_sjzl/moe_560/jytjsj_2018/qg/201908/t20190812_394239. html，2022 – 10 – 25.

② National Center for Education Statistics，United States. Digest of Education Statistics 2013 [EB/OL]. https：//nces. ed. gov/programs/digest/d13/index. asp，2022 – 10 – 25.

我国博士、硕士学位授予不充分，突出反映在博士、硕士学位授权审核中。申请新增博士、硕士学位授权单位的高校，具有博士学位的专任教师占所有专任教师的比例达不到准入条件，成为它们申请的"拦路虎"。同时，已具有博士、硕士学位授权审核资格的一部分高校，博士学位专任教师也处在较低比例，如果在这点上评估这类高校，有些高校无疑也达不到 2017 年国务院学位委员会颁布的《博士硕士学位授权审核办法》（以下简称"第十二次《博士硕士学位授权审核》"）中要求的准入条件。

一方面，中国大学中具有博士学位的专任教师人数本身就不足；另一方面，具有博士学位授予资格的大学中，大部分大学每年招收博士学位的指标太少，甚至在"985 工程"大学任教的一些教授虽具有博士生招收资格，但经常被"轮休"。这说明，拥有博士学位的人才在我国具有较好的市场需求，同时我国培养博士生的导师也有较大潜力，但因受到招收博士生指标的限制，使培养潜力不能转变为现实的培养能力，导致研究生教育发展不充分。为解决这一问题，我国应逐步提高博士生招收数量，博士、硕士学位的年均招收增长率应大于学士学位，从而改变本、硕、博比例结构不合理的现象。

2. 研究生学位授予类别不充分

虽然我国从 2009 年开始招收专业学位研究生，并逐步提高专业学位研究生在整个研究生中的比例，但高级应用型人才缺乏依旧。一方面，专业学位研究生招收人数偏低。以硕士研究生为例。2018 年，我国学术型硕士授予规模为 28.6 万人，专业型为 25.7 万人，[①] 而美国 2008 年专业型硕士占硕士学位总量的就已达 68%。[②] 另一方面，更为主要的是，我国专业学位脱胎于学术学位，专业学位研究生培养几乎与学术学位相差无几，甚至一些高校的专业学位与学术学位研究生课程、师资、评价等没有区别。改革中国研究生学位类别不充分发展才能满足人们对高质量研究生教育需求。

3. 研究生教育发展水平不充分

部分高校在获得研究生学位授权后，忽视研究生教育水平，"重申报、轻建设"现象严重存在，忽视研究生教育内涵发展。在国务院学位委员会和教育部启动的学位授权点合格评估中，截至 2018 年 11 月，已有 1 742 个学位授权点通过学位授权点动态调整撤销、主动申请撤销等方式被撤销。同时国务院学位委员

---

① 教育部发展规划司 . 2018 年教育统计数据［EB/OL］. http：//www. moe. gov. cn/jyb_sjzl/moe_560/jytjsj_2018/index. html，2020 - 04 - 24.

② Choy S P，Cataldi E F. Graduate and First - Professional Students：2007 - 2008［J］. National Center for Education Statistics，2011：28.

会、教育部通过对 2 292 个自评结果为"合格"的普通高校和科研机构现有学位点进行随机抽评，将 8 个学位授权点的抽评结果认定为"不合格"，33 个学位授权点的抽评结果认定为"限期整改"。① 这些未达到"合格"的学位授权点主要存在师资力量薄弱、培养效果不彰、发展后劲不足等问题。

① 教育部. 国务院学位委员会教育部关于下达学位授权点合格评估结果及处理意见的通知 [EB/OL].
http：//www. moe. gov. cn/srcsite/A22/yjss_xwgl/moe_818/202004/t20200430_448835. html，2020 - 05 - 14.

第二章

中国 2020～2035 年学位授予需求预测

第一节　研究生教育预测研究现状

一、研究生教育预测研究现状

本书研究使用的文献数据库有"中国知网"和 Web of Science、ProQuest 等。"中国知网"作为中文学术文献较权威、较丰富的文献库，对它的检索范围涵盖从 1996 年至 2018 年的所有类型文献。首先，以"研究生规模预测"为检索词，以"主题"为检索项，以"精确"为匹配类型，检索出文献共 9 篇，其中研究生学位论文 6 篇，学术论文 2 篇。其次，以"研究生规模影响因素"为检索词，以"主题"为检索项，以"精确"为匹配类型，检索出文献共 7 篇，其中研究生学位论文 1 篇，学术论文 6 篇。

Web of Science、ProQuest 等是英文教育类文献代表性数据库，从中没有检索出研究生教育发展预测方面的文献。

总体而言，国内外直接聚焦研究生教育发展预测的文献不是很多，但关联性文献有一些，它们集中于研究生教育发展影响因素、预测理论或预测方法三个方面。

（一）研究生教育发展影响因素

所有的商品交换都存在着需求与供给的关系，如果将研究生教育也视为一种商品，这种特殊的商品一样具有商品属性中的需求性和供给性。研究生教育通过培养高素质的人才，满足社会对人才的需求，直接或间接地促进社会经济、科技和文化事业的发展。"研究生教育的人才供给同样受到相关需求因素和支撑因素的制约"，[①] 具体包括以下几个因素。

1. 经济发展水平

经济基础决定上层建筑，生产力决定生活方式。社会经济是引起社会生活一切方面发展变化的决定性因素，教育发展水平归根到底是由社会经济和物质生产力发展水平决定的。一个国家的经济发展水平制约着研究生教育规模的最基础因素。[②] 研究生教育发展规模与速度同国民经济发展水平相适应，两者之间才能相互协调、相互促进。

经济发展水平通常指一个国家经济发展的规模、速度和质量，反映出一个国家经济发展水平的常用指标有 GDP、人均国内生产总值（Real GDP per capita）、经济发展速度、经济增长速度等，其中国内生产总值和人均国内生产总值对研究生教育发展的影响至关重要。它们一方面决定着一个国家教育资本的需求状况，影响其高层次劳动力就业市场的变化，进而影响研究生教育人才供给规模。另一方面决定着研究生教育规模扩展所需要的物质支撑条件，进而在一定程度上影响研究生教育的规模发展。[③]

经济发展水平对研究生教育规模发展产生的影响主要有两个方面：一是经济发展必然对研究生教育提出培养更大数量、更高质量高级专门人才的要求；二是研究生教育属于资金密集型事业，它的良性运行要消耗相当数量的教育资源，必须依靠经济为研究生教育规模发展提供相应的物质保障。[④] 由此可知，研究生教育的规模和速度与国家的经济发展水平密切相关。研究美国研究生教育发展会发现，无论是对硕士、第一职业学位还是博士学位而言，GDP 的增加对研究生教育各层次的规模发展都具有正向促进作用。1975～2008 年美国 GDP 年均增长 6.85%，硕士学位授予量年均增长 2.36%，第一职业学位授予量年均增长 1.53%，博士学位授予量年均增长 1.96%。GDP 增长，宏观经济状况良好，社

---

① 汪志宏，赵志广，卢祖洵. 研究生教育规模与人才需求预测方法的探讨［J］. 医学与社会，2003（3）：59－61.

② 谢维和，王孙禹. 学位与研究生教育：战略与规划［M］. 北京：教育科学出版社，2011：167.

③ 谢维和，王孙禹. 学位与研究生教育：战略与规划［M］. 北京：教育科学出版社，2011：168.

④ 王艳. 大众化下研究生教育规模化发展现状与对策研究［D］. 兰州：兰州大学，2009.

会发展支持了更大规模的人才需求量①。经济发展水平直接或间接地影响到研究生教育发展规模与结构，美国能够成为世界研究生教育强国，这与它是世界经济强国是紧密相连的。

2. 家庭支付能力

家庭支付能力与人均国民收入、国民收入密切相关，也直接影响到家庭对研究生教育的消费能力。自改革开放以来，我国财政收入占国民收入的比重逐年下降，居民收入逐年上升，国民收入向居民个人倾斜。进入 20 世纪 90 年代以来，国民收入分配比例基本稳定，政府收入、企业收入、居民收入的比重分别在17% 左右、14% 左右和 67% 左右。② 我国居民存款总额逐年上升，至 2018 年达到 945 万亿元。③ 人均国民收入和国民收入增加会在一定程度上刺激个人接受研究生教育，激发个人对更高层次教育的需求。根据国家统计局和中国经济景气检测中心一项调查结果显示：居民存款目的排第一位的是子女受教育，10% 的储蓄准备用于子女受教育的支出，而准备用于购买住房的储蓄只有 7% ,④ 我国居民教育支出需求超过了其他需求，甚至超过了住房等最基本的生活需求。

3. 研究生教育投入

一国的研究生教育，都离不开政府、社会和家庭的三者投入，所不同的是不同国家这三者之间的比例不同而已。

以美国为例，"没有联邦政府与州政府大量经费的支持以及其他私人资产的投入，美国研究生教育将不会拥有如今在世界上卓越的地位"，"联邦政府通过竞争性奖学金和实习项目向研究生教育提供的各类财政支持以及提供的助研奖学金和学生贷款满足了研究生教育的迫切需要，这对研究生们来说是至关重要的，因为他们都是放弃了就业来追求更高学位的成年人"。⑤ 随着美国 GDP 增长，美国的高等教育投入也逐步增大。1975 ~ 2008 年，美国高等教育投入占 GDP 的比重基本上维持在 2.52% 左右，1975 年，美国 GDP 为 16 377 亿美元，当年对高等教育的投入为 389.03 亿元，高等教育经费投入占 GDP 的比重为 2.38% ；2008 年GDP 为 144 414 亿美元，当年对高等教育的投入为 4 320.00 亿美元，高等教育经费投入占 GDP 比重为 2.99% 。美国高等教育投入中包括了研究生教育投入，它

---

① 张振刚. 美国宏观因素对研究生教育各层次规模影响作用研究 [J]. 研究生教育研究，2011 (5)：85 – 90.

② 李雪筠. 建立正常的国民收入分配机制缩小居民收入差距 [J]. 财政研究，2003 (6)：34 – 36.

③ 中国人民银行调查统计司. 存款性公司概览 [EB/OL]. http：//www. pbc. gov. cn/diaochatongjisi/116219/116319/3750274/3750284/index. html. 2020 – 01 – 21.

④ 刘存绪. 教育经济学 [M]. 成都：西南财经大学出版社，2002：213 – 214.

⑤ AAU Committee on Graduate Education. Report and Recommendations [R]. Washington，D. C：The Association of American Universities of Committee on Graduate Education，1998.

为研究生教育发展提供了相应的资金支持和物质保障，进而促使研究生教育规模扩大。与此同时，1992～2006年美国授予的研究生人数年均增长3.52%，而同期的GDP年均增长5.41%。[①] 美国成为研究生教育大国和强国，这与它对研究生教育的投入是密切相关的。

4. 研发（R&D）经费

研究生教育与一国的研发经费直接相关。一方面，研究生教育与本科生教育具有很大不同，研究生们在研究中学习，研发经费是保障他们开展科研必不可少的条件。另一方面，他们自身也属于研发人员，他们在导师带领下承担、参与完成众多科研项目，通过获得的项目经费开展基础研究、应用研究或开发研究，为一个国家的科技发展作出贡献。因此，研发经费也是影响研究生发展的重要因素。

为应对20世纪70年代以来研究生教育规模扩张的急剧变化，经济合作与发展组织（Organization for Economic Co-operation and Development，OECD）启动了一项涉及美国、英国、法国、日本、瑞典、澳大利亚等主要OECD国家研究生教育发展状况的研究活动，它涉及研究生教育的规模演变、结构变化、财政支持、就业状况等诸多方面。1987年发布的名为《20世纪80年代的研究生教育》（*Post - Graduate Education in the* 1980s）的研究报告指出："这些国家研究生教育的扩张，与其说是政府政策推动的结果，毋宁说是无数个个体所做决定累积的产物……海外研究生的学费多少、研究项目经费的可获取性、受过学术训练的劳动力市场的供需状况（它自身既是一般经济意义上的政策，又是研发活动的结果）等因素都是影响研究生教育规模和结构的重要变量。"[②]

北美大学联合会（the Association of American Universities，AAU）于1998年10月发布的报告指出："研究生教育与研发经费有密切关系，因为研究生不仅将成为下一代的研发工作者，目前也是研究单位里从事研究活动的重要力量——他们是积极的研究执行者，这个国家超过50%的基础研究都与他们有关。"[③]

我国的R&D经费对研究生教育规模发展提供了有力支持。一方面，从科研投入看，自1999年以来，随着中国经济总量的不断增长以及综合国力的提高，我国科技经费投入出现快速增长势头，中央财政对科技活动的资金扶持力度继续加大，R&D经费支出占GDP的比重逐年提高。到2003年，已增长到975.5亿

---

① 张振刚．美国宏观因素对研究生教育各层次规模影响作用研究［J］．研究生教育研究，2011（5）：85－90．

② Blume S，Amsterdamska O. Post-graduate education in the 1980s［R］. Paris：Organization for Economic Co-operation and Development，1987.

③ AAU Committee on Graduate Education. Report and Recommendations［R］. Washington，D. C：the Association of American Universities of Committee on Graduate Education，1998.

元,增长了近 19 倍,年均增长率为 19.2%。1999～2003 年,中央财政科技拨款平均约占 64.2%,地方财政科技拨款平均约占 35.8%。另一方面,从科技活动经费筹集和使用情况看,1999 年全国共筹集科技活动经费 1 460.6 亿元,科技活动支出经费为 1 284.9 亿元,2003 年全国科技活动筹集经费和支出经费分别增加到 3 459.1 亿元和 3 121.6 亿元,分别是 1999 年的 2.37 倍和 2.43 倍,总体上保证了研究生教育规模的急剧扩大。① 我国高等教育大众化发展进程中,研究生培养单位的科研经费呈现大幅增长趋势,办学条件得到显著改善,开展前沿领域科学和解决经济建设重大问题的能力日益增强,为研究生教育规模的继续扩大奠定了基础。

5. 人口因素与本科生规模

人口因素与本科生规模也影响着研究生教育发展,一般而言,研究生教育规模大小与人口数量的变化是同向的,人口基数是研究生教育发展规模的前提。但人口因素并非指人口总量,预测短期或中期的研究生教育发展规模更多采用适龄人口。美国国家教育统计中心(NCES)自 1964 年开始的系列教育预测研究表明,在预测短期研究生招生人数时,特定年龄入学率和大学人口变化是重要的影响因素,其中最重要的因素是 18～24 岁大学适龄人口的预测性增长。②

在人口因素中,本科毕业生人数是其核心指标。一般而言,国民教育体系表现为金字塔结构,教育层次越低,它的规模越大,而教育层次越高,它的规模越小。教育规模往往是层次高的受到层次低的教育规模影响。研究生规模更容易受到本科规模的影响,本科生的教育规模直接反映出它能够提供给研究生教育的数量。在校研究生数与在校本科生数的比例越小,说明本科生可供生源的相对数量越大,生源质量越能得到保障。③ 高等教育进入大众化阶段后,本科毕业生人口数量对研究生教育规模的影响越来越明显。④

6. 师资因素

师资是影响研究生教育规模和研究生教育质量的直接因素。充足的师资力量才能保证研究生教育的基本和顺利开展,研究生专任教师数量多少与研究生学位授予量具有正向作用。其中,当研究生专任教师数量每增加 1% 时,硕士学位授予数量增加 1.26%,博士学位授予数量增加 0.19%。因此,专任教师数量的增加对硕士层次的学位授予数量有十分显著的促进作用,而对于博士学位的授予数

①③ 王艳. 大众化下研究生教育规模化发展现状与对策研究 [D]. 兰州:兰州大学,2009.
② 张培丽. 当前经济发展阶段我国研究生规模研究 [J]. 财贸经济,2009 (6):69－74.
④ 卢锐. 湖北省研究生教育规模预测的实证研究 [D]. 武汉:中南民族大学,2011.

量呈较弱的促进作用。① 以美国为例,目前每个获得学位的研究生平均有 3.44 个指导老师,即使在研究生发展速度较快的 20 世纪 70 年代,虽然师生比有所下降,但是每个学生的指导老师也接近 3 个。充裕的师资不仅保证了研究生培养的质量,同时也为研究生规模的持续增长提供了条件。②

7. 就业因素

就业状况会影响学生毕业后的工作选择。当就业形势较好时,学生往往倾向于本科毕业后选择就业。而当就业困难时,学生的机会成本将有所下降,可能对研究生规模增长有积极影响。

第二次世界大战后,美国迎来生育高峰期,20 世纪 60~70 年代以来,美国面临较为严重的就业形势,而相反,研究生规模却在这一时期快速增长。90 年代中期以来,美国率先进入知识经济时代,美国经济表现出高增长、高就业率、低膨胀的特征,而研究生规模增长却相对缓慢。直到 2000 年美国网络经济泡沫破灭,研究生规模的增长速度又有所加快。可见,就业状况对研究生教育规模影响非常明显。③

8. 国家政策因素

国家政策是决定研究生教育发展规模的重要因素,政策因素对研究生招生规模的影响是通过综合考虑其他因素而通过国家行政的力量来实现的。④ 1999 年研究生的扩招,是在中国政府"深化改革,积极发展;分类指导,加强建设;注重创新,提高质量"的基本方针的引导下实施的。全国硕士生招生规模从 1999 年的 7.2 万人激增到 2004 年的 27.3 万人,博士生招生规模从 1999 年的 2.0 万人增加到 2004 年的 5.3 万人⑤。到 2009 年,教育部办公厅和国家发改委办公厅联合下发了《关于编制 2009 年全国研究生招生计划的通知》,其中指出,2009 年硕士研究生扩招 5 万人,计划将比上年增长 5%左右,2009 年的研究生录取率将达 32.86%⑥。研究生的招生规模不断增长,这是近几年研究生教育发展的突出的特点。特别是 2017 年及 2018 年,研究生报考人数猛增两位数以上。2018 年的报考人数高达 238 万人,同比增长 18.4%,招生人数达 85.80 万人,同比增长 6.4%⑦。国家政策

---

① 张振刚. 美国宏观因素对研究生教育各层次规模影响作用研究 [J]. 研究生教育研究,2011 (5):85-90.

②③ 张培丽. 当前经济发展阶段我国研究生规模研究 [J]. 财贸经济,2009 (6):69-74.

④ 王艳. 大众化下研究生教育规模化发展现状与对策研究 [D]. 兰州:兰州大学,2009.

⑤ 国家统计局,科学技术部,财政部. 全国科技经费投入统计公报 (1999~2003 年). [EB/OL] http://www.stats.gov.cn/tjsj/tjgb/rdpcgb/qgkjjftrtjgb/index.html. 2019-12-10.

⑥ 研究生复试分数线划定录取率将达 32.86% [EB/OL]. https://www.chinanews.com.cn/edu/kong/news/2009/04-05/1633171.shtml. 2009-04-05.

⑦ 教育部. 全国教育事业发展统计公报 2017-2018 [EB/OL]. http://www.moe.gov.cn/jyb_sjzl/sjzl_fztjgb/201907/t20190724_392041.html. 2019-07-24.

对研究生规模扩张具有明显的导向作用，其影响在某种程度上讲可能远高于其他因素。

（二）预测方法①

预测方法与技术发展至今，已形成多种方法，据不完全统计已达 150 种以上。② 这么多预测方法，大体上可以分为定性预测和定量预测两种或两类。

定性预测多依靠经验判断和调查研究等方式，特别是在缺乏数据的情况下更多依据经验判断。定性预测方法又可分为调查分析法、德尔菲法、类推法和类比法等。

定量预测主要包括时间序列分析预测和回归分析预测两种。其中，时间序列分析预测是借用历史数据来统计分析后预测，而回归分析预测则寻求影响预测的一个或多个变量间的因果关系。定量预测的具体方法包括时间序列分析法、学生流法、趋势外推法、移动平均法、灰色预测法、自适应过滤法、指数平滑法、人工神经网络、博克斯—詹金斯法③、状态空间模型和卡尔曼滤波等④。

教育发展方面的预测，包括研究生教育发展预测，目前较常用的预测方法有时间序列分析法、学生流法和回归预测分析法。

1. 时间序列分析法

时间序列分析法可包括趋势外推法、移动平均法、灰色预测法、自适应过滤法、指数平滑法、人工神经网络、博克斯—詹金斯法⑤、状态空间模型和卡尔曼滤波等具体方法。如汤普森（Thompson，H. R.，1961）研究大学学龄人口与入学人数之间的关系，他运用趋势外推法预测了 1978 年美国各州及全国的高等教育入学人数。希利和布朗（Healey and Brown，1978）用指数平滑法预测过美国大学未来几年的在校生人数。阿姆斯特朗（Jane M. Armstrong，1981）用趋势拟合和人口组成推演法预测过今后一段时间的入学人数。弗兰克尔和格雷尔德（Frankel M M and Gerald D E.，1988）对美国高等教育注册生入学率进行指数平滑，预测了未来的入学率。

时间序列分析法所包含的各种具体方法中，趋势外推法和灰色预测法在预测高等教育未来发展时最为常用。

① 杨岑. 辽宁省研究生教育规模预测研究 [D]. 沈阳：东北大学，2013.
② 毛建青. 高等教育规模定量预测的常用方法综述 [J]. 黑龙江高教研究，2008，27（2）：9-12.
③⑤ Patricia Hinchey. The graduate grind：a critical look [M]. London：Garland Publishing, Inc, 2000：13.
④ Robert G. Burgess. Beyond the First Degree：Graduate Education, Lifelong Learning, and Careers [M]. London：Society for Research into Higher Education & Open University Press, 1997：6.

采用趋势外推法来预测高等教育发展规模，通常用过去历年的高等教育招生规模或在校生规模的数据，计算历年的增长率等来外推未来的高等教育规模。例如，有学者曾采用趋势外推法，通过辽宁省历年的研究生招生规模变化趋势预测未来的研究生招收规模[①]。

灰色预测法是我国学者邓聚龙教授创立的一门预测学科。它以"部分信息已知，部分信息未知"的"小样本、贫信息"不确定性系统为研究对象，实现对系统运行行为的正确认识和有效控制[②]。有学者在综合考虑陕西省研究生教育的历史和现状、所面临的机遇和挑战及全省经济发展速度的基础上，运用趋势外推法预测了陕西省研究生教育在未来 10 年所应达到的规模，并结合实际对预测结果进行了分析讨论，从而得出了研究生招生规模应量力而行的结论。[③]

2. 学生流法

学生流法是教育规划实践中最常用的预测方法之一。学生流法的理论假设是，每个教育阶段都有适合这一教育阶段入学的人口群体，只要掌握关于这一人口群体充分的统计数据，再对这一教育阶段的毛入学率和辍学率有较为准确的把握，就可用学生流的方法推出各个教育阶段的规模数据。钱德拉·沙和杰拉尔德·伯克（Chandra Shah and Gerald Burke，1999）通过分析澳大利亚高等教育系统的学生流和学生毕业情况，建立了马尔可夫链模型。学生流法常用于初中教育和高中教育不同年级之间以及高等教育内部的学生数量预测上，如柏雷等（Bailey et al.，1975）、鲁德等（Rudd et al.，1976）、巴特斯等（Bartelse et al.，1975）均用学生流模型对初等及普通中等教育的学生数量做了预测。

华东师范大学课题组选取进入高等教育大众化阶段且高等教育毛入学率达30%以上的国家，通过这些国家 2002～2012 年的相关数据预测出我国"十三五"期间博士或同等水平（按照联合国教科文组织最新版的《国际教育标准分类法》的分类，ISCED 8 指博士或同等水平）的招生规模，再根据博士生和硕士生招生规模的相应比例，预测出整个研究生教育的招生规模。

3. 回归预测分析法

回归预测分析法，是指根据因变量与自变量之间相互关系来对因变量进行预测的方法。使用回归预测分析法，先要确定哪些是被解释变量，哪些是解释变量，再建立相互之间的模型关系。有研究采用 BP 神经网络模型，通过1991～2002 年我国全日制在校研究生的数据来预测我国研究生教育发展规模。为使结果更加客观，该研究将 BP 神经网络模型得出的结果与线性回归模型、

---

① 杨岑. 辽宁省研究生教育规模预测研究 [D]. 沈阳：东北大学，2013.

② 邓聚龙. 灰色预测与决策 [M]. 武汉：华中理工大学出版社，1986：32 - 35.

③ 李全亮. 陕西省研究生教育预测模型实证研究 [J]. 数学的实践与认识，2008，38 (13)：148.

回归自回归混合模型的预测结果进行了比较①。还有的研究，以 20 世纪下半叶我国高等教育学生数和高等教育毛入学率为研究对象，采用线性回归分析模型，得出我国高等教育毛入学率的增长趋势方程，推出 10 年后的高等教育发展规模。②

不同的预测方法有各自的适用范围，而且预测精度也并不相同。就以上三种预测方法来说，趋势外推法是从时间变化引起目标数据变化的角度去预测事物的发展趋势，其基本假设前提是过去的趋势会一直持续到未来；学生流法适用于各个教育阶段，但必须在掌握较为全面的人口信息和该阶段入学率的基础上；回归分析法从事物发展变化受不同因素影响的角度去预测，适于事物发展变化与一个或一些因素有直接关系和明显影响的预测。每一个预测方法都有其适用的条件，同一情况下采用不同的预测方法预测结果可能有所不同，因此，预测方法的选取，需要根据研究需要，周全考量、规范运用。

（三）预测模型

预测模型往往建立在一定的理论基础上，常用的集中预测模型有以下几种。

1. 线性预测模型

预测博士生在校生规模采取的线性模型公式如下③：

$$Y_t = \alpha + \beta_1 \times P_t + \beta_2 \times GDP_t + \beta_3 \times SGDP_t + \beta_4 \times TGDP_t + \beta_5 \times HERatio_t$$

其中，Y_t 代表某国或者某地区某年博士生在校生数，P_t 代表某国或者某地区某年年中人口总数，GDP_t 代表某国或者某地区某年的 GDP 总量，$SGDP_t$ 是某国或者某地区某年 GDP 总量中第二产业所占的比重，$TGDP_t$ 是某国或某地区某年 GDP 总量中第三产业所占的比重，$HERatio_t$ 代表某国或者某地区某年就业人口中高等教育人口的比重。

该模型在预测中提取的数据包含了时间序列和横截面的混合数据，预测时需要考察时间因素对回归结果的影响。

2. 比较性预测模型④

有研究根据世界各国有关数据，预测出我国"十三五"期间 ISCED8 的招生规模，再根据博士生和硕士生招生规模的相应比例，预测出整个研究生教育的招

① 刘叔才，尹平. 基于 BP 神经网络的研究生教育发展规模预测 [J]. 中国社会医学杂志，2008，26（6）：13.

② 谢作栩，黄荣坦. 20 世纪下半叶中国高等教育规模发展波动研究 [J]. 教育研究，2000（10）：16 – 21，28.

③ 谢维和，王孙禹. 学位与研究生教育：战略与规划 [M]. 北京：教育科学出版社，2011：168.

④ 华东师范大学课题组. "十三五"期间我国经济社会发展趋势与研究生教育规模预测研究 [R]. 上海：华东师范大学，2015.

生规模。研究生招生规模预测模型的公式如下：

$$Y_t = \alpha + \beta_1 \times GDPPC_t + \beta_2 \times DI_t + \beta_3 \times HEF_t + \beta_4 \times HE(R\&D)_t + \beta_5 \times HEP_t$$

其中，Y_t 指某国某年博士生的招生人数，$GDPPC_t$ 指某国某年的人均 GDP，DI_t 指某国某年的人均可支配性收入，HEF_t 指某国某年国家划拨的高等教育经费总额，$HE(R\&D)_t$ 指某国某年的高等教育研发经费总额，HEP_t 指接受过高等教育劳动力数量。

因无法通过 GDP 缩减指数得到 GDP 的实际值，预测采用的 GDP 只能是未来的名义值。该模型中采用的 GDP 均为该国当年的名义值。时间因素作为虚拟变量加入回归模型中，因该回归模型的所有时间变量在统计上都不显著，故此模型构建不再考虑时间序列的因素。

3. 多因素计量分析模型[①]

多因素计量分析模型，是指通过既考虑到影响硕士研究生学位授予规模的数量化因素，又考虑到数据可获取性后，从经济和人口要素中等抽取相关变量，从而建立硕士研究生学位授予规模的多因素计量分析模型，其公式如下：

$$MA_{it} = C + \alpha GDP_{it} + \beta_i EF_{it} + \gamma_i UG_{it} + \theta_i FT_{it} + \varepsilon_{it}$$

其中，MA 是各地区历年硕士研究生学位授予人数，GDP 为自变量中各地区历年 GDP 总量，EF（education funds）为各地区历年高等学校教育经费，UG（undergraduate）各地区历年高等学校毕业生数，FT（full-time teacher）为各地区历年高等学校专任教师数，ε_{it} 为随机扰动项。下标 i 为各地区的标识（$i = 1, 2, \cdots, 30$）。下标 t 是各年份的标识。

该模型在对数据的度量上引入面板数据模型，相对于一般的线性回归模型，它的变量取值带有时间序列和横截面的双重性，既考虑到了横截面数据存在的共性，又能分析和对比模型中横截面因素的个体特殊性。

4. 因果关系模型

因果关系模型，即利用高等教育与社会经济发展之间存在的因果关系，找出影响高等教育发展的一个或多个因素，建立因变量为高等教育规模的数学模型来预测结果。[②] 如米红等（2006）建立了关于福建省人均 GDP 等因素与高等教育发展的 logistic 方程，对高教规模进行了预测。朱永东等（2010）的研究表明，研究生教育规模与 GDP 增长间具有不平衡性，如果经济增长，则研究生教育规模会有所减弱；如果人口增加，则研究生教育规模会扩大。

---

① 张振刚，许颖.我国硕士研究生学位授予规模的影响因素分析［J］.科技管理研究，2011（20）：132 – 135.

② 夏新斌，李琼.ARIMA 模型在教育预测中的应用——以湖南中等职业教育为例［J］.经济研究导刊，2008（6）：189 – 190.

二、研究现状述评

国内外有关研究生教育规模预测的文献，虽然数量不是很多，但涉及面很广，如有专门对研究生规模预测影响因素的研究，有借鉴其他学科建立研究生规模的预测模型和方法等。这为后来的研究提供了思路和思路选择，每一个项目都可以开发适合自己的预测模型和方法来完成研究生教育规模的预测。但对本书的研究而言，以上研究成果还不能完全满足需要：

第一，虽然影响研究生规模的因素多达 8 类，但谁是主要影响因素，谁是次要影响因素，以及如何处理它们的关系才更科学，现有的研究还不能直接给出满意答案。

第二，本书要对 2020～2035 年这一时间跨度较长的研究生教育规模作出预测，之前较少有研究涉及。

第三，除了研究生发展规模外，还需要对研究生发展的层次、类别、学科等构成的研究生学位授予规模进行预测，这在以前也较少涉及。

以上三方面内容，正是本章研究需要解决的。

第二节　研究生学位授予预测指标与预测模型

研究生学位授予规模与研究生招收规模有一定的量差。一般而言，授予规模要小于招收规模。研究生学位授予规模的大小与研究生招收规模有关，也与研究生培养标准、学制、就业等因素有关，情况相对复杂。就研究生学位授予预测而言，学术界更多采用研究生招收规模这一指标。为此，本章所指研究生学位授予规模基本是指研究生招收规模。

一、预测指标确定

研究生学位授予规模的预测，从回归变量角度首先将其影响因素分为因变量和自变量两大类。

（一）因变量

2020～2035年中国研究生学位授予的因变量主要包括研究生招收的总规模、层次规模、类型规模和学科规模，具体包括以下几点。

1. 2020～2035年研究生招收总规模

2020～2035年研究生招生总规模是指，2020～2035年每年全国研究生招收的总人数。

2. 2020～2035年研究生招收层次规模

2020～2035年研究生招收层次规模包括两个方面：一是2020～2035年中国历年硕士生招收规模；二是2020～2035年中国历年博士生招收规模。

3. 2020～2035年研究生类型招收规模

2020～2035年研究生类型招收规模包括两个方面：一是2020～2035年中国历年学术学位研究生招收规模；二是2020～2035年中国历年专业学位研究生招收规模。

4. 2020～2035年研究生学科招收规模

2020～2035年研究生学科招收规模包括三个方面：一是2020～2035年中国历年不同学科研究生招收规模；二是2020～2035年中国历年不同学科硕士生招收规模；三是2020～2035年中国历年不同学科博士生招收规模。

根据我国1999～2018年的相关数据预测出我国硕士生的招生规模，再根据博士生和硕士生招生规模的相应比例，预测出整个研究生教育的招生规模。因此，规模预测模型的因变量是我国不同年度硕士生的招生人数。

（二）自变量

1. 自变量指标取舍

根据现有国内外研究生发展规模预测的研究成果，本书归纳出影响研究生规模的因素有三类：一是经济因素，如GDP、人均GDP、人均可支配收入、经济发展速度、经济增长速度、教育经费、R&D经费、研究生奖助学金政策等；二是高等教育因素，如本科院校数、本科生毕业生数量、研究生导师数量等；三是人口与政策因素，如人口规模、生育政策、科技政策、文化政策以及研究生教育发展政策。

如何取舍这些指标，本书研究秉持以下原则：

第一，代表性原则。在与经济因素直接或间接相关的GDP、人均GDP、人均可支配收入、经济发展速度、经济增长速度、教育经费、R&D经费、研究生奖助学金政策等指标中，谁最具有代表性？如 GDP 和人均 GDP 是衡量一个国家经济发展的重要和基础性指标，研究一国的国际经济活动以及义务教育发展比较中，都经常使用。然而，研究生教育与义务教育等有很大的不同：一是义务教育具有免费性和强制性，中央和地方政府有责任承担义务教育经费，而研究生教育不同，需要个人支付部分培养经费；二是能够接受研究生教育的人数较基础教育和专科、本科教育人数要少，而且他们选不选择接受研究生教育需要权衡攻读学位的机会成本和边际效益，这或多或少更与经济因素中的人均可支配收入相关。

第二，可替代性原则。一些事关研究生规模预测的重要指标，如奖学金、助学金等，它们直接影响到研究生是否能够或有经济条件接受研究生教育，但由于奖学金又包括国家奖学金、地方奖学金和学校奖学金等，助学金也有学校助学金、学院助学金和导师助学金等，而且奖学金、助学金又分为不同等级，这对于统计和预测而言就非常困难，特别是全国范围的统计。为此，用"政府对高等教育经费投入"来替代国家对研究生教育投入或财政支持等，采用"R&D 经费"代表国家、企业和其他方面对研究生教育中研究和试验发展的经费支出等。

第三，不确定性原则。研究生教育发展规模的影响因素中，政策因素不可忽视，甚至还十分重要。我国改革开放后的两次研究生教育规模扩大都无不与当时的研究生教育新政策有关。但由于政策具有一定的偶然性，难以预料在预测时段是否会出台。为此，对于不确定性指标，如研究生教育发展政策和经济发展周期等因素，本书在预测研究生教育规模时通过上线、中线和下线三种水平来反映。

2. 自变量确定

第一，人均 GDP。人均 GDP 比 GDP 更能反映一个国家的国民富裕水平。中国作为发展中国家，经过改革开放 40 多年的发展，GDP 已跃居世界第二，经济发展取得了举世瞩目的成就，国民收入也大幅提高。但从人均 GDP 来看，我国在较长时间还会处于发展中国家，中国人口基数使人均 GDP 较低，人均 GDP 更能反映适龄人口接受研究生教育的可能性。

第二，人均可支配收入。这一指标与人均 GDP 很有大的相关性，也能反映出国民的富裕程度，但人均 GDP 反映是可能的消费，而人均可支配收入反映的是潜在的消费能力。中国作为一个发展中国家，特别是目前教育、医疗、住房和养老等制度还不完善的情况下，即使人均 GDP 水平不断提高，但国民可能会首先考虑住房、医疗和基础教育等方面的需求。人均可支配收入，更适宜作为预测研究生教育规模的重要因素。

第三，政府对高等教育经费投入。随着我国经济总量不断增长，综合国力日益提高，国家对教育投入不断增加，包括研究生教育发展获得了很好的发展机遇。随着中国坚持改革开放的基本国策，经济持续发展，GDP 会不断增长，GDP的 4% 已连续几年用于教育事业。这为研究生教育持续发展提供了强有力的支持。中国开展研究生教育的高校基本都是公立学校，学校办学经费基本来自政府拨款，政府投资的重要性不言而喻，因此政府的教育投资作为预测研究生教育发展指标是非常重要的。

第四，R&D 经费。R&D 经费投入是一个国家经济转型和提升经济品质的必然选择。我国第一、第二和第三产业的发展，R&D 经费的贡献起到决定性作用。这些年我国 R&D 经费出现明显连续性增长趋势，R&D 经费支出比重逐年提高，从财力方面支持了研究生教育规模的急剧扩大。①

第五，本科生毕业人数。就高等教育内部而言，直接影响研究生教育规模的首先是本科生基数，它主要表现在学龄人口的变化对高校数量、规模的影响方面，适龄人口的变化对研究生教育规模等有着深刻的影响。② 研究生教育是本科教育后的教育，本科生规模与研究生规模有很强的线性关系。

第六，研究生导师数。研究生导师数量，不仅是保证研究生培养质量的基础，也是研究生规模持续增长的条件。③ 没有一支数量多和水平高的研究生导师队伍，研究生教育规模的扩大和质量的提升是难以实现的，研究生导师数作为影响研究生教育规模的指标具有客观性。

根据以上的分析，得出影响研究生教育规模的因变量和自变量，如表 2 - 1 所示。

表 2 - 1　　　　　　研究生教育发展预测因变量和自变量

变量类型	变量名称	变量说明
因变量	各年度研究生招生数	2020～2035 年历年的研究生招收总数，不同层次、不同类别和不同学科的研究生招收数
自变量	人均 GDP	经济发展状况和人民生活水平
	人均可支配性收入	国民潜在的研究生教育消费能力
	政府对高等教育经费投入	发展研究生教育的财政支持

① 卢锐．湖北省研究生教育规模预测的实证研究 [D]．武汉：中南民族大学，2011．
② 李锦奇．区域高等教育结构调整研究 [D]．武汉：华中科技大学，2010．
③ 张培丽．当前经济发展阶段我国研究生规模研究 [J]．财贸经济，2009（6）：69－74．

续表

变量类型	变量名称	变量说明
自变量	R&D 经费	国家、企业和其他对研究生教育的经费支持
	本科毕业生人数	本科后的研究生教育人数
	研究生导师数	专任研究生导师人数

二、预测模型构建

研究生教育招收规模的预测，首先需要采用时间序列方法，以时间为预测的基础。其次采用回归分析方法，假设研究生教育未来招收规模会按照其过去发展态势持续发展。

研究生招生规模预测模型公式如下：

$$Y_t = \alpha + \beta_1 \times GDPPC_t + \beta_2 \times DI_t + \beta_3 \times HEF_t + \beta_4 \times HE_t + \beta_5 \times UG_t + \beta_6 \times FT_t \quad (I)$$

其中，Y_t 指某国某年硕士生的招生人数，$GDPPC_t$ 指某年人均 GDP，DI_t 指某年人均可支配性收入，HEF_t 指某年政府对高等教育经费投入，HE_t 指某年 R&D 经费，UG 是某年本科毕业生数，FT 是某年研究生导师数。

有两点需要说明：

第一，代表各年份的标识。

第二，预测采用的 GDP 是未来的名义值，而不是 GDP 的实际值。

第三节　中国 2020～2035 年研究生学位授予需求预测

预测 2020～2035 年研究生学位授予需求，需要以 2020 年之前一段时间的数据为基础展开时间序列和回归分析。我国 2020 年之前研究生教育发展的数据来源渠道较多，有《中国教育统计年鉴》《中国科技统计年鉴》《中国统计年鉴》《中国教育经费统计年鉴》，以及国家统计局和中华人民共和国教育部官方网站等，每一渠道的数据不太完整齐备，而且有些数据还不完全一致。本章的预测数据来源，尽可能取材于同样的年鉴或官网，但有些数据还是不可避免来自多个年鉴。一一标明数据来源可能使得文章表达和阅读不流畅，为此，本章预测没有标注来源的原始数据，都是以上官网的数据。

一、影响 2020~2035 年研究生学位授予需求因素预测

2020~2035 年研究生学位授予需求的预测，采用的是时间序列和横截面的混合数据集的数据。为符合多元线性回归模型数据统计要求，首先考虑时间因素对回归结果的影响，将时间因素作为虚拟变量加入回归模型（2-1）中，其结果显示所有的时间变量在统计上都呈现不显著，这意味着本预测模型构建中可不考虑时间序列的因素。

中国高等教育规模扩招始于 1999 年，预测时将 1999~2018 年的相关数据带入到预测模型中，其公式为：

$$Y_t = -11\,643 + 13.954\beta_1 - 92.459\beta_2 + 3.494\beta_3 + 45.53\beta_4 - 691.955\beta_5 + 4.124\beta_6$$

$$(2-1)$$

通过对影响研究生招生规模的因素进行多元回归分析，发现这些影响因素可以解释总变异量的 99.4%。其中，除了研究生导师这一自变量在回归模型中呈现显著外，其他自变量均不显著。同时，通过模型的拟合优度和显著性检验发现，拟合模型回归方程的判定系数 R^2 为 0.994，说明该回归方程对样本数据点拟合得较好。然后，拟合模型回归方程显著性检验，采用了 F 检验，参考指标为 F 统计量的相伴概率值（显著性水平 sig 值）和 F 统计量。该方程的 sig 值为 0.000 < 0.01，说明回归方程呈现非常显著此时，F 统计量较大，为 507.213，说明随机因素对因变量造成的影响较小。综上所述，该回归方程能够较好解释因变量的变动，方程质量较好，可用来预测 2020~2035 年研究生招生规模等。

（一）中国 2020~2035 年的人均 GDP 预测

2019 年 3 月 5 日，国务院总理李克强在《政府工作报告》中指出，近五年来，中国经济实力跃上新台阶。国内生产总值增长 6.6%，总量突破 90 万亿元[①]，GDP 总量接近 100 万亿元大关，占世界经济比重预计将超过 16%，对世界经济增长贡献率预计将达到 30% 左右。[②] 该报告同时指出，综合分析国内外形势，我国经济发展面临机遇和挑战并存。世界经济有望继续复苏，但不稳定、不

[①] 2019 年政府工作报告 [EB/OL]. http：//www. gov. cn/zhuanti/2019qglh/2019lhzfgzbg/index. htm, 2022-11-01.

[②] 2019 年中国经济成绩单公布去年中国 GDP 占世界比重预计将超 16% [EB/OL]. http：// tv. cctv. com/2020/01/18/VIDEqsw5irUzZA0Im1NyJPpu200118. shtml, 2022-11-01.

确定因素很多，主要经济体政策调整及其外溢效应带来变数，保护主义加剧，地缘政治风险上升。因此 2019 年发展的主要预期目标是：国内生产总值增长 6% ~ 6.5%；居民收入增长和经济增长基本同步。①

2017 年，清华大学国情研究院课题组发布研究成果《中国经济增长前景及动力分析（2015 - 2050）》②，通过对我国未来的 TFP 发展趋势进行预测，预测结果分为中方案和高方案。中方案为参考方案，TFP 增速为 1.3%；高方案为争取方案，TFP 增速为 1.5%。该研究认为，保持 1.3% ~ 1.5% 之间 TFP 增速可能性是非常大的。基于对 TFP、劳动力和资本存量的增长率判断，给出了高方案和中方案下对 GDP、人均 GDP 年均增速范围的预测结果，如表 2 - 2 所示。

表 2 - 2　　　　　中国 2015 ~ 2035 年 GDP 与人均 GDP 增速　　　单位：%

时期	GDP 年均增速	人均 GDP 增速
2015 ~ 2020 年	6.85 ~ 7.32	6.15 ~ 6.61
2020 ~ 2035 年	4.84 ~ 5.59	4.74 ~ 5.49

注：2015 ~ 2050 年数据系根据全球增长模型计算。其中，中国数据的上下限分别代表高方案与中方案增长率，TFP 增速分别为 1.3% 和 1.5%。

该课题组当时预测，我国 2015 ~ 2020 年年均 GDP 的增长速度约在 6.85% ~ 7.32% 之间，2020 ~ 2035 年均 GDP 的增长速度约在 4.84% ~ 5.59% 之间。为此，就 2015 ~ 2020 年均 GDP 增速而言，中等目标值、最大值、最小值下调整为 7.085%、7.32%、6.85%；就 2020 ~ 2035 年均 GDP 而言，增速调整为 5.215%、5.59%、4.84%。

国家统计局于 2019 年 2 月 28 日发布《中华人民共和国 2018 年国民经济和社会发展统计公报》，初步核算，全年国内生产总值为 900 309 亿元，比上年增长 6.6%，全年人均国内生产总值为 64 644 元，比上年增长 6.1%。

根据联合国人口司 2017 年最新数据统计，2025 年我国总人口将达到 14.38 亿人，2035 年全国总人口约为 14.33 亿人。据此也可得出 2020 年、2025 年、2030 年、2035 年我国人均 GDP 预测值，如表 2 - 3 所示。

---

① 2019 年政府工作报告 [EB/OL]. http：//www.gov.cn/zhuanti/2019qglh/2019lhzfgzbg/index.htm，2022 - 11 - 01.

② 胡鞍钢，刘生龙. 中国经济增长前景及动力分析（2015 - 2050）[J]. 国家治理，2017 (45)：04 - 10.

表 2 - 3　　　　　中国 2015～2020 年 GDP 增长速度和
2020 年人均 GDP 指标预测

预测指标	最低值	中等目标值	最高值
GDP 增长速度（%）	6.85	7.085	7.32
人均 GDP 增长速度（%）	6.15	6.38	6.61
2020 年 GDP 预测值（亿元）	961 980	964 095	96 6211
2020 年人均 GDP（元）	68 619	68 768	68 917

　　选取 2020 年中等目标值下中国的 GDP 预测值，根据 GDP 的年均增长率，即可预测 2025 年的 GDP 年数据。根据联合国人口司的预测数据，2025 年我国总人口将达到 14.38 亿人，则 2025 年中国 GDP 增长速度和人均 GDP 值如表 2 - 4 所示。

表 2 - 4　　　　　中国 2020～2025 年 GDP 增长速度和 2025 年
人均 GDP 指标预测

预测指标	最低值	中等目标值	最高值
GDP 增长速度（%）	4.84	5.215	5.59
人均 GDP 增长速度（%）	4.74	5.115	5.49
2025 年 GDP 预测值（亿元）	1 218 431	1 243 105	1 268 194
2025 年人均 GDP（元）	86 498	88 249	90 029

　　根据 2025 年中等目标值下中国的 GDP 预测值和 GDP 的年均增长率，即可预测 2030 年的 GDP 年数据。根据国务院印发的《国家人口发展规划（2016 - 2030 年）》，我国人口总规模增长惯性减弱，2030 年前后达到峰值，约为 14.5 亿人。2030 年中国 GDP 增长速度和人均 GDP 值如表 2 - 5 所示。

表 2 - 5　　　　　中国 2015～2030 年 GDP 增长速度和
2030 年人均 GDP 指标预测

预测指标	最低值	中等目标值	最高值
GDP 增长速度（%）	4.84	5.215	5.59
人均 GDP 增长速度（%）	4.74	5.115	5.49
2030 年 GDP 预测值（亿元）	1 543 248	1 602 862	1 664 560
2030 年人均 GDP（元）	109 035	113 248	117 609

45

根据 2030 年中等目标值下中国的 GDP 预测值和 GDP 的年均增长率, 即可预测 2035 年的 GDP 年数据。根据联合国人口司的预测数据, 2035 年我国总人口约为 14.33 亿人, 计算出 2035 年中国 GDP 增长速度和人均 GDP 值如表 2-6 所示。

表 2-6　　　　　中国 2020~2035 年 GDP 增长速度和
2035 年人均 GDP 指标预测

预测指标	最低值	中等目标值	最高值
GDP 增长速度（%）	4.84	5.215	5.59
人均 GDP 增长速度（%）	4.74	5.115	5.49
2035 年 GDP 预测值（亿元）	1 954 658	2 066 733	2 184 808
2035 年人均 GDP（元）	137 444	145 329	153 637

（二）中国人均可支配收入预测

根据《中国统计年鉴》中人均可支配收入的相关数据, 运用自回归时间序列模型（AR）预测的数据, 2020~2035 年我国人均可支配收入的预测值如表 2-7 所示。

表 2-7　　　　中国 2020~2035 年人均可支配收入的预测值　　　单位: 元

指标/年份	2020 年	2025 年	2030 年	2035 年
人均可支配性收入	30 690	38 332	45 261	51 718

（三）中国高等教育经费预测

2012 年, 我国教育经费首次实现占 GDP 的比重达 4%, 且自 2012 年以来教育经费占比连续保持在 4% 以上。中国高等教育经费预测, 不仅要考虑到我国的经济运行水平及国情特点, 考虑教育经费占 GDP 比重的可能增长, 而且还要考虑教育经费支出。据国家社会科学基金《中国—东盟高等教育区域性合作研究》研究结果显示[1], 我国高等教育经费占教育经费的比率一直保持在 30% 左右。按照国际上进入中等收入国家阶段的加大教育特别是高等教育投入的一般经验, 当时预测我国 2020 年教育经费占 GDP 比重可以达到 4.5%, 2025 年则预期达到 5%。[2] 照此增长速率推算, 2030 年我国教育经费占 GDP 比重可以预期达到

---

[1] 中国-东盟研究中心课题组. 中国-东盟高等教育区域性合作研究 [R]. 中国-东盟研究中心, 2011.

[2] 华东师范大学课题组. 学位与研究生教育发展阶段与预测研究 [R]. 华东师范大学, 2015.

5.5%，2035 年有望达到 6%，2020 年、2025 年、2030 年和 2035 年高等教育经费占 GDP 的比重预测分别为 1.35%、1.50%、1.65% 和 1.80%，由此，2020～2035 年的高等教育经费预测如表 2-8 所示。

表 2-8 　　　　　　中国 2020～2035 年高等教育经费预测　　　　单位：亿元

预测年度	最低值	中等目标值	最高值
2020	12 255	12 336	12 417
2025	17 360	17 673	17 990
2030	24 623	25 066	25 516
2035	34 635	35 259	35 892

（四）中国 R&D 经费预测

2006～2019 年中国 R&D 占 GDP 的比重由 1.3% 提高到 2.19%。根据国务院印发的《"十三五"国家科技创新规划》中的数据，截至 2020 年，我国 R&D 经费投入将达到 GDP 的 2.5%。[①] 与 2015 年我国 R&D 经费投入占 GDP 的比重为 2.0% 相比[②][③]，五年间，我国 R&D 经费投入预期值将增加 0.5%。如果照此增长速率预测，2025 年、2030 年和 2035 年将分别达到 GDP 的 3%、3.5% 和 4%。预测以各年份 GDP 的中等目标值作为基础，测算出我国 R&D 经费在 2020 年、2025 年、2030 年和 2035 年的投入分别为 22 844 亿元、35 346 亿元、53 171 亿元和 78 353 亿元。

（五）中国本科毕业生人数

我国 2018 年普通本科生招生人数为 790.99 万人[④]，以每五年为一时间节点来预测 2020～2035 年的中国本科生毕业生人数，故当时预测 2020 年本科毕业生人数大致可达到 374 万人。兰州大学李硕豪基于未来适龄人口的变化和经济发展趋势，利用时间序列法外推高等教育规模纵向发展模型，将获得的结果与横向人

---

① 国务院. 国务院关于印发"十三五"国家科技创新规划的通知 [EB/OL]. http：//www. gov. cn/zhengce/content/2016 - 08/08/content_5098072. htm，2016 - 07 - 28.

② 国家统计局. 2015 年全国科技经费投入统计公报 [EB/OL]. http：//www. stats. gov. cn/tjsj/tjgb/rd-pcgb/qgkjjftrtjgb/201809/t20180929_1625915. html，2016 - 11 - 11.

③ 国家统计局. 国家统计局关于 2015 年国内生产总值（GDP）最终核实的公告 [EB/OL]. http：//www. stats. gov. cn/tjgz/tzgb/201701/t20170109_1451239. html，2017 - 01 - 09.

④ 教育部. 2018 年全国教育事业发展统计公报 [EB/OL]. http：//www. moe. gov. cn/jyb_sjzl/sjzl_fz-tjgb/201907/t20190724_392041. html，2019 - 07 - 24.

口、经济因素相联系进行回归分析，以 5 年为一个预测单位，拟合出滚动回归模型。① 结果显示，2013 ~ 2030 年高等教育规模年均增长率应控制在 1.76% 内，到 2030 年高等教育毛入学率可达 60%。由此推算，本科生招生人数在 2021 年、2026 年、2031 年（因与 2030 年相隔一年，因此其增长速率暂与 2030 年保持一致）分别为 408.09 万人、445.29 万人、485.88 万人，因此本科毕业生人数在 2020 年、2025 年、2030 年及 2035 年分别为 374 万人、408.09 万人、445.29 万人、485.88 万人。

（六）研究生指导教师数

根据教育部发展规划司公布的历年教育统计数据，运用自回归时间序列模型（AR）预测数据，2020 ~ 2035 年我国研究生指导教师的预测值，如表 2 - 9 所示。

表 2 - 9　　　　中国 2020 ~ 2035 年研究生指导教师数预测值　　　　单位：人

	2020 年	2025 年	2030 年	2035 年
研究生指导教师	451 957	542 525	633 088	723 650

综上所述，我国 2020 ~ 2035 年各项指标的预测值，如表 2 - 10 所示。

表 2 - 10　　　　中国研究生教育规模预测模型各项指标预测值

预测指标	人均 GDP（元）	人均可支配收入（元）	高等教育经费（亿元）	R&D 经费（亿元）	本科毕业生人数（万人）	研究生专任教师数（万人）
2020 年						
最高值	68 917		12 417			
中间值	68 768	30 690	12 336	22 844	374.00	45.20
最低值	68 619		12 255			
2025 年						
最高值	90 029		17 990			
中间值	88 249	38 332	17 673	35 346	408.09	54.25
最低值	86 498		17 360			

---

① 李硕豪，李文平. 2013 - 2030 年我国高等教育规模发展研究——基于适龄人口和经济水平的分析[J]. 开发教育研究，2013，19（6）：73 - 80.

续表

预测指标	人均 GDP（元）	人均可支配收入（元）	高等教育经费（亿元）	R&D 经费（亿元）	本科毕业生人数（万人）	研究生专任教师数（万人）
2030 年						
最高值	117 609		25 516			
中间值	113 248	45 261	25 066	53 171	445.29	63.31
最低值	109 035		24 623			
2035 年						
最高值	153 637		35 892			
中间值	145 329	51 718	35 259	78 353	485.88	72.37
最低值	137 444		34 635			

二、2020~2035 年中国研究生学位授予需求预测

（一）2020~2035 年中国研究生招收层次规模预测

1. 2020~2035 年中国硕士生招收规模

将表 2-10 中我国 2020~2035 年的各项预测值代入预测方程，即可得到我国 2020~2035 年的硕士生招生规模。我国 2017 年硕士生招生为 589 812 人，如果未来十五年间我国硕士生招生规模保持平稳增长，则 2020~2035 年我国硕士生招生规模如表 2-11 所示。

表 2-11　　　　　2020~2035 年中国硕士生招收规模预测　　　　单位：万人

年份	最低值	中间值	最高值
2020	79.69	79.86	80.04
2025	127.84	130.17	132.54
2030	213.78	219.50	225.43
2035	346.54	357.32	368.70

2. 2020~2035 年中国博士生招收规模预测

通过 2020~2035 年我国硕士生的招生规模来对 2020~2035 年的博士生招生规模进行整合推算，还需要对历年来博士生和硕士生的招生规模变化趋势进行分

析和把握。

2002 年我国高等教育的毛入学率达 15%，高等教育从精英教育阶段进入大众化阶段。我国的博士招生数量与硕士招生数量的比率呈现逐次下降、趋势渐缓的态势。1999~2018 年我国博士与硕士招生情况如表 2-12 所示。

表 2-12　　　　1999~2018 年中国硕士生与博士生招收规模

年份	硕士招生数（万人）	博士招生数（万人）	硕博比（%）
1999	7.18	1.99	3.61
2000	10.29	2.51	4.10
2001	13.28	3.21	4.14
2002	16.42	3.83	4.28
2003	22.00	4.87	4.51
2004	27.30	5.33	5.12
2005	31.00	5.48	5.66
2006	34.20	5.60	6.11
2007	36.06	5.80	6.21
2008	38.67	5.98	6.47
2009	44.90	6.19	7.25
2010	47.44	6.38	7.44
2011	49.46	6.56	7.54
2012	52.13	6.84	7.62
2013	54.09	7.05	7.68
2014	54.87	7.26	7.55
2015	57.06	7.44	7.67
2016	58.98	7.73	7.63
2017	72.22	8.39	8.61
2018	76.24	9.55	7.98

资料来源：教育统计数据：1999~2018 各级各类学历教育学生情况 ［EB/OL］. http://www.moe.gov.cn/jyb_sjzl/moe_560/jytjsj_2018/，2022-10-25.

从表 2-12 可看出，我国硕博招生数量比从 1999 年的 3.61% 开始上升，2012 年后稳定在 7.62% 左右，2017 年后有所增长，2018 年后又有回落，如图 2-2 所示。

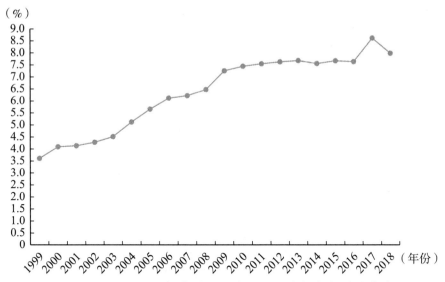

图 2 - 1　1999 ~ 2018 年中国硕士生与博士生招收规模比率变化

资料来源：根据以下资料计算处理所得：教育统计数据：1999 ~ 2018 年各级各类学历教育学生情况［EB/OL］. http：//www. moe. gov. cn/jyb_sjzl/moe_560/jytjsj_2018/，2022 - 10 - 25.

按照近五年的年均硕博比为 7.8% 进行预估，假如未来 15 年我国博士生招生规模保持平稳增长，则 2020 ~ 2035 年我国博士生招生规模如表 2 - 13 所示。

表 2 - 13　　　　　　**2020 ~ 2035 年中国博士生招收规模预测**　　　　　单位：万人

年份	低值	中值	高值
2020	10. 21	10. 24	10. 26
2025	16. 39	16. 69	16. 99
2030	27. 41	28. 14	28. 90
2035	44. 43	45. 81	47. 27

（二）2020 ~ 2035 年中国研究生招收总规模预测

根据表 2 - 11 的预测结果，如果将硕士生招生规模的预测取中间值，同时又结合表 2 - 13 预测出的博士生招生规模，即可得到 2020 ~ 2035 年我国研究生招生的总规模，如表 2 - 14 所示。

表 2 - 14　　　　　2020～2035 年中国研究生招收总规模预测　　　单位：万人

年份	低值	中值	高值
2020	89.90	90.10	90.31
2025	144.23	146.86	149.54
2030	241.19	247.64	254.33
2035	390.97	403.13	415.97

（三）2020～2035 年中国研究生招收类型规模预测

1. 2020～2035 年中国不同类型研究生招收规模

在 1999 年以前，我国硕士研究生规模相对较小，研究生培养规格主要为学术型人才。从 1999 年开始，我国研究生教育开始专业学位试点。当时的专业学位教育，主要针对的是已经工作的人员，满足他们在职提高能力的需求。近年来，随着我国经济社会的快速发展，职业分化越来越细，职业种类越来越多，技术含量越来越高，社会对管理、工程、建筑、法律、财经、教育、农业等专业领域高级专门人才的需求越来越强烈，专业学位教育具有的职业性、复合性、应用性的特征也逐渐为社会各界认识。为适应我国当前社会经济形势对研究生教育结构转变的需要，教育部决定从 2009 年开始，除工商管理硕士（MBA）、公共管理硕士（MPA）、工程硕士的项目管理方向、公共卫生硕士、体育硕士的竞赛组织方向等管理类专业和少数目前不适宜应届毕业生就读的专业学位外，其他专业学位均面向应届毕业生招收专业学位研究生，实行全日制培养。随着一系列政策的出台，全日制硕士研究生教育将逐渐从以培养学术型人才为主向以培养应用型人才为主转变，实现研究生教育结构的历史性转型和战略性调整。

通过分析 2009～2018 年我国专业型研究生和学术型研究生的规模变化（见表 2 - 15），更有利于预测 2020～2035 年中国不同学位类型的研究生招生规模。

表 2 - 15　　　　2009～2018 年中国专业学位与学术型学位研究生招收规模

年份	招生总数（万人）	专业学位		学术学位	
		人数（万人）	占比（%）	人数（万人）	占比（%）
2009	51.10	7.22	14	43.87	86
2010	53.82	11.93	22	41.89	78
2011	56.02	15.99	29	40.02	71
2012	58.97	19.89	34	39.08	66
2013	61.14	22.66	37	38.48	63

续表

年份	招生总数（万人）	专业学位		学术学位	
		人数（万人）	占比（%）	人数（万人）	占比（%）
2014	62.13	24.08	39	38.06	61
2015	64.51	26.36	41	38.14	59
2016	66.71	28.21	42	38.49	58
2017	80.61	40.48	50	40.13	50
2018	85.80	44.66	52	41.14	48

资料来源：根据以下资料计算处理所得：教育部. 教育统计数据：2009～2018年分学科研究生数（总计）［EB/OL］. http：//www.moe.gov.cn/jyb_sjzl/moe_560/jytjsj_2018/qg/，2022－10－25.

由图 2－2 可知，自 2009 年专业学位研究生实行全日制培养以来，专业学位研究生的招生规模不断扩大，所占研究生招生总数的比例不断上升，且 2018 年专业学位的招生占比首次超过学术学位的招生。这也体现了国家对研究生人才培养类型结构调整的成效。

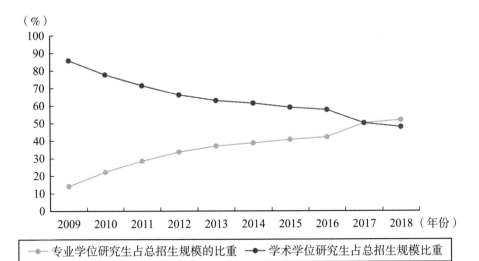

图 2－2　2009～2018 年中国专业学位与学术型学位研究生招收规模比重

资料来源：根据以下资料计算处理所得：教育部. 教育统计数据：2009～2018年分学科研究生数（总计）［EB/OL］. http：//www.moe.gov.cn/jyb_sjzl/moe_560/jytjsj_2018/qg/，2022－10－25.

教育部 国务院学位委员会颁布的《学位与研究生教育发展"十三五"规划》中指出，到 2020 年，我国"专业学位硕士招生占比达到 60% 左右"。根据

2009～2018 年两种学位类型研究生规模占总规模比重的平均值及政府相关文件，预计未来 15 年专业学位占比将达到 60%，学术学位占比将达到 40%，进而预测 2020～2035 年不同学位类型研究生招生情况，具体预测值如表 2－16 所示。

表 2－16　　　　　　2020～2035 年中国专业学位和学术
学位研究生招收规模预测值　　　　　　单位：万人

年份	专业学位招生数			学术学位招生数		
	低值	中值	高值	低值	中值	高值
2020	53.94	54.06	54.18	35.96	36.04	36.12
2025	86.54	88.11	89.72	57.69	58.74	59.81
2030	144.71	148.59	152.60	96.48	99.06	101.73
2035	234.58	241.88	249.58	156.39	161.25	166.39

2. 2020～2035 年中国学术学位研究生招收规模预测

根据表 2－16 对我国 2020～2035 年不同学位类型研究生招生规模的预测，可以进一步预测我国 2020～2035 年不同层次学术学位研究生招收规模。

由表 2－17 可知，2009～2018 年我国学术学位研究生招生规模中，学术学位硕士生平均占比为 0.82%，学术学位博士生平均占比为 0.18%，据此预测 2020～2035 年学术学位研究生的招生规模，如表 2－18 所示。

表 2－17　　　　2009～2018 年中国学术学位研究生招收规模

年份	招生总数（万人）	硕士生		博士生	
		招收数（万人）	占比（%）	招收数（万人）	占比（%）
2009	43.87	37.77	0.86	6.11	0.16
2010	41.89	35.66	0.85	6.23	0.17
2011	40.02	33.61	0.84	6.41	0.19
2012	39.08	32.42	0.83	6.66	0.21
2013	38.48	31.61	0.82	6.87	0.22
2014	38.06	30.99	0.81	7.06	0.23
2015	38.14	30.89	0.81	7.25	0.23
2016	38.49	31.02	0.81	7.47	0.24
2017	40.13	32.01	0.80	8.12	0.20

续表

年份	招生总数（万人）	硕士生		博士生	
		招收数（万人）	占比（%）	招收数（万人）	占比（%）
2018	41.14	32.27	0.78	8.87	0.22
平均占比			0.82		0.18

资料来源：根据以下资料计算处理所得：教育部．教育统计数据：2009～2018年分学科研究生数（总计）[EB/OL]．http：//www.moe.gov.cn/jyb_sjzl/moe_560/jytjsj_2018/qg/，2022－10－25.

表2－18　　　2020～2035年中国学术学位研究生招收规模预测值　单位：万人

年份	学术型硕士招生数			学术博士招生数		
	低值	中值	高值	低值	中值	高值
2020	35.60	35.68	35.76	0.36	0.36	0.36
2025	57.11	58.16	59.22	0.58	0.59	0.60
2030	95.51	98.07	100.72	1.00	1.00	1.02
2035	154.82	159.64	164.72	1.56	1.61	1.66

3. 2020～2035年中国专业学位研究生招收规模预测

根据表2－16对我国2020～2035年不同学位类型研究生招生规模的预测，可以进一步预测我国2020～2035年不同层次专业学位研究生招收规模。

由表2－19可知，2009～2018年我国专业学位研究生招生规模中，专业学位硕士生占比约稳定在0.99%，而专业博士生占比约稳定在0.01%，据此预测2020～2035年专业学位研究生的招生规模，如表2－20所示。

表2－19　　　　　2009～2018年中国专业学位研究生招收规模

年份	招生总数（万人）	硕士生		博士生	
		招收数（万人）	占比（%）	招收数（万人）	占比（%）
2009	7.22	7.14	0.988	0.09	0.012
2010	11.93	11.78	0.987	0.15	0.013
2011	15.99	15.85	0.991	0.14	0.009
2012	19.89	19.72	0.991	0.17	0.009
2013	22.66	22.49	0.992	0.17	0.008
2014	24.08	23.87	0.992	0.20	0.008
2015	26.36	26.17	0.993	0.19	0.007

续表

年份	招生总数（万人）	硕士生		博士生	
		招收数（万人）	占比（％）	招收数（万人）	占比（％）
2016	28.21	27.96	0.991	0.25	0.009
2017	40.48	40.21	0.993	0.27	0.007
2018	44.65	43.98	0.985	0.68	0.015
平均占比			0.99		0.01

资料来源：根据以下资料计算处理所得：教育部. 教育统计数据：2009～2018 年分学科研究生数（总计）［EB/OL］. http：//www. moe. gov. cn/jyb_sjzl/moe_560/jytjsj_2018/qg/，2022 - 10 - 25.

表 2 - 20　　　2020～2035 年中国专业学位研究生招收规模预测　　单位：万人

年份	专业型硕士招生数			专业型博士招生数		
	低值	中值	最值	低值	中值	高值
2020	53.40	53.52	53.64	0.54	0.54	0.54
2025	85.67	87.23	88.82	0.87	0.88	0.90
2030	143.27	147.10	151.07	1.45	1.49	1.53
2035	232.24	239.46	247.08	2.35	2.42	2.50

（四）2020～2035 年中国不同学科研究生招收规模预测

1. 2020～2035 年中国不同学科研究生招收总规模预测

1983 年，国务院学位委员会颁布了《高等学校和科研机构授予博士和硕士学位的学科专业目录（试行草案）》，这是我国首个博士、硕士学位的学科专业目录，它将学科专业分为哲学、经济学、法学等 10 个学科门类。此后，学科专业目录经 1990 年、1997 年和 2011 年三次调整和修订。[①] 2011 年 3 月，国务院学位委员会和教育部颁布修订了《学位授予和人才培养学科目录（2011 年）》，这是我国第四次对人才培养学科目录进行调整，设置了哲学、经济学、法学、教育学、文学、历史学、理学、工学、农学、医学、军事学、管理学、艺术学 13 个学科门类。[②]

---

① 李立国，黄海军. 中国研究生教育的规模结构与经济增长［M］. 北京：教育科学出版社，2015：22.

② 教育部学位与研究生教育发展中心. 学科门类［EB/OL］. http：//www. chinadegrees. cn/xwyyjsjyxx/xwbl/cdsy/260633. shtml. 2013 - 11 - 29.

为了今后方便进行国际比较，不同学科研究生招收规模将按照发达国家对学科的分类习惯进行预测。为此，我国的 13 个学科门类将归为"人文科学（包括哲学、历史学、文学、艺术学）、社会科学（包括经济学、法学、教育学、管理学）、理学、工学、医学、农学、军事学"七大类。

1999~2018 年中国不同学科研究生招生规模如表 2-21 所示。

表 2-21　　　　中国 1999~2018 年各学科研究生招收规模　　　　单位：万人

年份	人文科学	社会科学	理学	工学	农学	医学	军事学
1999	0.91	1.88	1.32	3.87	0.35	0.93	0
2000	1.27	2.62	1.77	5.50	0.48	1.28	0
2001	1.70	4.30	2.13	6.28	0.57	1.68	0.0065
2002	11.09	4.89	2.62	1.98	2.19	1.68	0.0065
2003	2.56	6.97	3.40	10.32	0.97	2.65	0.0124
2004	3.32	8.59	4.11	12.08	1.21	3.30	0.0174
2005	3.86	9.72	4.52	13.13	1.39	3.83	0.0219
2006	4.16	10.65	4.77	14.48	1.48	4.22	0.0215
2007	4.65	11.42	5.14	14.63	1.57	4.42	0.0244
2008	5.00	12.45	5.55	15.55	1.33	4.74	0.0230
2009	5.29	10.80	5.93	15.87	1.48	4.47	0.0233
2010	5.10	10.06	5.84	15.37	1.49	4.01	0.0233
2011	5.84	16.78	5.77	19.51	2.01	6.08	0.0261
2012	5.93	17.68	5.81	20.92	2.11	6.49	0.0250
2013	6.00	18.36	6.02	21.73	2.34	6.65	0.0246
2014	6.14	18.63	6.20	21.75	2.34	7.05	0.0209
2015	6.32	19.15	6.36	22.72	2.41	7.53	0.0177
2016	6.52	19.65	6.62	23.26	2.70	7.93	0.0185
2017	7.12	26.18	7.00	28.21	3.43	8.65	0.0092
2018	7.50	27.59	7.37	29.91	0.39	9.52	0.0089

资料来源：根据以下资料计算处理所得：教育部. 教育统计数据：2009~2018 年分学科研究生数（总计）[EB/OL]. http://www.moe.gov.cn/jyb_sjzl/moe_560/jytjsj_2018/qg/，2022-10-25.

为了更为直观地看到不同学科研究生招收比重，表 2-22 将表 2-21 的不同学科招收人数换为不同学科招收比重。

表 2-22　　　1999~2018 年各学科研究生招收规模所占比重　　　单位：%

年份	人文科学	社会科学	理学	工学	农学	医学	军事学
1999	0.10	0.20	0.14	0.42	0.04	0.10	0.0000
2000	0.10	0.20	0.14	0.43	0.04	0.10	0.0000
2001	0.10	0.26	0.13	0.38	0.03	0.10	0.0004
2002	0.49	0.22	0.13	0.09	0.10	0.07	0.0003
2003	0.10	0.26	0.13	0.38	0.04	0.10	0.0005
2004	0.10	0.26	0.13	0.37	0.04	0.10	0.0005
2005	0.11	0.27	0.12	0.36	0.04	0.11	0.0006
2006	0.10	0.27	0.12	0.36	0.04	0.11	0.0006
2007	0.11	0.27	0.12	0.35	0.04	0.11	0.0006
2008	0.11	0.28	0.12	0.35	0.03	0.11	0.0005
2009	0.12	0.25	0.14	0.36	0.03	0.10	0.0005
2010	0.12	0.24	0.14	0.37	0.04	0.10	0.0006
2011	0.10	0.30	0.10	0.35	0.04	0.11	0.0005
2012	0.10	0.30	0.10	0.35	0.04	0.11	0.0004
2013	0.10	0.30	0.10	0.36	0.04	0.11	0.0004
2014	0.10	0.30	0.10	0.35	0.04	0.11	0.0003
2015	0.10	0.30	0.10	0.35	0.04	0.12	0.0003
2016	0.10	0.29	0.10	0.35	0.04	0.12	0.0003
2017	0.09	0.32	0.09	0.35	0.04	0.11	0.0001
2018	0.09	0.34	0.09	0.36	0.00	0.12	0.0001
平均占比	0.12	0.27	0.11	0.35	0.04	0.10	0.0004

资料来源：根据以下资料计算处理所得：教育部.教育统计数据：2009~2018 年分学科研究生数（总计）［EB/OL］.http：//www.moe.gov.cn/jyb_sjzl/moe_560/jytjsj_2018/qg/，2022-10-25.

选取 1999~2018 年不同学科门类研究生规模占总规模比重的平均值来预测 2020~2035 年不同学科门类研究生招生情况，具体预测值如表 2-23 所示。

表 2 - 23　　　　　　　　2020～2035 年中国不同学科研究生
招收规模低中高值预测　　　　　　单位：万人

年份	值间	人文科学	社会科学	理学	工学	农学	医学	军事学
2020	低值	10.79	24.27	9.89	31.47	3.60	8.99	0.04
	中值	10.81	24.33	9.91	31.54	3.60	9.01	0.04
	高值	10.84	24.38	9.93	31.61	3.61	9.03	0.04
2025	低值	17.31	38.94	15.86	50.48	5.77	14.42	0.06
	中值	17.62	39.65	16.15	51.40	5.87	14.69	0.06
	高值	17.94	40.37	16.45	52.34	5.98	14.95	0.06
2030	低值	28.94	65.12	26.53	84.42	9.65	24.12	0.10
	中值	29.72	66.86	27.24	86.68	9.91	24.76	0.10
	高值	30.52	68.67	27.98	89.02	10.17	25.43	0.10
2035	低值	46.92	105.56	43.01	136.84	15.64	39.10	0.16
	中值	48.38	108.85	44.34	141.10	16.13	40.31	0.16
	高值	49.92	112.31	45.76	145.59	16.64	41.60	0.17

2. 2020～2035 年中国不同学科硕士生招收规模预测

根据 1999～2018 年我国不同学科门类下硕士生的招生人数制作成表 2 - 24。

表 2 - 24　　　　1999～2018 年中国不同学科硕士研究生招收规模　　单位：万人

年份	人文科学	社会科学	理学	工学	农学	医学	军事学
1999	0.74	1.62	0.93	3.02	0.26	0.69	0
2000	1.06	2.29	1.29	4.42	0.37	0.98	0
2001	1.45	3.68	1.56	5.02	0.45	1.28	0.0049
2002	1.58	4.42	1.93	6.43	0.51	1.53	0.0088
2003	2.22	5.99	2.51	1.53	0.77	2.07	0.0086
2004	2.93	7.56	3.10	8.42	0.99	2.66	0.0143
2005	3.46	8.67	3.50	10.05	1.16	3.16	0.0185
2006	3.74	9.58	3.72	11.04	1.26	3.54	0.0185
2007	4.22	10.29	4.03	12.33	1.33	3.70	0.0212
2008	4.56	11.26	4.43	12.47	1.07	4.01	0.0195
2009	4.84	9.60	4.76	13.32	1.21	3.79	0.0202
2010	4.64	8.85	4.62	13.54	1.20	3.35	0.0207

续表

年份	人文科学	社会科学	理学	工学	农学	医学	军事学
2011	5. 38	15. 54	4. 49	12. 97	1. 71	5. 27	0. 0217
2012	5. 45	16. 42	4. 48	17. 05	1. 80	5. 61	0. 0208
2013	5. 51	17. 11	4. 60	18. 36	2. 02	5. 74	0. 0212
2014	5. 65	17. 38	4. 72	19. 08	2. 02	6. 10	0. 0183
2015	5. 83	17. 89	4. 81	18. 99	2. 10	6. 56	0. 0150
2016	6. 01	18. 41	5. 01	19. 87	2. 35	6. 89	0. 0156
2017	6. 57	14. 85	5. 26	24. 96	3. 10	7. 52	0. 0080
2018	6. 91	26. 12	5. 49	26. 14	3. 47	8. 11	0. 0080

资料来源：根据以下资料计算处理所得：教育部. 教育统计数据：2009～2018 年分学科研究生数（总计）［EB/OL］. http：//www. moe. gov. cn/jyb_sjzl/moe_560/jytjsj_2018/qg/，2022 - 10 - 25.

根据表 2 - 24 制作成表 2 - 25，即 1999～2018 年我国不同学科研究生招收比重。

表 2 - 25　　　　1999～2018 年中国不同学科硕士生招收比重　　单位：%

年份	人文科学	社会科学	理学	工学	农学	医学	军事学
1999	0. 10	0. 22	0. 13	0. 42	0. 04	0. 10	0. 00000
2000	0. 10	0. 22	0. 12	0. 43	0. 04	0. 09	0. 00000
2001	0. 11	0. 27	0. 12	0. 37	0. 03	0. 10	0. 00036
2002	0. 10	0. 27	0. 12	0. 39	0. 03	0. 09	0. 00054
2003	0. 15	0. 40	0. 17	0. 10	0. 05	0. 14	0. 00057
2004	0. 11	0. 29	0. 12	0. 33	0. 04	0. 11	0. 00056
2005	0. 12	0. 29	0. 12	0. 33	0. 04	0. 11	0. 00062
2006	0. 11	0. 29	0. 11	0. 34	0. 04	0. 11	0. 00056
2007	0. 12	0. 29	0. 11	0. 34	0. 04	0. 11	0. 00059
2008	0. 12	0. 30	0. 12	0. 33	0. 03	0. 11	0. 00052
2009	0. 13	0. 26	0. 13	0. 35	0. 03	0. 10	0. 00054
2010	0. 13	0. 24	0. 13	0. 37	0. 03	0. 09	0. 00057
2011	0. 12	0. 34	0. 10	0. 29	0. 04	0. 12	0. 00048
2012	0. 11	0. 32	0. 09	0. 34	0. 04	0. 11	0. 00041
2013	0. 10	0. 32	0. 09	0. 34	0. 04	0. 11	0. 00040

年份	人文科学	社会科学	理学	工学	农学	医学	军事学
2014	0.10	0.32	0.09	0.35	0.04	0.11	0.00033
2015	0.10	0.32	0.09	0.34	0.04	0.12	0.00027
2016	0.10	0.31	0.09	0.34	0.04	0.12	0.00027
2017	0.11	0.24	0.08	0.40	0.05	0.12	0.00013
2018	0.09	0.34	0.07	0.34	0.05	0.11	0.00010
均占比	0.11	0.29	0.11	0.34	0.04	0.11	0.00039

资料来源：根据以下资料计算处理所得：教育部. 教育统计数据：2009～2018年分学科研究生数（总计）[EB/OL]. http://www.moe.gov.cn/jyb_sjzl/moe_560/jytjsj_2018/qg/，2022 – 10 – 25.

根据表2–24 1999～2018年我国不同学科门类硕士生招生规模，假设2020～2035年我国硕士研究生规模继续以这样的增长幅度稳定发展，则2020～2035年我国不同学科硕士生规模预测的低中高值如表2–26所示。

表2–26　　　　　　　　**2020～2035年中国不同学科硕士**
研究生招收规模低中高预测值　　　　　单位：万人

年份	值间	人文科学	社会科学	理学	工学	农学	医学	军事学
2020	低值	8.77	23.11	8.77	27.09	3.19	8.77	0.0311
	中值	8.79	23.16	8.79	27.15	3.19	8.79	0.0311
	高值	8.80	23.21	8.80	27.22	3.20	8.80	0.0312
2025	低值	14.06	37.07	14.06	43.46	5.11	14.06	0.0499
	中值	14.32	37.75	14.32	44.26	5.21	14.32	0.0508
	高值	14.58	38.44	14.58	45.06	5.30	14.58	0.0517
2030	低值	23.52	62.00	23.52	72.69	8.55	23.52	0.0834
	中值	24.15	63.66	24.15	74.63	8.78	24.15	0.0856
	高值	24.80	65.38	24.80	76.65	9.02	24.80	0.0879
2035	低值	38.12	100.49	38.12	117.82	13.86	38.12	0.1352
	中值	39.31	103.62	39.31	121.49	14.29	39.31	0.1394
	高值	40.56	106.92	40.56	125.36	14.75	40.56	0.1438

3. 2020～2035年中国不同学科博士生招收规模预测

根据1999～2018年我国不同学科门类博士生招生规模，统计整理的数据如

表 2 - 27 所示。

表 2 - 27　　　1999 ~ 2018 年中国不同学科博士研究生招收规模　　　单位：万人

年份	人文科学	社会科学	理学	工学	农学	医学	军事学
1999	0.16	0.26	0.39	0.86	0.09	0.24	0
2000	0.21	0.33	0.48	1.08	0.12	0.30	0
2001	0.26	0.62	0.57	1.26	0.12	0.40	0.0016
2002	0.27	0.76	0.70	1.51	0.14	0.45	0.0030
2003	0.34	0.97	0.89	1.89	0.20	0.58	0.0038
2004	0.39	1.04	1.01	2.03	0.22	0.65	0.0031
2005	0.40	1.06	1.02	2.10	0.23	0.67	0.0034
2006	0.41	1.07	1.05	2.15	0.23	0.68	0.0030
2007	0.44	1.14	1.11	2.16	0.24	0.71	0.0032
2008	0.44	1.19	1.13	2.23	0.26	0.73	0.0035
2009	0.45	1.20	1.16	2.33	0.27	0.68	0.0031
2010	0.46	1.21	1.22	2.40	0.28	0.65	0.0026
2011	0.46	1.24	1.28	2.46	0.30	0.81	0.0044
2012	0.48	1.26	1.33	2.57	0.31	0.88	0.0042
2013	0.49	1.26	1.42	2.66	0.31	0.91	0.0034
2014	0.49	1.25	1.49	2.76	0.32	0.96	0.0026
2015	0.49	1.26	1.55	2.85	0.32	0.98	0.0027
2016	0.51	1.25	1.61	2.96	0.35	1.05	0.0029
2017	0.55	1.33	1.75	3.25	0.37	1.13	0.0012
2018	0.59	1.47	1.89	3.76	0.43	1.40	0.0009

资料来源：根据以下资料计算处理所得：教育部. 教育统计数据：2009 ~ 2018 年分学科研究生数（总计）［EB/OL］. http：//www. moe. gov. cn/jyb_sjzl/moe_560/jytjsj_2018/qg/，2022 - 10 - 25.

根据表 2 - 27 制作成表 2 - 28，可知 1999 ~ 2018 年中国不同学科博士生招收比重。

表 2 – 28　　　　　　1999 ~ 2018 年中国不同学科博士生招收比重　　　单位：%

年份	人文科学	社会科学	理学	工学	农学	医学	军事学
1999	0.08	0.13	0.19	0.43	0.04	0.12	0.000000
2000	0.08	0.13	0.19	0.43	0.05	0.12	0.000000
2001	0.08	0.19	0.18	0.39	0.04	0.12	0.000496
2002	0.07	0.20	0.18	0.39	0.04	0.12	0.000782
2003	0.07	0.20	0.18	0.39	0.04	0.12	0.000780
2004	0.07	0.19	0.19	0.38	0.04	0.12	0.000582
2005	0.07	0.19	0.19	0.38	0.04	0.12	0.000621
2006	0.07	0.19	0.19	0.38	0.04	0.12	0.000536
2007	0.08	0.20	0.19	0.37	0.04	0.12	0.000552
2008	0.07	0.20	0.19	0.37	0.04	0.12	0.000586
2009	0.07	0.20	0.19	0.38	0.04	0.11	0.000508
2010	0.07	0.19	0.20	0.39	0.05	0.10	0.000418
2011	0.07	0.19	0.20	0.38	0.05	0.12	0.000671
2012	0.07	0.18	0.20	0.38	0.05	0.13	0.000614
2013	0.07	0.18	0.20	0.38	0.04	0.13	0.000483
2014	0.07	0.17	0.20	0.38	0.04	0.13	0.000358
2015	0.07	0.17	0.21	0.38	0.04	0.13	0.000363
2016	0.07	0.16	0.21	0.38	0.05	0.14	0.000375
2017	0.07	0.16	0.21	0.39	0.04	0.14	0.000143
2018	0.06	0.15	0.20	0.39	0.05	0.15	0.000094
均占比	0.07	0.18	0.19	0.39	0.04	0.12	0.000448

资料来源：根据以下资料计算处理所得：教育部．教育统计数据：2009 ~ 2018 年分学科研究生数（总计）［EB/OL］．http：//www. moe. gov. cn/jyb_sjzl/moe_560/jytjsj_2018/qg/，2022 – 10 – 25.

根据表 2 – 27 1999 ~ 2018 年我国不同学科门类博士生招生规模，假设 2020 ~ 2035 年我国博士研究生规模继续以这样的增长幅度稳定发展，则 2020 ~ 2035 年我国不同学科博士生规模预测的低中高值如表 2 – 29 所示。

表 2 - 29　　　　　　　　**2020 ~ 2035 年中国不同学科博士**

研究生招收低中高值预测　　　　　　单位：万人

年份	值间	人文科学	社会科学	理学	工学	农学	医学	军事学
2020	低值	0.72	1.84	1.94	3.98	0.41	1.23	0.0049
	中值	0.72	1.84	1.95	3.99	0.41	1.23	0.0049
	高值	0.72	1.85	1.95	4.00	0.41	1.23	0.0049
2025	低值	1.15	2.95	3.11	6.39	0.66	1.97	0.0079
	中值	1.17	3.00	3.17	6.51	0.67	2.00	0.0080
	高值	1.19	3.06	3.23	6.63	0.68	2.04	0.0066
2030	低值	1.92	4.93	5.21	10.69	1.10	3.29	0.0132
	中值	1.97	5.07	5.35	10.98	1.13	3.38	0.0135
	高值	2.02	5.20	5.49	11.27	1.16	3.47	0.0113
2035	低值	3.11	8.00	8.44	17.33	1.78	5.33	0.0213
	中值	3.21	8.25	8.70	17.87	1.83	5.50	0.0220
	高值	3.31	8.51	8.98	18.43	1.89	5.67	0.0184

以上预测了 2020 ~ 2035 年中国研究生学位 10 类招收规模，如表 2 - 30 所示，它们包括了研究生学位招收总规模、研究生不同层次和不同类型的招收规模。

表 2 - 30　　　　**2020 ~ 2035 年中国研究生学位授予规模预测类型**

序号	研究生学位授予规模预测类型
1	2020 ~ 2035 年中国研究生招收总规模
2	2020 ~ 2035 年中国硕士生招收规模
3	2020 ~ 2035 年中国博士生招收规模
4	2020 ~ 2035 年中国学术学位研究生招收规模
5	2020 ~ 2035 年中国专业学位研究生招收规模
6	2020 ~ 2035 年中国不同学科研究生招收规模（低中高值）
7	2020 ~ 2035 年中国不同学科硕士生招收规模
8	2020 ~ 2035 年中国不同学科硕士研究生招收规模（低中高值）
9	2020 ~ 2035 年中国不同学科博士生招收规模
10	2020 ~ 2035 年中国不同学科博士研究生招收（低中高值）

预测是有风险的，因为预测牵涉的未来因素太多，特别是做较长时间的预

测。如 2020 年全球新冠肺炎疫情暴发，之前任何一个国家或机构都无法预测到它的来临。这场疫情，不仅影响到中国社会的发展，而且也使全球经济未来发展形势变得不明朗。疫情的影响自然会传导到经济、传导到教育，也可能影响到政府对研究生教育发展的决策，如研究生教育投入、研究生教育规模以及劳动力市场对研究生教育的需求。

预测结果除了受到未来因素的影响外，还与依据不同理论所建立的预测模型而进行预测有关。本书的预测结果与一些同行的预测在某些方面是相似的。如华东师范大学课题组选取进入高等教育大众化阶段且高等教育毛入学率达 30% 以上的国家，用它们 2002～2012 年的相关数据来建立模型，预测出我国"十三五"期间 ISCED8 的招生规模，即 2020 年我国硕士招生数为 64 万人，博士生招生人为 8.1 万人；2025 年我国硕士生招生人数为 68 万人，博士生招生人数为 8.6 万人。华东师范大学课题组的预测结果与本书预测的结果有相似性，在研究生教育规模上，无论硕士生还是博士生都有较大规模的增长。如本书预测的 2020 年我国硕士生招生数为 73 万人，博士生招生数为 9.6 万人；2025 年我国硕士生招生人数为 121 万人，博士生招生数为 15.9 万人。但与华东师范大学课题预测不同的是，本书对硕士生和博士生的未来招收规模更为乐观，无论是硕士生还是博士生的规模都高出不少。

我们相信中国社会进入新时代后，研究生教育会继续沿着稳定发展、持续向好、提高质量的目标前进。课题组预测到 2035 年，我国硕士生招生规模将在 346.54 万～368.70 万人之间，而博士生招生规模将在 44.43 万～47.27 万人之间。

第三章

发达国家学位授予制度与研究生教育发展

研究生教育质量是衡量国家科研潜力的重要标志，也是体现综合国力和国际竞争力的重要因素。各国不断尝试改进研究生学位授予规模与质量，以更好地适应社会发展和满足学生的需求。美国、英国、德国和日本等世界主要发达国家的学位授予体系相对成熟，研究生学位授予质量得到世界认同。研究发达国家的学位授予制度与研究生教育发展历史，有关研究生教育发展的政府文件、高校和社会专业组织团体所构成的法治文化，高校学位授予体系组织构建和研究生学位授予内部与外部的质量保障制度，可为我国学位与研究生教育的高质量发展与深化改革提供参考与思路。

第一节　发达国家研究生教育历史发展与法治文化

研究生教育的产生最早可以追溯到 12～13 世纪的高级学位教育，现代意义上的学位及其制度根植于中世纪的大学。大约在 13 世纪，欧洲中世纪大学建立了学士学位、硕士学位和博士学位三个层级的学位体系，其中，硕士学位和博士学位被称为高级学位。需要注意的是，此时的高级学位教育与现代研究生教育，无论是在本质上，还是在培养方式上都很不相同。即便如此，现代研究生教育在学位名称上仍沿用了中世纪的高级学位名称。① 从几个主要发达国家的研究生教育发展历史来看，英国的研究生教育是从欧洲大陆引进高级学位教育后，于牛津大学和剑桥大学中开始孕育和发展起来的；德国是最早建立现代意义上研究生教育的国家，其研究生教育和讲座式的教学模式对英、美两国确立和发展现代研究生教育产生了深远影响；日本在明治维新至第二次世界大战前期，主要学习了德国的研究生教育制度，但同时又保留了其民族文化，形成了具有本土特色的研究生教育模式。

一、发达国家研究生教育与学位的产生

美国、英国、德国和日本等发达国家现代研究生教育的产生主要沿着两条道路展开。一是以德国为典型的内生型道路。德国的研究生教育产生于 19 世纪中叶，开创了世界现代研究生教育的先河，同时也引领了欧洲研究生教育的发展历程，是大陆式、内生型研究生教育的典型代表。② 二是以英国、美国、日本为代表的外发型道路。这几个国家深受德国大学的影响，尤其是注重借鉴德国大学治学理念和传授知识的方法，比如学术自由、讲座制等。对这四个国家研究生教育发展历史的简述将以现代研究生教育产生的先后顺序展开。

1. 德国

德国研究生教育是在德国大学的发展与壮大中形成的，其历史可回溯到欧洲中世纪。欧洲中世纪大学的兴起主要受到城市兴起、文明进程以及经济发展的影响。德国的大学继承了巴黎大学的科学传统，最早的德意志高等教育机构出现于 14 世纪的后半叶，分别是卢森堡王朝于 1348 年建立的布拉格大学，以及 1365 年哈普斯堡王朝建立的维也纳大学。中世纪的德国大学，学位等级是按学士、执教许可、硕士或博士划分的。③ 需要说明的是，这里所提到学位与现代意义上的学位还有些不同。如当时的文学硕士学位与现代意义的硕士学位是不同的概念，文学硕士学位与学士学位授予同一个层次的学位。德国为了弥补师资匮乏以及让学生获得更多的实践经验，规定新获得文科硕士学位的人，一般都要在文学院义务讲学两年。④ 此时授予的博士学位，也不是今天所指的博士学位。概括来说，19世纪之前，德国学位虽然有学士、硕士和博士之分，但它们没有区分学位层次的功能，硕士和博士学位的含义也与现代研究生学位的含义相差甚远。

① 刘冰. 英国大学研究生教育的研究 [D]. 大连：辽宁师范大学，2010：10 – 11.

② 肖莉. 典型国家研究生教育特点的比较研究 [J]. 煤炭高等教育，2010（3）：55 – 57.

③ 杨少琳. 中世纪大学学位制度形成的历史渊源 [J]. 黑龙江高教研究，2010（12）：6 – 9.

④ 保尔森. 德国大学与大学学习 [M]. 张弛，译. 北京：人民教育出版社，2009：21.

现代意义上的德国研究生教育开始于 19 世纪，它开创和完善了现代意义上的研究生教育。1809 年，以"学术自由""教学与科研统一"的"洪堡原则"为指导思想创立的柏林大学，是德国乃至世界研究生教育开端的标志。[①] 1810 年，柏林大学在时任普鲁士教育长官的洪堡推动下开学，柏林大学的创建具有跨时代意义：

第一，它重新定义了大学。洪堡执掌柏林大学期间，全世界的大学都以法国模式为标准去学习、借鉴，然而柏林大学另辟蹊径，开辟了一条与法国高等教育模式不同的道路，它把研究作为大学教师及学生的工作重点，把科学研究作为大学发展的根基。由此，"柏林大学的建立不只是增加了一所大学而已，而是创造了一种体现大学教育的新概念"[②]。

第二，它营造了新的大学文化。通过营造"以科学为业"的学术气氛来促进研究的整体思维与协作精神，同时培养了勇于探索、甘于寂寞的科学精神。

第三，它建立了有利于科学发展的组织制度。例如，教授资格制度与讲师制度、研讨班制度、讲座制度。[③]

总之，柏林大学提倡的"学术自由""教学和科研相结合"等新思想从根本上打破了传统大学仅传授知识的旧观念，树立了"传授知识与创造知识相统一"的现代大学观念。柏林大学把研究生教育看作培养学生进行科学研究的阶段，使德国大学很快成为培养高级科研人才的摇篮。

2. 英国

英国高等教育历史悠久而独特，早在 1168 年就创办了牛津大学，1209 年又创办了剑桥大学。在高度发达的西方市场经济国家中，牛津大学和剑桥大学却属于公立高校，坚守着精英教育传统，成为世界名校的杰出代表。相对于德国等欧洲国家，英国的研究生教育发展起步较晚，但在第二次世界大战后英国研究生教育发展提速，在世界研究生教育大家庭中，英国研究生教育质量口碑较好。其实，英国研究生教育的起步与发展是与其大学的发展联系在一起的，"如果不理解过去不同时代和地点存在不同大学的概念，就不能真正理解大学"[④]。在早期英国高等教育发展史上，如果某人要举办大学，最为重要的条件就是必须获得皇家特许状，这好比现在开公司需要执照一样。获得皇家特许状，列入议会法案，正式注册后，大学才有权办学和授予学位。

---

① 杨韶刚，罗志君. 研究生教育国际化发展的策略探析——基于德国经验的理性分析 [J]. 广东外语外贸大学学报，2012（5）：96 - 100.

② 傅伊德·金. 西方教育史 [M]. 任宝祥，吴元训，译. 北京：人民教育出版社，1985：300.

③ 周丽华. 德国大学与国家的关系 [M]. 北京：北京师范大学出版社，2008：68 - 75.

④ 伯顿·克拉克. 探究的场所——现代大学的科研和研究生教育 [M]. 王承绪，译. 杭州：浙江教育出版社，2001：49.

当时，英国只有大学才拥有招收研究生的资格，谈及英国研究生教育的发展首先要谈到英国的大学。简单地说，英国研究生教育的历史也体现在英国大学的发展历史中，尤其不可能绕过举足轻重的牛津大学、剑桥大学和伦敦大学三所大学来阐述。

分别于1168年和1209年创建的牛津大学和剑桥大学是英国最古老的大学，也是世界最古老大学之一，它们影响到英国英格兰地区高等教育长达6个世纪。苏格兰创建大学的速度后来居上，分别于1413年创建圣安德鲁大学，1451年创建格拉斯哥大学和1495年创建阿拉丁大学。1583年苏格兰又创办了第4所大学，即爱丁堡大学，它是当时唯一一所不受教会控制的大学。爱尔兰于1592年效仿牛津大学和剑桥大学创办了自己的都柏林圣三一学院。到18世纪末，英国的英格兰、苏格兰和爱尔兰都有了大学。上述这7所大学被称为英国古典大学，如表3-1所示。

表3-1 英国7所古典大学

序号	创建时间	中文校名	英文校名
1	1168年	牛津大学	University of Oxford
2	1209年	剑桥大学	University of Cambridge
3	1413年	圣安德鲁大学	University of St Andrews
4	1451年	格拉斯哥大学	University of Glasgow
5	1495年	阿拉丁大学	University of Aberdeen
6	1583年	爱丁堡大学	University of Edinburgh
7	1592年	都柏林圣三一学院	Trinity College Dublin，The University of Dublin

中世纪的欧洲处于罗马教皇控制时期，大学为宗教服务，"学院和大学基本上是教会的侍女与附庸"①。1534年，英国国王与罗马教廷决裂并建立国教会，使宗教与国家合二为一。这样，牛津大学和剑桥大学转而受国教会控制，不信国教的教师和学生被视为异教徒，大学不能留容他们，异教徒新生也不能入学。一批牛津大学和剑桥大学的异教徒教师被迫离校，学生入学率下降，18世纪50～60年代降到了低点。统计显示，1680～1689年期间，牛津大学和剑桥大学每年新生在294～321人之间，1690～1699年新生数下降到238～303人；1750～1759年，牛津大学每年只招收182名新生，到18世纪30年代后，剑桥大学每年入学

---

① 约翰·布鲁克斯．高等教育哲学［M］．王承绪，郑继伟，张维平，等译．杭州：浙江教育出版社，2002：138.

人数都低于 200 人①，如表 3 - 2 所示。

表 3 - 2　　　　　　18 世纪牛津大学和剑桥大学的学生数

时间段	招收学生数（人）
1680 ~ 1689 年	294 ~ 321
1690 ~ 1699 年	238 ~ 303
1750 ~ 1759 年	182

　　资料来源：整理自瓦尔特·吕埃格. 欧洲大学史：近代早期的欧洲大学（1500 - 1800）（第二卷）［M］. 贺国庆，王宝星，译. 保定：河北大学出版社，2008：318.

　　由于这一时期的大学教育是非职业性的，大学完全是一种"教士学院"，学生的贵族性特征明显。到 19 世纪初，以德国和法国为首的欧洲国家高等教育改革波及了英国。德国高等教育改革大刀阔斧，威廉·冯·洪堡（Wilhelm von Humboldt）独创新规创办洪堡大学，法国拿破仑·波拿巴（Napoleone Buonaparte）开始实施单一的国立大学制度。英国也尝试创办私立学苑改革，先后出现了近 50 所私立学苑。它们的招收对象为那些被牛津大学和剑桥大学排斥在外的非国教徒，传授的教学内容主要为自然科学和实用技术，收取的学费低廉，普通人能够承受，这些私立学苑体现出高等教育世俗化和平民化的特征。私立学苑的出现，顺应了英国当时的高等教育改革需求，与牛津大学和剑桥大学等古典大学的办学模式形成鲜明对比。

　　面对深受普通民众欢迎的私立学苑蓬勃发展的局面，有些英国古典大学也走上了改革之路，其基本做法与学苑接近。但牛津大学和剑桥大学还是固守传统，甚至抵制教授自然科学内容。牛津大学和剑桥大学故步自封的做法受到了社会人士的激烈批评，特别是在当时自然科学和医学等学科快速发展而且深受大众欢迎的情况下。两所大学能够固守传统，其中很重要的原因之一是因它们的毕业生能够优先进入教会、政权、司法和工商等阶层。这些阶层代表了英国上层社会，它们拥有极大的社会优越感，面对改革压力而缺乏改革动力。1852 年，英国发表《皇家委员会关于牛津大学和剑桥大学的报告》，英国进一步加强对高等教育发展的干预，议会又分别在 1854 年和 1856 年颁布了《牛津大学法》和《剑桥大学法》。这是议会首次对大学进行干预，明确要求对牛津大学和剑桥大学的保守主义进行改革。1871 年，英国政府颁布《大学考试法案》，废除大学除神学外的学位申请审查制度，以及大学教职员工用宗教信仰宣誓的做法。这些报告和法案，

---

① 瓦尔特·吕埃格. 欧洲大学史：近代早期的欧洲大学（1500 - 1800）（第二卷）［M］. 贺国庆，王宝星，译. 保定：河北大学出版社，2008：318.

显然针对的是自中世纪以来牛津大学和剑桥大学享受的种种特权和宗教限制，试图迫使两所大学进行改革尝试，使其招生面向世俗阶层，教学内容注重自然科学等。面对政府政策和社会压力，牛津大学和剑桥大学的改革步伐却很缓慢，而真正迫使牛津大学和剑桥大学改革的还是后来大量出现的"城市大学"（civil university）或"地方大学"（provincial university），如表 3 - 3 所示。

表 3 - 3　　　　　　　　　英国近代主要大学

序号	创办时间	大学中文名	大学英文名
1	1825 年	伦敦大学	University of London
2	1832 年	杜伦大学	Durham University
3	1824 年	曼彻斯特大学	The University of Manchester
4	1831 年	利兹大学	University of Leeds
5	1851 年	埃克塞特大学	The University of Exeter
6	1825 年	伯明翰大学	University of Birmingham
7	1876 年	布里斯托大学	University of Bristol
8	1828 年	谢菲尔大学	The University of Sheffield
9	1881 年	利物浦大学	University of Liverpool
10	1881 年	诺丁汉大学	University of Nottingham
11	1892 年	雷丁大学	University of Reading
12	1862 年	南安普顿大学	University of Southampton
13	1927 年	赫尔大学	University of Hull
14	1918 年	莱斯特大学	University of Leicester

城市学院中最具代表性的首推伦敦大学，它被称为拉开英国高等教育近代化序幕的大学。伦敦大学提供广泛的人文和科学教学内容，注重培养实用性人才。虽然它在创办初期也遭受保守主义和教会的阻挠，没有得到政府承认，但在创办 8 年后终于获得了政府颁发的皇家特许状（The Royal Chater），被赋予了独立授予学位的权力。其后，它与 1829 年成立的国王学院合并为伦敦大学。伦敦大学不仅富有创新精神，成为英国第一所不分性别与宗教录取学生和率先聘任女教授的大学，而且办成了当时的"航空母舰"式大学，它拥有 56 个学院。从学位授予来看，伦敦大学当时最有特色的是实施了校外学位（external degree）制度，而且对其他城市大学影响卓越。一些英国城市学院的教育质量虽得到了当时英国社会的认可，但它们却无权授予自己学校的学位。没有自己的学位授予权，毕业文凭或资格证书不被认可，学院发展自然受到很大影响。于是这些学院另辟蹊

径，借助伦敦大学为自己颁发学位，这就是当时所谓的校外学位。伦敦大学负责所有学院的学生注册、学位授予标准、考试和颁发学位，各学院自行负责日常教学活动，拥有自己的财务权。经过一段时间后，这些城市学院感到通过伦敦大学颁发学位终究不是长远之计，一直努力希望获得独立的学位权。20 世纪初，部分城市大学终于获得了学位授予权。如 1900 年获得学位授予权的伯明翰大学，1903 年的曼彻斯特大学和利物浦大学，1904 年的利兹大学，1905 年的谢菲尔大学，1909 年的布里斯托大学和 1926 年的雷丁大学等。

谈到英国近代大学不能不提到"红砖大学"（Red Brick University），是指在大英帝国时期维多利亚时代，在英国英格兰的六大重要工业城市并于第一次世界大战前得到皇家许可的伯明翰大学、曼彻斯特大学、布里斯托大学、谢菲尔德大学、利兹大学和利物浦大学这 6 所大学。它们之所以被称为"红砖"，是为了区别于牛津大学和剑桥大学建筑基本以石头和青砖为墙的古典灰暗色彩。红砖大学在创立之初均为科学或工程技术类学院，具有很强的工科背景，与英国工业革命有着极其密切的关系，它们为英国工业化发展奠定了重要基础。

其后的 1961 ~ 1968 年期间，英国又创办了 10 所被称为"新大学"（New University）的大学，如表 3 - 4 所示。由于它们的建筑材料采用的是玻璃和水泥，又被称为"玻璃水泥大学"（Grass-cement University）或"平板玻璃大学"（Plate Grass University）。它们创建之初就有学位授予权，没有经历过大学学院阶段。这些大学实行寄宿制，打破了近代大学以走读制为主的传统。

表 3 - 4　　　　　　　　英国"新大学"

序号	创办时间	中文校名	英文校名
1	1961 年	萨塞克斯大学	University of Sussex
2	1962 年	基尔大学	Keele University
3	1963 年	约克大学	University of York
4	1963 年	东英吉利大学	University of East Anglia
5	1964 年	爱希克斯大学	University of Essex
6	1964 年	兰开斯特大学	University of Lancaster
7	1965 年	肯特大学	University of Kent
8	1965 年	华威大学	University of Warwick
9	1967 年	斯特林大学	University of Stirling
10	1968 年	阿尔斯特大学	University of Ulster

1963 年，罗宾斯委员会发布的《高等教育委员会报告》（又称《罗宾斯报

告》，*The Robbins Report*）建议英国大力发展技术教育，并在 1966～1968 年通过二元制教育体制改革，将原来的 10 所高级技术学院转为技术大学，1976 年又创办了英国唯一的一所私立大学，即白金汉大学（University of Buckingham）。

3. 美国

美国研究生教育萌芽始于殖民时期，深受英国大学教育的影响。1642 年，哈佛学院引进英国学位制，授予学士学位和硕士学位，其中，最早的硕士学位项目开始于 1655 年。[①] 该时期，哈佛学院授予的硕士学位是一种自主学位（degree automatically），不同于今日的攻读学位（earned degree）。需要注意的是，按照宗主国英国的传统，大学开办特许状上必须明确注明是否具有学位授予权。哈佛学院建立后，并未从任何方面获得授予学位的合法权利。哈佛学院在学位授予上已模糊了英国传统意义上的大学和学院的界限。它根据北美高等教育发展的需求和条件，突破传统，擅自颁发学位，看似"忤逆"，但其却对美国高等教育的发展产生了深刻且深远的影响。整体上，开展研究生教育不是美国殖民地时期高等教育的主要任务，硕士学位只是以形式上的学士后教育而存在，不是真正意义上的研究生教育。

美国独立战争之后，德国高等教育对美国研究生教育影响巨大。受德国大学对科学研究以及对学术成就重视的影响，美国部分高校开始发展研究生教育。18～19 世纪，德国高等教育对美国研究生高等教育影响主要体现在两个方面：一是学士后教育改革；二是学院向现代大学转变。这一时期，许多青年不满本国教育状况，奔赴德国接受科学教育。据统计，19 世纪约有 10 000 人留学德国，其中有一半多人攻读哲学博士，他们深感本国高等教育的落后，立志按照德国模式进行改革。[②] 在德国高等教育模式的影响下，1853 年美国开始设立正规学士后教育，其标志是密歇根大学攻读文科硕士学位计划的设立。1859 年，该校首次授予 2 位毕业生硕士学位。博士研究生教育方面，耶鲁学院是最早开设博士研究生课程的学校，1861 年设立哲学博士学位（Ph. D.）。1861 年，耶鲁学院颁发了美国历史上首批 3 名哲学博士学位。[③] 此后 1870 年的宾州大学，1872 年的康奈尔大学，1873 年的哈佛大学先后开始授予博士学位。另外，哈佛大学于 1872 年

---

① Young, Edward J.. Subjects for master's degree in Harvard College. 1655 – 1791 ［M］. Cambridge：J. Wilson and Son, 1880：4, 23.

② Everett Walters. Graduate Education Today ［M］. Washington, D. C.：American Council on Education, 1965.

③ Water Crosby Eells. Degrees in Higher Education. Washington, DC：Center for Applied Research in Education, 1963：21 – 23, 24.

率先建立研究生院。① 从 1861 年耶鲁学院授予第一批哲学博士学位至霍普金斯大学建立时，共有 9 所大学授予了 197 名博士学位。②

南北战争之后，美国研究学位制度同时循着两种方向发展：一种以赠地学院兴起为标志，主要注意应用知识的发展，推动了公立高校研究生教育的兴起和发展；另一种以约翰·霍普金斯大学（Johns Hopkins University）建立为标志，代表高深学术的研究，是美国现代大学的开端，也标志着美国学位与研究生教育制度的正式确立。总体上，美国研究生教育与学位制度的产生既引进了德国高级位制度，同时又据本国国情对英国传统学位加以改造，初步形成了美国研究生教育与学位制度的雏形。

4. 日本

日本学位与研究生教育经历了上百年的发展历史，在第二次世界大战以前，一直处于不完善、不定型的状态，经过自主探索和引进德国研究生教育模式，成为融合式研究生教育的典型代表之一。

明治维新时期，日本的研究生教育尚处于萌芽阶段。1886 年，日本吸纳德国的国家主义教育思想，在帝国大学（东京大学的前身）设立了大学院，同年颁布了《帝国大学令》，其中规定："帝国大学由大学院及分科大学构成""大学院研究学术技艺的精微蕴奥""分科大学是教授学术技艺理论及应用的地方""分科大学的毕业生或具有同等学力者，进入大学院研究学术技艺的蕴奥并通过规定考试的，授予其学位。"这样，大学院就被赋予了研究和教育功能。③ 但是，日本真正确立研究生教育和学位体系的标志是 1887 年《学位令》的颁布。在这个学位令中，明确统一了授予学位的三种方式，即由文部省为课程博士授予学位、由东京大学的评议会为同等学力的学生授予学位，以及由文部省推荐、内阁审议会向大博士授予学位。同时它将研究生的学位分为两种，即博士与大博士。但实际上，"大博士"这个学位从未被授予过。1893 年第二个《学位令》取消了大博士学位，并将学位种类增加到九种，包括医学、法学、文学、工学、药学、理学、林学、兽医学和农学。1920 年颁布的第三个《学位令》修改了学位制度。④在这些政策的推动下，日本逐步建立了近代研究生院制度的基本框架，形成了具有浓厚的官办主义色彩的学位与研究生制度。

---

① Paul Westmeyer. A History of American Higher Education [M]. Springfield：Charles C. Thomas Publisher, 1985：87.

② Water Crosby Eells. Degrees in Higher Education [M]. Washington, DC：Center for Applied Research in Education, 1963.

③ 杜海清. 日本研究生教育发展轨迹探析——兼论其对大学师资供需的影响 [J]. 理论经纬, 2015 (1)：274 – 275.

④ 张晴. 日本研究生教育政策演变研究 [D]. 湘潭：湘潭大学, 2015：11 – 12.

二、发达国家研究生教育与学位的发展

19 世纪末 20 世纪初，美国、英国、德国、日本四国基本确立了各具特色的学位与研究生教育制度，研究生教育不同程度得以发展。

（一）美国的研究生教育与学位的发展

与其他三个国家相比，美国的研究生教育迎来快速发展的黄金时代，为其成为世界研究生教育的大国和强国奠定了基础。其发展大致经历了巩固规范阶段、多样化阶段和发展成熟阶段。

1. 巩固规范阶段

美国形成特色鲜明的研究生教育学位制度。1896 年以后，硕士学位被普遍承认是学士后的更高一级学位，学习年限一般一年以上。[①] 自此，美国高级学位制度有较大发展，开始注重技术科学和应用科学研究，遵循学与术并重的方针，并率先完成研究取向转型，这是美国学位与研究生教育制度对世界学位制度发展的贡献。美国学位与研究生学位制度的确立，标志着世界学位制度发展史上第三个阶段的开端。1890～1900 年共授予硕士和博士学位接近 13 000 人。

为适应社会各方面需要，美国专业学位发展迅速。美国专业学位教育产生于19 世纪中后期，在产业革命发展中得以确立，美国成为世界强国之后，其专业学位教育占据了高等教育领域重要位置。1908 年，哈佛大学授予了全美第一个工商管理硕士（MBA）学位，并于 1913 年建立了独立的工商学院，这被认为是专业学位教育的起点[②]。1920 年，哈佛大学授予了美国的第一个专业博士学位——教育博士，随后其他大学在社会科学、药学、公共卫生等领域也开始授予专业博士学位[③]。至此，美国学位与研究生教育制度得以巩固和规范化，逐步使授予硕士和博士学位有较为统一的要求；高级学位培养方式摆脱了传统学院培养本科生方法的影响和局限；提倡独立学习和探讨，广泛采用从德国借鉴的讲座、研讨会，实验室研究等形式；鼓励科学研究，按学科分系、选课制等促进了课程

---

① S. H. Spurr, Academic Degree Structures：Innovative Approaches ［M］. New York：McGraw – Hill, 1970：64.

② Glazer J. S. The Master's Degree：Tradition Diversity, Innovation ［R］. Washington DC：Association for the study of higher education, 1986：142.

③ 张秀峰. 美国专业学位教育研究——基于"专业性"的视角 ［M］. 上海：上海交通大学出版社, 2016：48.

专门化。[①]

2. 多样化发展阶段

美国研究生教育发展与其经济、科技、文化、政治等各个领域的关系更加紧密。加强产品的开发研制，需要更多科技人员，于是工业界也纷纷设立研究机构。由此，对各级学位人才的需求量致使各级学位在数量上的增长和规格上的多样化。

从表3-5可见，20世纪20年代后，美国各级学位增长率显著提高。1940年与1920年相比，硕士学位增长率为524.7%，博士学位增长率为434.96%。其中，高级学位增长速度快于学士学位。另外，研究生教育涉及的学科领域越来越多样化，工程、教育、农业、管理、商业等专业学科的高级学位授予范围和数量快速扩大与增长。如1920~1944年，博士学位授予数量从4 199人增长到14 725人，其中科学与工程类博士学位授予数量从2 714人增长到9 267人，占博士学位授予总量超过60%（见表3-6）。可见，在一战至二战期间，战争和社会发展对高级人才有大量需求，尤其是科学和工程类高级人才。在此期间，美国学位与研究生教育发展突显了其市场导向型的特点。作为一个有"实用主义"价值传统的国家，美国高等教育发展素有强调与产业结合，将学术界与产业界联系起来的传统，其研究生教育学科结构的调整与发展，与其经济发展趋向、产业结构调整密不可分。这也为20世纪40年代末，美国在以原子能、电子计算机、生物技术、空间技术等科学领域为主要标志的第三次产业革命中发挥重要领军作用，做好了较为充分的人才与科学技术储备。

表3-5　　1919~1940年美国研究生学位授予数量变化情况

学位层次	1919~1920年（人）	1929~1930年（人）	1939~1940年（人）	增长率（%）
硕士学位	4 279	14 969	26 731	524.70
博士学位	615	2 299	3 290	434.96

资料来源：根据美国国家教育统计中心数据整理，https：//nces. ed. gov/programs/digest/d01/dt247. asp。

表3-6　一战至二战期间学科领域和科学与工程类博士学位授予人数

学科领域	所有专业（人）	科学与工程类（人）	科学与工程类学科授予占比（%）
1920~1924年	4 199	2 724	64.9
1925~1929年	7 736	4 907	63.4

---

① 郭玉贵. 美国和苏联学位制度比较研究［M］. 上海：复旦大学出版社，1991：18.

学科领域	所有专业（人）	科学与工程类（人）	科学与工程类学科授予占比（%）
1930～1934 年	11 977	7 455	62.2
1935～1939 年	13 697	8 487	62.0
1940～1944 年	14 725	9 267	62.9

资料来源：转引自 Lori Thurgood，Mary J. Golladay，and Susan T. Hill. U. S. Doctorates in the 20th Century［R］. National Science Foundation，VA 2006：Table 3 - 2.

3. 发展成熟阶段

大约在二战结束后，美国高等教育大众化到来。这一时期，美国研究生学位无论在量还是质上都处于史无前例的"黄金时代"。鉴于研究生教育在培养高级科学人才中发挥着重要作用，美国于 1958 年颁布的《国防教育法》为研究生提供了大量资助，鼓励研究生学习国家安全所急需的学科，各联邦政府机构也设置了许多研究生奖学金项目，从而巩固了研究生教育，使其快速增长，并一直保持高质量、高水平的发展。1961 年，研究生院协会（Council of Graduate Schools，CGS）的成立标志着美国研究生教育和学位制度经过整整 100 年的发展终于成熟。二战以后，研究生学位授予数量快速增长，如图 3 - 1 所示。总体上，美国的硕士学位与社会需求和高层次学位教育规模扩张的关系似乎更为密切，博士学位授予数量则一直处于稳步发展状态，并未表现出急速扩张的态势。

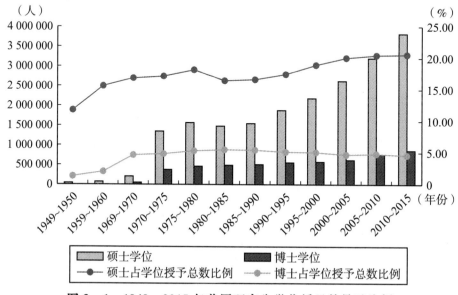

图 3 - 1　1949～2015 年美国研究生学位授予数量及比例

整体来看，美国学位与研究生教育孕育与发展的动因来自国家的教育、政治、经济、科技等各方面发展的需要，它为培养大批高端科研人才提供优质的土壤，保证了美国战后在尖端科学技术领域始终处于世界领先地位。

（二）英国的研究生教育与学位的发展

英国高等教育虽然历史悠久，但研究生教育发展却相对滞后，特别是受到精英教育传统的影响，英国研究生教育发展较为缓慢。

19 世纪中期之前，英国大学注重本科教学，对科研重视不够，科学研究更多的是教师个人的兴趣。由于德国大学注重教学与科研并重，强调大学对社会发展的贡献，符合高等教育发展需要，德国大学吸引了包括英国在内的世界各国优秀留学生就读，与此同时，英国大学备受冷落。一些英国留德学生回国后对本国大学发展十分不满，英国有识之士也强烈要求改革英国大学。英国历史上第一次大学生运动在此背景下掀起。

19 世纪中期，英国大学接受德国大学人才培养模式，强调大学教师必须具备科研能力，研究生教育开始起步发展。"1858 年特许状同意伦敦大学授予科学学位，大学建立第四个学部——理学部，授予理学士和科学博士；爱丁堡大学的学生布朗（Alexander Cram Brown）1862 年通过博士学位考试，成为第一个科学博士"[①]。"1918 年英国的哲学博士学位才得到正式认同，而现代研究生院制度直到 1991 年才首先在华威大学出现"[②]。第一次世界大战时期，英国引进哲学博士结束了博士教育水平参差不齐这一状态。1919 年联合王国大学协议会通过了现行的英国研究生院制度，要求大学设立研究生院，取得学士学位且通过一年以上的学习和研究后取得硕士学位，通过两年以上的研究且考试合格后才能获得哲学博士学位。至此，英国研究生教育才走上较快发展的道路[③]。

1992 年是英国高等教育历史上重要的变革时期，34 所多科学院以及一些其他大学学院升格为大学，它们被称为"1992 年后大学"（Post‑1992 Universities），与之前被称为"1992 年前大学"合计计算，英国大学数量达到了 90 所左右。"1992 年前大学"的教育"侧重传统学科，而且相当大部分是研究生课程"，而"1992 年后大学"更多招收"不脱产学生……开设更多与职业和就业相关的课程"[④]。

---

① 王承绪. 伦敦大学 [M]. 长沙：湖南教育出版社，1995：52.

② 廖湘阳. 研究生教育发展战略研究 [M]. 北京：清华大学出版社，2006：132.

③ 曹健. 研究生培养模式论 [M]. 镇江：江苏大学出版社，2011：46.

④ 张建新. 高等教育体制变迁研究：英国高等教育从二元制向一元制转变探析 [M]. 北京：教育科学出版社，2006：79.

二战中英国经济和高等教育遭到重创，大学校舍被征用，适龄人参军，大学生和教师人数明显下降。二战后，英国为振兴教育出台了一系列促进教育发展的政策。伦敦大学与希望独立获得大学地位的大学学院签订了"特别关系协定"。根据协定，这些大学学院应在若干年内采用伦敦大学课程标准和学术标准，才能申请大学特许状，获得独立的学位授予权。1963 年大学拨款委员会、大学副校长委员会、英国政府和苏格兰教育部门召开会议，赞同必须尽快建立全国学位授予委员会负责非大学高等教育机构的学位授予工作。1963 年的《罗宾斯报告》（又称《高等教育委员会报告》）被称为英国近代大学向现代大学发展里程碑意义的文件，它对高等教育改革与发展的方方面面提出构想与建议，其中为规范和促进高等教育发展要求设立的全国学位授予委员会（The Council National Academic Awards, CNAA）于 1964 年付诸实施，它是《罗宾斯报告》中最早实施的政策，对当时英国民众接受普及高等教育大众化思想起到非常重要的作用，为研究生教育规模增长和开展不同层次和不同类型的研究生教育发挥了非常积极的作用。CNAA 的成立，有力地推动了大学以外的高等教育机构学位教育的发展。据统计，1980～1981 年开设了经 CNAA 批准的 423 个研究生课程，有 12 000 名学生攻读研究生课程。CNAA 于 1964 年成立到 1992 年解散，在近 30 年的时间中它为英国捍卫学位的神圣和质量赢得了声誉，有力地防止了高等教育机构滥发学位和随意开设课程，对英国高等教育的规模与质量发展起到了非常重要作用。

20 世纪 60 年代是英国高等教育大发展时期，但 60 年代末由于受到经济发展乏力的影响，英国高等教育进入调整期。据统计，研究生教育在二战后的 50～80 年代初有较大发展，二战后的 1951 年与二战前的 1939 年相比，本科生人数只增加了 0.7 倍，而研究生人数则增加了 2.8 倍[①]。1979 年，英国在校研究生总数达到 92 489 人。

20 世纪 80 年代，由于经济衰退，高等教育经费紧缩，英国出台了多份高等教育发展报告和法规，其中对英国 80 年代高等教育发展影响巨大的首推《1988 年教育改革法》，其改革措施包括了"大学基金委员会"（University Funding Council，UFC）取代存在了 70 年的"大学拨款委员会"，政府加强对高校的宏观管理并成立高等教育法人团体等。该改革法对当时及 20 世纪末英国高等教育的走向都产生了巨大影响。20 世纪 90 年代初，英国研究生数量又出现了新一轮增长，1990 年英国在校研究生总数为 12.5 万人，到了 1993～1994 学年则已突破 30 万人。

进入 20 世纪 90 年代，随着国际经济竞争日趋激烈和国际化趋势的到来，英

---

① 谢安邦. 外国私立教育 [M]. 北京：中国社会科学出版社，2003：311.

国研究生教育更加受到政府重视。英国高等教育由迅速发展阶段转到稳定发展阶段，相继出台了1991年的《高等教育的框架》白皮书，1992年的《继续教育与高等教育法》和1997年的《迪尔英报告》。《继续教育与高等教育法》对英国研究生教育影响较大，它宣布了高等教育二元制结束，原来属于公共高等教育部门的多科技术学院升格为大学，英国大学数量上升至91所，学生总数翻了两番。同时，成立"英格兰高等教育基金委员会"（Higher Education Funding Council for England）和"威尔士高等教育基金委员会"（Higher Education Funding Council for Wales），取代"大学基金委员会"和"多科技术学院与其他学院基金委员会"，分别负责英格兰和威尔士高校的拨款事宜。1993年，英国政府发布了白皮书《释放我们的潜能》，宣布发起"科技远见计划"（Technology Foresight Initiative），目的是把工商界和科技界联合起来，加强高等教育和科研基础之间的关系。

20世纪90年代中后期，为了促进研究生教育的发展，英国政府成立了哈里斯委员会。该委员会在发布的《哈里斯报告》（*Harris Report*）中提出了一套学位体系，对不同学科学位的学习期限、水平和名称都进行了详细的讨论，该报告还提出应该有足够的公共资金来资助研究生教育。2004年，英国政府颁布《2004年高等教育法》，法案采取了2003年白皮书《高等教育的未来》的建议，对英格兰和威尔士的高等教育进行重大改革，改革主要集中于两个领域：一是扩大招生，提高学费并增加学生资助；二是给高校充分的自由和资源，促进知识向财富的转化。英国国际环境的驱使和上述政策措施引发了高等教育的扩张，研究生教育的规模和结构也随之发生了巨大的变化[①]。英国时任首相托尼·布莱尔（Tony Blair）1997年上台后，采取了增加高等教育投入和提高高等教育质量等措施，将教育发展置于特别优先的地位。高等教育质量得以提升，促进了教育公平发展，高等教育规模有所扩大，在《2004年高等教育法》中要求18～30岁年龄段接受高等教育的比例应从2004年的43%提高到2010年的50%。

2008年，英国经济由布莱尔时期繁荣周期进入到衰退时期，高等教育发展也受到较大影响，但改革步伐却没有停止。由于经济不振，高等教育发展受到限制，削减高等教育拨款经费和提高学费标准等，使许多高校财政赤字，研究生教育发展速度失速，研究生中的英国本土学生比例不断减少。

金融危机后的全球经济处于缓慢和不稳定的回暖，2010年戴维·威廉·唐纳德·卡梅伦（David William Donald Cameron）当选英国首相，继续执行研究生教育和学位授予方面已有政策，研究生教育规模发展平稳。

---

① 王璐，王向旭. 当今英国研究生教育规模和结构的变化与走向［J］. 比较教育研究，2017，211（12）：61.

2014 年度和 2015 年度，英格兰（ENG）、威尔士（WAL）、苏格兰（SCO）和北爱尔兰（NIR）获得"研究型""授课型"和"研究生教育证书"上的数据变化也不大，英国研究生教育在卡梅伦执政时期得以稳定发展，如表 3 - 7 所示。

表 3 - 7　　　英国四地 2014 年与 2015 年度获得研究生学位数　单位：人

学位类型	全日制				非全日制			
	ENG	WAL	SCO	NIR	ENG	WAL	SCO	NIR
	2014 ~ 2015 年度							
研究型	33 455	1 655	4 780	1 110	20 115	925	1 940	395
授课型	72 525	4 225	8 535	2 090	148 680	9 680	18 080	5 255
研究生教育证书	20 950	1 220	1 850	280	2 230	40	110	25
合计	105 980	5 880	13 315	3 205	16 795	10 610	20 020	5 650
	2015 ~ 2016 年度							
研究型	33 645	1 755	4 825	1 110	19 730	870	1 970	385
授课型	74 445	3 900	9 175	2 090	147 380	9 255	17 510	4 715
研究生教育证书	19 830	1 060	2 030	280	1 900	35	130	19 830
合计	108 090	5 655	14 000	3 200	167 110	10 125	194 80	5 100

资料来源：根据英国高等教育统计署网站数据统计，http：//www. hesa. ac. uk/。

卡梅伦时期，由于改革大学学费收费政策和采取措施吸引国际留学生等，英国研究生教育国际化发展水平得到充分发展。以伦敦帝国理工大学 2012 ~ 2013 年度数据为例，该校研究生教育国际化比重非常大，超过 1/3 的研究生都是非英国与欧盟学生。

总体来说，英国研究生教育发展规模不大，它主要集中在伦敦大学、牛津大学和剑桥大学等著名大学。牛津大学和剑桥大学创建之初，学位授予权与生俱来，而 19 世纪初的私立学苑，以及其后的城市大学等只能授予高等教育文凭，它们只能认同伦敦大学的学术标准，选择相应的学位课程，参加相应的考试而获得伦敦大学校外学位证书。到 20 世纪 50 年代，这 3 所大学加上另外 7 所大学的在校研究生占全国高校研究生总数的 3/4 以上[①]，可见当时英国研究生教育在部分大学的集中度非常高。英国研究生教育发展至 2016 年遇到了国际形势的挑战。

① 杨汉清. 比较高等教育概论［M］. 北京：人民教育出版社，2003：115.

2016 年由于英国公民选择脱欧，主张英国留在欧盟的首相卡梅伦于 2016 年 6 月 24 日宣布辞去首相和保守党领袖职务。保守党领袖继任者特蕾莎·梅（Theresa May）于 2016 年 7 月 11 日当选英国 54 任首相。作为英国历史上第二位女首相，又毕业于牛津大学的她，虽然英国国内对她的精英教育、留学生教育政策有抨击，但对研究生教育改革不大。在她之后的首相中，在高等教育包括研究生教育方面，出台的专门政策不多，更多的是沿袭过去有关政策继续推进研究生教育发展。2016 年颁布的开启英国对高等教育全面和深入改革的白皮书《知识经济时代的成功：卓越的教学、社会流动和学生的选择》（Success as a Knowledge Economy：Teaching Excellence，Social Mobility and Student Choice）是英国未来一段时间最重要的指导文件。① "脱欧"后，面对复杂的国内外形势和"硬脱欧"给高等教育尤其是给跨国高等教育带来的负面效应和冲击，英国政府制定和出台了一系列战略政策。2019 年，英国发布了服务于"全球英国"外交战略的《国际教育战略：全球潜力，全球增长》（International Education Strategy：Global Potential，Global Growth），旨在维护"后脱欧时代"英国跨国高等教育的战略稳定、繁荣和安全；2021 年 2 月，英国教育部发布了《2021 年国际教育策略：支持复苏，推动增长》（International Education Strategy 2021 update：Supporting Recovery，Driving Growth）这一文件，以应对新冠肺炎疫情对其高等教育的挑战，维护和扩大英国高等教育在全球的优势地位和市场份额。②

（三）德国的研究生教育与学位发展

相比较美国和英国，德国研究生教育的发展在两次世界大战期间，受到的冲击极大，处于相对滞后的状态。在第二次世界大战期间，德国高等学校也经历了物资设备和人员短缺的巨大困难。一些大学几乎全部被毁，基尔大学、维尔兹堡大学、弗莱堡大学是典型的例子。许多大学设施损坏严重，大学人员也遭到重大损失。战后初期，高等学校在停顿了一年后，于 1945 ～ 1946 年冬季学期恢复。③ 二战结束以后至 20 世纪 70 ～ 80 年代，德国的高等教育发展相对稳定。恢复和弘扬德国传统洪堡精神是高校和政府高等教育政策的主要目标。

1999 年 6 月，包括德国在内的欧洲 29 个国家在意大利的博洛尼亚签署《博洛尼亚宣言》，宣布到 2010 年建成欧洲高等教育区，建立本科和硕士两级的高等

---

① 王雪双. 英国高等教育与科研体系改革趋势——《知识经济时代的成功：卓越的教学、社会流动和学生的选择》白皮书述评［J］. 世界教育信息，2017，30（7）：16.

② 刘来兵，侣娅琳. 多源流理论视域下英国跨国高等教育政策的变迁［J］. 教育科学探，2022，40（3）：88.

③ 杨明，赵凌. 德国教育战略研究［M］. 杭州：浙江教育出版社，2014：38.

教育学位体系。自 2010 年起，德国的高校全面实施"博洛尼亚计划"，实行统一的学制、学分制以及本科、硕士和博士三段式的高等教育学位体制。2003 年，柏林评估会议上，德国又与新老成员国一起，将研究生阶段的教育细分为硕士生和博士生两个教育层次，从而使博士生教育列入博洛尼亚进程。确立了本科（Bachelor，3 ~ 4 年）、硕士（Master，1 ~ 2 年）、博士（Ph.D.，3 年）的三级学位制度。2005 年，欧洲各国教育部部长在挪威卑尔根会议上，具体提出"博士生教育是培养研究能力的阶段，应注重跨学科教育和职业能力培养，强化对博士生的指导和评估并使其透明化"，同时明确"博士生教育应改革为结构性的博士生专业以及攻读博士学位的年限一般为 3 ~ 4 年"。2007 年，伦敦会议上，46 个成员国又联合提出"扩大欧洲高等教育区范围和建立欧洲教育科研大区"的战略思想，从而把高等教育区与欧洲研究区融为一体，确定了与欧洲一体化发展相适应的教育和科研大框架，这为德国高校的改革指明了方向①。

（四）日本的研究生教育学位发展

与德国同为战败国的日本，其研究生教育在美国的扶持下发展和崛起相对顺利。战后日本出台了大量政策来推动研究生教育的改革与发展。这些政策主要围绕办学权力、研究生教育体系与制度完善等方面。具体来看，就办学自主权而言，1947 年，日本出台了《学校教育法》，主张大学有权自主设立研究生院。到 1950 年后期，日本超过 50% 的高等学院都创建了研究生院。1949 年，日本出台了《研究生院基准》，规定新建立的研究生院在组织上单独分离出来，拥有较大自主权。就完善研究生教育体系来看，《研究生院基准》重新规定了研究生教育的目标、组织形式、课程设置、学生资格等方面，要求研究生研修更精深的知识并培养相应的研究能力。1952 年颁布的《研究生院设置审查基准要点》，规定研究生教育的目的是基于大学的自主性，培育研究生的指导能力，通过研究生教育培育高级专业人才。20 世纪 60 年代末日本颁布的《关于振兴科学技术教育方针》中要求增加研究生院设施、设备以及师资力量等问题。就完善研究生学位制度而言，1953 年颁布的《学位规则》将学位授予权下放至大学。1974 年的《关于改善研究生院及学位制度的报告》中重新调整了日本研究生学位授予标准等。事实证明，上述政策对日本研究生教育发展有着重要作用。到 20 世纪 70 年代，日本筑波大学的建立，与当地相关产业形成有机融合以发展研究生教育，成为日本的研究生教育由专业式发展向融合式发展方式转变的重要标志。1990 年，日本研究生在校人数以 1 500 人/年的速度增长。随着《研究生院基准》和《学位

---

① 孟虹. 欧洲教育一体化下的德国研究生教育改革 [J]. 河南教育：高校版，2009 (10)：44 – 45.

规则》法令的实施，日本基本上奠定了战后的学位制度框架，研究生教育制度也基本定型。

20 世纪 90 年代开始，日本研究生教育通过一系列咨询报告、政策推动改革，进入快速发展阶段，研究生规模和教育质量都呈现出跳跃式发展的态势，形成多样化的教育模式。研究生教育规模方面，日本的大学审议会发布了《研究生扩增计划》的咨询报告，2005 年提出了《新时代的研究生院教育——构筑富有国际魅力的研究生教育》，文部科学省于 2006 年执行了 5 年期的《研究生院教育振兴方针》，又相继颁布了《研究生院设置基准》《研究生院教育改革推进计划》等法案和政策。[①] 在这些政策的引导和支持下，1990～2015 年，日本研究生人数从90 238 人至增长到 249 474 人，其中硕士生人数增长主要受到工学专业硕士生人数大幅增加的影响，博士生人数变化主要受到医学专业博士生人数增加的影响；大学数量由 507 所增加至 779 所，其中设置硕士课程的大学 599 所，设置博士课程的大学 440 所。需要注意的是，日本研究生规模虽然与初阶段相比整体扩大，但从 2011 年以后，研究生人数开始不断减少，见图 3 - 2 和图 3 - 3。

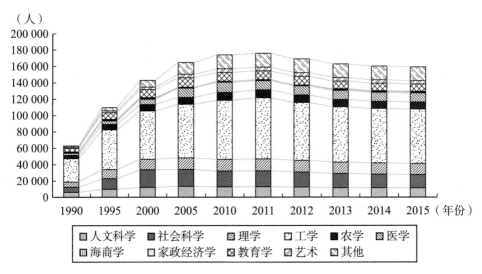

图 3 - 2　1990～2015 年日本硕士研究生人数变化情况

为了提升研究生质量，日本在 1991 年出台的《关于大学教育的改善》中，首次要求各大学对自身进行自我检查和评价；在《大学设置基准》中对认证评估作出了相关规定。2005 年出台了《新时代的研究生院教育——构筑富有国际魅力的研究生教育》，提出要"促使教育实质化，确保教育的质量与全球竞争力"

① 张晴. 日本研究生教育政策演变研究 [D]. 湘潭：湘潭大学，2015：16.

"引入第三方评估，发展以大学、产业界、职业团体等组成的专业认证评估机构"，《全球化社会中的研究生院教育》再次提出要提高认证评价的专业化水平，注重认证评估机构的质量。《关于改正相关学校教育法施行规则》规定废除自行评估等方式，改为以外国评估机构代替，定期对研究生院的教育课程、教师组成和其他教育研究活动状况进行评估，同时要求公布评估的结果并报送文部科学省。[①] 在改善教育模式方面，随着科学技术在经济发展中的作用日益凸显，国际环境急剧变化和全球化的挑战，社会对高端专业技术人才的需求和要求也水涨船高。由此，日本教育和高端人才培养模式逐渐多样化，开始重视培养研究者和具有高端专业技术能力的人才，通过出台《专业学位研究生院设置标准》赋予了专业学位的研究生院成立的合法性依据。

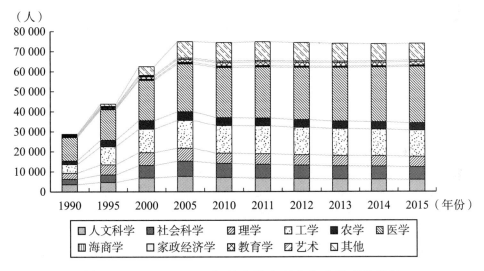

图 3 - 3　1990 ~ 2015 年日本博士研究生人数变化情况

自 1880 年东京大学设立学士研究科起，日本研究生教育有着近 200 年的发展历程；20 世纪 50 年代，日本引进美国学分制和硕士学位，形成现代意义的研究生教育，至今日本研究生教育历经了 70 年的发展。在多变的国际局势、社会经济发展与衰退的交织中，日本以"研究生院实质化"为改革主线，使其研究生教育模式由模仿融合向原创性创新转变，努力使自己在激烈的国际竞争中拥有一席之地。

日本研究生教育发展演进的主要特征有：以模仿欧美国家高等教育发展为主要特征；两次世界大战期间高等教育的发展，以高等教育系统调整与规模扩充为

---

① 张晴. 日本研究生教育政策演变研究 [D]. 湘潭：湘潭大学，2015：17 - 18.

主要特征；二战后研究生教育改革以国家政策为导向，以推动研究生教育规模扩大和提升教育质量为主要特征。

三、发达国家研究生教育的法治文化及特征

美国、英国、德国、日本四个国家研究生教育发展的不同时期，特别是重要的历史转折点，都离不开相关政策法规来支持、推动和保障研究生教育发展。法规政策与研究生教育发展之间的关系，实质上体现的是法治文化。法律至上是上述四国发展研究生教育的基本信条；法治文化精神在研究生教育承前接续的有序发展过程中得以普遍地培育和弘扬；法治文化的调控功能在四国相继出台的一系列研究生教育法律规范、权力制约体系、内部治理结构中得到体现。整体上，美国、英国、德国、日本四个国家研究生教育法治文化的形成都具有历史传承性，但在上述法治文化表现上存在差异，各有特点。

（一）美国研究生教育发展法治文化

相对于欧洲老牌的资本主义国家，美国是一个新成长起来的大国。在高等教育和研究生教育领域，美国"自律"的法治化文化表现相对突出。

美国早期研究生教育自律的法治文化，是由私立大学的学术自主权和学位授予权引发的。其中最著名的判例为"达特茅斯学院案"，随后引起两类判例的争论：一是与特许状相关的判例，围绕州政府和大学学术自主权的关系；二是学位授权案。1650 年的哈佛学院章程里尚且并未提及学位授予权，它却在 1642 年授予了 9 个学士学位，随后还授予了硕士学位。显然，这对宗主国英国的法律是一种挑战，因学院或大学授予学位，必须要由英国颁布特许状。直到 1684 年，马萨诸塞州的殖民章程被废除，哈佛学院才在无任何章程授权的情况下，继续办学和颁发学位。1707 年，马萨诸塞州州议会认定哈佛学院从未被撤销，也没有对 1650 年的学院章程宣告无效，从而赋予哈佛学院具有办学的自治权和自主权。[①]由此可见，哈佛大学在上述一系列学术活动中已经模糊了英国传统意义上的大学和学院的界限，即学院没有学位授予权。虽然哈佛学院的做法在一定程度上打乱了法治秩序，但它在办学中表现出的高度自律，能够使其保证办学质量从而获得当时社会的广泛认可。1787 年，根据"法不溯及既往"这一原则，哈佛大学具有永久自治权，自主开展研究生教育获得法律认可。这对以后美国大学自律开展

---

① Contreras. Alan. L. The legal basis for degree-granting authority in the United States [M]. State Higher Education Executive Officer, 2009.

研究生教育做了铺垫，形成了美国研究生教育自治的法治文化。

美国研究生教育自律的法治文化，早期体现在大学学术自主权和学位授予权，后来集中体现为大学与政府的关系。南北战争后，美国为促进农业现代化，国会通过了《莫雷尔法案》（Morill Act），资助各州开办农工学院，培养现代农业应用型人才。各州开始举办公立高校，随后，美国高等教育迎来大众化阶段。1944 年颁布的《退伍军人安置法案》、1958 年颁布的《国防教育法》、1965 年颁布的《高等教育法》等，提供了种类多样的资助学生的途径，让民众能够进入大学接受高等教育和研究生教育。但到了 20 世纪中后期，美国研究生教育进入高速发展之时，文凭工厂（dipolma mills）大量出现，致使美国公众对高等教育和学位授予质量提出疑问。由于高等教育管辖权在各州，为了加强对高等教育机构及其质量的监控，部分州政府修订了本州法规，任命至少一个高等教育管理委员会负责本州的高等教育管理与协调，主要负责政策引导、项目评估及预算管理等职权。比如科罗拉多州议会于 1981 年修订了本州法规，界定了学位授予单位的内涵。这就是著名的《学位授权法案》（Degree Authorization Act）。即便如此，那些已经享有较高社会声誉的大学并不受这些规范约束，拥有豁免审核的特权。可以说这传递了美国研究生教育自律的法治化理念。法律法规主要是为了保证自律，约束的是"邪恶的念头"。

美国宪法没有提及教育管辖权，按照美国法律的解释，教育权归属各州。因此，联邦对各州的研究生教育发展也不能指手画脚。以上出台的有关教育的联邦法律，各州的高校根据学校情况，可服从、部分服从或不服从。如果高校接受联邦资助，就需要接受相关的法律规定。其实，各州对高校的管理也有些类似。政府不会"伸手"太长，更不会直接深入学校内部管理。高校这种自律的法治文化，使高校的独立法人名副其实。

（二）英国研究生教育发展法治文化

英国研究生教育法治文化的显著特点是"保守渐进"。英国虽然是工业革命的主力之一，但并没有像法国资产阶级大革命那样进行彻底的变革。它在保留君主制的基础上建立了现代化的民主政治体制，而其表现出来的民主、法治等体制特征并不是首创。英国文化传统仍然具有较强的延续性，整个社会在传统和变革共存的环境中发展。正是基于这样一种变革观，英国研究生教育法治文化也受到保守渐进的传统思维方式影响。尤其在研究生教育发展初期，保守渐进的特征尤为明显。比如 1912 年决定是否引进"哲学博士"这一学位时，英联邦的第一次大学会议为此做了充分的会前准备与沟通，但在会议上却遭到英国各个大学代表的反对。几年后，这一争论再次爆发，英国即使在加拿大和美国的大学对它施压情况下，也未下定决心引进这个新的学位。直到一战爆发，在种种形式的倒逼下，才于 1918 年 5 月在英帝国大学会议上决定引进哲学博士学位。[①] 另外，二战后，英国为振兴教育出台了一系列促进教育发展的政策，保守渐进的特点在政策中表现得尤为突出。

随着国际经济竞争日趋激烈和教育国际化发展，英国逐渐转变了对高等教育包括研究生教育的保守主义发展思路，"保守渐进"的法治文化特点有所弱化，"法应需变"成为其后历史发展基调。20 世纪 80 年代以来，英国政府为高等教育发展颁布了多项法规或政令，如 1988 年颁布的《教育改革法》，90 年代相继出台的《高等教育：一个新框架》白皮书、《继续教育与高等教育法》、《迪尔英报告》、《继续教育与高等教育法》、《哈里斯报告》、《博洛尼亚宣言》，21 世纪初出台的《2004 年高等教育法》等。通过对高等教育的宏观规定[②]，推动了英国研究生教育与之前不同的变革，影响着其研究生教育的法治化进程。

（三）德国研究生教育发展法治文化

德国是世界上最早推行学校国家化的国家，也是以法治著称的国家，国家性是大国研究生教育发展的法治文化特点。

联邦德国 1949 年颁布了第一部《基本法》（也称为《宪法》），它规定："人人有从事艺术、科学、教育和研究的自由。教育自由不应与宪法相抵触"，"全部的学校教育事业置于国家的监督之下"。联邦德国实行的是联邦制，教育主权在各州和直辖市。地方各级政府是举办各级各类学校教育的主体，同样也代表国家对各级各类学校教育实施督导。在德国这样一个法治国家，学校的一切活动都受到国家法律和规章的约束。学校有一定的自主权，但没有自治权。德国的研究生教育仍保有自治权，德国《宪法》第七条规定："全部的学校教育事业置于国家的监督之下"，但联邦政府对除了职业教育以外的学校教育仅限于基本的监督和协调，各州和直辖市有责任和义务代表国家对学校教育实施具体管理和监督。德国的教育法学学者一致认为，探讨大学的自治行为主要依据是联邦宪法第 5 条第 3 款："艺术与科学、研究与教学均享有自由，教学自由不得免除对宪法的忠诚"。这一条款是大学自治权利的根本性保障条款，也是讨论德国高等教育自治的出发点。可见，在德国，作为研究生教育发展必要条件和基本理念的大学自治是一种权利，但前提要求是能够在法律的框架内自承其责地处理所有大学事务。[③]

① 刘冰. 英国大学研究生教育的研究 [D]. 大连：辽宁师范大学，2010：16 - 21.
② 中国学位与研究生教育信息网. 政策法规 [EB/OL]. http://www.cdgdc.edu.cn/xwyyjsjyxx/zxns/zcfg/oz/yg/xwyyjsjyglzd/263190.shtml，2009 - 12 - 03.
③ 王世岳. 德国大学"自治"的"法治"实质 [J]. 教育学术月刊，2014（12）：17 - 20，48.

这一点更加突出了德国研究生教育高度国家性的法治化特点。

进入 20 世纪 70 年代以后，德国高等教育包括研究生教育国家性的法治化特点越来越明显，各州和直辖市陆续制定并颁布了专门的《高等教育法》等。

总体上，德国研究生教育的国家性主要是在其法治政府推动下逐步建立完整的。由于政府的参与，德国研究生教育可以在短期内建立较为完整的研究生教育体系与制度。政府制定了具有法律效力的关于研究生教育的严格规定，使研究生教育质量能够有所保障。

（四）日本研究生教育发展法治文化

日本的研究生教育法治文化体现"政府主导"的特点。日本研究生教育发展路径是外生融合式的，其相关法律规范主要通过政府不断移植国外法律、借鉴和吸收国外优秀法治文化等"引进来"的方式建立。由此，政府及其出台的相关政策在研究生教育实现每个阶段的跨越和推进中发挥了重要推动作用。《学校令》《帝国大学令》和《学位令》是日本研究生教育起步阶段的法律，是确立日本研究生教育在高等教育系统中的地位、研究生教育体系和学位制度基本框架的三个重要法律。它们主要是日本政府仿效欧美先进现代化大学之路上重要的制度产物。在日本研究生教育发展时期，政府主导作用更加凸显。其通过"井喷"式出台政策文件，来引导研究生教育的发展方向以使其不断完善，主要法律政策文件如表 3-8 所示。

表 3-8　　　　日本研究生教育主要法律政策文件

阶段	年份	文件名称	属性
起步	1887	《学位令》	法律
	1893	第二个《学位令》	法律
	1920	第三个《学位令》	法律
发展	1947	《学校教育法》	法律
	1949	《研究生院基准》	政策
	1952	《研究生院设置审查基准要点》	政策
	1953	《学位规则》	政策
	1956	《研究生院设置基准》	政策
	1974	《关于改善研究生院及学位制度的报告》	政策
	1990	《关于修订学位制度及研究生教育的评价问题》	政策
	1991	《关于研究生教育的调整充实》	政策

阶段	年份	文件名称	属性
发展	1991	《研究生规模扩增计划》	政策
	1996	《关于提高研究生教育的质量》	政策
	2002	《研究生院培养高等专业职业人才》	政策
	2003	《专业学位研究生院设置标准》	政策
	2004	《全球化社会的研究生教育——培养活跃于世界舞台的创新型高端人才》	政策
	2006	《第一次研究生院教育振兴对策纲要》	政策
	2009	《研究生院教育改革推进计划》	政策
	2011	《第二次研究生院教育振兴对策纲要》	政策
	2016	《第三次研究生院教育振兴对策纲要》	政策

资料来源：根据日本文部科学省网站资料整理，https：//www. mext. go. jp/a_menu/koutou/daigakuin/index. htm；https：//www. mext. go. jp/b _ menu/shingi/chukyo/chukyo0/toushin/1420274. htm。

日本研究生教育从起步阶段到其快速发展至今，相关法律政策的价值追求都离不开服务国家需求和经济发展，突出了日本法治文化中"政府主导"的特点。这与欧美国家"自下而上"的法治文化培育和发展方式具有较大差异。

基于上述四个发达国家的法治文化特点，可以发现，政府依法治理、依法治国的方式和水平是体现一个国家或地区的法治文化，也是检验一个国家或地区法治文化程度高低的重要标志之一。美国、英国、德国、日本四国政府基本通过"自下而上"或"自上而下"的正当程序将研究生教育的重大决策通过法律、政策等制度化的形式体现、规范实施和落实，最终实现研究生教育的法律化、制度化、国家化，保障政府的科学决策、保证政策合理性和合法性。

第二节　发达国家研究生学位授予比较

一、发达国家研究生学位授予学科目录比较

研究生学科专业目录是研究生招收、培养、授予学位的基本载体和依据，学

科目录的划分与一国对学科认识的习惯有关，但更多的还是反映一国经济和社会发展水平、劳动力分工、产业结构等，体现了社会对人才的种类、规格、知识和能力素养等方面的需求。

美国的学科专业目录主要表现出纵向细分、层级分明的特点。早在 1980 年，美国国家教育统计中心研发并由教育部颁布了学科目录（Classification of Instructional Programs，CIP）。该目录分别于 1985 年、1990 年、2000 年和 2010 年进行了四次大规模修订和再版。美国现在使用的是 2010 版学科专业分类（CIP - 2010），至今已有 10 多年未进行大调整，它几乎适用于美国高等教育各个层次、不同类型的教育样态，并且被广泛应用于教育部的各部门和其他政府机构的各项统计事务中。此外，CIP 还用于收集、报道、整理有关学科专业目录资料，指导教育规划、资源配置以及教育整体布局等。CIP 主要分为三级：一是两位数代码，其代表最基础的学科门类，CIP - 2010 有 47 个两位数代码。二是四位数代码，其代表拥有相似学习内容和目标的子学科。三是六位数代码，其代表具体的专业。高等教育机构对用于高等教育数据综合系统（Integrated Postsecondary Education Data System，IPEDS）的学生毕业率调查时，一般用六位数 CIP 编码统计。各高校根据自身发展和社会需求，按照 2010 版学科专业分类公布的修订标准，可新增、删减和更新一些学科专业。美国的学科专业分类几乎涵盖了其高等教育的各个层次的所有学科专业。大多数高校基于专业（6 位数代码）来开展人才培养工作。比如威斯康星麦迪逊分校的专业 022 农业经济管理（Agricultural Business Management）的六位代码为 01.0101，其属于 "01 农业、农业运作及相关科学（Agriculture，Agriculture Operations，and Related Sciences）" 学科门类之下。①

英国学科专业目录经历了从层级分类到扁平分类的演进。早期，英国的学科专业设置由拥有学位授予权的大学自主决策。随着英国政府介入高等教育管理事务，开始推进大学专业分类体系化。20 世纪 60 年代，全国大学招生委员会（Universities Central Council on Admissions）和国家学位授予委员会（Council for National Academic Awards）开始对高校设置的学科专业进行编码。2002 年开始，英国高等教育统计局（The Higher Education Statistics Agency，HESA）与院校招生委员会（The Universities and Colleges Admissions Service，UCAS）共同参与制定了一个适用于本科、研究生教育，能够指导政府进行质量监控、大学院系设置和受到人才市场认可的，具有普适性的学科专业分类体系，即联合学术编码体系

---

① Office of the Registrar in UW - Madison. Majors，Options，and Degrees［EB/OL］. https：//registrar. wisc. edu/wp - content/uploads/sites/36/2017/06/list - majors - options - degrees. pdf，2017 - 06 - 10.

（The Joint Academic Coding System，JACS），一般称为 JACS1.7 版本。[①] 该体系自 2002 年首次发布至今共调整了两次，分别为 JACS2.0 体系（2007/2008）、JACS3.0 体系（2012/2013）。总体上，这三个版本基本延续了相似的学科设置纵向细分的结构和领域，另外，结合学科发展和社会需求的变化，部分增补、调整了一些学科的代码。但是，当面对科技迅速发展，社会分工更加细化和跨学科研究不断推进等新变化、新要求、新挑战时，JACS 目录显露出较多弊端，比如有限的学科数量、过于死板的学科编码框架等限制了新兴专业的发展空间，对满足社会、企业和个人的发展需求表现出种种不适应。因此，在 2015 年英国政府出台的"教学卓越框架"（Teaching Excellence Frame-work，TEF）国家计划推动下，采用英国高等教育统计署公布的常见聚合分类（Common Aggregation Hierarchy，CAH）对专业进行划分，与高等教育统计局和院校招生委员会运用开发的一套新的学科专业目录，高等教育专业分类（The Higher Education Classification of Subjects，HECoS）共同取代 JACS3.0，于 2019～2020 学年首次实施。相比于 JACS，HECoS 主要呈现出来的变化包括：第一，打破纵向学科体系和横向科学之间的固化联系，它是一个没有层级的学科列表，学科代码是随机生成的 6 位数字，没有具象所指；第二，学科分类更加细化，能够包含新兴专业或跨学科专业。然而，由于该体系刚刚投入使用，尚无法对其作用和功能进行评估，并且扁平化的学科专业结构是否能够得到高校、社会的认可，有效指导研究生培养，持续满足各方需求仍然是未知数。

德国研究生学科专业体系是"自下而上"设置的，具有灵活多变的特点。德国高等院校拥有很大自主权，学科专业目录不是联邦政府或州主管部门统一制定，而是在大学结合自身特色和发展需要进行设计的基础上，联邦统计局依据《高等学校统计法》每年对各个大学开设专业进行综合统计而成。因此，每年的学科专业目录都会有所变化。德国的学科专业针对"教""学"形成两类不同的目录：第一类是专业群、学习范围和学习专业目录；第二类是专业群、教学与研究范围的专业领域目录。整体来看，这两类学科专业目录都呈现出三个层级，基本与我国研究生学科专业目录中的学科门类、一级学科和二级学科相对应。[②] 目前，德国大学的研究生学科门类有语言和文化科学，工程科学，数学及自然学科，农学、林业学和营养科学，法学、经济科学和社会科学，医学，艺术、艺术学 7 大类。学科门类前面的数字或字母只代表分类号或代码，不表达某种顺序或体系的编码。

---

① 韩双森，许为民，衣龙涛. 英国研究生学科专业目录：演变轨迹与启示 [J]. 学位与研究生教育，2019（8）：72－73.

② 顾现朋. 研究生学科专业设置及行业思想影响研究 [D]. 南京：南京林业大学，2010：15－16.

日本的研究生教育制度是在引进和吸收欧美文化过程中产生的。因此，它的学科专业设置体系也与欧美国家相似，但其学科专业的构成以文科为主。传统的日本大学的学科专业设置主要由政府主导，大学在专业设置上的自主权较小。但是随着日本第四次产业革命的到来，其产业结构、劳动力市场均发生较大变化，政府集权主导设置的学科专业在及时应对社会需求、满足人才需要等方面显得越来越不适应。从20世纪90年代开始，日本政府逐步强化大学办学自主权，赋予大学一定的学科专业设置自主权，以增加研究生教育的灵活性、提高大学回应社会需求、满足高端人才培养需要的能力。目前，日本研究生学科主要由人文科学、社会科学、工学、理学、农学、医疗/看护系统、商船（该专业只授予硕士学位，不授予博士学位）、家政科学、教育、艺术十大学科组成。除了这10个传统的学科分类之外，随着科技的发展，各个学科之间的专业壁垒被打破，出现了一些交叉学科，比如环境工学、社会情报学等。这些学科又下设各种专业，在研究生教育阶段，这些专业又会被细分为具体的研究方向。

为了更为直观地认识美国、英国、德国、日本四国研究生学科专业目录设置特点，以教育学为例，表3-9展示了这四个国家学科专业目录的基本情况。

表3-9　　美国、英国、德国、日本四国研究生学科目录对比（以教育学为例）

国家	学科领域	学科编码
美国	13 教育学	共100个专业，部分教育学专业编码如下： 13.0101　教育学 13.0201　双语和多语言教育 13.0202　多文化教育 13.0203　印第安/美国原住民教育 13.0299　双语、多语、多文化等其他教育 13.0301　课程与教学 13.0401　教育领导与管理 13.0402　特殊教育管理 13.0403　成人与继续教育管理 13.0404　教育、教学与课程督导 13.0406　高等教育管理 13.0407　社区学院教育 13.0408　基础和中学管理 13.0409　中学管理 13.041　城市教育与领导

续表

国家	学科领域	学科编码	
美国	13 教育学	13.0411	监督与教育系统管理
		13.0499	教育管理与监督等
		13.0501	教育技术
		13.0601	教育评价与研究
		13.0603	教育统计与研究方法
		13.0604	教育评估、测试与测量
		13.0607	学习科学
		13.0699	教育评估、评价与研究等
		……	
英国	JACS3.0 I 教育学	X100	教师教育
		X110	教师教育—学前
		X120	教师教育—小学
		X121	教师教育—小学前期
		X122	教师教育—小学后期
		X130	教师教育—中学
		X131	教师教育—3 阶段
		X132	教师教育—4 阶段
		X140	教师教育—高等教育
		X141	教师教育—继续教育
		X142	教师教育—大学教育
		X150	教师教育—成人教育
		X151	教师教育—教练
		X160	教师教育—专业教育
		X161	教师教育—特殊教育
		X162	英语作为外语教学
		X190	与教师教育相关的其他领域
		X200	教育研究和学习技能
		X210	研究能力
		X220	学习能力
		X290	教育研究和学习技能相关的其他领域
		X300	教学与学习研究
		X310	学前教学与学习研究
		X320	小学教学与学习研究
		X330	中学教学与学习研究

国家	学科领域	学科编码	
英国	JACS3.0	I 教育学	X340 高中后教学与学习研究
			X341 继续教育教学与学习研究
			X342 高等教育教学与学习研究
			X350 成人教育教学与学习研究
			X360 专业教育教学与学习研究
			X370 全阶段教学与学习研究
			X390 未被分类的教学与学习研究
			X900 教育类其他学科
			X990 未被分类的其他教育类学科
	HECoS	（教育学主要相关学科编码）	
		100070 音乐	
		100454 成人教育	
		100455 儿童和青少年研究	
		100456 儿童研究	
		100457 早教研究	
		100459 教育研究	
		100460 继续教育	
		100461 高等教育	
		100463 早年教育	
		100464 小学教育	
		100465 中学教育	
		100493 应用心理学	
		100496 教育心理学	
		100497 心理学	
		100507 成人教育教学	
		100508 义务教育后教育与培训	
		100509 高等教育教学	
		100510 早年教育教学	
		100511 小学教育教学	
		100512 中学教育教学	
		100642 音乐教育教学	
		100953 儿童心理学	
		101246 职业培训教育	
		101342 记忆与学习心理学	

续表

国家	学科领域	学科编码	
德国	A 语言和文化科学	180 教育学	1800 教育学（普通） 1805 职业教育学 1830 中小学教学法 1835 特殊学校教学法 1820 成人教育 1824 家庭教育学 1825 课外教育学 1826 早期教育学 1827 学校教育学 1828 文化教育学
日本	教育系统（S，T，U）	S1 教育学 S2 小学教育课程 S4 中学教育课程 S5 高等学校课程 S6 特别教科课程 S7 盲学校教育课程 S8 聋哑学校教育课程 S9 中等教育学校课程 T1 养护学校课程 T2 幼儿园课程 T3 体育学课程 T5 残疾儿童教育课程 T9 特别支援教育课程 U9 其他（初等教育学、中等教育学、社会教育综合课程、国际教育学等 100 多种）	

资料来源：根据美国国家教育统计中心网站、英国高等教育统计署网站、日本文部科学省网站整理，https：//nces. ed. gov/ipeds/cipcode/default. aspx？ y = 55；https：//www. hesa. ac. uk/innovation/hecos；http：//www. sohu. com/a/224526933_369583；http：//www. scj. go. jp/ja/member/iinkai/daigaku/pdf/s－9－3－3. pdf。

从学科专业体系来看，除了英国最新实施的 HECoS 学科专业体系之外，美国、日本、德国基本都采用了纵向分级的学科专业体系，分为学科门类（专业群）、学科领域（专业）等两级或三级结构。从学科专业目录功能来看，这四个国家都没有将其视作一种强制履行、不可更改、约束学科设置的规范。其中，德国更多注重其统计学的意义；英国、日本、美国则是发挥其统计、指导学科发展，服务人才培养等多种功能。

从学科专业目录设置主体和方式来看，德国政府赋予大学自主权空间最大，通过“自下而上”的方式形成当年的学科专业目录，每年学科目录都会发生一些变化；而美国、英国、日本这三个国家则是通过政府“自上而下”的方式颁布学科专业目录，指导本国大学开设院系、专业的相关工作，学科目录体系相对稳定；其中，英国和日本政府对学科专业目录的改革基本理念导向由"政府供给"转向"社会需求"，赋予高校更多的自主权，政府宏观把控。总体上，四个国家都基本尊重大学在学科专业设置中的自主和自治原则。

从学科专业目录内容来看，以教育学为例，四个国家主要按照教育阶段或教育对象划分学科或专业。另外，为了回应社会发展需求，便于交叉学科和新兴专业发展，四个国家都对本国学科专业目录进行了多次改革和调整，目前它们所采用的学科专业目录基本涵盖了教育类所有专业，学科体系较为完整。然而，不难发现美国、英国、日本三国现有的学科目录中，教育类专业存在较多重合的研究领域，使学科目录体系显得庞杂而混乱。以美国教育学的专业分类为例，学科专业划分较细，学科下设有 100 个子学科或专业，而从专业关注的研究主题来看，很难避免重复的问题，比如与"教育领导与管理"专业相关的专业至少有 10 种，具体包括"中学管理""城市教育与领导""高等教育管理"等。这些专业与教育管理既存在纵向分支的关系，又存在横向交叉的可能。如果任其存在可能对保证专业归属和其专一性不利；若进行盲目归纳删减，可能会对新兴或交叉学科发展造成阻碍，或者减弱专业的独特性；但若为其另辟门户，建立新的专业，又可能造成学科体系的过度细化和庞杂。要解决这些问题，学科专业目录如何基于社会需求、学科发展需要，科学合理地增、减、改，需要得到主管部门高度重视，而不是一味地迎合社会发展和科技进步的需要，盲目鼓励交叉学科、新兴专业的开设，致使学科边界过度模糊，甚至消解传统学科的本质和内涵。与美国、英国、日本三国学科目录的"小专业"体系相比，德国的学科目录相对精简，表现出"大专业"体系的特点。

二、发达国家研究生学位授予机构比较

研究生学位授予机构是指拥有开展研究生教育资格和授予研究生学位授予权的机构。美国、英国、德国和日本在研究生学位授予机构资质获取、开展研究生教育的层次类型等方面存在共性，但也各有差异。

就研究生学位授予机构资质获取而言，美国、英国、德国和日本大都需要通过官方授权或许可。

美国在其殖民地时期，其大学受制于英国法律管辖，可通过英国宪章获得合法的学位授予权。哈佛学院（Harvard College，哈佛大学前身）、威廉·玛丽学院（William and Mary）、联合会学院（Collegiate School，耶鲁大学前身）、宾夕法尼亚研究院（Academy of Philadelphia，宾夕法尼亚大学前身）、新泽西学院（College of New Jersey，普林斯顿大学前身）、国王学院（King's College，哥伦比亚大学前身）、罗德岛学院（College of Rhode Island，布朗大学前身）、皇后学院（Queen's College，罗格斯大学前身）和达特茅斯学院（Dartmouth College）9 所殖民地学院基本上都需通过宗主国授权才能开展研究生教育。独立战争后，美国建立了研究生学位许可制度，由各州政府部门或准政府部门，比如加利福尼亚州高等教育委员会、纽约州大学董事会等负责对州内大学开展研究生教育资格的审核和认定。它们以行政许可方式或从行政程序上同意、批准大学进行授予研究生学位的教育活动。

英国在现代意义的研究生教育制度确立之前，长期以来只有牛津大学、剑桥大学和伦敦大学才有资质招收研究生。19 世纪以后，英国研究生学位授予机构逐步增多，但毕竟获得特许状的数量有限。而非大学的学院或高等教育机构只能通过挂靠大学才能开展研究生教育。

德国的大学只有国家承认才可设立，在德国研究生教育产生之初，"大学"特指统合各种专门教育的一般高等教育机构，即研究型大学。德国文凭学位、初级博士学位和高级博士学位的授予权由高等与专业教育部长授权给高等教育机构和其他科研机构。以博士学位授权为例，博士学位授予主体是大学，大学本身可以自主发布博士学位授予条例。

日本研究生教育产生之初，引进了德国的讲座制和美国的研究生院制，其研究生学位授予获准方式与德国和美国相似。学位授予机构的合法性来源于 1947 年文部科学省颁布的《学校教育法》第 62 条的规定："大学可以设置大学院（研究生院）"。而大学院新增硕士或博士学位点需要经过文部科学省批准。

总之，四个国家的政府基本都介入了研究生学位授予机构授权或许可的相关事务，但相比于德国、日本和英国，美国地方政府对授权研究生学位机构的介入更为间接，程序上的把控多于实质上的。

就研究生学位授予机构类型而言，上述四个国家的研究生学位授予机构随着研究生教育的发展，已经有了一定规模和细致的类别划分。

美国的研究生学位授予机构按照办学主体划分，既有四年制公立院校，又有四年制私立院校（私立非营利性的占多数）；按照学位授予层次划分，主要包括研究型大学、博士学位授予大学和硕士学位授予院校。截至 2018 年，美国授予研究生学位的高等教育机构有 995 所。[①]

英国研究生学位授予机构主要指获得授权的"大学"。英国的研究生学位授

---

① National Center for Education Statistics. Table 247. Earned Degrees Conferred by Degree-granting Institutions，by Level of Degree and Sex of Student：1869 - 70 to 2010 - 11 ［EB/OL］. https：//nces. ed. gov/programs/digest/d01/dt247. asp.

予机构主要由"1992 年前大学",比如牛津大学、剑桥大学、"城市大学"(civil university)或"地方大学"(provincial university)①、"红砖大学"(Red Brick University)②、1961～1968 年期间创办的 10 所"新大学"(New University)③、白金汉大学(University of Buckingham)等少数私立大学和 34 所"1992 年后大学"(Post – 1992 Universities)等构成,如此多样化、多类型的研究生学位授予机构加入后,英国招收研究生的学校数量快速增加。

德国的研究生学位授予机构门类以学校办学宗旨和学科设置特色为分类依据。主要包括综合大学、应用科学大学、艺术学院和音乐学院。学生通过毕业考试、论文答辩后可获得"硕士"或相应级别的学位,并具有国家承认的同等证书职业资格。

日本的高等教育机构根据设立形式和经费来源,分为国立、公立、私立三类。研究生学位授予机构包括四类,分别是研究生院(大学院)大学、独立研究科或研究所,其中大学院分为若干研究科,研究科又会下分为若干专攻和独立讲座,独立研究科是指地方性国立大学在硕士课程基础上陆续开设博士课程后独立形成的研究科,研究所的设置一般依据社会需要而设,与大学院研究科不重复;联合型及协作型研究生院(研究科),多所大学联合设置的独立型博士课程;业余研究生院及函授研究生院,主要适应社会成人及在职人员继续接受再教育的需要,只开设硕士课程;职业型研究生院,是一种高层次应用型职业学校。④ 截至 2015 年,日本的研究生学位授予机构为 1 818 所。⑤

总之,美国、英国、德国和日本研究生学位授予机构的主力是各类大学,类别划分依据为大学授予的学位层次或办学性质;但德国与其他三个国家相比,研究生学位授予机构的分类依据更侧重学校办学和学科设置特色。其任何一所大学

---

① 主要包括伦敦大学(1852 年)、利兹医学院(即现在的利兹大学,1831 年)、杜伦大学学院(1832 年)、欧文斯学院(即现在的曼彻斯特大学,1824 年)、埃克塞特大学学院(1851 年)、梅森科学院(即现在的伯明翰大学,1825 年)、布里斯大学学院(1867 年)、谢菲尔德学院(即现在的谢菲尔德大学,1828 年)、利物浦大学学院(1881 年)、诺丁汉大学学院(1881 年)、雷丁大学学院(即现在的雷丁大学,1892 年)、南安普顿大学学院(即现在的南安普顿大学,1902 年)、莱斯特大学学院(1918 年)、赫尔大学(1927 年)14 所大学。

② "红砖大学"是指在大英帝国时期维多利亚时代,在英国英格兰的六大重要工业城市并于第一次世界大战前得到皇家许可的伯明翰大学、曼彻斯特大学、布里斯托大学、谢菲尔德大学、利兹大学和利物浦大学 6 所大学。

③ 1951～1968 年创办的 10 所"新大学"的建筑材料采用的是玻璃和水泥,又被称为"玻璃水泥大学"(Glass-cement University)或"平板玻璃大学"(Plate Glass University)。它们创建之初就有权授予学位,没有经历过大学学院阶段。

④ 王红梅. 日本研究生教育及启示 [J]. 高等农业教育,2006(7):80 – 83.

⑤ 文部科学省専門職大学院室. 専門職大学院制度の概要 [EB/OL]. http://www. mext. go. jp/a_menu/koutou/senmonshoku/gaiyou. htm,2016 – 02 – 19.

都有自己的特点，专业设置上都有自己的专攻强项。

三、发达国家研究生教育学位授予类型与层次比较

美国、英国、德国和日本四国，根据各自教育传统与人才培养要求的需要，设置了具有各个国家特色的研究生学位授予类型与层次。

美国高等教育授予的学位门类较为繁多，名称多样。但从其与专业的关系来看，基本都在学科专业的规范下开展，几乎所有的学位授权点都有与之对应的学科专业分类编码，呈现出"乱中有序"的特点。学位层次上主要分为硕士学位和博士学位；学位类型上分为学术硕士和哲学博士学位，专业硕士和博士学位。除上述学位层次和类别外，美国还有一类较为独特的学位，即第一级专业学位（the First-professional Degree，FPD），它在美国高等教育系统中归属到研究生学位层次。虽然自 2009 年以后，美国教育统计中心将其归属到博士学位层次进行统计，但其是否为博士学位层次类属的问题存有争议，主要争论点是它里面还包括少数的专业硕士学位。学科中授予第一级专业学位的具体情况如表 3 - 10 所示。美国的研究生学位修业年限可视情况而定。硕士修业年限一般在 3 年以内，而博士的修业年限，根据 2019 年发布的《美国博士学位调查》（*Survey of Earned Doctorates*）报告，从学生获得学士学位算起，获得博士学位平均年限为 8.2 年；从进入研究生院算起，平均年限为 6.8 年。

表 3 - 10　　　　　　　　美国第一级专业学位授予类型

序号	第一级专业学位类型
1	脊椎按摩博士 Doctor of Chiropractic（D. C. or D. C. M.）
2	牙科博士 Doctor of Dental Science（D. D. S.）or Doctor of Dental Medicine（D. M. D.）
3	法律博士 Doctor of Jurisprudence or Juris Doctor（J. D.）
4	医学博士 Doctor of Medicine（M. D.）
5	眼科博士 Doctor of Optometry（O. D.）
6	骨科博士 Doctor of Osteopathic Medicine/Osteopathy（D. O.）
7	药学博士 Doctor of Pharmacy（Pharm. D.）
8	足科博士 Doctor of Podiatric Medicine/Podiatry（D. P. M.，D. P.，or Pod. D.）
9	神学硕士 Master of Divinity（M. Div.），Master of Hebrew Letters（M. H. L.）or Rabbinical Ordination（Rav）
10	兽医博士 Doctor of Veterinary Medicine（D. V. M.）

资料来源：根据美国教育部国际事务办公室数据整理，http：//www. ed. gov/international/usnei/edlite - index. html。

英国的学位制度对每一级的学位标准都作出了详细的规定，体现了政府对学位标准的规范。① 高等教育质量保证署系列文件之一的《英格兰、威尔士和北爱尔兰高等教育资格框架》（*Framework for Higher Education Qualification in England, Wales and Northern Ireland*）规定了英国高等教育学历和学位共分为五级，其中两级是研究生层次的，分别是：硕士（Masters），即 M 级硕士学位（Masters Degrees），包括授课式硕士学位（Master by Teach）和研究式硕士学位（Master by Research）；博士（Doctoral），即博士学位。英国硕士学位的名称并不统一，不同的地区有不同的设定，大致分为授课式硕士和研究式硕士学位两种，前一种修业年限为 1 年，后一种是介于硕士和博士学位之间的一种过渡学位，修业年限为 2 年。博士学位是一种纯研究型学位，分为哲学博士和专业博士学位，学习年限为 3 年，但这不是一个绝对的要求。据统计，获得英国哲学博士学位最短需要 2 年，最长的达到 7 年，但大多数学生都在 3 ~ 4 年完成。②

德国的学位制度与世界上绝大多数国家有着很大差异。在学位层次上，德国传统的学位只有两级，硕士和博士学位，本科和硕士研究生教育分界不清晰，并没有像美国、英国、日本等国家学士、硕士和博士三级层次明显的设定。实际上，德国的研究生教育仅指博士研究生教育。在 1998 年与英国、法国、意大利四国签署的《索尔邦宣言》呼吁下，为了共建一个开放的欧洲高等教育区，提高与国际教育界的对接和全球市场的竞争力，德国修订了《高等教育框架法》，允许在保留原有传统学位制的同时，试行国际通用的学士、硕士和博士三级制学位制度；1999 年 6 月，德国与欧洲其他 28 国在意大利博洛尼亚正式签约，决定共同建立欧洲高等教育区，至 2010 年全面引进学士、硕士二级制学位制度。2003 年，柏林评估会议上，德国又与新老成员国一起，将研究生阶段的教育细分为硕士和博士两个教育层次，从而使博士生教育列入博洛尼亚进程③。新学制下，在德国攻读硕士学位需要 2 年，博士学位需要 3 ~ 5 年。

日本的研究生教育可以分三种，即硕士课程、博士课程和专业学位课程。硕士课程包括一贯制博士（类似于我国的直博）前期课程和普通硕士课程两种。博士课程包括一贯制博士后期课程（类似于直博的博士阶段）和普通博士课程。按要求完成硕士课程，可申请获得硕士（修士）学位；完成博士课程，可申请获得博士学位。硕士课程的学制一般都是 2 年；攻读博士学位的学制一般为 3 年，但不同的学校、不同学生实际完成博士研究生任务，获得博士学位的时间差异很大，大部分学生很难在 3 年内获得博士学位，最长大概要 7 ~ 8 年。专业学位课

① 张陈. 我国当代学位制度的传统与变革［D］. 重庆：西南大学，2011：151.
② 刘冰. 英国大学研究生教育的研究［D］. 大连：辽宁师范大学，2010：22 - 23.
③ 孟虹. 欧洲教育一体化下的德国研究生教育改革［J］. 河南教育：高校版，2009（10）：44 - 45.

程相当于我国的专业硕士及专业博士学位研究生。[①]

在研究生学位类别上，美国、英国、德国和日本大致都分为学术型和专业型学位两类；在研究生学位层次上，除了德国实行传统的一级博士学位和国际通用的硕士、博士两级学位并行外，美国、英国和日本均为硕士、博士两级研究生学位。在修业年限上，四个国家硕士学位修业年限基本为 2 年；博士学位制度设计的修业年限为 3~4 年，但平均实际修业年限为 5 年左右。

第三节　发达国家研究生学位授予质量保障制度比较

研究生学位授予质量保障制度是管理和保证研究生学位授予质量的重要制度。美国、英国、德国和日本的研究生学位授予质量保障制度基本都包括外部和内部保障两部分，但在具体质量保障体系结构上各有特点。

一、发达国家研究生学位授予质量外部保障制度比较

（一）美国研究生学位授予质量外部保障制度

美国研究生学位授予外部质量保障系统的突出特点是多主体参与，各司其职，政府宏观调控，制定相关政策来保证学位授予质量；社会组织对大学学位授予质量进行评估与监督。美国的学位授予质量外部保障制度的建立，源于美国高等教育质量管理具有分权和自治的特点，因而没有一个全国性的管理机构来管理学位授予质量，联邦政府也无权对高等教育管理进行直接干预，它更多在立法和财政资助等宏观层面对学位授予质量进行间接管理。州政府则发挥了学位授予质量"门槛"作用。研究生学位授予质量评价与监督的权力集中在认证机构或学术共同体。大致来看，美国研究生学位授予外部质量保障制度主要包括两类：高等教育许可制度和高等教育认证制度。

高等教育许可是美国研究生学位授予的前提，其囊括了允许、资格证明、特许和执照等内容，是指高等教育许可机构依据一定标准对高等教育机构的开办、拨款（资助）或学位授予资格等进行评价并给予授权的过程。在美国绝大多数州，无论是公立高校还是私立高校，要获得某个学科的硕士或博士学位授予权，

① 王红梅. 日本研究生教育及启示 [J]. 高等农业教育，2006 (7)：80 - 83.

需经过学校审批和州政府的教育部门审批两个程序。各州基本都制定了本州学位项目许可的法律法规，从定义、程序和要求等多方面作出明确规定。以加利福尼亚州的学位项目许可为例，《加利福尼亚州教育法》第 3 章第 10 部分第 94885 条规定，加利福尼亚州教育局应该依据基本标准审核举办高校的资质，比如新建高校能够为完成学业的学生授予学位；新建高校授予学位时需要具备已被联邦教育部许可的认证机构的认证或五年内完成院校认证的认证计划，该计划需通过州教育局许可，并颁发临时认证书。私立高校在办学过程中，若计划建立新的学位项目，必须先获得授权后才拥有相应项目的学位授予权。需要注意的是，美国大学得到办学许可只是处于政府临时许可阶段，而获得学位授予权的许可才是大学拥有权力颁发学位的标志。就许可基本程序而言，美国是联邦分权制国家，各州的学位授予权、公立和私立大学的学位许可过程一般都需要获得办学许可的大学向州教育部门或大学董事会提出学位授予许可申请，按照要求提供相关资料，如办学设施、财政资源、师资、管理团队和课程设置等，以表明其拥有颁发学位的资质，但也存在一定差异。从州的层面来看，比如新英格兰地区各州存在一些特殊情况，其规定早期通过宪章授权的大学不在州政府教育部门审批的范围内，包括康涅狄格州（Connecticut）、缅因州（Maine）、马萨诸塞州（Massachusetts）、新罕布什尔州（New Hampshire）、罗德岛（Rhode Island）和佛蒙特州（Vermont）6 州。具体审批程序以马萨诸塞州为例，如表 3 - 11 所示。

表 3 - 11　　马萨诸塞州对新学位项目许可和审核程序情况

负责部门	许可过程	特例除外
高等教育委员会	高等教育委员会有权决定是否高等教育机构可以开展新的学位项目授予工作以及提供学分的新课程设置（Mass. Gen. Laws ch. 69，§§ 30 - 31A；610 Mass. Code Regs. 2. 01 & 2. 02）。许可过程为依据州相关规章常规程序或以委员会制度为依据的流程。 基于州规章的常规程序（Traditional Process wnder Staee Regulations）： 申请授予新学位时，必须包含新学位项目计划，包括：（1）项目介绍。（2）项目招收。（3）教师队伍及资格证明。（4）设备、资料和场地。（5）必要的图书馆资料。（6）人力、物力和财政预算等。 委员会成员决定实施外部审核（当申请的新项目与学校建校时特许权差别较大）还是内部审核（当申请新项目与学校建校特许权相近）。外部审核，需要组织实地评估委员会开展工作；内部审核，在委员会作出决定之前，需要开展听证会。 申请审核主要参考新英格兰院校协会（New England Association of Schools and Colleges，NEASC）的审核标准（610 Mass. Code Regs. 2. 08）	1944 年之前通过大学宪章授权建立的高等教育机构除外

续表

负责部门	许可过程	特例除外
高等教育委员会	基于委员会制度的程序（streamlined review process）： 高等教育委员会允许开展流程性的审核和许可，有两种途径： （1）意图通告程序（notice of intent process）。该过程主要由高等教育部负责。其不需要听证、外部专家审核和高等教育委员会投票通过。适用于符合以下条件的高校和项目： ·6年之内通过新英格兰院校协会认证，并未有违规记录。 ·申请的新学位项目必须与现存项目十分相近，可参考委员会制度中的界定。 （2）快速外部审查程序（expedited external review process）。该程序允许提出申请新项目的高校，主导审核过程，而不是高等教育部。其不需要听证和高等教育委员会投票通过。但审核需要由两名评估专家负责，其分别由申请高校和高等教育部推荐。 另外，高等教育部还允许专业项目认证代替外部评估。但申请高校必须满足意图通告程序中的标准，且在近6年中未有任何联邦、州对其学术项目和质量的处罚记录	1944年之前通过大学宪章授权建立的高等教育机构除外

资料来源：根据马萨诸塞州立法研究办公室公布文件整理，https：//www.cga.ct.gov/2017/rpt/pdf/2017 – R – 0209.pdf。

另外，州立大学董事会是新增学位项目的许可主体，其也在学位授予环节中发挥着重要的质量把控作用。以加州大学系统董事会为例，该系统中的学校要开设新学位项目要经历意见征询、院系教师制订项目计划、研究生院审核、行政审核（预算审核）和研究生委员会审核项目计划等环节，每个环节所需时间从1个月至6个月不等。

认证制度作为一种教育行业自律和教育质量控制方法是美国所独有的。美国联邦政府无权规定高校的教育质量标准，也不直接规范大学。虽然美国的50个州都要有高校许可证管理系统，并且规定只有获得州政府许可证书后的高校才能合法办学和颁发学位证书，但由于各州对申请高校许可证书的要求有很大差别，有些州甚至仅仅是为新的高校履行注册登记手续。因此，是否获得州政府颁发的办学许可证书并不能作为高校达到基本办学标准或高校是否授予学生相应学位的依据。实际上，美国是用认证来表明教育机构是否达到和保持一定的办学标准[1]，其一定程度上也反映了高校的学位授予质量。

认证制度主要包括院校认证和专业认证。其中，院校认证与研究生教育许可

---

[1] 王建成. 高等教育认证制度研究 [M]. 北京：教育科学出版社，2007：5 – 6.

更为紧密，学术学位教育采取院校认证方式，加利福尼亚州甚至将院校认证纳入其研究生学位授予权许可的程序中。学士及学士后教育由地区性认证机构实施，认证机构的组成人员以大学和学院的教育工作者及管理者构成。目前，主要负责院校认证的区域认证机构有新英格兰高等院校协会（New England Association of Schools and Colleges，NEASC）、高等学习委员会（Higher Learning Commission，HLC）、中部地区高等教育协会（Middle States Commission on Higher Education，MSCHE）、西北部认证协会（Northwest Accreditation Commission，NAC）、南部院校协会（Southern Association of Colleges and Schools）和西部院校协会（Western Association of Schools and Colleges，WASC）6 个机构。

认证标准是认证机构指导被认证学校开展自我评估、专家实地考察、作出认证决策的主要依据。总体来看，上述 6 个院校认证机认证标准以强调与高校的办学宗旨保持一致为主要原则，内容基本上都包含四大综合性标准：一是清晰地界定与高等教育机构相称的办学目的。二是实现办学目的必备的办学资源。三是可持续的办学目的。四是实现可持续办学目的的资源准备。上述综合性指标定义了认证对象的必要属性，必须达到上述标准，若不能达到一条或多条，会影响认证结果。而各个认证机构会制定具体的标准，明确上述指标内容。以历史最悠久的认证机构——新英格兰高等院校协会（NEASC）为例，其认证标准包括机构的使命和目标、规划和评估、组织管理、课程设置、师资、学生、图书馆及其他人力、财政资源、学校声誉等 11 个方面，具体如表 3-12 所示。

表 3-12　　　　　　　　　　新英格兰院校协会认证标准

标准	具体要求
1. 使命和目标	高等教育机构使命和目标要适合高等教育，要与其章程和运作规则保持一致，并且要以符合高等教育机构委员会标准的方式实现
2. 规划和评估	高等教育机构通过规划和评估实现并完善机构使命与目标；要辨别评估和规划的重要性，并确保高效率的完成
3. 组织管理	有完善的管理制度促进机构目标的实现，并支持机构的高效和诚信运行。通过组织结构设计管理，营造鼓励学习、教学、服务、学术的氛围，以及适合研究和创造的环境，确保为组织各项职能的实现提供足够的支持。该机构有足够的自主权，独立于任何赞助单位，对满足高等教育机构委员会认证标准负责

标准	具体要求
4. 课程设置	学术项目必须服务于高等教育机构的宗旨和目标，并且要系统、有效地对学术项目质量和真实性，以及学位和学分进行计划、监督、评估和保证；设立学位授予和适合学生获得学业成就的标准，并开发系统的方法对学生的学习进行评价，具体分为对本科生教育、通识教育、专业教育、硕士教育、学术信誉等方面要求
5. 师资	与高等教育机构的使命和目标相适应的师资配备。教师质量、人数和表现能够充分保证机构的使命和目标。教师能胜任分配学术项目和完成分配的任务
6. 学生	高等教育机构确立适合的使命、录取学生标准，并且营造有利于学生增长知识和促进个人发展的环境；招生、录取、奖励要确保学生能够取得成功，且为实现学生的学术目标提供相应的资源和服务；真诚地对待学生和潜在就读的学生。具体要求分为对学生使命、留级和毕业、学生服务的要求
7. 图书馆和信息资源	高等教育机构提供配套的图书馆和其他信息服务渠道，并且保证渠道的通畅，以及说明其对实现使命的意义。机构作为教学环境建设提供充足的信息技术支持
8. 物质、技术资源	有足够的、合适的物质资源和技术资源支持其实现目标，机构管理并维持这些资源以增强其目标实现的可能性
9. 财政资源	资金充足，能够确保维持教育项目的质量以及机构在现在和未来的发展需要；能提供内部外部证据表明其具有足够的财政能力确保学生毕业；财政管理透明
10. 公共信息	向学生和潜在就读学生和其他感兴趣的公众展示高等教育机构时，需提供完整、准确、及时、可获得和清晰的信息，这些信息足够帮助其作出正确决策
11. 学校声誉	在于学生、潜在就读学生、教职工、董事会、外部机构和公众交往过程中，以及管理相关事务中应保持高道德标准；应该通过其政策和实践，向外界展示其在使命和相关陈述文件中所倡导的价值

资料来源：根据新英格兰院校协会网站资料整理，https：//cihe. neasc. org/sites/cihe. neasc. org/files/downloads/Standards/Standards_for_Accreditation. pdf。

综上所述，美国学位教育的院校认证标准突出了以下特征：

第一，大学研究生学位教育评量以鼓励改进和保障质量为基本目标和出发点。美国认证制度的基本出发点就是为保证和改进质量服务，它会对改进结果进行周期性和持续性的评估，但不对未通过认证的院校或专业进行终止性的评价或处罚，如撤销大学的学位授予权。

第二，评量标准较为开放，以大学为本。认证机构基本都认为不存在一种可以用来评估所有学校办学或专业设置效果的最佳途径，强调每个学校的办学特色，因此，在上述标准中不限定学校或专业自我评估的统一公式。

第三，评量方式以"举证—审核"为主。大学根据认证标准充分准备认证资料，如在自我评估过程中，收集和分析办学（专业）目标、课程设置、教学活动及其结果之间相一致的证据，认证机构对上述证据进行审核和监测，考察其办学或专业设置目标有效性。

（二）英国研究生学位授予质量外部保障制度

英国研究生教育外部质量保障体系，突出了政府与社会共同参与的特点。它的外部质量保障主要由 1997 年成立的高等教育质量保障署（Quality Assurance Agency for Higher Education，QAA）来完成。这一机构是一个不隶属于政府的中介机构，但接受高等教育基金委员会的监督和审查，重要职责是保证开展研究生教育、学位授予标准和提高高校教育质量。

在保障研究生教育质量方面，QAA 是学位授权审核的审核主体。在 2004 年颁布的《关于英格兰和威尔士地区高等教育机构申请学位授予权和大学名称使用权的指导意见》（以下简称"2004 年《指导意见》"）的指导下，QAA 对英格兰和威尔士地区未有学位授予权的或者只有教学学位授予权的学院开展了学位授权审核工作，审核工作包括课程型学位（taught degree）授予权审核和研究型学位（research degree）授予权审核两种。

一般而言，课程型学位对应的是本科生以及以修读课程为主的硕士生，研究型学位对应的则是以研究为主的硕士生和博士生。申请机构可以单独申请课程型学位授予权或研究型学位授予权。单独申请研究型学位授予权，必须首先已经获得课程型学位授予权。另外，申请机构也可以同时申请课程型和研究型两种学位授予权。

2004 年《指导意见》还提出，接受公共拨款的高等教育机构，所获得的课程型和研究型学位授予权无限期。其他机构所获得的课程型和研究型学位授予权期限为 6 年，6 年期满后要再次通过 QAA 审核，才能继续保持其学位授予权。

课程型学位授予权的审核有四方面标准：学校治理和学术管理，学术标准和质量保证，教师学术水平和教学能力，课程支持环境。除了上述四条标准以外，

107

申请机构只有在提出申请年之前，至少已经连续四年进行了高等教育课程，并且这些课程达到或超过 QAA 颁布的 FHEQ 中的 H 级水平，才可以申请获得教学学位授予权。

　　研究型学位审核标准有三个方面：学术人员学术水平和教学能力，学术标准和质量保证和其他要求[①]。审核周期大致需要近 1 年时间，审核前 28 周由 QAA 行政管理部为 QAA 评估主管助理提供被评院校教学质量和标准管理的信息概要，并向被评院校发送一份完整的有关质量审核的文件，经过召开预备会、参观被评院校、访问被评院校、审核提交自评报告等相关资料，审核后 5 周网上公布正式审核报告。

　　在保障和提高研究生教育质量方面，QAA 与联合英国基金委员会、研究协会、英国研究生教育协会等机构制定研究生教育质量保障的政策和规则，如英国高等教育资格框架、高等教育学术质量和标准保障的实施规则、专业规格、学科基准等构成了完备政策框架。[②] 这些政策规则为英国研究生教育的外部质量评价活动提供评价基本框架和依据。高等教育资格框架主要规定研究生学位获得者应具备的能力和知识。它只是对学位进行基本规定，没有阐述对学位的具体要求，更细化的内容可以参照学科基准和专业规格。其与研究生教育相关的主要内容包括规定研究生教育的层次，各层次学位申请、命名的规定，研究生学位授予要求（知识和能力）等。高等教育学术质量和标准保障的实施规则中与研究生教育密切相关的是研究型学位质量保障实施准则这部分内容。它对研究生培养的各个方面都进行了规定，并且对具体内容进行解释，规则的操作性较强[③]，如表 3 – 13 所示。

表 3 – 13　　　　　　　　　　研究型学位质量保障实施准则

主要内容	具体要求
1. 研究型机构安排	要有一个有效的、清晰的制度安排，确保研究生教育质量，须有一个有效的、清楚的制度安排，必要时在院系层面补充有关规定
2. 研究环境	为研究生提供专门的学习和研究环境，让他们能开展高质量的研究

---

　　① 吴洁莹. 英国的学位授予权审批制度——历史、现状及特点 [J]. 浙江教育学院学报，2006（3）：72 – 77，88.

　　② 罗发龙. 英国研究生教育外部质量保障研究 [D]. 广州：华南师范大学，2007：18.

　　③ Quality Assurance Agency for Higher Education. Code of Practice for the Assurance of Academic Quality and Standards in Higher Education [EB/OL]. https：//www2. le. ac. uk/departments/doctoralcollege/about/external/publications/code - of - practice. pdf，2004 - 09.

主要内容	具体要求
3. 择校、招生和入学	招生信息要清楚、准确并方便获取；招生程序明确，能够体现公平性和公正性；学生只有符合申请资格，并能表现出做好了充分准备才可能被录取；录取决定至少由两名学校工作人员作出判断。学生在选拔和录取程序方面能够得到老师的指导与建议。学校将确保学生录取工作是科学和合理的，与学校录取政策保持一致
4. 监督管理	学校需制定管理制度和明确的监督管理办法，包括：能够让学生有常态化和恰当的监督机会；鼓励与其他研究人员沟通监督情况；从内部或外部等不同途径获得监督建议；导师无法支持学生学习时，有措施保护学生的正常学习计划
5. 研究和其他技能培养	院校为研究生提供适当的个人及专业职业发展机会；在学生入学期间，每个学生的培养方案需由学生和导师共同商定；在研究培养方案执行期间，定期审查并酌情修订；记录研究生提供个人学习进步情况，包括研究和其他技能的发展
6. 反馈机制	各机构将设立收集、审查机制，并在适当时公开所有有关研究生培养方案的信息，获得有关的建设性反馈，与师生进行适当的沟通
7. 评估	根据评估研究学位授予准则，制定不同研究项目的学术标准以及毕业生学业成就衡量标准。用于评估研究学位授予的标准必须明确，而且学生、教职员工和外部审查员都能随时了解这些标准内容

资料来源：根据高等教育学术质量和标准保障的实施规则整理，https：//www2. le. ac. uk/departments/doctoralcollege/about/external/publications/code – of – practice. pdf。

专业规格是 QAA 政策体系的重要组成部分。QAA 规定了一些基本的核心审核要求，但具体内容由各高校根据不同的学科、不同的专业具体情况决定。该项规定引导高等教育质量保障方法由关注教育教学质量转变为关注学习和结果的质量。学科基准由 QAA 代表各高等教育院校制定，是学术框架内的核心部分。其阐明了学科的性质、学位获得者应具有的品质和能力、学位授予的最低标准，为学术人员、专业团体、院校、学生和雇主等各个相关群体提供了相应的参照信息。2000 年，QAA 已经出版了 58 个荣誉学位的学科基准和 2 个硕士学位的学科基准。[①] 但是很少涉及研究生阶段学科，尤其是博士阶段，这主要由于研究生教

---

① 罗发龙. 英国研究生教育外部质量保障研究 [D]. 广州：华南师范大学，2007：26.

育类型多样，存在较多交叉学科，很难制定统一的学科基准。

（三）德国研究生学位授予质量外部保障制度

德国研究生教育外部质量保障体系是典型的欧洲大陆模式，以政府控制为主导。它通过建立一系列全国性的由政府或基金资助的独立的教育咨询和协调机构，如高等学校校长会、各州文教部长例行会、德国学术交流中心等，对研究生教育质量进行管理和监督。[1]

研究生学位授予质量保障主要依据1968年11月颁布的学位条例。高教部长下设学位委员会，该委员会由全国著名的科学家组成。委员会的任务是分析德国博士学位的状况，进行国际比较并且预测科学发展的趋势，然后在这些工作的基础上给部长当参谋和提供咨询，以便妥善地处理各类学位授予方面的问题，作出正确的决定。[2] 各个院校又根据各州对于学位授予的规定，制定本校的学位授予规定。最终的博士资格考核和学位授予由各大学学术委员会作出具体规定[3]。博士学位条例也规定着博士生的录取条件、额外要求、学位论文的撰写、博士生导师资格等内容。

另外，按照学位管理的完整程序，学位审核只是学位授权的第一步。院校获得学位授予权之后，并非万事大吉。在后续办学过程中，院校还需持续参加第三方的体系认证，来审查高校内部与教学相关的质量管理体系能否保证该校所开设的专业符合既定的质量标准，体系认证的有效期为6年。如果院校的某个学位计划未通过第三方机构的评估，政府依然保留收回其学位授予资格的权力，如表3-14所示。

表3-14 　　　　　　　　　　德国高校质量保证体系认证标准

序号/认证维度	标准内容
1. 培养目标	作为其发展战略的一个组成部分，高校应该为整个机构及各专业明确定义培养目标和特色，并公布。高校具有用以检验专业培养目标是否实现的程序并持续不断地应用这一程序

---

① 刘再春. 发达国家研究生教育外部质量保障的经验与启示 [J]. 中国高教研究，2010（8）：44 - 48.

② 丁安新，秋实. 民主德国的研究生教育与学位制度 [J]. 水利电力高教研究，1986（Z1）：23.

③ 秦琳. 从师徒制到研究生院——德国博士研究生培养的结构化改革 [J]. 学位与研究生教育，2012（1）：59 - 64.

序号/认证维度	标准内容
2. 教学与学习的管理体系	高校拥有教学和学习的管理体系并在不断地应用这一体系。这一体系要能够保证：（1）将专业的培养目标和设定的学习目标落实到培养方案之中。该培养方案要具有可行性，要能够保证学生可以达到设定的能力目标和水平。为此，学校需要客观地估算学生的学习负担并且进行相关的检验；采用学分制（ECTS）；恰当地将课程加以模块化；合理地组织和安排考试；向学生提供咨询和辅助；注意性别公平；照顾特殊学生群体（残障学生、有子女的学生、外国学生、具有移民背景的学生以及来自社会下层家庭的学生）的特殊需求和问题；确定对学生在其他高校或非高校机构所获得的学习成绩的认可规则（比如按照《里斯本公约》）。（2）为专业的正常运转保质保量地提供所需的人力和物力资源，制定员工发展和培训措施。（3）培养目标要符合《德国高校学位资格框架》、各州通用的对学士和硕士专业进行认证的结构要求、各州相关的特殊要求以及认证委员会的规定。另外，培养目标还需符合国家针对特定职业（如律师、医生、神父等）的人才培养提出的特殊要求。（4）在改革和发展专业时确保让教师、学生、毕业生、外部的专家以及职业实践领域的代表都参与进来。当涉及由国家规范的特定职业时，还需要有相关领域的专家参与
3. 内部质量保证程序	高校在教学和学习领域确立了内部质量保证程序，该程序符合《欧洲高等教育质量保证标准和准则》（ESG）的要求。高校要提供足够的人力和物力资源，确保这一内部质量保证体系的持续运行。高校内部的质量保证体系要确保能够评估高校在教学和学习领域的内部管理过程及其效果，保证并持续不断地提升高校教学质量。具体来说，该质量保证体系包括：（1）定期对专业进行内部评估和外部评估。（2）定期让学生评价课程的质量。（3）在招聘以及升职时检查教师在教学和考试方面的能力。（4）定期检查各专业是否遵守德国文教部长联席会议（KMK）以及认证委员会等机构针对专业认证确定的标准。（5）为了让专业切实落实改进建议确立了有约束力的程序和激励措施。高校内部的质量保证体系要保证教师、学生、行政人员、毕业生、职业领域的代表的参与，并且要保证他们在内外部评估中能够独立地作出其质量评价
4. 记录制度和数据收集	高校确立了内部的记录制度，确保记录下专业发展和运行的过程、质量保证的过程和措施以及这些工作的结果和影响
5. 职能分工	明确定义了高校内部质量保证体系和教学管理体系的机构与人员的职能领域、决策范围，并向全校公开

111

序号/认证维度	标准内容
6. 汇报制度	高校至少要每年一次向主管教学和学习的高校理事会、社会公众、举办者以及高校所在的州政府汇报其教学质量保证的程序和结果
7. 合作专业	如果高校和其他高校合作开设专业，那么该高校需要确保其伙伴学校采取了恰当的措施来保证其负责的教学部分也符合上述的要求和标准

资料来源：孙进．德国高等教育认证——机构、程序与标准［J］．高等教育研究，2013（12）：88-95.

就研究生教学质量保障而言，德国所有州的《高等教育法》都提出引入高等教育机构教学评价机制，将其作为高等教育机构的一项基本任务。教学评价形式包括内部的自我评价、外部同行评价和跟踪评价。

自我评价主要关注以下八个方面的内容：相应学系的结构和组织、教和学的目标、学习计划、学术人员和其他资源、学生和所修习的课程、教和学的过程、教师与学生对教和学的看法、工作市场和毕业生就业情况。德国设有全国性的教学评价活动机构，但有一些跨州、跨地区、跨高校的创新行动计划项目，展开跨区域的评价。内部评价是指高校按照评估指标对自己的行为和成绩进行自我评价。

外部评价是指与被评高校不存在有人事、业务等方面联系的一个管理职能部门、组织或专家，独立地对该高校内部的管理和机制、学科专业设置、教学科研工作以及其他方面开展评价，并以评价结果为依据，向被评估对象提出改进建议和方案。通过内部与外部不同角度的教学评价，高校能够最大限度地改善研究生教育教学质量。

德国为了促进大学科技研究和学术创新，由联邦教育及研究部和德国科学基金会于2006年发起了"卓越计划"。该计划包括：资助特定的知名大学，资助某些大学的杰出年轻科研人员的研究；加强大学项目间的合作；加强德国大学和国际学术机构、大学合作研究。这对提升德国科学研究水平，起到了非常重要的作用，从而对提高研究生学位授予质量也十分有益。就卓越计划的遴选程序而言，评审由德意志研究协会（German Research Association）和科学委员会（Science Council）的一个联合委员会（Joint Commission）实施。近几年来，联合委员会收到的申请项目逐年增多。经费也逐年递增，到2017年经费达到27亿欧元。卓越计划的实施增强了优异科研的显示度，促进了大学和非大学研究机构的合作，加剧了高等教育机构的分化过程，激发了高校教师对创新的更大兴趣，促进了广泛的国际文化和学术交流，促进了机构内部及机构之间的多样性发展①。

总之，德国通过学位授权审核、教学评价机制及卓越计划来保障研究生教育的质量，对德国研究生教育长期保持在国际一流水平发挥了重要作用。

（四）日本研究生学位授予质量外部保障制度

日本高等教育体制具有集权和分权相结合的特点，它的研究生教育也有相似的特点，由政府、社会组织或机构、高等院校自身三者共同保障研究生的教育质量。

政府在其中主要发挥宏观管理的作用，文部科学省统一负责研究生教育的保障工作，搭建高等教育质量保障基本框架，包括大学设置基准（Standards for Establishing University，SEU）、建立与许可制度（Establishment-approval System，EAS）和质量保证与认证体系（Quality Assurance and Accreditation System，QAAS）等。

SEU 大致规定了四项内容：一是规定入学资格、学习期限、组织机构等要素；二是规定教员、设施和设备等人力和物质资源的最低标准；三是规定大学教育活动规范；四是参加课程的规定和毕业的要求等。

应当指出的是，SEU 不仅设置了最低标准，而且还包括一些无法具体量化的理念、目标和职责。EAS 与我国学位授权审核中的新增研究生学位授予单位制度相似，主要内容是申请院校为了建立地方大学或私立大学，必须向文部科学省部长提交一份申请，部长再将其提交给文部科学省成立的大学建设咨询委员会（Advisory Council for University Establishment）。该规定也适用于国立大学。申请院校必须说明从建校到第一批注册学生毕业的方案。

审查工作不仅包括建议是否符合其基本框架和最低规定的标准，而且还包括计划是否足够证明该方案可以在 SEU 规定的基础上得到具体实现。从这个意义上说，申请可以被称为一种宣告，表明大学正在尽一切努力实现它所陈述的目标。QAAS 要求日本所有的大学都要经过认证机构的认证程序，每七年一次。该制度的目标是提供一种机制，可以在事后定期审查大学的组织管理和学术活动等情况，同时确保尽量减少政府的介入。这一制度起到了认证的作用，确认被认证的大学符合由教育、文化、体育、科技等部长认可的认证机构设定的标准。2002年中央教育委员会的报告称，这一制度应该使大学有可能通过外部认证程序提高

---

① 杨明，赵凌. 德国教育战略研究［M］. 杭州：浙江教育出版社，2014：252.

其质量。评审过程的结果将以"满足""不满足"或"待定"的方式呈现。① 由此来看，日本的 QAAS 制度与美国的认证制度发挥相似的功能。

整体上，日本的研究生教育质量保障框架既涉及事前保证质量的规定，又具有事后审核、监督质量的功能。因此，人们认为这种系统组合对于保障高等教育质量来说是最有效和最高效的。然而，随着 SEU、EAS 和 QAAS 组成的三重质量保证框架在实践中的应用，出现了新的问题，日本政府认为有必要研究这些系统的作用和关系，从而从整体上改进它们的应用并加强质量保证机制。

综上所述，美国、英国、德国和日本的研究生教育质量保障制度既有共性，又因各国具体情况独具特点。在质量保障主体上，它们均纳入了社会团体或机构开展质量评估活动，但参与程度有差异，英国和德国以政府把控为主，日本是二者兼具，美国则以社会团体为主导。在质量保障制度框架上，它们都涉及了保证研究生教育开展质量的学位授权审核制度和研究生教育成效的事后质量保障制度，基本都尊重了本国研究生教育发展的多样性和自主性，但这些制度也不乏较多重叠内容，冗繁的规定和程序会给大学造成一定评价负担。

二、发达国家研究生学位授予质量内部保障制度比较

研究生学位授予内部质量保障，是指大学为了保证学位授予质量而进行学位授予的工作改进、规章制度建设、学位授予效果评估等，其具体内容包括招生、导师遴选、学位授予要求等。

（一）美国研究生学位授予质量内部保障制度

美国大学的研究生学位授予质量内部保障制度充分遵循了学术自由、教授治校、大学自治的理念。

1. 研究生招生

大学采取导师和院系主导，研究生院通过服务的方式配合招生工作。以杜克大学为例，院系教授委员会根据研究生院拟订的招收录取基本要求，细化研究生招收录取标准。导师根据录取标准，审核申请人材料，提出录取建议，如拒绝、录取或候补。院系把拟录取建议提交到研究生院，研究生院没有完成拟录取名单认证前，导师不得向学生以口头或书面形式作出有关录取或资助方面的承诺。

---

① Ministry of Education. Statistical Abstract (2016) [EB/OL]. https：//www. mext. go. jp/en/publication/statistics/title02/detail02/1379369. htm.

研究生院会分期更新院系招生项目情况，并将其录取结果发布在研究生院招生官网上。

研究生招生的基本程序，由申请人登录入学申请系统，并提交招录院系研究生项目所需材料。研究生院招生办公室上传学生材料至招生中心数据库，供院系负责招生的行政人员和导师审核材料，并作出录取建议。然而，美国也有部分大学以院系为单位设立研究生院，而不是在学校层面设立用于服务所有院系的研究生院。如斯坦福大学，学生提交材料、院系组织验收、导师组审核材料、导师组提出拟录取名单等工作，均在院系层面开展。

美国高校研究生导师招收学生的多少，人数主要受市场导向和科研经费等因素影响。[①] 如加州大学圣克鲁斯分校，它根据加州大学系统研究生平均招收人数、本校各年度招生人数变化、本校发展目标和经费预算等，将其 2002 年研究生招生人数比例设为占全校总人数的 15%。基于此，各个院系通过统计导师数量、课时量和科研经费等确定招收人数比例，并提交至研究生院。[②] 相比之下，私立大学的招生计划较多受研究经费影响。例如，哈佛大学 2017 年由于受到捐资数额减少的原因，导致整个研究生招生计划下降 4.4%，但它仍然最大限度保证一定数量博士生的招收。[③]

2. 导师遴选

美国大学具有以下特点：

第一，导师遴选标准涉及内容广泛，量化指标少。大多数高校对导师的要求涉及学历层次、学术专业能力、教学经验及社会服务等内容，但这些标准中，除了学历和研究生层次授课经历具有较为明确的量化要求外，其他指标并未设定具体的量化要求。导师遴选以"学术声誉"为导向，导师一旦有学术不端行为，将会对其声誉产生不可修正的负面影响，这也是美国整个国家信誉体系在导师遴选方面的体现。

第二，行政权力与学术权力有机协作。导师遴选和资格审核工作的实施主体是专业院系，研究生院具有任命和决策权。这种制度突显了导师遴选的专业性，也充分体现了教授治校的理念。

---

① 许红. 中美研究生培养模式比较研究［M］. 成都：四川大学出版社，2010.

② Academic Senate Santa Cruz Division. Enrollment Management at U. C. Santa Cruz：Planning and Information Needs［EB/OL］. https：//senate. ucsc. edu/committees/cpb－committee－on－planning－and－budget/reports/enrollment/CPBEnrollMngmntRt1348. pdf.

③ John S. Rosenberg. Graduate Admissions in Lower Gear［EB/OL］. https：//harvardmagazine. com/2017/05/graduate－admissions－lower－gear，2017－05.

第三，导师遴选实施分类管理。美国大学遴选导师的过程都是基于保证研究生培养质量的目标，对博士和硕士不同层次的研究生导师，提出有差异性的要求。这有助于不同层次的导师发挥各自优势，人尽其才，高质量开展指导学生的相关工作。

以杜克大学为例来说明美国导师遴选工作，杜克大学的研究生导师由全职和临时教师组成，全职教师拥有指导硕士生或博士生学习和论文的权利，有参与制定或修订学位要求的职责和权力。要成为全职的研究生导师，杜克大学对导师提出了以下资质要求：

（1）学历层次方面，具备专业领域的最高学位。

（2）职称和身份方面，候选人需要拥有与杜克大学签订全职任教合同，终身教职证书或正规的职称级别，如教授、副教授、助理教授、讲师等。

（3）学术能力方面，在其所在院系从事较为突出的科研工作。

除此之外，若非博士学位授予院系有计划提名研究生导师，需要提供能够保证学生至少5年攻读该学位的经费资源。一般来看，美国各个大学之间和不同层次的研究生导师遴选标准存在一定差异，但拥有博士学位、具有一定指导经验和在博士生研究领域方面具备极高专业水平是各大学普遍比较看重的。①

3. 学位授予

美国大学对研究生学术和专业学位的具体要求会因学科、学校的差异而不同，且对是否需要撰写学位论文也要求不一，但学位授予程序却基本相似。

硕士学位大致都要求硕士生完成一定学分的课程，同时提交一份论文或研究报告。论文硕士需要在完成一定课程学习后，正式提交一份硕士学位候选人申请表，此申请表必须通过导师和论文指导委员会主席签字后，提交至研究生院。学位论文完成后，经导师和论文指导委员会同意，再次提交到研究生院组成的论文答辩委员会，组织学生进行论文答辩。通常学生通过论文答辩必须得到3个委员的同意，答辩通过后，学生还需按照答辩委员会意见对论文进行修改，直至达到学位委员会要求后，方可获得硕士学位。② 非论文硕士主要以完成课程为主。具体如表3-15所示。

---

① The Graduate School. Nominate Graduate Faculty ［EB/OL］. https：//gradschool. duke. edu/academics/graduate－faculty/nominate－graduate－faculty.

② 许红. 中美研究生培养模式比较研究 ［M］. 成都：四川大学出版社，2010：166.

表 3 – 15　　　　**密歇根大学地球与环境科学的理学硕士和**

应用经济学硕士授予基本程序

地球与环境科学的理学硕士（M. S.）	应用经济学硕士（MAE）
• 导师每年审核其学术进展。学生应在预约与导师见面之前更新其年度审核表。该表需在每年冬季学期的最后一天前完成，并提交至研究生院副院长处。 • 学生在最后一学期开始之初，了解答辩委员会导师行程；论文提交至系主任处之前，需有 2 名教师在其论文封面页签字，时间不能晚于最后一学期结束前一周。 • 若经过系主任审核，论文不符合院系对形式、语法、或其他标准的要求，系主任将以邮件的方式通知学生及其导师。学生可申请延迟毕业或在短期内尽快修改，在拉克哈姆研究生院（Rackham Graduate School）规定截止日期之前的两个工作日内再次提交。拉克哈姆研究生院规定的截止日期为 1 月 5 日左右、5 月 13 日左右和 8 月 26 日左右。 • 最后提交的论文需要由学生、两位教师和系主任签字，论文提交给研究生项目管理办公室的安妮·赫顿（Anne Hudon）	• 大多数学生 3 ~ 4 学期获得该学位。（有可能的话，也可以在 2 学期内完成 33 学时学习，但比较困难，不建议） • 该项目希望学生在第一学年秋季学期选修 3 门课程，即 ECON 500，ECON 501 和 ECON 503；冬季学期选修 ECON 502 和 ECON 504。上述课程每学年只开设一次。 • 建议修课计划如下： 第一学期（秋季）：ECON 500，ECON 501 和 ECON 503（均为 3 学分）。 第一学期（冬季）：ECON 502、ECON 504 和专业课 1（均为 3 学分）。 第二学期（秋季）：专业课 2、辅修课和选修课（均为 3 学分）。 第二学期（冬季）：2 门选修课（均为 3 学分）

　　资料来源：根据地球与环境科学系研究生事务办公室和应用经济学系研究生事务办公室公布资料整理，https：//lsa. umich. edu/earth/graduate – students/ms – requirements. html；https：//lsa. umich. edu/econ/mae/guidelines. html。

4. 学位论文答辩

　　学术和专业博士学位授予程序类似，基本都要经历以下程序：申请人在修够获得学位所要求课程的同时，还需要通过资格考试成为博士候选人。申请人进入研究和撰写论文阶段，直至完成论文，需提交申请并通过答辩以最终获得博士学位。其中，资格考试是确保博士研究生培养质量的重要制度。一般资格考试由学生根据其课程进度提出申请，经导师同意后，3 ~ 5 名教授组成考试委员会，主要内容包括笔试、口试、文献分析、课题申请报告或研究计划、论文等不同形式。资格考试的淘汰率一般为 5% ~ 20%。[①] 需要注意的是，各专业院系会根据其博士培养需要，确定其资格考试形式，理工科博士生大多会参加笔试、口试等形式的考试，文科博士生大多以文献分析、口试等为主。

---

　　① 周叶中，程斯辉. 研究生培养模式改革研究［M］. 北京：人民教育出版社，2013：155 – 156.

学位委员负责对博士学位论文研究计划进行审核，审核一般有两条基本标准：（1）能预期将对该领域知识和实践作出贡献。（2）学生能有效、按期实施和完成研究计划。

学位论文研究计划获得学位委员会认可后，博士候选人则需要参加指导委会举行的口试（答辩）。学生通过口试之后，在论文撰写期间，博士候选人在导师和指导委员会指导下完成学术论文。

在申请人进入学位论文研究阶段时，由系里指定或博士生和导师商定 3~5 位教授组成学位委员会负责博士生论文指导，该委员会中必须有一位外系或外校教授。

进入论文答辩过程后，从论文写作到完成答辩大约需要 2~3 年。博士论文由导师和指导委员会审阅一致认可后方能进行答辩。

答辩委员会（指导委员会成员和非成员教授组成）主持博士生论文答辩会。[1] 论文答辩委员会一般都会邀请系里教师和研究生参加，根据各院系要求分为公开答辩和封闭式答辩，或两种形式择一。答辩委员会针对申请人论文存在问题、疑点和相关知识提问质疑。如果时间允许，旁听的教师和学生也可以提问。

论文答辩后，由答辩委员投票决定是否通过答辩。有的大学还规定，若答辩失败两次则不能授予博士学位。

以斯坦福大学获得电气工程系博士学位基本程序为例，如表 3-16 所示。

表 3-16　　斯坦福大学电气工程系博士学位授予基本程序

年级	主要内容	详细内容
1	● 项目确定或确定博士论文导师； ● 参加资格考试； ● 修习课程	成为博士候选人之前，必须通过资格考试，该考试在每年冬天举行。若想延后参加资格考试，学生需要向研究生院副院长提出申请。 资格考试： （1）基本方式：一天内，考试委员会的教授对学生进行 10 次单独的 10 分钟口试。考试在教授办公室进行，一般，每个考试之间至少相隔 12 分钟。 每个学生的考试委员会依据学生自填的 4 个倾向性问题领域选出，这 4 个问题领域有先后之分，考试组织委员会将从学生最倾向的第一个问题领域中选出 4 名教授，从剩余的三个问题领域中依次选出 3 名、2 名和 1 名教授。 （2）考试分数：每部分分数为 0~10 分；考试结束后，电气工程系的教师开会决定最终结果，最低通过分数线由他们投票决定；结果将会以邮件的方式通知学生

① 周叶中，程斯辉．研究生培养模式改革研究［M］．北京：人民教育出版社，2013：155-156.

年级	主要内容	详细内容
2	• 确定博士论文导师和第二论文审阅老师； • 第二次参加资格考试的机会； • 成为博士候选人； • 修习课程； • 开展研究	申请博士候选人： 在第二学期结束之前，学生需要填写博士候选人申请表。且该表需要博士论文导师和第二论文审阅老师签字，提交至电气工程系学位管理办公室。 博士论文导师和第二论文审阅老师职责： 前者需要全权负责学生在攻读博士学位期间的研究，资助其完成博士论文至毕业（除非学生已获得其他资助）；后者是额外指导学生论文的老师，其同意审阅和签字认可学生论文
3	• 课程方面，完成理学硕士所有课程，如果允许，可以获得理学硕士学位；完成获得博士学位所需修习的其他课程； • 确定第三论文审阅老师，形成论文审阅委员会（Reading Committee） • 开展研究	学生需要完成135学时课程。另外，可从硕士课程中最多转化45学时至135学时中。 论文审阅委员会： 论文审阅委员会由博士论文导师、第二论文审阅老师和第三论文审阅老师组成。其中，两名教师需为本系教师，尤其是导师和第二论文审阅老师必须是学术委员会成员；第三论文审阅老师可以为高级研究员、外校科学家或工程师等。上述成员均必须已获得博士学位。若为4~5位成员，至少要有3位成员是学术委员会成员或名誉成员
4	• 开展研究； • 口试（论文答辩）	即将完成博士学位学习时，学生需要公开汇报其博士论文30~45分钟；公开研讨结束后，学生进入封闭式答辩环节，至少5位老师组成的教授委员会对其提问。包括公开研讨在内，总时长不超过3个小时。 答辩委员会主要由5位教员组成，其中1位必须为系主任，可以为本系系主任，或其他院系主任；其余委员一般为论文审阅委员会和一位非上述委员会成员（答辩委员会成员不超过5人）

续表

年级	主要内容	详细内容
5	• 开展研究； • 完成论文写作； • 提交论文； • 毕业	通过答辩后，根据建议修改论文并提交最终稿
超过 5	• 若未在 5 年内未获得博士学位，所在院系需许可延长博士候选人身份；如果超过 7 年，则需重新申请攻读博士学位	—

资料来源：根据斯坦福大学电气工程系学位管理办公室公布资料整理，https：//stanford. app. box. com/v/EE – Graduate – Handbook。

（二）英国研究生学位授予质量内部保障制度

英国研究生学位授予质量内部保障制度具有精英化导向的特点。

1. 研究生招生

英国的硕士和博士研究生入学都没有统一的考试。硕士研究生申请入学只要有本科或同等学力就获得了申请硕士研究生的资格。申请者如果获得一、二等荣誉学士学位，则只需要通过导师的面试即可入学。对于获得学士学位时成绩比较低的申请者，必须有两位学者的推荐信，通过招生机构组织的考试，并经过导师面试后才能入学。博士学位申请人必须在面试之前选择一位导师，并提交一份读博期间的研究计划。经过导师与博士申请者交流后，导师同意接收，并经学校、系或院的有关部门审核认可后方可正式注册入学。[①]

牛津大学和杜伦大学的研究生招生标准，除了语言成绩要求外，申请人的绩点成绩、研究计划和研究潜能是它们共同重视的。特别是研究计划，除了要得到招收小组的认同外，申请人研究计划的完整性、可行性等都是评审的关键内容。

英国大学申请攻读研究生学位的录取率高低，因不同大学和不同学科而有所不同，但整体来看不太高。剑桥大学和伦敦帝国理工学院同为英国和世界知名大学，它们与牛津大学、伦敦大学和伦敦政治经济学院同属英国"G5 超级精英大

---

① 刘冰 . 英国大学研究生教育的研究［D］. 大连：辽宁师范大学，2010：23 – 24.

学"。剑桥大学 2013～2018 年的 5 个年度录取比例，学院与学院之间有较大差距，最高录取比例为 3.1∶1，而最低录取比例仅为 9.0∶1，但整个大学研究生年均录取比例近 5 年变化不大，在 4.51 至 5.71 之间；伦敦帝国理工学院 2012～2017 年的 5 个年度录取比例，学院与学院之间也有较大差距，最高录取比例为 3.5∶1，而最低录取比例仅为 7.5∶1，整个大学研究生近 5 年年均录取比例变化不大，在 5.6 至 6.3 之间。

2. 导师遴选

英国大学研究生导师招收研究生，不是具有资格就能招收，而是要根据社会需要，要求导师必须要有课题和足够的研究经费。这为研究生一入学就有明确的研究方向和研究目标打下了基础。

导师遴选方面，英国制定了严格的遴选制度。英国大学研究生导师可分为主导师和副导师，它们有不同的遴选标准，以下为主导师遴选标准。

主导师遴选标准

（1）必须具有博士学位，且正在从事研究工作。

（2）必须是学校正式教师。

（3）通常要具备三年以上的大学教学或研究经历。

（4）必须至少指导过一名或一名以上的研究生论文。

访问教授、访问学者或退休教师不能作为主导师，但可作为导师团队成员。

除上述标准外，当与校外机构有协议时，英国大学校外合作导师的遴选也要符合以上要求。另外，第一次担任指导任务的导师，要求参加学校或学院举办的新导师培训计划，接受导师基本规范要求的专业进修培训。

英国大学研究生指导导师一般采取团队负责制。导师团队的任务是在学术和生活事务上指导研究生，为了保证研究计划的顺利完成，除了导师团队，每个研究生还配有一名指导教师。他们的任务是向研究生提供生活、学习和心理方面的指导，旨在友好亲切的气氛下提供建议。当学生有某些方面的困扰或难题，且要与导师之外的其他人交流，指导教师则是最好的人选。当研究生和导师的沟通困难或有争议时，指导教师应代表研究生与导师协调，并尽量在学院的范围内解决问题。[①]

导师团队一般包括 1 个主导师，1～2 个副导师。他们各自承担不同职责。

---

① 陆益民，黄险峰. 英国研究生导师制度及借鉴［J］. 广西大学学报（哲学社会科学版），2006，28（10）：11，13.

主导师职责

（1）全面负责管理及指导学生的研究计划。

（2）负责管理学生注册，制订合适的研究计划及检查研究进展。

（3）及时了解研究生的研究兴趣和进展，保证研究计划在规定的时间内完成。

（4）与研究生要定期会面，通常是一周一次的沟通和交流，及时发现和解决研究生在学习和研究进程中出现的问题。

当高校和研究机构有正式合作研究项目时，研究生除校内导师外，还配有校外合作导师，共同指导研究生的研究项目。在某些工科专业，还配置了企业导师，企业导师能够帮助研究生获得在高校无法获得的工业设备或工艺数据，以满足科技成果在工业应用上的研究需要。一般而言，校外合作导师和企业导师均要通过正式协议来确定。

副导师职责

（1）协助主导师指导研究生，并承担部分指导工作，提供专业意见。

（2）熟悉主导师和研究生共同制订的研究计划，参与评阅研究生的某些学术论文，在与研究计划有关的学术事务上提供咨询和建议。

（3）对研究生非学术事务上提供支持和指导。

（4）主导师出差或不在学校时，由副导师承担研究生指导工作。

3. 学位授予与学位论文答辩

英国各大学在研究生学习和学位授予过程中有些不同规定，但还是有基本的要素可循。以牛津大学为例，博士候选人在读期间需经历一个身份转换。牛津大学规定，所有以从事研究工作为主、攻读博士学位的学生，在第一学年只能注册为"试读生"（Probationer Research Student）。进入第 4 学期（每一学年三个学期），试读生可以向大学提出申请身份转换，即由"试读生"转为"博士研究生"，但申请最晚不能迟于第 6 学期。如果在第 6 学期末，仍然没有转换身份，则将失去在牛津大学的注册位置，意味着学业中断。转换身份需要向大学提交报告（Transfer Report），不同专业对报告的字数有不同的要求。比如临床医学要求字数在 1 000~3 000 字之间；而生理学则要求在 5 000 字左右。报告内容主要包括：过去一学年的主要研究工作和今后的研究工作计划，以及学位论文的框架提纲。此外，要想成功转换身份，必须通过口头答辩（Oral Viva）。口头答辩要有两位答辩委员参加，他们通常经导师推荐、学生同意后，由大学研究生办公室批准。研究生导师不能参加口头答辩。口头答辩过程通常持续 60~90 分钟。答辩委员通常会就基础知识、背景文献、实验设计、实验方法、实验结果、下一步学习计划等方面详细提出问题，根据学生的答辩并结合其所提交的报告，答辩委员会对该学生作出一个全面的评判。

答辩委员会评判学生能否实现身份转换的主要指标包括：基础知识与背景文献的掌握程度、已完成的实验工作、所完成工作的质量、课题的创新性与价值、下一步研究工作的思路与计划、独立科研能力、与同期学生平均水平相比、英语表达能力、预计3年内能否完成学业等。评价等级分为较差、不满意、满意、良好、优秀五个等级。学生的平均水平为满意。根据评判结果，两位答辩委员会向大学研究生办公室提出对该学生身份转换的建议，也分为五个等级：即无条件由"试读生"转为"博士研究生"；同意转换身份，但需对所做工作和未来计划作出较小的调整；同意转换身份，但需对所做工作和未来计划作出较大的调整；转为"硕士研究生"，如通过答辩，授予硕士学位；不符合转换身份条件，该学生学业终止。

学位论文答辩本身既是考察论文完成者的学术的综合素质，也可以检验学位论文是否为学生独立完成的研究成果。由此，是否授予博士学位论文的基本要求可以概括为三个方面：（1）学位论文是否是独立完成。（2）学位论文有什么价值和贡献。（3）学位论文及其答辩是否授予博士学位。其中，"学位论文有什么价值和贡献"是十分重要的要求，除了论文章节主题内容突出，章节之间严密的逻辑性，一般至少要达到2篇核心来源期刊发表的论文等一般性规定外，更为重要的是突出论文的学术创新和贡献。不同大学答辩程序和环节有些不同，但基本的过程和活动概括如表3-17所示。

表3-17　　　　　　　　英国大学博士学位论文答辩一般过程

环节	主要活动	备注
答辩前	1. 答辩内容 答辩会答辩委员一般会提及以下问题： （1）论文的主题是什么？ （2）为什么选择这个题目？ （3）论文有何创新？对现阶段此课题研究有何贡献？ （4）你采用什么研究方法，以及为何采用这些方法？ （5）你的文献综述里，最重要的作者是谁？为什么？ （6）论文的不足是什么？	1. 时间 提交论文到正式答辩一般经历1~2个月。 2. 建议： （1）请教已答辩同学和咨询自己导师。 （2）除了准备"答辩内容"中出现的常见一般问题外，要非常熟悉论文的整个框架和每章节研究的主要问题

续表

环节	主要活动	备注
答辩前	2. 答辩技巧 （1）课前，通过邮件提交自己的论文摘要，再由老师分发给所有同学。 （2）课堂上，老师先进行语言方面的讲解，比如答辩常用的词汇和句子，缓解紧张时使用的句型，如"您可不可以重复一遍问题？或纠正经常读错的发音"等。 （3）每人都有机会阐述自己的论文，并接受在座所有老师和同学的提问。 （4）答辩者回答大家提出的问题。 （5）大家对答辩者提出建议	3. 学校为临近毕业的博士生组织了每周一次的答辩辅导课 4. 由两位英文专业的老师在语言及答辩技巧上进行有针对性的辅导 5. 模拟答辩的问答环节反复训练多次，目的是让学生以最简洁精确的语言阐明观点
	3. 答辩心理 熟悉校内外答辩专家的有关研究成果，特别是他们与自己研究内容相关的学术观点，能够减轻答辩者心理紧张状况	虽然大学规定答辩者不能与答辩专家进行答辩事宜接触，但自己完全可以借助网络平台了解答辩专家的学术成果和观点
答辩中	1. 答辩主席先宣读了答辩规则 2. 答辩者简单介绍毕业论文 内容包括论文研究背景、选题、意义、研究问题、研究方法及结论等。 3. 校外评审专家提问及回答 先可能是一些一般性的问题，比如"为何采用这几种研究方法"等。其后可能是较难回答的问题，如"针对你的研究课题，如果让你根据自己的研究提出改革原则和建议是什么"等。最后校外评审专家可能逐页提出问题。作为主要提问的专家，有些校外评审专家可能会提出几十个问题。 4. 校内评审专家提问及回答 校内评审专家一般会提出补充性问题或针对校外评审专家提出拓展性问题。 5. 答辩主席提问及回答	1. 答辩专家组构成 一般由三人组成：校外评审、校内评审和主席。自己的导师可以旁观但不能发言 2. 外审专家可能是就论文某页几句话、个别词的表达或句子逻辑提高，也可能是就引用文献是否是一手资料或文献参考的规范性提出问题

续表

环节	主要活动	备注
答辩结束	1. 答辩主席征求答辩组专家意见后，宣布答辩结果与答辩结束 2. 答辩委员会决定授予学位一般有几种情况： （1）同意授予博士学位。 （2）3 个月内小修改后授予博士学位。 （3）6 个月修改补充后授予博士学位。 （4）在 12 个月以内重新提交博士论文	如果论文需要修改，答辩委员会会提出修改建议，告知今后如何提交，或者告知需要重新答辩

资料来源：马晓 . 我经历的英国博士学位论文答辩［J］. 中国研究生，2016（6）：34 - 35.

（三）德国研究生学位授予质量内部保障制度

德国是现代高等教育"大学自治、学术自由"理念的摇篮。德国大学传承了这个理念，建立了独具特点的研究生学位授予质量内部保障制度，以追求培养高质量、高水平学术能力的研究生。

海德堡大学成立于 1386 年，距今已经有 600 多年的历史，是德国最古老的大学，是一所在人文、社会、自然、生命等领域全面发展的综合性教学与研究机构。海德堡大学是精神的殿堂，研究的圣地。下面以海德堡大学研究生培养模式为例，对德国大学研究生招生、导师遴选和学位授予要求等制度进行阐述。

1. 研究生招生与培养

外国留学生的语言水平是在海德堡大学攻读研究生学位的先决条件。学校对招收人数有名额限制，招收竞争性强。学校在招收研究生时，须评估申请者的本科成绩，有些专业还要求有实习证明和工作经验。在面试环节，申请人如果第一次未被选上，还可以第二次申请，或者申请其他学校。

博士研究生入学没有统一考试，最基本的条件是要求已经取得硕士学位证书。对于一般专业的博士招收而言，学生只需有自己感兴趣的研究方向和导师，向导师汇报自己的研究成果和未来的研究计划。如果导师认为学生具备长期独立科研的能力，并同意做该学生的指导老师，学生就可以向院系提交申请。申请时，学生需要提供学历证明、教授推荐信、研究计划以及论文方向。获得院系主任的同意后，学生会收到一份正式的录取通知书，表明该生已经被正式录取。

以海德堡大学数学和计算机科学系为例，博士研究生招收录取取决于在预期研究领域有足够的理论和实践知识的证明，并可能需要额外的课程要求。一般需要申请者持有德国大学数学或计算机科学硕士学位（或文凭）或具有至少四年制

125

大学学习（包括任何学士学位）的外国同等学力。申请还需要与未来的博士生导师签订监督协议等。

研究生被海德堡大学录取后，在后续的培养过程中，设置了考核及淘汰制度。研究生的考核方式大概有三种：口试、笔试、论文。

口试是很重要的一种考试方式，需要教师与学生面对面交流，对学生提出问题，学生根据教师的问题提供相应的答案。口试要求学生熟悉本门课程的内容，并且能够提出有意义的问题。口试的评分人员必须是本门学科的资深老师。考试时间在 15～60 分钟。

笔试是一种常见的考试方式，要求学生在规定的时间里用规定的工具答题。考试时间为 45～180 分钟。如果笔试作为校外作业完成，考试必须按照考试规则独立答题。有些没有通过考试的学生还有一次补考机会。这些学生是指被考试委员会认证的有资格参加补考的学生。学校在这方面特别严格，除了医院证明由于身体原因或者其他不可抗原因造成的缺考或者不合格的学生有资格补考，其他的学生是没有资格补考的，限选课没有通过的学生一年后参加考试。选修课没有通过的学生可以通过选择其他的课程来弥补学分。硕士生研究阶段的专业课、方法论课以及论文没有通过的学生不能补考。

海德堡大学的第三种考核方式是论文，它要求写出学位论文，然后通过书面评审和口头答辩。如果未能通过书面评审或口头答辩，将会遭到淘汰，失去获得学位的资格。

除了以上三种考核外，海德堡大学还要求高等教育机构开展自我评价。高等教育机构必须实施自我评价，并写一份自我评估报告。各地区评价和认证机构随后将这份报告分发给其他同行审议。同行进行现场评价包括与高等教育机构中的不同身份的群体进行面谈。在各地区评价和认证机构的支持下，同行撰写的报告包括对机构自身评价的批评性审查、对问题的诊断、概述可行的解决问题的方案。目前越来越普遍的做法是，在学系和各地区评价和认证机构之间达成协议，内容涉及采取改进教学质量的措施、优化教学效果的具体方式、明确达成最低标准的时间[①]。海德堡大学建立了教学质量监控机制。每个学期，学校通过问卷的形式要求学生和教师等相关人员对本学期所开设的课程进行评价。问卷由咨询专业人员编制，包括开放式和封闭式两种题型。评价对象涉及课程本身的设置，教师、学生自己本人的表现，同学的表现以及学生报告和小组合作情况。因此，学校从开学前就开始准备评估工作了，可见学校对评估的重视程度。评估主体也很多元化，评估的方式以问卷为主，但是渠道多样化，可以在课堂上发问卷，也可

---

① 杨明，赵凌. 德国教育战略研究［M］. 杭州：浙江教育出版社，2014：251.

以通过邮寄的形式。分析问卷得出结论后，评估委员会将召开会议，商讨问题解决方案。评价结果用于以下用途：

（1）促进教学质量的交流沟通，特别是从学生的角度对课堂提出建设性的反馈意见。

（2）辨别大学的各个领域在履行其职责时显现出的学科发展潜力。

（3）确保设计和开发的学位课程和设计和实施的正确性，以促进教学质量的提高。

（4）对教学改革的效果实施跟踪。

（5）使大学教学情况对公众透明化。

通过全方位的教学评价，海德堡大学能够保证研究生课程开设的科学性、全面性，提高研究生课程质量，为学生的发展提供良好的课程保障，从而保证学位授予的顺利进行①。

2. 导师遴选

德国主要实行单一导师制，导师有着绝对权威。学校层面没有专门的研究生管理机构，但德国大学对研究生导师的遴选十分严格，只有学术性大学的教授才能指导博士生。教师要取得教授的资格，除了必须取得博士学位以外，还必须通过教授备选资格考试。具体地说，教师从取得博士学位可以担任助理的讲师开始，以后沿着高级助理讲师、有领导责任的助理讲师，逐级升到讲师，但要获得教授的职称，申请人必须在担任助理讲师或讲师工作的同时，用 4~6 年的时间完成教授备选资格论文，并通过专业教授委员会组织的答辩方可取得教授资格，进而被某所大学聘为教授。②

3. 学位授予

海德堡大学注重建章立制，主要通过制定的《博士研究生管理规定》对博士学位授予质量进行保障。一般而言，博士生需要 5~8 年才能达到毕业条件。第一年，博士生在一些基础课程中锻炼其项目管理、社会交往以及时间管理能力。第二年，博士生通过参加一些科研项目，培养其论文写作能力和学术成果展示能力。第二年以后，博士生就必须在学习中逐步完善自己的领导能力、教学能力、团队合作以及冲突管理等能力③。博士生的标准，如图 3-4 所示。

---

① 汪霞. 世界一流大学研究生培养模式和课程体系研究［M］. 南京：南京大学出版社，2015：222-237.

② 郝晓岑，李鸿江，尹军，等. 中美日英俄德六国体育学科研究生导师专业化比较研究［J］. 成都体育学院学报，2011，37（9）：69-73.

③ 汪霞. 世界一流大学研究生培养模式和课程体系研究［M］. 南京：南京大学出版社，2015：228.

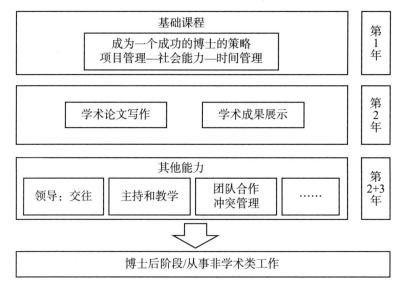

图 3 - 4　海德堡大学博士生培养标准

资料来源：转引自 Universitat Heidelberger, http：//www. uni - heidelberg. de/slk/angebot/ promotion, 2014 - 04 - 10。

4. 学位论文答辩

博士生需要在研究工作完成时提交博士学位论文的最终版本，也可以在完成任何课程要求的证明之后提交。

博士学位论文由两位评审员进行评估，其中一位是博士生导师，第二位评审人员可以由学生和顾问提名，但必须经过学院院长的书面报告确认和联系。评审人员必须是在教职员工身上具有适应能力的教授或科学家，或在外部机构担任同等职位。第二评审人员需要对学位论文的研究有一定熟悉度，但不得与博士生导师或候选人有任何直接的依赖关系或其他利益冲突。

评审人员对申请人的学位论文报告作出背靠背的独立报告。书面报告的评审结论可以为"建议答辩"或"拒绝答辩"。如果是"建议答辩"，需要在"1"（非常好）至"4"（足够好）的范围内的分数以 0.5 分进行分级，对学位论文进行等级评分。书面评审报告是保密的，只有到答辩结束后，候选人才可以要求查看。

答辩的时间需要在收到书面评审报告和学院与答辩专家沟通后确定。答辩委员会由博士生导师和答辩专家组成。答辩后需要对答辩人的答辩结果进行评分。

（四）日本研究生学位授予质量内部保障制度

日本的研究生教育的产生和发展受到美国和德国影响，其学位授予质量内部保障制度既有与欧美国家相似之处，又有本国特色。

1. 研究生招生

日本文部省颁布实施《大学设置标准》明确指出，招生院校享有极大的招生自主权，不设置全国统一的研究生招生机构，研究生招生计划管理是由各招生院校自主进行①，这一点与英国相似。

日本各大学根据自身特色与招生需求，自行组织考试方式。日本没有研究生院，每个专业都有一个研究科，各个研究科决定招生条件、考试程序，研究科独立决定研究生的录取。②

考核一般进行笔试和口试，笔试包括外语、专业科目考试。外语考试用于检测学生的外语能力，专业科目考试侧重于专业基本知识与技能。口试是在考查学生专业知识的同时，对学生逻辑思维等综合能力进行考核。整个考试强调发掘学生的科研潜力和论文水平，考试分数的高低作为录取的主要参考，申请者提交的大学毕业成绩单和推荐信为辅助参考资料。另外，凡申请报考研究生的考生，均需填写入学志愿书。③为了保证招生过程的公正公平，在面试等环节会安排尽可能多的考官参与。录取标准也下放至各个大学自主决定。

2. 导师遴选

日本研究生导师的工作和科研作风十分严谨，学历水平普遍较高。政府也制定相关政策来约束导师的行为。日本教师专业化运动走在了世界教师专业化运动的前列，教师的专业素质堪称世界一流。教师专业化，除了具有严格的制度化、法律化外，教师的养成制度、聘任制度、研修制度、定期流动制度、评价制度也为教师专业化提供了基础性和推动性的保障。日本在 1997 年颁布了关于大学教员等任期的法律，实施以所有的大学教师为对象、由各大学自主决定的选择性任期制。

早稻田大学规定所有助教的任期原则上为 3 年，最长不能超过 5 年；筑波大学尖端学际领域研究中心（TARA）在杂志上公开招聘教授，规定新任用的教授"假若在 7 年中没有研究成果，就要离开 TARA 以及筑波大学"。2002 年，有 412 所大学公开招聘 4 200 人，其中约有 300 人来自企业。日本体育学科研究生导师在聘任制度上具有聘用考核形式多样、选拔标准多元的特点。④ 日本教师资格证书的有效期为 10 年，要在有效期内完成资格更新才能获得有效期的更新。⑤

①③ 贾建锋，马可心，潘梦佳. 研究生招生制度改革：他国经验的借鉴与启示——基于美英日的案例研究 [J]. 辽宁经济职业技术学院·辽宁经济管理干部学院学报，2016（4）：102 – 106.

② 朱原，王旭燕. 学术型研究生招生制度比较研究 [J]. 研究生教育研究，2016（3）：85 – 90.

④ 安路萍. 中日硕士研究生导师制比较研究 [D]. 沈阳：东北大学，2008：11.

⑤ 郝晓岑，李鸿江，尹军，等. 中美日英俄德六国体育学科研究生导师专业化比较研究 [J]. 成都体育学院学报，2011，37（9）：69 – 73.

3. 学位授予

申请学位者在认定了的大学的专业修完所有课程、修完毕业所需学分，毕业后的一个月内，向学位授予机构申请学士学位。

大学生修完课程和获得所需学分后，提出学位申请。申请人申请学士学位，不需要写作学习成果报告和毕业论文，只需要提交学分修完证明、课程修完证明。专门委员会审查合格后，获得学士学位。

申请人如申请硕士和博士学位时，除了提交上述材料外，还必须提交毕业论文，最后还需要参加学位考试。当课程修完、学分修完、毕业论文等通过审查，且考试合格之后，最终获得学位授予机构颁发的学位证书。

具体来看，日本硕士专业学位研究生教育的学位授予，需要满足以下两点：一是修完一定的学分，一般硕士专业学位课程需要 30 分以上，教职类硕士专业学位课程需要 45 分以上。二是毕业论文的撰写，但毕业论文不是取得硕士专业学位证的必要条件，这一点与传统学术学位研究生教育显著不同。如技术经营类专业学位可以免除学位论文和论文答辩，但要提交事例研究的报告书，临床心理专业学位毕业生也可免除心理师资格考试中的小论文测试，但必须通过临床心理师资格考试并获取合格证书。[①]

日本的博士学位分为两种：论文博士和课程博士，它们的获得程序迥异，要求的水准也不一样。

论文博士是日本学术界行之多年的传统，颁发的条件一是在于提出审查的学位论文是否有学术价值，二是在于提出申请者是否有相当学术成就。论文博士学位的授予对象不局限于校友，并且不太看中申请者是否接受过正规教育。申请论文博士者一定要以已出版的学术专著为首要条件。

课程博士学位是参照欧美国家而设。博士生的博士论文可在在学阶段提出，也可在博士课程的必要学分修满以后的三年之内提出。课程博士的要件之一就是在进入博士课程以后，必须在 9 年之内提交论文。[②] 大致来看，博士学位授予标准是：具有科学工作的渊博学识，视野广阔，具有独立开展科研的能力并在专门领域作出创造性的成果，修满课程学分（一般为 30 个学分以上），通过学位论文和审查及答辩合格者，即可授予博士学位。

综上所述，美国、英国、德国、日本四国研究生学位授予质量内部保障制度较为完善，在保证和提高研究生教育质量方面发挥重要作用。就招生制度而言，四个国家招生制度在结构上具有分散为主、部分统一的特点。虽然它们在招生的

---

① 陈元元. 日本硕士专业学位研究生教育研究 [D]. 保定：河北大学，2017：34.
② 黄自进. 日本博士学位制度实务与背景 [J]. 世界教育信息，2003（6）：22 - 24.

具体程序和要求上有所差异，但却表现出一些共同的趋势，比如实行导师推荐、申请审核制、弱化招生考试制度、教授具有较大决定权等。就导师遴选制度而言，四个国家都建立了严格的遴选制度，导师具有博士学位和较高学术水平的要求。但美国、英国、德国和日本的导师制度各有特点，美国是一主多辅导师制的典型代表，与之类似的还有英国；德国是单一导师制的发起者；日本研究生教育引进了德国的讲座制和美国的研究生院制，其导师制兼具这两个国家的特点，形成了联合式导师制的特点，导师既注重研究生实际应用、研究能力，又重视解决实际问题的能力。就学位授予要求而言，四个国家都针对不同类型和层次的学位设置了相应的学位授予要求。除了德国没有对博士课程进行明确规定外，其他三个国家无论是硕士还是博士学位的申请者都必须完成一定学分的课程；学位论文是衡量学位申请者学术能力的重要因素；美国、英国和德国论文答辩都包括笔试和口试两部分，日本则采取提交论文进行口试的考核方式。

第四章

新时代中国研究生学位授予制度改革

中国研究生学位授权审核是《中华人民共和国学位条例》（以下简称《学位条例》）赋予国务院学位委员会的职责，它伴随中国改革开放恢复研究生教育开始至今已走过 40 余年。中国研究生学位授予制度面对新时代的新要求、新需求，改革需要在研究生学位授权审核主体、研究生学位授予学科目录、研究生学位授权审核单位标准与学科标准、研究生学位授权审核程序等四个关键点展开。

第一节　中国研究生学位授权审核主体改革

《学位条例》第七条规定，"国务院设立学位委员会，负责领导全国学位授权工作"，法律规定了国务院学位委员会是学位授权审核主体。

一、学位授权审核主体成员组成及改革

（一）国务院学位委员会成员构成的区域分布

国务院学位委员会是一个隶属国务院的跨部委的常设机构，设有主任委员一人、副主任委员和委员若干人。主任委员、副主任委员和委员由国务院任免。目

前，国务院学位委员会主任委员由国务院副总理担任，副主任委员由教育部等部委主要领导担任。国务院学位委员会成员一般共计 60 位左右。

国务院学位委员会人员的组成可以从不同角度进行分析，并提出改革意见。如从他们获得的学位分析，可了解他们对学士、硕士和博士等学位发展的认识；如从获得学位的专业性分析，可了解他们的专业结构，以及他们可能对学位授权审核的专业需求作出判断；如从年龄结构上分析，可了解他们获得学位的时代，了解他们对研究生教育发展的时代需求；如从国务院学位委员会成立的时代背景来分析，可推断国务院学位委员会是否有存在的价值和各部委组成的人员结构是否合理，以及对《学位条例》中有关委员组成提出修改建议。鉴于研究生教育发展关系到各省、自治区和直辖市的利益，以下仅从第三十二次和第三十五次国务院学位委员会委员地域分布为例来说明。

第三十二次和第三十五次国务院学位委员会人员区域分布的比较如表 4 - 1 所示，从这两次会议的人员构成可以得出以下结论。

表 4 - 1　　　　　　　国务院学位委员会成员地域分布

省区市		第三十二次会议代表数	第三十五次会议代表数
北京市	中央各部委等	17	23
	国家级科研机构等	15	10
	在京高校	13	12
上海市		4	3
天津市		1	1
重庆市		0	1
河北省		0	0
黑龙江省		0	1
吉林省		1	0
辽宁省		0	0
山东省		0	0
河南省		0	1
陕西省		2	1
山西省		0	1
湖北省		3	4
湖南省		2	0
江苏省		2	2

续表

省区市	第三十二次会议代表数	第三十五次会议代表数
安徽省	0	0
青海省	0	0
浙江省	0	1
广东省	1	1
云南省	1	0
甘肃省	0	1
江西省	0	0
贵州省	0	0
福建省	1	1
海南省	0	0
四川省	1	1
内蒙古自治区	0	0
新疆维吾尔自治区	0	0
宁夏回族自治区	0	0
广西壮族自治区	0	0
西藏自治区	0	0
合计	64	65

资料来源：李福华，姚云，钟秉林. 中国研究生学位授权审核法治化 35 年的回顾与发展展望［J］. 高等教育研究，2017，38（9）：50 - 55.

第一，北京一地代表人数占比独大。国务院学位委员会成员中来自北京的委员占比很高，超过了全国其余省份总和一倍多，第三十二次国务院学位委员会会议来自北京的人数约占总数的 72%，第三十五次国务院学位委员会会议来自北京的人数约占总数的 69%。在京中央部委机构多，在京代表多是可以理解的，但以此推断出在京代表占如此比例的结论，这显然是不可靠的。即使除去在京的部委人员，北京地区的高等学校和科研机构的人员相加，也超过了全国所有省、自治区和直辖市高等学校和科研机构人数的总和。

第二，较多省份代表空缺。国务院学位委员会人员中，第三十二次国务院学位委员会和第三十五次国务院学位委员会中，分别有河北等 16 个和 14 个省份无代表委员。

第三，五个我国少数民族自治区没有委员。我国的内蒙古自治区、新疆维吾尔自治区、宁夏回族自治区、西藏自治区和广西壮族自治区五个少数民族自治区，没有一个国务院学位委员会委员。由于历史和现实原因，我国少数民族自治区研究生教育规模不大，发展规模滞后于全国平均水平。但如果从适龄人口就读研究生的比例或者千人中研究生学位人数的比例来看，它们的规模不一定就比其他省份低。五个我国少数民族自治区没有国务院学位委员会代表，显然也是不合适的。

国务院学位委员会人员结构在地域分布上不合理，特别是一半左右的省份没有代表出席会议，没有代表能够作为代言人表达本省份研究生教育发展的意见，其人员结构的不合理性往往会影响国务院学位委员会身份的合法性。

（二）学位授权审核主体人员构成区域分布改革

国务院学位委员会作为我国学位授权审核最高决策层机构，它是学位授权审核政策的制定者、执行者和监督者，对中国学位授权审核政策制定质量和学位授权审核政策执行效果产生直接影响。国务院学位委员会人员构成的改革，可秉持以下原则：

第一，代表性。它是能够当选国务院学位委员会成员最基本原则。每个省份都应该至少有一个国务院学位委员会成员，他将作为其省份的代言人，在国务院学位委员会会议发表本省份对国家开展研究生教育的政策意见，投下符合有利于其省份研究生教育条件的表决票。

第二，权威性。国务院学位委员会委员要对国家研究生教育作出决策，因此，他除了在本专业具有一定的权威性外，还必须对国际研究生教育发展有一定了解，对我国研究生教育发展政策有比较清醒的认识，在国务院学位委员会会议上才能表达专业性意见，其发言也才具有权威性。

第三，操守性。国务院学位委员会成员不仅是其省份的代表，也是国家的代表，必须善于正确处理本省利益与国家利益的关系，只有这样，他才能公正地行使权力。

第四，责任心。国务院学位委员会成员必须热心于研究生教育发展，负责任地参与到有关学位授权改革工作和会议中。国务院学位委员会成员除了大学校长占 2/3 外，剩余的 1/3 基本都是各个部委的部长或副部长。无论是大学校长，还是各部委的领导，每个人都有自己的本职工作，工作繁忙而且责任重大。严格来说，国务院学位委员会的工作在一定程度上可以被认为是"兼职"工作。如果会期与自己本部门会议有冲突，委员一般会放弃"兼职"工作，请假导致缺席国务院学位委员会会议。表面上看，这仅为一个委员缺席会议，会议的实到人数能够达到会议的规定人数而并不影响会议决策。但一个委员的缺席，往往代表的是一个省份或者国务院的一个部委的诉求。因此，如果没有超强的责任心，国务院学

135

位委员会委员可能会被本部门的工作所左右，而不能有效地参与到中国研究生教育发展政策的制定中。

这四大原则，代表性是基础，权威性是实现代表性的先决条件，操守性是保障权威性发挥的关键，而责任心是顺利完成学位授权工作的基本保障。

二、学位授权审核主体权力改革

国务院学位委员会作为学位授权审核的主体，社会对学位授权审核改革呼声最迫切的莫过于下放权力。但下放权力的前提，首先必须明确国务院学位委员会赋予了什么审核权力，哪些审核权力可以下放，然后才是怎么依法下放。

（一）国务院学位委员会学位授权审核权力

国务院学位委员会自 1981 年以来共开展了 12 次学位授权审核，从它历次授权审核和《学位条例》等法律赋予的权力两个角度解读国务院学位委员会的学位授权审核权力。

1. 国务院学位委员会历次学位授权审核权力

自 1981 年实施《学位条例》至 2020 年，国务院学位委员会已开展了 12 次学位授权审核工作，它们反映出国务院学位委员会在行使权力上的事实性权力。

第一次国务院学位委员会学位授权审核。1981 年 2 月 27 日，国务院学位委员会发布《关于做好学位授予单位审定工作的通知》，下发了《关于学位授予单位的原则和办法》，规定按照二级学科的范围来确定拟申请授予学位的学科、专业名称。1981 年 7 月 26 日～8 月 2 日，国务院学位委员会在北京召开了学科评议组第一次会议，11 月 3 日，国务院批准了博士和硕士学位授予单位，博士和硕士学位授予点以及博士生导师，其中博士学位授予单位 151 个，硕士学位授予单位 358 个。

第二次国务院学位委员会学位授权审核。国务院学位委员会于 1983 年 3 月 16 日发出了《关于做好第二批博士和硕士学位授予单位审核工作的几点意见》《关于审核第二批文科博士和硕士学位授予单位的几点意见》和《关于审核第二批理工农医科博士和硕士学位授予单位的几点意见》，颁布试行了《高等学校和科研机构授予博士和硕士学位的学科、专业目录（试行草案）》，并于 1983 年 9 月 18 日～24 日启动了第二次学位授权审核工作。同年 12 月 5 日，国务院学位委员会在北京召开了第五次国务院学位委员会会议，审议批准新增博士和硕士学位授权单位，博士和硕士学位授予点。1984 年 8 月，受国务院学位委员会委托，教育部、中国科学院和中国社会科学院联合进行了学位授权审核工作，经第六次国务院学位委员会审议通过了博士学位授权点 32 个，博士生导师 183 个。

第三次国务院学位委员会学位授权审核。1986 年 4 月 15 日，国务院学位委员会颁布了《授权部分学位授予单位审批硕士学位授权学科、专业的试行办法》，这是我国学位授权审核工作扩大高校办学自主权的第一次尝试改革。1986 年 7 月 28 日，国务院学位委员会审议通过了第三次学位评议组会议关于增列第三批博士、硕士学位授予单位及新增博士、硕士学位授权学科专业和博士生指导教师名单的方案。1988 年 3 月 18 日，国务院学位委员会审议 12 个放权单位自行审批的硕士学位授权学科专业 38 个。

第四次国务院学位委员会学位授权审核。国务院学位委员会于 1988 年 10 月召开第八次会议，原则通过了《国务院学位委员会议事规则》。1990 年 10 月 5 日~6 日国务院学位委员会第九次会议，会议审批通过了第四批新增博士学位授予单位 10 个，硕士学位授予单位 41 个；新增博士学位授权点 277 个，硕士学位授权点 83 个，新增博士生导师 1 509 人。

第五次国务院学位委员会学位授权审核。1993 年 12 月 10 日~11 日，国务院学位委员会第十二次会议在北京召开，审议批准了第五批新增博士学位授予单位 24 个，新增硕士学位授予单位 35 个；新增博士学位授权学科专业 274 个，新增硕士学位授权学科专业 863 个，审议通过了有关试点单位自行审批硕士点 253 个。

第六次国务院学位委员会学位授权审核。1996 年 4 月 29 日~30 日，国务院学位委员会在京召开第十六次会议，审议批准了第六批博士、硕士学位授权学科专业名单，共新增博士学位授权点 182 个，调整已有博士点 6 个；新增硕士学位授权点 1 075 个，调整硕士学位授权点 146 个；通过新疆大学等 5 所高校为新增博士学位授予单位，深圳大学等 5 所高校为新增硕士学位授予单位；通过了数学、化学、力学、电学、计算机科学与技术 5 个一级学科行使博士学位授予权的试点单位。

第七次国务院学位委员会学位授权审核。1988 年 6 月 17 日~18 日，国务院学位委员会第十六次会议审批了国务院学位委员会学科评议组第七次会审核通过的新增学位授予单位和新增学位点名单，共批准新增博士学位授予单位 49 个，硕士学位授予单位 55 个；增列博士点 341 个，硕士点 363 个，部分单位自行审批增列硕士点 160 个，北京等地方省级学位委员会和军队学位委员会审核增列 946 个。

第八次国务院学位委员会学位授权审核。2000 年 12 月 26 日~27 日，国务院学位委员会在北京召开第十八次会议，审议批准了第八批的新增 7 所高校为博士学位授予单位；增列博士学位授权一级学科点 310 个；增列博士点 442 个，调整原有博士点 1 个；增列硕士点 2 598 个。

第九次国务院学位委员会学位授权审核。2003 年 7 月 25 日～26 日，国务院学位委员会在京召开了第二十次会议，新增博士学位授予单位 35 个，新增一级学科博士学位授权点 291 个，新增博士点 728 个，新增硕士学位授予单位 59 个，新增硕士点 4 170 个。同年 8 月 27 日，教育部同意少数尚未获得博士或硕士学位授予权的单位在个别学科与有关学位授予单位联合培养博士或硕士研究生。

第十次国务院学位委员会学位授权审核。2006 年 1 月 23 日～24 日，国务院学位委员会第二十二次会议，审议批准增列博士学位授予单位 19 个；增列硕士学位授予单位 32 所；增列一级学科博士点 371 个，以及清华大学等大学自设一级学科博士点 16 个，二级学科博士点 605 个；共增列一级学科硕士点 2 087 个，二级学科硕士点 3 830 个。

第十一次国务院学位委员会学位授权审核。2011 年 2 月 12 日，国务院学位委员会第二十八次会议审批通过了新增一级学科博士点 1 004 个，一级学科硕士点 3 806 个。

第十二次国务院学位委员会学位授权审核。根据国务院学位委员会第三十四次会议通过，新增 21 个博士学位授予单位、25 个硕士学位授予单位。

目前，我国高校 2 956 所中普通本科院校 1 234 所，其中 545 所高校具有硕士学位授予权，345 所高校具有博士学位授予权。

以上是国务院学位委员会的 12 次学位授权审核所开展的基本和主要工作，这些工作反映出国务院学位委员会在学位授权审核方面的权力。

2. 法律赋予国务院学位委员会的权力

国务院学位委员会的权力，是由《学位条例》等一系列法律法规赋予的。了解法律法规赋予国务院学位委员会的权力，即国务院学位委员会的权力清单，是研究生学位授权审核主体下放权力的前提。

根据《学位条例》中的规定，国务院学位委员会是国务院下设的一个常设机构，它的基本权力有以下两个。

第一，全国学位授权工作。《学位条例》第七条规定，"国务院设立学位委员会，负责领导全国学位授予工作"。虽然授权和授予的含义有着严格区别，但这两个词在中国开展学位授予工作的 40 年中时常混用，而且不断变换使用。为了表达含义的统一性和一致性，本书采用的学位授权更多体现在国务院学位委员会、教育部、省级学位委员会对高校学位授予的管理、领导和审批，而高校这一层级对研究生培养和学位颁发等行为或活动统称为学位授予工作。

根据《学位条例》第七条规定，国务院学位委员会具有领导全国开展学位授权工作的权力。由于该法律没有具体规范出"学位授权工作"的具体权力范围，但国务院学位委员会开展授权工作一般有两种途径：一是根据以往经验来开展学位授权工作；二是根据当时有关法规和政策来解释授权工作内容。

第二，国务院学位委员会提出学位授予单位及其可以授予的学科名单。《学位条例》第八条规定，"硕士学位、博士学位，由国务院授权的高等学校和科学研究机构授予。授予学位的高等学校和科学研究机构（以下简称'学位授予单位'）及其可以授予学位的学科名单，由国务院学位委员会提出，经国务院批准公布"。根据该法律规定条款，法律赋予了国务院学位委员会在学位授权方面的权力包括以下几个。

（1）国务院授权的高校和科研机构才具有颁发硕士学位和博士学位的权力。

（2）国务院学位委员会提出硕士和博士学位授予的高校和科研院所名单，也即包含了国务院学位委员会具有审核硕士和博士学位授予单位的权力。

（3）国务院学位委员会提出授予学位单位可授予学位的学科名单，这不仅提出国务院学位委员会具有审核学位授予单位可授予硕士和博士学位的学科的权力，而且也表明高校或科研机构要获得学位授予学科必须首先是自己是学位授予单位。

国务院学位委员会第十八次会议（2000年12月26日）通过的《国务院学位委员会议事规则》对国务院学位委员会的工作任务进行了细化与明确，"领导全国的学位工作，负责实施国家学位法律法规，贯彻国务院关于学位工作的重大方针、政策，统筹规划学位工作的发展和改革，指导、组织和协调各部门、省、自治区、直辖市的有关学位工作；负责学位工作的国际交流与合作；提出制定或修改国家学位法律法规的建议"。

根据国务院学位委员会历次对全国学位授权审核工作的内容，以及法律赋予国务院学位委员会的权力，可以将国务院学位委员会的学位授权权力作出概括，如表4-2所示。

表4-2　　　　国务院学位委员会学位授权审核权力清单

序号	权力清单
1	研究生指导教师审批权
2	博士学位、硕士学位证书由国务院学位委员会和教育部制定格式和统一印制
3	高校自主设置研究生学位授权学科权
4	省级学位委员会业务指导与管理权
5	新增硕士学位授权单位审批权
6	新增博士学位授权单位审批权
7	硕士学位授予学科、专业审核和审批权

序号	权力清单
8	博士学位授予学科、专业审核和审批权
9	学位授予和人才培养学科目录设置权

（二）"下放"含义及学位授权审核权力法律体系

1. "下放"的含义

权力下放是我国政治体制改革的重要内容之一，更是建设具有中国特色社会主义的必然选择。权力下放是相对于权力集中而言的，长期以来，我国政府权力过于集中，它体现在中央与地方、国家与社会、政府与企业、集体与个人等关系上，中国社会普遍存在前者权力集中，后者无权或权弱等问题。

在中国推进法治政府和提高治理水平现代化的背景下，国务院于 2015 年 5 月 12 日召开了全国推进简政放权放管结合职能转变工作电视电话会议。会议首次提出了"放管服"改革的概念与要求。"放管服"即"简政放权、放管结合、优化服务"的简称。会后，各部委贯彻国务院简政放权的精神。教育部要求教育部下属各部门认真落实国务院提出的"放管服"精神，加强教育领域改革与创新。

严格意义上说，权力"下放"是一个政治学概念，而法律术语的相关概念有"委托""授权""让渡"三个。委托、授权和让渡是既有联系又有区别的三个概念，相同之处是"下放"权力，不同之处在于：

（1）委托是指由他人代表自己行使自己的合法权益。它具有四个特征：第一，委托成立的条件是，委托人需要给被委托人提供委托的法律文书，被委托人在行使权力时需出具委托法律文书；第二，一旦被委托人接受委托，除被委托人作出违背法律法规的权益与行为，委托人不能以任何理由反悔委托事项；第三，在委托书中的合法权益内，被委托人行使的全部责任由委托人承担，被委托人不承担任何法律责任；第四，委托发生在不同的组织系统之间。

（2）授权是根据组织内部的任务目标，将完成某项工作所必需的权力授给下属人员或机构。它同样具有四个基本特征：第一，本质上属于上级对下级的决策权下放过程，也是职责再分配的过程；第二，授权的发生要确保授权者与被授权者之间信息和知识共享与畅通；第三，授权给下属的权力应与它承担的职责对等；第四，授权仅发生在组织系统内。

（3）让渡是指根据权力人将自己的权力、物权和有价证券收益权等通过一定的法律方式，全部或部分地以有偿或无偿的方式转让他人、组织所有或行使权力。它的四个基本特征是：第一，权力人可以转让的有权力、物权或者收益等；

第二，权力人转让的权力可以是全部权力，也可以是部分权力，可以是有偿转让，也可以是无偿转让；第三，权力人可以根据一定的程序收回自己转让的权力，特别是受转让人或组织不能有效地履行自己的权力或违反相关法律法规时；第四，让渡可发生在组织系统中或不同组织系统之间。

以上也是对放权中的"委托""授权""让渡"三个概念的诠释。概念辨析的目的，无非是希望"放管服"精神在今后的学位授权审核中得以落实。

2. 学位授权审核权力法律体系

我国学位授权审核法律制度是由一套法律法规体系构成，表4－3列出了与学位授权审核相关的法律法规，基本包括以下几点。

表4－3 中国学位授权审核法律法规体系举例

序号	名称	颁发或批准机构	年份	效力/方式
1	《中华人民共和国学位条例》	第五届全国人民代表大会常务委员会第十三次会议	1980	法律
2	《中华人民共和国学位条例暂行实施办法》	教育部	1981	法规/委托
3	《国务院学位委员会关于审定学位授予单位的原则和办法》	国务院学位委员会	1981	部门规范性文件/让渡
4	《中华人民共和国教育法》	第八届全国人民代表大会第三次会议	1995	法律
5	《中华人民共和国高等教育法》	第九届全国人民代表大会常务委员会第四次会议	1998	法律
6	《国务院学位委员会议事规则》	国务院学位委员会	2000	部门规范性文件/让渡
7	《中华人民共和国学位条例》修正	第十届全国人民代表大会常务委员会第十一次会议	2004	法律
8	《关于做好2008～2015年新增博士、硕士学位授予单位立项建设规划工作的通知》	国务院学位委员会	2008	部门规范性文件/授权
9	《学位授予和人才培养学科目录设置与管理办法》	国务院学位委员会	2009	部门规范性文件/委托
10	《学位与研究生教育发展"十三五"规划》	教育部 国务院学位委员会	2017	部门规范性文件/委托

续表

序号	名称	颁发或批准机构	年份	效力/方式
11	《博士硕士学位授权审核办法》	教育部 国务院学位委员会	2017	部门规范性文件/委托
12	《关于开展2017年博士硕士学位授权审核工作的通知》	国务院学位委员会	2017	部门规范性文件/让渡
13	《关于做好2017年博士硕士学位授权审核专家评议工作的通知》	国务院学位委员会办公室	2017	部门规范性文件/让渡
14	《中华人民共和国高等教育法》修改	第十三届全国人民代表大会常务委员会第七次会议	2018	法律
15	《关于开展2018年学位授权自主审核单位增列的通知》	国务院学位委员会办公室	2018	部门规范性文件/让渡

第一，法律。主要包括《中华人民共和国学位条例》《中华人民共和国教育法》《中华人民共和国高等教育法》等。

第二，法规。主要包括《中华人民共和国学位条例暂行实施办法》等。

第三，部门规章。主要包括《国务院学位委员会关于审定学位授予单位的原则和办法》《国务院学位委员会议事规则》《关于做好2008～2015年新增博士、硕士学位授予单位立项建设规划工作的通知》《学位授予和人才培养学科目录设置与管理办法》《学位与研究生教育发展"十三五"规划》《博士硕士学位授权审核办法》《关于开展2017年博士硕士学位授权审核工作的通知》《关于做好2017年博士硕士学位授权审核专家评议工作的通知》《关于开展2018年学位授权自主审核单位增列的通知》等。

在学位授权审核的法律体系中，法律、法规、规章的法律效力是不同的，它们释放出不同的法律效力，而且上一层级的法律对下一级的法律有制约作用。由此，不同法律地位的法律、法规、规章的不同下放方式影响着学位授权审核的效力和方式（见表4-3）。

（三）学位授权审核权力下放过程

了解国务院学位委员会学位授权审核的权力下放过程及下放内容，是分析今后国务院学位委员会下放权力的基础。

1985年，经国务院批准，国务院学位委员会学科评议组复审通过的博士和硕士授予单位不再上报国务院批准，改为由国务院学位委员会批准并公布。2003年，国务院同意少数无博士或硕士学位授予权的单位在个别学科与有学位授予权的单位联合培养博士或硕士研究生。除了以上情况，国务院学位委员会权力下放分为"导师审批权下放""省级学位委员会权力下放""硕士学位授权学科与专业审批权下放到高校""博士学位一级学科授予权下放到高校"四个下放过程。

1. 导师审批权下放过程

1981 年《学位条例》开始实施，国务院学位委员会第一次除了对学位授予单位进行审批的同时，也对申请材料中的研究生指导教师进行了统一审核批准。1990 年的国务院学位委员会学科评议组第四次会议前发现，1981 年、1983 年和1986 年已进行的国务院学位委员会三次授权审核过程中，审核批准的研究生指导教师普遍存在年龄结构不合理等问题，提出对"我国现有博士生导师中，中青年专家所占比例偏低，年龄结构不合理"的问题进行调整。1990 年的国务院学位委员会学科评议组第四次会议在审核中，按照"每个博士点一般增列一名导师，以增列中青年导师为主"① 的原则对导师进行审核批准。

1991 年 12 月，国务院学位委员会第十次会议通过的《关于巩固加强现有博士点、增列博士生导师和改进学位授权审核工作的意见》中指出，"1992 年至1993 年要审核增列一批博士生导师，以 55 岁以下的中青年为重点"。可以看出，博士生导师年龄偏大的问题在较长时间都存在，也是国务院学位委员会授权审核中关注的重要问题之一。

1993 年，国务院学位委员会通知，"批准北京大学等 17 个博士学位授予单位在一定学科范围内开展自行审批增列博士生指导教师工作。1993 年 9 月 10 日又批准北京理工大学等 17 个博士学位授予单位在一定学位范围内开展自行审批增列博士生指导教师工作。这两批 34 个博士学位授予单位，自行审批增列 670名博士生指导教师。两批的工作实践证明，自行审批增列博士生指导教师，能够促进博士生指导教师梯队建设。从此，博士生指导教师的审核由 1981 年开始的国家统一组织审核改为由学位授予单位自行审核的新方式"。②

从表 4-4 可知，博士生指导教师审批权经历了由最初的国务院学位委员会集中权力统一审核，到下放权力试点、扩大试点，再到 2000 年的完全由高校自主审批的过程。

---

① 朱开轩. 在国务院学位委员会学科评议组第四次会议开幕式上的报告 [J]. 学位与研究生教育，1990 (4)：1-9.

② 王站军，周文辉，李明磊，等. 中国研究生教育 70 年 [M]. 北京：中国科学技术出版社，2019：80.

表 4 - 4 我国导师审批权下放过程

年份	放权内容	特点
1981	国务院学位委员会对博士生导师资格进行统一审核	集中审批
1983	国务院学位委员会对博士生导师资格进行统一审核	集中审批
1986	国务院学位委员会对博士生导师资格进行统一审核	集中审批
1990	国务院学位委员会对博士生导师资格进行统一审核	集中审批
1993	下放给学位授予单位增列博士生导师审批权	下放试点
1997	取消全国统一评审博士生导师的制度	扩大试点
2000	博士学位授予单位自行审定选聘博士生导师	全面完成下放

2. 向省级学位委员会下放学位授权审核权力

1992 年以后，国务院要求"高等教育要逐步实施中央和省（自治区、直辖市）两级管理，以省级政府为主的体制"，从政策上看，这较为清楚地划分了中央和地方对高等教育的管理权限。1995 年，国务院学位委员会颁布新的学位授权审核办法，要求新增硕士、博士学位授权单位和博士点由国务院学位委员会组织审批；硕士点则由地方、部门或学位授予单位根据统一规定组织审批；部分硕士点审批权下放给省级学位委员会和部分条件较好的高等学校。

从表 4 - 5 可知，向省级学位委员会下放权力，首先是从建立了省级学位委员会组织的 6 个省份，扩大到所有已建立省级学位委员会的省份，再到现在所有建立省级学位委员会的省份。

表 4 - 5 向省级学位委员会下放学位审核权力

年份	放权内容
1995	《国务院学位委员会授权省（自治区、直辖市）学位委员会审批已是硕士授予单位增列硕士点的试行办法》，"1995 年的博士、硕士学位授权审核中在已成立省级学位委员会的 6 个省（直辖市）开展已是硕士学位授予单位增列硕士点的试点工作"
1997	允许各省自行成立省级学位委员会
1997	已是硕士授予单位增列硕士点的试点工作扩大到已成立省级学位委员会的 16 个省（直辖市）

年份	放权内容
2002	除了硕士、博士学位授予单位、博士学位授权学科及专业由国务院学位委员会统一审批外，硕士学位授权学科及专业委托省级学位委员会或军队学位委员会和设有研究生院的高等学校自行审批
2008	国务院学位委员会规定省级学位委员会负责本地区的研究生教育发展规划，将已有学位授权单位与新增学位授予单位、自行审核的单位与其他学位授予单位、部委下属单位和省属单位进行统筹考虑，全面、合理优化资源配置；对于委托省级学位委员会组织进行的硕士学位授权的审核，以省为单位实施限额申报

3. 硕士学位授权学科、专业审批权下放到高校

从表4-6可知，硕士学位授权学科、专业审批权下放到高校，先批准研究生教育开展条件较好和研究生教育管理制度较完善的20个单位试点再到所有批准成立研究生院的高校。

表4-6　　　硕士学位授权学科、专业审批权下放到高校

年份	放权内容
1986	《授权部分学位授予单位审批硕士学位授权学科、专业的试行办法》，经国务院学位委员会批准，北京大学等20个单位首批进行试点工作。批准一些培养单位在规定的学科目录下自行进行硕士学位授权的审批，开展首批22所试办研究生院的高校自行审核、增设硕士点的试点工作
1995	《国务院学位委员会授权省（自治区、直辖市）学位委员会审批已是硕士授予单位增列硕士点的试行办法》，"1995年的博士、硕士学位授权审核中在已成立省级学位委员会的6个省（直辖市）开展已是硕士学位授予单位增列硕士点的试点工作"
2000	2000年，已成立研究生院的53所高校在一定的学科范围内都可以自行审批已是硕士学位单位新增硕士点

4. 博士学位一级学科授予权下放到高校

从表4-7可知，一级学科博士点审核权下放到高校的过程，是从先试点部分学科与专业，到所有学科，再到最后的部分高校自行增列学科。

表 4 - 7　　　　　　　　　下放一级学科审核博士学位授予权

年份	放权内容
1995	国务院学位委员会发布《关于按照一级学科进行学位与研究生教育评估和按一级学科行使博士学位授予权审核试点工作的通知》，决定在数学、化学、力学、电工、计算机科学与技术 5 个一级学科进行评估并开展按一级学科行使博士学位授予权的审核试点工作
1997	扩大按一级学科行使博士学位授予权的学科，由之前的 5 个扩大到 56 个
2000	除法学、外国语言文学、艺术学、军事指挥学、军事后勤学与军事装备学、公共管理等暂不按一级学科授权的 6 个一级学科外，专业目录中其他的 82 个一级学科全部按一级学科审核博士学位授予权
2005	国务院学位委员会第二十一次会议通过的《关于进行第十次博士、硕士学位授权审核工作的意见》中指出，"进一步推行按一级学科进行博士学位授权的申报和审核，允许按照二级学科申报和审核博士学位授予权……试行按一级学科进行硕士学位授权的申报和审核，同时保留按二级学科申报和审核硕士学位授权"
2006	审议批准清华大学、北京大学自行审核增列的一级学科博士学位授予点

5. 确定自主审核高校

2017 年，根据《博士硕士学位授权审核办法》的规定，国务院学位委员会印发了《关于高等学校开展学位授权自主审核工作的意见》，启动了我国前所未有的高等学校开展学位授权自主审核工作。通过 2018 年和 2019 年两个年度的高校学位授权自主审核工作，共有 31 所高校成为学位授权自主审核高校，这些高校的名单如表 4 - 8 所示。

表 4 - 8　　　　　　　　　中国学位授权自主审核高校名单

	2018 年		2019 年
1	北京大学	1	北京理工大学
2	中国人民大学	2	东南大学
3	清华大学	3	华中科技大学
4	北京航空航天大学	4	中山大学
5	中国农业大学	5	重庆大学
6	北京师范大学	6	兰州大学
7	南开大学	7	华东师范大学
8	天津大学	8	山东大学

续表

	2018 年		2019 年
9	吉林大学	9	中南大学
10	哈尔滨工业大学	10	四川大学
11	复旦大学	11	西北工业大学
12	同济大学		
13	上海交通大学		
14	南京大学		
15	浙江大学		
16	中国科学技术大学		
17	厦门大学		
18	武汉大学		
19	西安交通大学		
20	中国科学院大学		

国务院学位委员会公布了评审达到自主审核高校的 7 个基本条件，如表 4 – 9 所示。国务院学位委员会每年都组织申报，高校可自主申报。如果通过专家评定，高校就能够成为自主审核高校，自主开展和设置本校博士学位授予的学科或专业学位类别。

表 4 – 9 学位授权审核申请基本条件

序号	基本条件
1	坚持社会主义办学方向，全面落实立德树人根本任务，办学定位、目标明确稳定，党建和思想政治工作落实到位，已成为我国研究生培养和科研的重要基地，近五年每年授予博士学位人数不少于 500 人（不包括授予同等学力人员博士学位）
2	具有很强的综合办学实力，在国内外享有较高的学术声誉和社会声誉，具有很高的国际知名度和较大的国际影响力。学科整体水平较高，博士学位授权一级学科不少于 20 个，其中 50% 以上一级学科排名进入国内同类学科前 10%（或前两名），并有一定数量的学科处于国际前列
3	师资整体水平处于国内前列，具有博士学位教师比例占教师总数的 65% 以上，拥有一批具有较大国际影响力的知名学者，全日制在校学生人数与专任教师的比例不超过 16∶1

序号	基本条件
4	研究生教育理念先进，有丰富的博士研究生教育经验。全日制在校研究生数与全日制在校本科生数的比例不低于0.6，本科生和研究生教育质量高，毕业生在社会上享有很高的声誉
5	总体研究实力处于国内高校前列，承担了一批国家重大科研任务，取得了一批具有国际水平和影响力的研究成果，拥有一批国家级研究平台和基地
6	与国际一流高校和研究机构建立了密切、平等的合作关系，深度开展了实质性的研究生教育合作项目；研究生参加境外交流、合作研究比例较高，有一定比例的来华攻读博士、硕士学位留学生且生源质量较高
7	研究生管理体系和管理制度完善，具有一支高素质的研究生教育管理队伍，质量保障体系健全有效，具有完善、可持续的研究生资助体系，能够为研究生提供完备的公共服务体系

资料来源：国务院学位委员会．《学位授权审核申请基本条件》（2020年）［EB \ OL］．http：//www. moe. gov. cn/srcsite/A22/yjss _ xwgl/moe _ 818/202009/W020200930377163528166. pdf，2020. 09. 30/2021. 02. 17.

三、学位授权审核权力下放空间与未来改革重点

（一）学位授权审核权力下放空间

中国学位授权审核权力的下放，首先必须了解国务院学位委员会当前手中还有什么授权审核权力，然后从法律赋予的权力下放规定中采取措施进行下放。从表4-10可知，目前的国务院学位委员会还拥有"学位授予和人才培养学科目录设置权""新增硕士学位授权单位审批权""新增博士学位授权单位审批权""博士学位授予学科、专业审核和审批权"。

表4-10 国务院学位委员会学位授权审核权力清单

序号	权力清单	权力状态
1	研究生指导教师审批权	已下放
2	博士学位、硕士学位证书由国务院学位委员会和教育部制定格式和统一印制	已下放
3	高校自主设置研究生学位授予学科权	已下放

续表

序号	权力清单	权力状态
4	省级学位委员会业务指导与管理权	已下放
5	硕士学位授予学科、专业审核和审批权	已下放
6	新增硕士学位授予单位审批权	部分下放
7	学位授予和人才培养学科目录设置权	未下放
8	博士学位授予学科、专业审核和审批权	未下放
9	新增博士学位授予单位审批权	未下放

权力的下放，首先必须依据《学位条例》赋予国务院学位委员会的权力作出修正。假设这一权力要求在今后《学位条例》的修正实现，但由于各省份研究生教育发展不平衡，需求可能不一样，它们对下放权力种类的先后顺序也可能不一样。与此同时，高校对国务院学位授权审核的权力下放要求也不一样。如已有授予学位的高校和无权授予学位的高校诉求可能不同。当前，从总体情况看，省份和高校更为关心的是"新增硕士博士单位学位授权审核"和"博士学位授予学科、专业审核和审批权"。简单地说，就是新增硕士博士学位单位授予权和博士学位授予学科和专业领域审批权。

以上五种权力，它们之间有些是相互联系的，下放一种就会引起另一种下放。但是有些权力却相对独立，而且不能下放，下放后势必会影响到一个国家研究生教育事业的发展。以"学位授予和人才培养学科目录设置权"为例，如果将它下放到省级学位委员会或高校，各省份则会有自己的研究生招生与培养统计口径。按照我国现有研究生教育招考与培养制度，不仅会造成研究生分学科招生混乱，而且会造成收集和统计研究生教育发展信息和数据的口径不同。如果从权力下放的可能性来预测，我国最有可能下放的是博士的学术学位和专业学位授权审核权，其次是完全下放新增硕士学位单位授权审核权。

（二）研究生学位授权审核未来工作重点

中国研究生学位授权审核权力下放的历史路线，首先是下放导师聘任权到学位授予单位，其次是招收学科、专业权力博士点一级学科权力逐步下放到学位授予单位，再次是下放省级统筹本省学位授权审核的部分权力，最后是直接下放到部分高校，让它们拥有了自主授权审核的权力。

31 所高校自主授权审核是中国学位授权审核的历史进步，也是跨时代的标志，由此可以看出国务院学位委员会和国务院学位委员会办公室的改革进取和勇于担当的精神，有理由相信这一举措将会在中国研究生教育发展历史上留下光辉的一笔。

第一，这与之前 2006 年批准清华大学等自行审核增列一级学科博士学位授予点有本质的不同。清华大学等自行审核增列一级学科，虽然高校获得了前所未有的学位授予审核自主权，但它毕竟仅仅是在学科层面。而 2018 年开展的自主授权审核高校，不仅仅可以自主审核一级学科，而且可以自主审核学科门类。通俗地说，高校可以自己设置在已有的学科范围内确定哪些学科可以开展研究生教育。

第二，自主审核高校可以自主设置学科。自主审核高校可以决定是在国务院学位委员会制定的《学位授予和人才培养学科目录》中增设学科，还是在《学位授予和人才培养学科目录》以外增设学科。其历史意义在于，它为新兴学科和交叉学科的发展扫清了障碍。

第三，这透露出中国研究生教育"放管服"的改革方向。学位授权审核改革到最后，硕士博士授予权将属于高校，高校要自己对研究生学位质量负起责任，承担市场经济条件下的市场风险。

高校拥有学位授权审核的所有权力，是不是意味着国务院学位委员会历史使命的结束？答案是否定的。事实上，中国学位授权审核一直存在着重申报、轻建设的问题，换句话说就是重视学科增设规模而忽视学科建设质量，重视研究生发展规模扩张而忽视研究生教育内涵建设。国务院学位委员会有关学位授权审核工作改革的未来重点，将会由"入口关"向"出口关"审核和评估转移，即由过去审批高校是否具有招收硕士博士学位研究生资格或哪些学科可以招收博士硕士研究条件，转向于已是博士硕士授予权高校是否有水平继续成为博士硕士授予权高校，以及这类高校是否能够在已招收的学科或专业领域继续招收博士硕士研究生。

第二节　中国研究生学位授予学科目录改革

人工智能、量子信息、集成电路、生命健康、脑科学、生物育种、空天科技、深地深海等前沿领域，是当前中国重点发展的科技领域。研究生教育如何面向国家需求进行学位授予学科目录调整，以加快培养国家急需的高层次人才。特别是在当前，如何瞄准科技前沿和关键领域，利用 2020 年研究生学位学科目录增设交叉学科成为第 14 个学科门类之际，优先在创新战略急需的重点领域增设新的学科门类，发展交叉学科，按照中共中央政治局委员、国务院副总理孙春兰于 2020 年 7 月 29 日在首次全国研究生教育会议提出的要求：优化学科专业布局，把握好基础学科与应用学科的关系、传统学科与新兴交叉学科的关系、人文社科与理工科的关系。这是研究生人才培养和研究生学位授予学科目录改革必须回答的问题。

一、中国研究生学位授予学科目录发展变化

研究生学位授予学科目录自 1983 年颁布第一版以来，共进行了三次修订，目前采用的第四版的《学位授予和人才培养学科目录（2011 年）》。1983 年出台的《高等学校和科研机构授予博士和硕士学位的学科专业目录（试行草案）》，是 1980 年我国颁布《学位条例》后的又一重要法规性文件，它标志着中国在研究生招收、研究生培养与学科建设、研究生学位授予、研究生就业方面有了清晰的"归口与统计"标准。由于研究生学位授予学科目录前后四版的用词不太一样，为了行文用词统一，以下没有特别指出时，都用研究生学位授予学科目录作为指代。

五次有关研究生学位授予学科目录的颁布时间、名称等信息，如表 4 – 11 所示。

表 4 – 11　　　　　　中国研究生学位授予与学科目录修订

版次	颁发时间	名称
第一版	1983 年	《高等学校和科研机构授予博士和硕士学位的学科、专业目录（试行草案）》
第二版	1990 年	《授予博士、硕士学位和培养研究生的学科、专业目录》
第三版	1997 年	《授予博士、硕士学位和培养研究生的学科、专业目录》
第四版	2011 年	《学位授予和人才培养学科目录（2011 年）》
第五版	2020 年	《学位授予和人才培养学科目录（2020 年）》

（一）《高等学校和科研机构授予博士和硕士学位的学科、专业目录（试行草案）》出台过程

1983 年颁布的《高等学校和科研机构授予博士和硕士学位的学科、专业目录（试行草案）》是我国第一个研究生学位授予学科目录。它从启动制定到颁布共用了 3 年多时间。

1981 年《学位条例》开始实施，学位授予申报工作也随之展开，但工作展

开的前提是必须按照学科目录才能授予学位。教育部对各部门拟订的研究生学位授予学科专业目录汇总，并参照国外的学科和专业目录设置后，拟订了《高等学校和科研机构授予博士、硕士学位的学科、专业目录（草案）》。经 1981 年 7 月 26 日至 8 月 2 日召开的国务院学位委员会学科评议组第一次会议讨论修改，形成了《高等学校和科研机构授予博士和硕士学位的学科专业目录（草案）（征求意见稿）》（以下简称《征求意见稿》）。1982 年 12 月 25 日~28 日，国务院学位委员会学科评议组讨论修改，将《征求意见稿》中学科归属调整为 10 个学科门类和多个一级学科和二级学科，并将其命名为《高等学校和科研机构授予博士和硕士学位的学科、专业目录（试行草案）》（以下简称《试行草案》）。1983 年 3 月 15 日，国务院学位委员会第四次会议决定公布并试行此《试行草案》，即中国研究生学位授予学科目录的第一版。

第一版的研究生学位授予学科目录从《草案》到《征求意见稿》，再到《试行草案》，经过国务院学位委员会学科评议组专家 3 多年努力终于颁布实施，它不仅指导了我国第一批博士、硕士学位授权学科和专业点的申报、审核和批准工作，而且还成为 1982 年我国第一批博士、硕士学位授权学科和专业的招生依据。

1983 年 12 月 5 日，国务院学位委员会第三次会议讨论了中国人民解放军学位领导小组提出军事学授予博士和硕士学位的学科专业目录草案。1985 年 2 月 26 日，国务院学位委员会第六次会议决定，在 1983 年通过的《试行草案》增设"军事学"学科门类。因此，最终版的《试行草案》共包含 11 个学科门类和多个一级、二级学科。

（二）1990 年版的《授予博士、硕士学位和培养研究生的学科、专业目录》修订过程

1990 年版的《授予博士、硕士学位和培养研究生的学科、专业目录》是对 1983 年版试行基础上修订完成的。经过 3 年的施行，发现《试行草案》由于制定时间相对匆忙，经验不足等原因，虽然它对启动我国研究生教育招收和研究生学位授予起到了很大作用，但也存在一些明显问题，必须尽快修订。

1986 年 7 月 28 日，国务院学位委员会第七次会议决定对《试行草案》进行修订。历经 4 年的努力，1990 年 11 月 28 国务院学位委员会和国家教育委员会联合下发通知，1990 年版的《授予博士、硕士学位和培养研究生的学科、专业目录》正式启用。1990 版保持了原有的 11 个学科门类、但对一级学科和二级学科的数量进行了增减不一的调整。

（三）1997 年版的《授予博士、硕士学位和培养研究生的学科、专业目录》修订过程

1997 版的《授予博士、硕士学位和培养研究生的学科、专业目录》于 1995 年启动修订，这次修订的基本思路是拓宽学科设置面，实现宽口径培养研究生。

1995 年 4 月，国务院第十三次会议提出，要选择适当时机对现行专业目录进行调整。1996 年 4 月，国务院学位委员会第十四次会议提出"逐步规范和理顺一级学科，拓宽和调整二级学科"的修订目标，1997 年 6 月，国务院学位委员会和国家教育委员会联合公布新的《授予博士、硕士学位和培养研究生的学科、专业目录》。1997 年版显著的变化是新增管理学学科门类，形成了 12 个学科门类，一级学科增加的同时，二级学科减少。①

1998 年 10 月 26 日，国务院学位委员会发布通知，在中医学一级学科中增设"民族医学"（含藏医学、蒙医学等）二级学科。2005 年 12 月，为巩固马克思主义在中国意识形态领域的指导地位②，决定将"马克思主义理论与思想政治教育"二级学科增设为"马克思主义理论"一级学科，并下设 5 个二级学科。2008 年 4 月，又在"马克思主义理论"一级学科下增设"中国近现代史基本问题研究"二级学科。至此，1997 年版共设有 12 个学科门类和多个一级和二级学科。

（四）2011 年版的《学位授予和人才培养学科目录（2011 年）》修订过程

2011 版的《学位授予和人才培养学科目录（2011 年）》的修订，是在我国加入世界贸易组织（WTO），融入世界经济一体化，以及我国社会经济和科教快速发展背景下进行的。

2009 年 6 月，国务院学位委员会、教育部下发《关于修订学位授予和人才培养学科目录的通知》，正式启动了研究生学位授予学科目录的修订工作。③2011 年 3 月，国务院学位委员会、教育部联合颁布《学位授予和人才培养学科目录（2011 年）》（以下简称《学科目录》）。④《学科目录》最大的修订变化为：

① 《中国教育年鉴》编辑部. 中国教育年鉴（1997）[M]. 北京：人民教育出版社，1997：207.
② 曹峰旗. 从外延转向内涵：马克思主义理论一级学科建设的回顾与思考 [J]. 毛泽东邓小平理论研究，2018（11）：97–103，108.
③ 《中国教育年鉴》编辑部. 中国教育年鉴（2010）[M]. 北京：人民教育出版社，2011：368.
④ 《中国教育年鉴》编辑部. 中国教育年鉴（2012）[M]. 北京：人民教育出版社，2013：234.

艺术学从文学中独立出来，成为一个独立的学科门类，学科门类由过去的 12 个变为 13 个；一级学科数增加，特别是增设了 21 个与国家重大发展战略需求、产业发展和改善民生相关的国家急需一级学科；首次将专业学位纳入学位授予目录之中。

2018 年 4 月，国务院学位委员会会议针对信息安全的国家战略需要，在"工学"学科门类中增设"网络空间安全"一级学科①。

（五）2020 年版的《学位授予和人才培养学科目录（2020 年）》修订过程

当代学科的发展呈现出高度分化与高度综合同时发展的趋势，而且科学技术的突破发展也越来越依赖交叉学科。因此，为顺应交叉学科的发展趋势，同时为促进我国科学技术的发展，推动"卡脖子"技术和学科领域的发展，2020 年 7 月 30 日，在全国研究生教育大会召开后的第二天，国务院学位委员会第三十七次会议投票通过设置"交叉学科"门类，并将"集成电路"从"电子科学与技术"一级学科中独立出来自成一级学科，设置在新增的"交叉学科"门类之下的议案②。2020 年 12 月 30 日，国务院学位委员会和教育部正式联合下发通知，决定在研究生学科、专业目录中设置"交叉学科"门类（门类代码为"14"），下设"集成电路科学与工程"（学科代码为"1401"）和"国家安全学"（学科代码为"1402"）两个一级学科③。

这样，中国研究生《学位授予和人才培养学科目录》由 2011 年版的 13 个学科门类增加到 14 个，一级学科数量由过去的 111 个增加到 113 个。

二、中国特色研究生学位授予学科目录修订

中国自《学位条例》颁布以来，研究生学位授予学科目录经历了五次变化，虽然它们的学科目录称谓有所不同，但修订呈现出不同特点。

---

① 崔光耀，冯雪竹. 强力推进网络空间安全一级学科建设——访沈昌祥院士［J］. 中国信息安全，2015（11）：62 - 65.

② 王峰. 交叉学科将成第 14 个学科门类［J］. 科学大观园，2020（17）：16 - 19.

③ 中华人民共和国教育部. 国务院学位委员会 教育部关于设置"交叉学科"门类、"集成电路科学与工程"和"国家安全学"一级学科的通知［EB/OL］.（2020 - 12 - 30）［2021 - 01 - 27］. http：//www. moe. gov. cn/srcsite/A22/yjss_xwgl_xwgl_xwsy/202101/t20210113_509633. html.

（一）谨慎增设学科门类，积极增加专业学位类别

目前，我国研究生学位授予学科目录共有 14 个学科门类。第一次的研究生学位授予学科目录，共设置了 11 个学科目录，第二次继续维持了第一次的 11 个学科门类。第三次作出了调整，研究生学位授予学科目录由之前的 11 个门类调整到 12 个，增加了"管理学"学科门类。第四次的研究生学位授予学科目录由第三次的 12 个调整到 13 个，将之前的一级学科"艺术学"从"文学"分离出来成为一个独立的学科门类。第五次的研究生学位授予学科目录在 13 个学科门类的基础上新增"交叉学科"门类，学科门类的数量由 13 个变为 14 个。研究生学位授予学科目录，由最初的 11 个学门类调整到目前的 14 个，如表 4 - 12 所示。它经历了近 40 年的历史发展，这足以说明我国对研究生学位授予学科门类的增设与调整秉持了非常谨慎的态度。

表 4 - 12　　　　　　中国历次研究生学位授予学科目录调整变化

学科门类	1983 年版	1990 年版	1997 年版	2011 年版	2020 年版
1	哲学	哲学	哲学	哲学	哲学
2	经济学	经济学	经济学	经济学	经济学
3	法学	法学	法学	法学	法学
4	教育学	教育学	教育学	教育学	教育学
5	文学	文学	文学	文学	文学
6	历史学	历史学	历史学	历史学	历史学
7	理学	理学	理学	理学	理学
8	工学	工学	工学	工学	工学
9	农学	农学	农学	农学	农学
10	医学	医学	医学	医学	医学
11	军事学	军事学	军事学	军事学	军事学
12	—	—	管理学	管理学	管理学
13	—	—	—	艺术学	艺术学
14	—	—	—	—	交叉学科

与此同时，与学位授予学术学位谨慎设立的态度相比较，专业学位设立与时俱进，彰显出积极探索的精神。"我国自 1984 年批准清华大学等高等院校试点培养工程硕士研究生以来，先后开展了工程硕士、医学硕士和博士、工商管理硕

士、建筑学硕士、法律硕士、公共管理硕士等多种专业学位研究生的培养工作"。① 目前，专业学位目录数量上还远远低于学术学位，但专业学位硕士研究生招收规模已超过学术学位硕士研究生，专业学位博士研究生招收数量的增速也超过学术学位博士研究生。这在一定程度上说明，只要对人才培养有用，人才规格能够有效满足中国经济社会发展的人才需要，就大胆尝试、大胆试点，进而逐步形成中国学科目录修订特色。

（二）逐步扩大学科设置覆盖面，增加一级学科含量

我国最初的研究生学位授予学科目录设置与借鉴苏联经验有关，采取的是学科目录顶层相对固定，越到低层学科专业越多越细，高校设置专业的目录自由度越大的基本办法。这种研究生学位授予学科目录设置办法的好处在于，按照学科进行学位授予，授予学科一目了然，业界与外界相互理解，增强了学位授予与社会交流的便利性。但它也存在不足，高校设置的专业越来越多、越来越膨胀，导致专业口径过窄而影响人才发展的通融性、交换性和后发性。

我国 1983 年版研究生学位授予学科目录中在 64 个一级学科下设置了 647 个二级学科，1990 年版的研究生学位授予学科目录中的二级学科数量比 1983 年版减少了 27 个，但这仅是表面现象。因 1990 年版增加了 8 个一级学科，实际上为今后二级学科增加埋下了伏笔。

经过 14 年的研究生学位授予学科目录运行，1997 年的研究生学位授予学科目录发生了根本性变化。中国在研究生学位授予学科目录的实践中，初步找到了学科设置发展的规律，发现了市场对人才规格需求的特点，学科目录设置逐步中国化。学位授予学科目录数量调整最显著的变化是大大压缩二级学科，由 1990 年的 620 个二级学科压缩到 1997 年的 387 个，压缩比例几乎达到一半。

2011 年研究生学位授予学科目录的改革，比 1997 年迈的步伐更大，国家层面只公布了一级学科，二级学科设置权力交由高校自己掌握，如表 4 - 13 所示。这不仅符合人才培养规格的要求，也兑现了高校所应该拥有的专业设置权。这意味着，中国学科目录调整趋势是，二级学科会从国家层面的设置中逐步消逝，官方今后的统计口径也只统计学科门类和一级学科。

2020 年的研究生学位授予学科目录新增 "交叉学科" 门类，下设 "集成电路科学与工程" 和 "国家安全学" 两个一级学科。"交叉学科" 门类的设置不仅顺应了学科综合化发展的趋势，而且真正在学科目录的层面给予交叉学科发展的

---

① 梁传杰，罗勤，梁碧涛．对研究生学科专业目录调整的回顾与思考［J］．中国高教研究，2007（1）：35－46．

合法性，体现出我国大力发展交叉学科的决心。

表 4 - 13　　　　　历次研究生学位授予学科目录一级学科和
二级学科数量变化

1983 年版		1990 年版		1997 年版		2011 年版		2020 年版	
一级	二级	一级	二级	一级	二级	一级	二级	一级	二级
64	647	72	620	89	387	111	/	113	/

（三）修订中含调整，及时响应社会科技变化要求

我国近 40 年来对研究生学位授予学科目录进行了四次修订，平均为 10 年一修订。中国自改革开放后整个社会发生了翻天覆地的变化，经济体制由过去的计划体制转轨到市场经济体制，国际合作与交流的深度与广度不断发展，特别是科技在最近几十年日新月异地发展，学位授予学科目录 10 年一修订难以反映中国经济、科技发展的需要，需要在 10 年一轮的修订中增加调整。

1983 年版到 1990 年版的过渡中，研究生学位授予学科目录在 1985 年进行了一次调整，严格意义上讲这是一次较大级别的调整，它不仅反映在一级学科和二级学科的数量增加，而且学科门类也由 10 个调整到 11 个，由 1983 年的"哲学、经济学、法学、教育学、文学、历史学、理学、工学、农学、医学" 10 个学科门类增加到 1985 年的"哲学、经济学、法学、教育学、文学、历史学、理学、工学、农学、医学、军事学" 11 个学科门类。

1990 年版到 1997 年版之间没有调整，但 1997 年版到 2011 年版进行了 3 次调整。2011 年版到目前还没有推出新修订的学科目录前，在 2018 年进行了 1 次调整。

从我国研究生学位授予学科目录变化来看，近 40 年中进行了 4 次修订，并在 4 次修订中进行了 5 次调整，这反映出我国学科目录设置变化的特点：10 年一次修订；期间不定期调整（见表 4 - 14）。

表 4 - 14　　　　研究生学位授予学科目录修订与调整时间

版次	门类数	一级数	二级数	门类数	一级数	二级数
1983 年版	颁布时间：1983 年 3 月			调整时间：1985 年 2 月		
	10	60	666	11	64	647
1990 年版	颁布时间：1990 年 11 月 28			调整时间：/		
	11	72	654	/	/	/

续表

版次	门类数	一级数	二级数	门类数	一级数	二级数
1997 年版	颁布时间：1997 年 6 月			调整时间：1998 年 10 月		
	12	88	381	12	88	382
	调整时间：2005 年 12 月			调整时间：2008 年 4 月		
	12	89	387	12	89	388
2011 年版	颁布时间：2011 年 3 月			调整时间：2018 年 4 月		
	13	110	/	13	111	/
2020 年版	调整时间：2020 年 12 月					
	14	113	/			

三、中国特色研究生学位授予学科目录未来改革思路

（一）保持学科目录设置相对稳定，采用大中小三个级别的调整节奏

研究生学位授予学科目录设置的相对稳定具有三个有利于：有利于学科发展和人才培养，有利于研究生教育发展数据统计，有利于国内外研究生教育信息的交流与互换。这三个有利于是由学科发展的相对稳定性与人才培养的周期性、研究生教育质量评估和研究生教育国际化决定的。以人才培养为例，如果一个国家研究生学位授予学科目录设置经常处于变动与改革中，人才培养的专业结构与课程则难以适应学科目录经常变化，师资队伍也会跟不上学科较长调整，研究生培养质量的保障则无从谈起。研究生学位授予学科目录的变化需要坚持的原则包括以下几点。

1. 自我完善原则

针对研究生学位授予学科目录变化不能适应社会发展的需要，学者们从不同的视角和立场对目录变化提出了自己的观点，集中起来有三种：认为研究生学位授予学科目录设计思路存在问题，目录的调整不能解决根本问题，建议将研究生学位授予学科目录设置推倒重来，依据全新的设置观点构建新的研究生学位授予学科目录；认为设置应完全按照学科发展逻辑来演绎研究生学位授予学科目录，只有按照学科逻辑体系才能体现出学科发展；认为现在研究生就业压力越来越大，设置故步自封不能有效促进研究生就业，按照职业或行业划分重构学科目录才有利于解决研究生就业问题。这些观点有合理之处，但推倒重来的设置思路显然对学科设置既不现实，也有一定危险性。它未能看到中国学科设置

过去取得的成就，最为科学的设置应该是在调整的基础上自我完善，在学科发展与就业之间坚持相互协作的关系，逐步形成具有中国特色的研究生学位授予学科目录。

2. 自我发展原则

学科设置需要随着时代的变化而进行调整，其中很重要的是学习与借鉴别国经验。西方研究生教育发展早我国几百年，学位制度与学科目录设置已相对成熟，因此我们借鉴别国的学科目录经验也是必要的。但如果摇摆于不同国家学科目录设置的经验借鉴，则不利于中国学派的学科设置与学科发展。一方面，每个国家的学科目录设置都有自己的设置逻辑和传统；另一方面，简单地对不同国家采取"拿来主义"，势必会造成我国学科目录设置迷失逻辑。过去，我国全盘借鉴苏联学科目录设置，现在又出现学科目录设置西化的苗头，这需要引起警惕。学科设置中的"拿来主义"，只看到他国学科设置的优点，而缺乏对其优点背后的逻辑与传统进行分析，会导致中国学科目录设置则难以形成中国特色。由此，学科目录设置与调整必须坚持以我为主，借鉴为辅的原则。

3. 静动结合的原则

我国研究生学科目录的修订，《学位条例》赋权给国务院学位委员会负责。随着中国研究生教育发展逐步走上法治化，国务院学位委员会的会议也基本固定于一年一次。一些学者或社会人士认为，我国学科目录修订节奏太慢，赶不上社会发展和科技发展的需要，建议利用每年一次的国务院学位委员会会议对学科目录进行修订。这种提法，或许是对学科目录设置改革迫切心太强，但对学科发展规律认识不足造成的。

研究生学科目录如果变动太频繁，不仅高校会不知所措，社会也会无所适从。研究生学科目录调整涉及研究生招收与学位颁发、研究生导师队伍建设与课程设置、研究生社会实践与研究生就业等学校和社会关系问题。

研究生学科的修订可采取 10 年修订（大调整）、5 年中调整、年度微调整的节奏。10 年大调整是较全面的调整，修订重点在学科门类和一级学科两个层面。国务院学位委员会要做好充分的调研，根据社会发展、科技发展和研究生分学科发展与研究生就业情况作出调整。5 年中调整重点在一级学科和交叉学科，年度微调整基本针对尝试设置的新兴学科或交叉学科。如果新兴学科或交叉学科发展未成熟，年度微调整可不实施。这样的调整节奏，或许能有效地使研究生学科调整具有节奏性，知道每个时间节点需要做什么，高校也有充分的准备，科技和社会发展的需求也能得到及时反映。

（二）打通研究生学科目录"进出口"，消除目录不同学段设置自我封闭

研究生学科目录的"进口"，这里是指招收研究生进入高校专业学习的学科或专业名称。就"进口"的管理权限而言，我国研究生教育与本科教育分属教育部不同司局管理，学科目录设置与修订各自负责、独自管理。

目前，我国本科专业目录虽与研究生学科目录一样设定为三级，但称谓有所不同。本科专业目录分为"学科门类、专业类、专业"三级。研究生学科专业目录分为"学术学位"和"专业学位"两类，前者分为"学科门类、一级学科，二级学科"三级，后者分为"学科类别、专业"二级。

根据教育部新近颁布有关文件整理的学科专业目录如表4-15所示。本科生设置了12个学科门类、92个专业类和703个专业，而研究生学术学位设置了13个学科门类、111个一级学科；研究生专业学位设置了11个学位类别、47个专业。

表4-15　　　中国本科生与研究生学科专业目录设置数量

序号	门类名称	本科生		研究生（学术学位）		研究生（专业学位）	
		专业类数	专业数	门类	一级学科	类别数	专业数量
1	哲学	1	4	哲学	1	—	—
2	经济学	4	23	经济学	2	经济学	7
3	法学	6	44	法学	6	法学	3
4	教育学	2	25	教育学	3	教育学	4
5	文学	3	123	文学	3	文学	3
6	历史学	1	7	历史学	3	历史学	1
7	理学	12	42	理学	14	—	—
8	工学	31	232	工学	39	工学	10
9	农学	7	38	农学	9	农学	4
10	医学	11	58	医学	11	医学	7
11	管理学	9	59	管理学	5	管理学	6
12	艺术学	5	48	艺术学	5	艺术学	1

续表

序号	门类名称	本科生		研究生（学术学位）		研究生（专业学位）	
		专业类数	专业数	门类	一级学科	类别数	专业数量
13	—	—	—	军事学	10	军事学	1
合计	12	92	703	13	111	11	47

资料来源：中华人民共和国教育部 . 教育部关于公布 2019 年度普通高等学校本科专业备案和审批结果的通知［EB/OL］.（2020 – 02 – 25）（2020 – 04 – 04），http：//www. moe. gov. cn/srcsite/A08/moe_1034/s4930/202003/t20200303_426853.html；中华人民共和国教育部 . 学位授予和人才培养学科目录（2018 年更新）［EB/OL］.（2020 – 04 – 04），http：//www. moe. gov. cn/jyb_sjzl/ziliao/A22/201804/t20180419_333655. html.

需要指出两点：一是按教育部等部门有关政策要求，研究生学术学位目录今后将按照学科门类和一级学科设置，二级学科将逐步淘汰；二是研究生专业学位设置的专业数量，是以硕士专业学位为统计口径的，换句话说，不是招收硕士专业学位的专业也可以进行相应的博士专业设置，目前只设置了 7 个博士专业学位。

根据表 4 – 15 本科生和研究生学科专业目录设置数量，不难发现"进口"方面，中国的本科生和研究生学科目录设置数量存在着较大差异。试想，一个本科生毕业后要继续就读研究生，而自己喜爱的本科学科或专业却不在研究生招收目录上，他会有什么感觉？学科设置必须统筹学士、硕士和博士三级学位以及学术学位和专业学位两个类别的设置问题，不能让本科学位到硕士学位，或者硕士学位到博士学位有"断头路"。一个分层、分类管理的学科目录，将有利于人才培养和学科发展。

就研究生教育"出口"而言，根据国民经济行业 2011 年的分类（GB/T4754 – 2011），共有 20 个门类，96 个大类，1094 个小类行业。另外，我国第一部《中华人民共和国职业分类大典》于 1999 年正式颁布。它们具有很强的官方行业、职业分类标准特点。

近年来，由于经济社会发展变化，我国社会职业构成也发生了很大变化。目前广泛使用的是 2015 年版《中华人民共和国职业分类大典》，它将职业分类结构为 8 个大类、75 个中类、434 个小类，如表 4 – 16 所示。它的分类层次是按照"大类、中类、小类和职业"四级设计的，其用途可作为就业的入职准备和职业发展。如很多职业数都有相对应的职业资格证书，学生毕业后就职这些岗位，需要有相应的职业资格证才能上岗。

161

表 4 - 16　　　　　　　　　中华人民共和国职业分类

序号	大类名称	中类数	小类数	职业数
第一	党的机关、国家机关、群众团体和社会组织、企事业单位负责人	6	23	23
第二	专业技术人员	11	120	451
第三	办事人员和有关人员	3	9	25
第四	社会生产服务和生活服务人员	15	93	278
第五	农、林、牧、渔业生产及辅助人员	6	24	52
第六	生产制造及有关人员	32	171	650
第七	军人	1	1	1
第八	不便分类的其他从业人员	1	1	1
合计		75	434	1 481

随着研究生招生规模的扩大，研究生就业竞争也愈发激烈，如果研究生毕业时就获得了职业资格证，他在就业竞争中将占得先机。为此，研究生教育，特别是专业学位研究生教育，不仅需要在培养过程中注意到课程的实用性，加强实践锻炼，而且很有必要让研究生在学习中注重职业资格证书的获得，即毕业"出口"与就业职业相关联，尽可能让研究生避免就业却找不到相应的应聘"岗位"。

（三）提升专业学位地位，将专业学位与学术学位统一纳入学科目录体系

我国于 1990 年开展研究生专业学位试点以来，目前专业学位硕士生招生规模已超过学术学位硕士生，但从学科目录设置来看，专业学位在学位设置数量上与学术学位还有较大距离，专业学位与学术学位未能纳入统一的研究生目录中。如何提升专业学位地位，促使专业学位与学术学位的发展并驾齐驱，美国的经验值得借鉴。

美国学科专业分类目录 2020 版（Classification of Instructional Programs - 2020，CIP）是由全美国家教育统计中心 2019 年修订定稿的学科目录。CIP 最早于 1980 年由美国教育部研发，1985 年、1990 年、2000 年和 2010 年分别进行了修订，它适用于研究生、本科和专科不同层次的高校的各专业教育及其数据统计。从表 4 - 17 可知，美国学科目录分为"学术型（含 13 个学科群）""应用型与专业型（含 13 个学科群）"和"职业技术（含 12 个学科群）"三大类学位，

共计 38 个学科群和 362 个学科。

表 4 – 17　　　　　　　　CIP – 2020 学科设置

序号	CIP 代码	学科群名称	所含学科数		学科类	备注
1	30	交叉学科	51	52	交叉学科	学术型学位教育为主
2	24	文理综合	1			
3	23	英语语言文学	4	28	人文学科	
4	16	外国语言文学	19			
5	38	哲学与宗教	4			
6	45	社会科学	14	22	社会科学	
7	42	心理学	4			
8	54	历史学	1			
9	05	区域、种族、文、文化与性别研究	3			
10	40	自然科学	9	40	理学	
11	11	计算机与信息科学	11			
12	27	数学与统计学	5			
13	26	生物学与生物医学科学	15			
14	14	工学	40	40	工学	
15		医疗卫生与临床医学	31	31	医学	应用型与专业学位为主
16	52	工商管理学	22	22	工商管理	
17	13	教育学	15	15	教育学	
18	01	农学与农业经营	19	25	农学	
19	03	自然资源与保护	6			
20	22	法学与法律职业	5	5	法学	
21	04	建筑学	9	9	建筑学	
22	50	艺术学	11	11	艺术学	
23	44	公共管理与社会服务	6	6	公共管理	
24	09	传播与新闻学	6	6	新闻学	
25	25	图书馆学	3	3	图书馆学	
26	39	神学	8	8	神学	

续表

序号	CIP 代码	学科群名称	所含学科数	学科类	备注
27	15	工程技术	19		
28	41	科学技术	5		
29	10	通信技术	4		
30	48	精密制造技术	6		
31	29	军事技术	6		
32	47	机械与维修技术	9	84	职业技术	职业技术教育为主
33	46	建造技术	7		
34	49	交通与运输服务	4		
35	19	家庭科学	9		
36	31	公园、娱乐、休闲、健身	5		
37	12	个人与烹饪服务	5		
38	43	安全与防护服务	5		

美国学科目录中的"学科群"相当于我国的学科门类,"学科"相当于我国的一级学科。与我国相比,美国学科门类数设置相对较少,一级学科设置相对丰富。中国学科门类和学科数设置量比美国多,但符合中国研究生学科目录设置改革趋势,适当扩大一级数量和谨慎扩大学科门数,逐步把二级学科设置权交给大学。美国学科设置的优点之一是两个统一:专科、本科和研究生的学科目录统一设置;学术型、专业型和职业技术型的学位统一设置。两国的学科设置有可相互借鉴之处。

除了以上论及本科与研究生学科目录统一外,当前的专业学位和学术学位统一纳入一个学科目录中很有必要。特别是中国民间存在的专业学位含金量低于学术学位,甚至一些高校在评审或答辩时,错误传递出专业学位研究生要求要低的暗示。专业学位与学术学位纳入统一的研究生学科目录,不仅能够改变人们对专业学位认识不足的错误观点,而且可以更好地促进研究生教育发展。

(四) 预留学科增加空间固化增设学科程序

研究生学科目录设置的改革、学科目录的增减是教师、高校十分关注的问题。学科的地位很大程度上决定了教师的学术地位,学科的设置决定了高校招收的学科与专业。学科数量的增减,当前迫切的问题是交叉学科或新兴学科出现后,研究生学科门类如何响应。

设置交叉学科或新兴学科，绕不开的话题是由于它是两个或三个学科的交叉，把它设置在交叉的那几个学科都有道理，但也都勉强。如何处理这样的问题，美国的学科设置经验值得借鉴。

1. 预留新学科设置空间

美国在研究生"学术型学位教育为主"的"学科群"层面设置了交叉学科。"学科群"相当于中国的学科门类，美国设置了两个"交叉学科"和"文理综合"两个交叉学科群，而前者的"交叉学科"交叉学科群设置了 21 个专业，后者的"文理综合"交叉学科群设置了 1 个专业，如表 4 – 18 所示。

交叉学科的交叉可以"与自然科学、社会科学、人文科学和技术科学交叉"，也即在"学科群"层面交叉，也可以在"学科群"与"学科"之间交叉或"学科群"与多个学科交叉。[①] 预留新学科设置空间，能够更好地清楚学科在哪里交叉或怎样交叉，从而为学科发展在目录设置中找到自己的发展空间。

表 4 – 18 　　　　　　　　　　CIP – 2020 交叉学科设置

学科编码	学科（四位代码）	专业（六位代码）
30.00	多学科/交叉学科　综合（Multi –/Inter-disciplinary Studies，General）	多学科、交叉学科（综合）；综合过度与中学后（CTP）项目
30.01	生物与自然科学（Biological and Physical Sciences）	生物与自然科学
30.05	和平研究与冲突解决（Peace Studies and Conflict Resolution）	和平研究与冲突解决
30.06	系统科学与理论（Systems Science and Theory）	系统科学与理论
30.08	数学与计算机科学（Mathematics and Computer Science）	数学与计算机科学
30.10	生物心理学（Biopsychology）	生物心理学
30.11	老年医学（Gerontology）	老年医学
30.12	历史保护（Historic Preservation and Conservation）	历史保护（综合）；文化资源管理与政策分析；历史保护（其他）

---

① 刘仲林，程妍."交叉学科"学科门类设置研究［J］. 学位与研究生教育，2008（6）：17 – 21.

学科编码	学科（四位代码）	专业（六位代码）
30.13	中世纪和文艺复兴研究（Medieval and Renaissance Studies）	中世纪和文艺复兴研究
30.14	博物馆学（Museology/Museum Studies）	博物馆学
30.15	科学、技术与社会（Science，Technology and Society）	科学、技术与社会
30.16	会计与计算机科学（Accounting and Computer Science）	会计与计算机科学
30.17	行为科学（Behavioral Science）	行为科学
30.18	自然科学（Natural Science）	自然科学
30.19	营养科学（Nutrition Science）	营养科学
30.20	国际/全球化研究（International/Globalization Studies）	国际/全球化研究
30.21	大屠杀及相关研究（Holocaust and Related Studies）	大屠杀及相关研究
30.22	古典和古代研究（Classical and Ancient Studies）	
30.23	跨文化/多元文化与多样性研究（Intercultural/Multicultural and Diversity Studies）	跨文化/多元文化与多样性研究
30.25	认知科学（Cognitive Science）	认知科学（综合）；冥想研究；认知科学（其他）
30.26	文化研究/批判理论与分析（Cultural Studies/Critical Theory and Analysis）	文化研究/批判理论与分析
30.27	人类生物学（Human Biology）	人类生物学
30.28	争议解决（Dispute Resolution）	争议解决
30.29	海事研究（Maritime Studies）	海事研究
30.30	计算科学（Computational Science）	计算科学
30.31	人机交互（Human Computer Interaction）	人机交互
30.32	海洋科学（Marine Science）	海洋科学
30.33	可持续性研究（Sustainability Studies）	可持续性研究

学科编码	学科（四位代码）	专业（六位代码）
30.34	人类学（Anthrozoology）	人类学
30.35	气候科学（Climate Science）	气候科学
30.36	文化研究与比较文学（Cultural Studies and Comparative Literature）	文化研究与比较文学
30.37	人体健康设计（Design for Human Health）	人体健康设计
30.38	地球系统科学（Earth Systems Science）	地球系统科学
30.39	经济学与计算机科学（Economics and Computer Science）	经济学与计算机科学
30.40	经济学和外语/文学（Economics and Foreign Language/Literature）	经济学和外语/文学
30.41	环境地球科学（Environmental Geosciences）	环境地球科学
30.42	地理考古学（Geoarcheaology）	地理考古学
30.43	地理生物学（Geobiology）	地理生物学
30.44	地理与环境研究（Geography and Environmental Studies）	地理与环境研究
30.45	历史和语言/文学（History and Language/Literature）	历史和语言/文学
30.46	历史与政治学（History and Political Science）	历史与政治学
30.47	语言学和人类学（Linguistics and Anthropology）	语言学和人类学
30.48	语言学和计算机科学（Linguistics and Computer Science）	语言学和计算机科学
30.49	数学经济学（Mathematical Economics）	数学经济学
30.50	数学与大气/海洋科学（Mathematics and Atmospheric/Oceanic Science）	数学与大气/海洋科学
30.51	哲学、政治和经济学（Philosophy, Politics, and Economics）	哲学、政治和经济学

续表

学科编码	学科（四位代码）	专业（六位代码）
30.52	数字人文与文本研究（Digital Humanities and Textual Studies）	数字人文与文本研究（综合）；数字人文学科；文本研究；数字人文与文本研究（其他）
30.53	死亡学（Thanatology）	死亡学
30.70	数据科学（Data Science）	数据科学（综合）；数据科学（其他）
30.71	数据分析（Data Analysis）	数据分析（综合）；商务分析；数据可视化；金融分析；数据分析（其他）
30.99	多学科/交叉学科其他（Multi/Interdisciplinary Studies，Other）	多学科/交叉学科其他

2. 设置学科发展成熟标准

怎样判断一个学科发展已经相对成熟并能进入 CIP 新设学科目录，全美国家教育统计中心提出必须满足以下条件之一。

（1）联邦调查统计数据表明，最近 3 年内至少有 3 个州的 10 个以上高等教育机构授予至少 30 个该学科专业的学位。

（2）在联邦调查统计中提出新增学科专业代码的书面申请。

（3）由该学科专业领域的权威人士提供证据证实该学科专业已经存在。

（4）通过分析有关的数据资料证实该学科专业的发展潜力与可能性。

与此相对，如果一个老化的学科专业出现以下情况，则会被删减。①

（1）联邦调查统计数据表明，最近 3 年内在少于 3 个州的 10 个以下高等教育机构授予少于 30 个该学科专业的学位。

（2）由该学科专业领域的权威人士提供证据证实该学科专业已经不存在或不再设置。

（3）通过分析有关的数据资料证实该学科专业事实上没有开设。

以上学科设置的"一进一出"，为学科设置的吐故纳新铺设了路径。中国研究生学科目录设置，新兴学科或交叉学科的增设相对较难，主流学科可能不能或不愿"收留"，其他学科建立又没有相应的建制，而且在具体的学科门类设置中

---

① 鲍嵘. 美国学科专业分类系统的特点及其启示［J］. 比较教育与研究，2004（4）：1-5.

因 "人" 而设非常重要。预留学科设置空间和制定相应的学科增设条件，无疑有利于研究生学科目录设置法治化和科学化。

第三节　中国学位授权审核单位标准与学科标准改革

一、中国研究生学位授权审核发展

学位授权审核，是指国务院学位委员会根据高等学校申请和专家评议结论批准可授予学位的高等学校和科学研究机构及其可以授予学位的学科（含专业学位类别）的审批行为。[①] 通俗地说，学位授权审核就是国务院学位委员会根据专家的评审意见，审批学校或学科是否具有招收研究生的资格。学位授权审核制度是我国学位与研究生教育制度的重要组成部分，是高校或学科开展研究生教育工作的前提，起到甄别高校或学科培养研究生的入门把关作用。

（一）学位授权审核经验反思

国务院学位委员会行使《学位条例》中赋予的审批权力，前提条件就是要依据专家甄别哪些高校或学科可以授权审核具有招收研究生资格。1981～2019年，我国共进行了 12 次国务院学位委员会学位授权审核。前 11 次国务院学位委员会学位授权审核基本上可概括为 "行政＋指标" 模式。该模式的特点有以下几点。

1. 行政主导

根据国家政策有关规定，采用行政方式对申请单位及其学科进行限制性申报。如果当时国家采取积极发展研究生教育的政策，申报条件和审批政策相对宽松。如果国家倡导哪些学科优先发展或重点发展，这些学科申报条件和审批通过比例也会高些。总之，学位授权审核受到当时研究生教育发展国家政策的影响，这是行政主导的研究生学位授权审核的基本特征。

---

① 中华人民共和国教育部．国务院学位委员会关于印发《博士硕士学位授权审核办法》的通知 [EB/OL]．http：//www. moe. gov. cn/srcsite/A22/yjss_xwgl/moe_818/201703/t20170330_301525. html，2022 - 10 - 25.

2. 指标分配

学位授权审核根据国家研究生教育发展政策，对不同省份的经济、社会发展，特别是研究生教育发展水平分配数量不等的分配指标，然后各省份根据指标推荐本省份高水平的授权审核单位或学科。

3. 利弊各异

学位授权审核"行政＋指标"模式的优势在于：一是它能够较好地执行研究生教育发展国家政策，特别是能够较好贯彻国家意志，促进国家急需或提倡的学科或新兴学科的发展；二是它能够平衡区域研究生教育发展不同水平，较好地实施研究生教育落后地区补偿性发展政策。其不足在于：一是学位授权审核易受到人为或政策干扰，不可避免出现"劣币驱良币"情况。研究生教育条件较好的学校可能在学位授权审核中未能通过，而条件较差的学校可能获得通过。二是以分配指标进行授权审核，无论是以省、自治区、直辖市为指标分配单元，还是以研究生教育发展水平高低的区域为指标分配单元，自然会出现研究生教育发展水平高的地区因缺少指标而限制了一些高校申报开展研究生教育，而研究生教育水平不高的地区，因获得补偿性发展指标，高校可能水平不够也可能成为新增学位授权审核单位。三是研究生教育发展质量难以保证，高校未具备开展研究生教育的基本条件，但因怕指标浪费而勉强申报，导致研究生教育质量保障的"入口"关没有把好，不能保障研究生毕业的"出口"质量。

（二）第十二次学位授权审核

第十二次学位授权审核，是中国学位授权审核制度史上改革力度较大的一次学位授权审核。它在依法治国的大背景下，不仅在学位授权审核标准制定的思想准备、授权审核标准和监督实施等方面大胆创新，而且首次进行了自主授权审核的尝试，为中国学位授权审核改革迈出了历史性的一大步。

第十二次学位授权审核贯彻了"面向国家和区域发展战略，面向国际科技前沿，面向教育现代化，全面提高研究生教育的结构适应性、人才培养质量、科技创新水平和社会服务能力，切实将学位授予单位的发展重点引导到提高质量、内涵发展上来"，充分体现"服务需求提高质量"的研究生教育发展国家政策，又能够保障研究生教育质量，实现研究生教育内涵发展。正值我国强调依法治国的理念，推进国家治理体系和治理能力现代化，学位授权审核如何落实高等教育治理的"放管服"政策显得更加迫切。

作为近些年法治中国建设中新名词的"放管服"，它就是简政放权、放管结合和优化服务的简称。法治思想如何在学位授权审核中准确地体现？

第一，体现在"放"上。简政放权，中央政府下放行政权，减少没有法律依据和法律授权的行政权。第十二次学位授权审核按照法治国家的要求，"放"体现在：一方面，清理学位授权审核方面是否存在超越法律法规规定的权力或者法律法规没有规定的权力；另一方面，按照有关法律法规的程序，国务院学位委员会逐步下放权力到省、自治区和直辖市的省级学位委员会。同时，国务院学位委员会进一步明确学位授权审核是《条例》赋予国务院学位委员会的权力，必须依法依规用好。

第二，体现在"管"上。公正监管，促进公平竞争，要求政府部门要创新和加强监管职能，利用新技术、新体制加强监管体制创新。第十二次学位授权审核，一方面要简化学位授权审核申报材料；另一方面要坚强监管，做到学位授权审核公开透明。

第三，体现在"服"上。高效服务，营造便利环境，特别是转变政府职能，减少政府对市场进行干预，将市场的事推向市场来决定，减少对市场主体过多的行政审批等行为。这是对第十二次学位授权审核提出的最大挑战。一方面，学位授权审核贯彻"面向国家和区域发展战略，面向国际科技前沿"的政策，坚持对学位授权审核学科发展的引导；另一方面，又要减少政府对市场的干预，把学位授权审核的发展重点引导到提高质量、内涵发展上来。

学位授权审核要体现"放管服"的法治思想，其核心是要制定出学位授权审核标准。因为，如果只"放"，没有标准没有条件，结果必然会导致"放"乱；要"管"必须要有依据，学位授权审核在内容上的标准和在程序上的规定是保证"管"的前提；要落实"服"，制定出学位授权审核的标准，可以减少政府对学位授权审核的直接干预，让达到标准和条件的高校和学科成为学位授权审核新增单位和学科，避免过去分指标的非市场行为。第十二次学位授权审核"放管服"的思想可用图 4-1 来表示。

图 4-1　中国第十二次学位授权审核"放管服"

171

（三）制定学位授权审核条件

学位授权审核为什么要纳入行政许可范畴？这是《中华人民共和国行政许可法》（以下简称《行政许可法》）的要求。《行政许可法》第十二条第三款规定，"提供公共服务并且直接关系公共利益的职业、行业，需要确定具备特殊信誉、特殊条件和特殊职能等资格、资质的事项"。这一规定表明，只要构成了以下要件的就需要纳入行政许可范围：一是提供的是公共服务；二是直接关系到公共利益；三是具有特殊资质。

学位授权审核纳入行政许可范畴，是因为它符合《行政许可法》三个要件的要求。学位授权审核关系到高校是否具有招收和培养研究生教育的资质，它是开展研究生教育的前置审批。首先，教育事业属于公共服务行业，研究生教育自然也包含在教育事业中，研究生教育作为教育层次的最顶端，无疑属于公共服务行业。其次，研究生教育直接关系到公民的公共利益。它通过学位授权审核，保障高校具备培养研究生教育的条件与水平，也就能在一定程度上更好地满足公民的公共利益。最后，举办研究生教育的高校必须具备特殊资质。研究生作为最高层次学位的群体，不是任何机构都具备资质进行培养，对培养研究生教育的机构必须设置相应的培养条件，认定其达到特殊资质要求，才能保障研究生教育的质量和水平。

按照《行政许可法》第二章"行政许可法的设定"第十八条规定，"设定行政许可，应当规定行政许可的实施机关、条件、程序、期限"，学位授权审核工作的开展必须在国务院学位委员会领导这一组织下规定学位授权审核的条件、程序和期限。根据过去十一次学位授权审核的经验和新时代研究生教育发展的特点，第十二次学位授权条件分为以下三类标准。

第一类：单位条件。因新增单位包括博士和硕士学位两个层面，它又可以分为新增博士学位授予单位条件和新增硕士学位授予单位条件。

第二类：学科和专业类别的条件。一方面，它包括博士和硕士学位两个层面，另一方面，两个层面都有学术学位和专业学位。

第三类：自主审核。高水平大学学位授权点自主审核的条件目前只限定了获得自主审核高校的单位条件。

以上学位授权审核的三类条件，如图4-2所示。

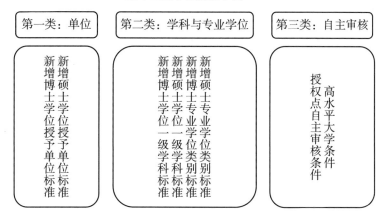

图 4 - 2 第十二次学位授权审核条件三大类别

二、新增博士硕士学位授权审核单位条件改革

（一）新增博士硕士学位授权审核单位标准

1. 新增博士硕士学位授权审核单位条件框架

第十二次学位授权审核条件，包括了新增博士学位授权审核条件和新增硕士学位授予单位条件，它们都主要从六个方面对学位授权审核条件进行规范，从而形成第十二次新增博士硕士学位授权审核单位条件框架，如表 4 - 19 所示。

表 4 - 19 新增博士硕士学位授予单位条件框架

序号	条件框架
1	办学定位与特色
2	师资队伍与水平
3	人才培养与质量
4	科学研究与贡献
5	整体条件与支持
6	学生管理与服务等

2. 新增博士硕士授权审核单位条件合理性分析

对第十二次学位授权审核单位基本条件的分析，仅以新增博士学位授予单位基本条件为例，基本条件如表 4 - 20 所示。

表 4 - 20　第十二次学位授权审核新增博士学位授予单位基本条件

序号	基本条件
第一	已列入省级学位委员会新增博士学位授予单位立项建设的普通高等学校
第二	原则上应已获得硕士学位授权 8 年以上。拥有国家重大科研平台、承担国家重大科研任务、具有国际一流高水平师资队伍的普通高等学校，可不受年限限制直接申请
第三	坚持社会主义办学方向，全面落实立德树人根本任务，办学定位清晰、目标明确、特色鲜明，党建和思想政治工作落实到位。拟开展博士生教育的学科专业，必须是服务本地区和国家经济社会发展急需的学科专业
第四	应有师德高尚、业务精湛的高水平师资队伍，专任教师中具有博士学位教师的比例不低于 45%（艺术体育类高校的比例不低于 20%），年龄结构合理，全日制在校学生人数与专任教师的比例不超过 16∶1（艺术体育类高校的比例不超过 12∶1）；部分教师担任过博士生导师
第五	现有本科生和硕士研究生培养质量高，社会声誉良好。近 5 年内一般应获得多项省部级及以上教学奖励，无重大学术不端事件。已制定科学完整的博士研究生培养方案，能够按方案开设高水平博士生课程
第六	应有较好的科学研究基础，目前承担多项国家级、省部级及横向科研项目，师均科研经费充足。近 5 年，师均年科研经费不低于 10 万元（农医类高校不低于 6 万元，文科单科性高校和艺术体育类高校不低于 2 万元）。一般应获得多项省部级及以上科研奖励，取得若干高水平学术成果，有多项研究成果应用转化或被政府采纳，取得较好的经济社会效益
第七	应具有较好的学科基础，学科设置合理；具有支撑博士研究生培养所必需的省部级及以上实验室、基地、智库等科研平台；拥有充足的教学科研仪器设备、图书文献资料；国内外学术交流与合作活跃，有实质性成果；学校生均经费收入不低于 4 万元（艺术体育类高校不低于 7 万元）
第八	学校研究生教育管理机构健全，专职管理人员配置合理，规章制度完善，执行情况较好。有完善的研究生奖助体系，公共服务体系完备

　　就表 4 - 20 中列出的八条学位授权审核单位基本条件而言，它们是保障高校开展研究生教育的基础，是高校保障研究生教育质量的前置条件。

　　以第一条立项建设为例，早在 2013 年的国务院学位委员会第三十次会议就通过了国务院《关于立项建设博士、硕士学位授予单位及其授权学科审核情况的报告》，要求新增博士硕士授予单位需要先立项建设，达到条件并经验收后才能申报。由此，2017 年开展的第十二次学位授权审核单位基本条件的第一条就是"已列入省级学位委员会新增博士学位授予单位立项建设的普通高等学校"，这一条件使没有研究生教育经验的高校能有一个培育期，尝试让它经历一个培育过程后再评估其是否能够开展研究生教育活动。

以上八个条件中，第一条、第二条、第三条、第五条和第八条相对容易达到，它们更多的是描述性规定，而第四、第六和第七条较难达到，它们更多的是定量条件。这就是民间所指的四个定量指标：

"专任教师中具有博士学位教师的比例不低于 45%"；

"全日制在校学生人数与专任教师的比例不超过 16:1"；

"近 5 年，师均年科研经费不低于 10 万元"；

"学校生均经费收入不低于 4 万元"。

这四个定量指标可以理解为两个涉及教师方面的标准和两个涉及经费方面的标准，即具有博士学位的专任教师和生师比，师均科研经费和生均经费。这四个定量指标，对开展博士生教育具有十分重要的作用，抓住了影响或保障博士生教育的关键要素。

教师具有博士学位是一所研究型大学的标配，严格和较长时间的学术锻炼与训练，是获得博士学位的必然过程，国内外研究型大学一般将博士学位作为从事教师职业生涯的准入标准。一般而言，一所研究型大学具有博士学位的专任教师人数占所有教师的比例高，则反映出该校具有很强的潜在科研能力。

生师比是指每个教师负担的学生数量，它反映出一个学校人力资源利用率。一般而言，生师比低，表明一所学校的教师工作量大，人力资源及财力资源利用率高。反之，教师负担学生少，教师工作量小，学校人力资源及财力资源利用率低。但生师比不是越低越好，也不是越高越好，它要依据不同类型和不同层次的学校来判断。

教育部制定的《普通本科学校设置暂行规定》中要求，专任教师总数一般应使生师比不高于 18:1。就一所大学而言，师生比低，虽然表示人力资源及财力资源利用率低，但可能在单位时间里教师负担的学生数量少，学生可能得到更多的学习支持和帮助。由此，生师比成为判断一所高校办学条件或水平高低的标准。

研究"同时进入 2017 年 QS（QS World University Rankings）、US News（U. S. News & World Report Best Colleges Rankings）和 THE（Times Higher Education World University Ranking）这三个最著名世界大学排名榜前 1 000 名的 115 所

美国世界一流大学的生师比数据进行学校分层分析发现：生师比较低的美国大学进入世界一流大学行列是一个高概率事件；进入世界顶尖大学行列的美国大学生师比主要集中在 5∶1 及以下；进入世界高水平知名大学和世界高水平大学行列的美国大学生师比主要集中在 6∶1～15∶1 之间；进入世界知名大学行列的美国大学生师比主要集中在 16∶1～20∶1 之间"[①]。相对于普通本科，招收博士生大学的生师比普遍较低。

第六和第七条都属于经费指标范畴，一个是师均科研经费，一个是生均经费收入，它们都反映出一所研究型大学获得经费资助的能力，只有较多的科研经费和培养经费，才能支撑一所大学高水平的科研和高水平的人才培养。

四个条件相互独立，但它们又是相互关联的。如要提高一所大学专任教师具有博士学位的比例，拥有更多的博士学位教师，必须花更多的钱聘用教师，这可能会降低学校投资教师科研经费的比例；减招学生，提高了生师比，但又会降低学校经费总收入。这四个指标对博士生培养都非常重要，而且都是必不可少的，这在国内外大学办学过程中得到了实践验证。

（二）学位授权审核单位条件改革

从第十二次学位授权审核结果来看，很多高校难以达到新增博士硕士学位授权审核单位条件，有的高校是专任教师具有博士学位比例或生师比达不到，有的则是师均科研经费或生均经费达不到。新增学位授权审核单位条件可作出以下改革。

1. 加强定量指标的科学性相关性改革

第一，加强基本条件与研究生教育培养质量的科学性研究。基本条件中四点定量指标毫无疑问都与研究生培养质量有关，但哪一个是更为关键的因素，现在还没有直接的研究成果来佐证。如仅为制定条件来限制更多的高校培养研究生，不难设想今后的高校学位授权审核条件还会不断提高，显然，这种条件制定的科学性是不够的。因此，必须研究学位授权审核基本条件与研究生教育质量的关系，找到制约研究生培养的关键因素，为科学制定学位授权审核基本条件提供可操作的科学性依据。

第二，坚强对基本条件中各因素的相关性研究。"教师学位、生师比、师均科研经费和生均经费"这四个定量指标，它们之间存在什么关系，是平行并列的关系，还是权重不一致的关系？这些因素对高校拟招收的研究生学科有什么影响？这些问题的研究，将有助于在今后学位授权审核基本条件设置中提高或降低

---

① 傅维利，贾金平. 美国世界一流大学生师比的特征 [J]. 比较教育研究，2019（1）：15－20.

某些条件标准提供科学依据，使制定的学位授权审核标准对研究生教育质量的提升真正发挥作用。

2. 学位授权审核单位条件与学科条件关联度改革

中国高校要具有招收研究生资格，高校本身条件必须达到招收研究生规定的条件的同时，申报的学科也必须达到招收研究生规定的条件。换句话说，一所高校要成为招收研究生的高校，必须以单位条件和学科条件同时申报进行审核。如果单位条件不达标，申报的学科达标，也意味着没有资格招收研究生，反之亦然；如果单位条件达标，申报的学科不达标，也不能开展研究生教育培养活动。

学位授权审核将单位条件评审与学科条件评审挂钩的做法由来已久，而且也有一定的依据。其基本假设：高校开展研究生教育与学校定位有关。如果一个高校整体定位于高等职业教育或本科生教育，那么它的教师队伍、学科发展、平台建设和资金投入都会围绕学校发展定位。勉为其难地发展研究生教育，只能是牺牲高等职业教育或本科生教育质量，研究生教育质量也难以保障。因此，单位条件与学科条件成为相互关联的学位授权审核条件。

但一所高校要开展研究生培养工作，一般而言，不会是学校所有学科都招收研究生，会根据学校发展要求和学校师资等实力，重点在某些学科招收研究生。这就必须考虑单位标准与学科标准之间的关联度。

以第十二次学位授权审核中"哲学学科"为例，单位条件与学科条件如表4-21所示。哲学硕士学位授权点申报基本条件中的专任教师学位方面的要求比新增硕士学位授予单位申请基本条件高很多，专任教师中具有博士学位的比例在单位条件中要求不低于25%，而在学科条件中要求70%以上，高了50个百分点。但生师比、师均科研经费和生均经费方面，单位标准中列出了具体要求，而学科标准中缺少相应要求。

**表4-21　　　新增硕士学位授予单位申请基本条件与哲学
硕士学位授权点申请基本条件**

序号	单位条件	学科条件
1	专任教师中具有博士学位教师的比例不低于25%	专任教师中具有博士学位的比例应在70%以上
2	全日制在校学生人数与专任教师的比例不超过17∶1	
3	近5年，师均年科研经费不低于4万元	
4	学校生均经费收入不低于3万元	

单位条件和学科条件之间的关联度，一是学科标准应该根据单位标准作出对应的定量规定，坚持学科申报条件服从单位申报条件的基本要求。二是学科申报条件要高于单位申报条件的要求，这特别是对已是学位授予单位需要申报新的学位点时更有必要。

3. 政策倾斜改革思路

由于历史和现实经济发展水平的原因，我国区域高等教育发展极不均衡，西部地区研究生教育较东部地区相对落后。为了更好地促进西部高校和少数民族高校高层次办学需求，第十二次学位授权审核条件作出了政策倾斜的制度安排。

第十二次学位授权审核政策倾斜高校包括三类：西部高校、国家民委直属大学和单科性高校。从倾斜前置条件角度可将政策优惠分成两类：一是无条件倾斜，包括西部高校和民委直属大学，见以下例证，二是单科性高校，申请新增博士硕士学位授权单位和学位授权点时获得有条件的政策倾斜措施。这些单科性高校仅含艺术体育类、农医类和文科单科性高校，其中文科单科性高校包括外语、财经、政法三类。

例证：第十二次学位授权审核无条件倾斜政策

1. 所有西部高校申请新增博士硕士学位授权审核单位和学位授权点时，申请条件可降低20%；

2. 中央民委直属大学的中央民族大学、大连民族大学、中南民族大学、西南民族大学、西北民族大学、北方民族大学六所大学，申请新增博士硕士学位授权审核单位和学位授权点时，申请条件可降低20%；

比较普通高校和授权审核条件政策倾斜的三类单科性高校不难发现，有条件倾斜是指在某方面条件降低，但在另外方面条件会提高。如博士学位授权审核条件中，普通高校专任教师中具有博士学位的比例不低于45%，艺术体育类高校的比例降低到不低于20%，但普通高校全日制在校学生人数与专任教师比例不超过16∶1，而艺术体育类高校的比例提高到不超过12∶1，如表4-22所示。这一降一升，构成了第十二次学位授权审核的单科性高校的政策倾斜只能算有条件倾斜，与西部高校全都无条件享受政策倾斜有所不同。

表 4 - 22   第十二次学位授权审核无倾斜和有条件倾斜单位条件对比

类型	普通高校	单科性高校
博士学位授权	1. 专任教师中具有博士学位教师的比例不低于45% 2. 全日制在校学生人数与专任教师比例不超过 16∶1 3. 近5年师年均科研经费普通高校不低于10万元 4. 近5年生均经费收入不低于4万元	1. 艺术体育类高校专任教师中具有博士学位教师的比例不低于20% 2. 艺术体育类高校全日制在校学生人数与专任教师比例不超过12∶1 3. 近5年师年均科研经费,农医类高校不低于6万元,文科单科性高校和艺术体育类高校不低于2万元 4. 艺术体育类高校近5年生均经费收入不低于7万元
硕士学位授权	1. 专任教师中具有博士学位教师的比例不低于25% 2. 在校学生人数与专任教师比例不超过 17∶1 3. 近5年,师均年科研经费不低于4万元 4. 生均经费收入不低于3万元	1. 艺术体育类高校专任教师中具有博士学位教师的比例不低于5% 2. 艺术体育类高校在校学生人数与专任教师应不超过15∶1 3. 近5年,文科单科性高校和艺术体育类高校师均年科研经费不低于1万元 4. 艺术体育类高校生均经费收入不低于4万元

　　新增博士硕士学位授予单位基本条件的改革,一方面如何符合国家政策,采取政策倾斜,另一方面又要确保研究生教育质量。第一,谨慎制定倾斜政策。倾斜政策受益高校数量众多,其中包括西部所有省份(即陕西省、四川省、云南省、贵州省、广西壮族自治区、甘肃省、青海省、宁夏回族自治区、西藏自治区、新疆维吾尔自治区、内蒙古自治区、重庆市)的高校,还包括6所中央民委直属高校,以及众多的单科性高校,如艺术体育类高校、农医类高校、外语类高校、财经类高校和政法类高校。但即使如此,还存在一些问题。首先,西部地区高校虽然总体办学条件比中东部差,但中东部高校并不一定都比西部好,特别是部分中部高校比西部高校办学还差,使得中部高校认为其研究生教育发展受到歧视。其次,中国高校办学条件和水平不仅存在东中西部地区之间的差距,而且还存在区域内非常不平衡的差距,这集中表现为同一省市的非省会城市高校与省会城市高校之间的差距还大于西部与中部的差距,不能精准发挥政策倾斜作用。最后,单科性高校中的艺术、体育、外语、财经和政法五类单科性高校并不是国家急需的学科或专业,针对全国等单科性高校实施倾斜政策,对国家鼓励的师范院

校发展非常不利。

为此，需要在战略上谨慎制定倾斜政策。中国研究生教育发展地区间、区域间、不同学科间等差距较大，情况特殊。从对第十二次学位授权审核满意度情况调查来看，高校对倾斜政策意见最大。其改革的思路有三个：一是都按统一标准，全国一个尺度；二是纳入更多的倾斜政策地区或高校，如师范院校也纳入政策倾斜高校，甚至在条件相等情况下把非省会城市高校和师范院校作为优先推荐的高校；三是限制政策倾斜高校申报传统学科和就业困难的学科，鼓励它们申报国家需要、服务国家和地方发展战略的学科，使其与中东部高校在学科方面错位发展，体现自身特色。

第二，加强对政策倾斜高校研究生教育质量监控。学位授权审核基本条件的制定，其出发点是统一研究生教育"市场准入"，保障研究生教育质量。但政策倾斜后，未能达到全国基本条件的高校进入研究生培养市场，怎样保证政策倾斜高校的研究生教育质量？国务院学位委员会可委托第三方对这类高校研究生教育进行评估，较长时间跟踪它们对未达标标准是否进行了补强评估它们最后是否达到研究生培养条件。如果经过一个周期，它们还是不能满足研究生教育质量的要求，可取消其学位授权审核资格。从已有研究生教育评估实施结果来看，取消不达标或质量不好高校的某一学科相对容易，但还没有取消过一个学位授权单位的资格，这也提醒各高校，倾斜政策的使用要相当谨慎。

三、新增博士硕士学位授权审核学位点条件的改革

（一）新增学位点条件框架分析

2017 年的《学位授权审核申请基本条件（试行）》中包括"新增博士学位授予单位申请基本条件"，"新增硕士学位授予单位申请基本条件""自主审核单位申请基本条件""一级学科博士硕士学位授权点申请基本条件"和"专业学位类别博士硕士学位授权点申请基本条件"五类"基本条件"。后面两个都是针对学位点审核条件的。

1. "一级学科博士硕士学位授权点申请基本条件"基本框架

"一级学科博士硕士学位授权点申请基本条件"包括了一级学科的"博士学位授权点"和"硕士学位授权点"两类基本条件。由于第十二次学位授权审核只在普通高等学校中进行，部队院校没有参加第十二次学位授权审核工作。表 4 - 23 的第十二次学位授权审核学科门类以及一级学科中，也没有"军事学"学科门类。

表4-23　　　　第十二次学位授权审核学科门类与
"一级学科"编号与名称

序号	学科门类编号	学科门类名称	一级学科编号	一级学科名称
1	01	哲学	0101	哲学
2	02	经济学	0201	理论经济学
3			0202	应用经济学
4	03	法学	0301	法学
5			0302	政治学
6			0303	社会学
7			0304	民族学
8			0305	马克思主义理论
9			0306	公安学
10	04	教育学	0401	教育学
11			0402	心理学
12			0403	体育学
13	05	文学	0501	中国语言文学
14			0502	外国语言文学
15			0503	新闻传播学
16	06	历史学	0601	考古学
17			0602	中国史
18			0603	世界史
19	07	理学	0701	数学
20			0702	物理学
21			0703	化学
22			0704	天文学
23			0705	地理学
24			0706	大气科学
25			0707	海洋科学
26			0708	地球物理学
27			0709	地质学
28			0710	生物学

续表

序号	学科门类编号	学科门类名称	一级学科编号	一级学科名称
29	07	理学	0711	系统科学
30			0712	科学技术史
31			0713	生态学
32			0714	统计学
33	08	工学	0801	力学
34			0802	机械工程
35			0803	光学工程
36			0804	仪器科学与技术
37			0805	材料科学与工程
38			0806	冶金工程
39			0807	动力工程及工程热物理
40			0808	电气工程
41			0809	电子科学与技术
42			0810	信息与通信工程
43			0811	控制科学与工程
44			0812	计算机科学与技术
45			0813	建筑学
46			0814	土木工程
47			0815	水利工程
48			0816	测绘科学与技术
49			0817	化学工程与技术
50			0818	地质资源与地质工程
51			0819	矿业工程
52			0820	石油与天然气工程
53			0821	纺织科学与工程
54			0822	轻工技术与工程
55			0823	交通运输工程
56			0824	船舶与海洋工程
57			0825	航空宇航科学与技术
58			0826	兵器科学与技术

续表

序号	学科门类编号	学科门类名称	一级学科编号	一级学科名称
59	08	工学	0827	核科学与技术
60			0828	农业工程
61			0829	林业工程
62			0830	环境科学与工程
63			0831	生物医学工程
64			0832	食品科学与工程
65			0833	城乡规划学
66			0834	风景园林学
67			0835	软件工程
68			0836	生物工程
69			0837	安全科学与工程
70			0838	公安技术
71			0839	网络空间安全
72	09	农业	0901	作物学
73			0902	园艺学
74			0903	农业资源与环境
75			0904	职务保护
76			0905	畜牧学
77			0906	兽医学
78			0907	林学
79			0908	水产
80			0909	草学
81	10	医学	1001	基础医学
82			1002	临床医学
83			1003	口腔医学
84			1004	公共卫生与预防医学
85			1005	中医学
86			1006	中西医结合
87			1007	药学
88			1008	中药学

续表

序号	学科门类编号	学科门类名称	一级学科编号	一级学科名称
89			1009	特种医学
90	10	医学	1010	医学技术
91			1011	护理学
92			1201	管理科学与工程
93			1202	工商管理
94	12	管理学	1203	农林经济管理
95			1204	公共管理
96			1205	图书情报与档案管理
97			1301	艺术学理论
98			1302	音乐与舞蹈学
99	13	艺术学	1303	戏剧与影视学
100			1304	美术学
101			1305	设计学

从表 4-23 可知，首先，2017 年的第十二次学位授权审核工作，共有 12 大学科门类的 101 个一级学科制定了博士硕士学位授权点基本条件，也即 101 个博士学位授权点基本条件和 101 个硕士学位授权点基本条件。其次，学科门类按照两位数的代码进行编号，一级学科按照四位数的代码编号，即"学科门类代码 + 一级学科代码"。

第十二次学位授权审核中，博士硕士"一级学科"学位授权点基本条件所采用的通用框架包括四个方面：第一，学科方向与特色；第二，学科队伍；第三，人才培养；第四，培养环境与条件。学位授权审核要求申请单位对这四个方面进行描述，能够用数据说明的都要求定量描述。

2. "专业学位类别博士硕士学位授权点申请基本条件"基本框架

"专业学位类别博士硕士学位授权点申请基本条件"包括了专业学位类别的"博士学位授权点"和"硕士学位授权点"两类基本条件。其中，共设置了 39 个硕士专业学位类别和 6 个博士专业学位类别，如表 4-24 所示。

表 4 – 24　　　第十二次学位授权审核硕士博士专业学位类别

序号	硕士专业学位类别		博士专业学位类别	
	代号	硕士	代号	博士
1	0251	金融		
2	0252	应用统计		
3	0253	税务		
4	0254	国际商务		
5	0255	保险		
6	0256	资产评估		
7	0257	审计		
8	0351	法律		
9	0352	社会工作		
10	0353	警务硕士		
11	0451	教育	0451b	教育博士
12	0452	体育		
13	0453	汉语国际教育		
14	0454	应用心理		
15	0551	翻译		
16	0552	新闻与传播		
17	0553	出版		
18	0651	文物与博物馆		
19	0851	建筑学		
20	0852	工程	0852b	工程博士
21	0853	城市规划		
22	0951	农业		
23	0952	兽医	0952b	兽医博士
24	0953	风景园林		
25	0954	林业		
26	1051	临床医学	1051b	临床医学博士
27	1052	口腔医学	1052b	口腔医学博士
28	1053	公共卫生		
29	1054	护理		

序号	硕士专业学位类别		博士专业学位类别	
	代号	硕士	代号	博士
30	1055	药学		
31	1056	中药学		
32	1057	中医	1057b	中医博士
33	1251	工商管理		
34	1252	公共管理		
35	1253	会计		
36	1254	旅游管理		
37	1255	图书情报		
38	1256	工程管理		
39	1351	艺术		

从表4－24可知，我国2017年学位授权审核中：第一，专业学位类别数量大大低于学术学位的"一级学科"数量；第二，专业学位类别的编码沿用学位授权学科目录"门类"的编码，但与"一级学科"编码不同的是，"一级学科"是从"01"开始编码，而"专业学位"是从"5"开始编码的；第三，专业学位编码中的博士学位和硕士学位的区别是，专业博士学位在专业硕士学位后加"b"。

第十二次学位授权审核"专业学位类别"所采用的通用框架与学术学位"一级学科"的描述一样，也包括四个方面：第一，专业特色；第二，师资队伍；第三，人才培养；第四，培养环境与条件。学位授权审核要求申请单位对这四个方面进行描述，能够用数据说明的都要求定量描述。

（二）新增学位点条件的改革

学位点条件，不仅包括硕士和博士两个层次，而且包括了学术类和专业类两个类别，涉及的学位点标准共计247个。本书研究难以将所有学位点一一分析，只能有所选择举例剖析。为了剖析更有针对性和现实性，案例研究将以当前最为关心的学术学位点和专业学位点之间的标准进行异同性比较分析，下面以"教育学"为例进行分析。

1. "学科方向与特色"与"专业特色"

从表4－25可知，申请基本条件中"学科方向与特色"与"专业特色"比较情况。

表 4 – 25 　　　申请基本条件中"学科方向与特色"与"专业特色"比较

教育学（0401）		教育博士（0451b）	
1. 学科方向	主干学科方向不少于 4 个，且须含有原理类（如教育学、高等教育学、教学论、工程教育等）方向。具体学科方向参见《学位授予和人才培养一级学科简介》教育学（0401）	1. 专业特色	教育博士专业学位研究生教育的主要目标是造就教育、教学和教育管理领域的复合型、职业型的高层次专门人才。培养工作的重点是进一步提升学生的人文素养与科学精神，深化学生对教育问题的理解，提高学生运用科学方法、创造性地研究和解决教育实践中复杂问题的能力，发展学生在实际工作中的领导力。应具有扎实的教师教育办学基础和良好的社会声誉，具有深厚的教育研究的学术积淀，能准确理解和把握教育博士学位教育的基本特性。学校办学定位、发展目标和教师队伍符合教育博士专业学位研究生培养的基本要求
2. 学科特色	特色学科方向不少于 1 个，且面向教育学科发展前沿，面向教育事业改革和发展关键领域，面向区域教育发展重大需求，能够为国家、地方、区域、行业、学科等不同层级和类别的教育改革和发展决策提供具有重要价值的研究成果并产生相当影响		

　　第一，"学科方向与特色/专业特色"表述，"教育学博士学位"表述为"学科方向与特色"，包括"学科方向"和"学科特色"两个细目，而"教育博士学位"表述为"专业特色"。

　　第二，"教育学博士学位"的"学科方向"要有国家有关规定中的至少四个方向，其中一个必须含有教育原理，显然这强调"教育学博士学位"的理论性和学术性。"教育博士学位"只设专业领域，它相当于"教育学博士学位"的"学科方向"。

　　第三，"教育学博士学位"的学科特色强调在理论上的特色，要求处于学科前沿。"教育专业博士学位"强调解决现实教育的实践问题。

　　2. "学科队伍"

　　从表 4 – 26 可知，申请基本条件中"学科队伍"的比较情况。

表 4 - 26　　　　　　　申请基本条件中"学科队伍"比较

教育学博士（0401）		教育博士（0451b）	
1. 人员规模	专任教师不少于 25 人，每个学科方向至少 5 人，专任教师合同服务年限不短于 3 年	1. 人员规模	从事教育学和心理学教学研究、具有高级职称的专任教师不少于 20 人，其中教授不少于 10 人，博士生导师不少于 5 人。申请招生专业领域具有高级职称的专任教师不少于 5 人，其中教授不少于 3 人，博士生导师不少 2 人。行业导师占专任教师的比例不低于 20%
2. 人员结构	专任教师中，45 岁以下的比例不低于 40%；获外单位学士以上学位的比例不低于 60%；高级职称的比例不低于 50%，正高级职称的比例不低于 30%；获博士学位的比例不低于 70%	2. 人员结构	专任教师中，50 岁以下的比例不低于 30% 且原则上应具有博士学位。有行业经验的教师比例不低于 50%
3. 学科带头人和学术骨干	每个学科方向应有不少于 2 名正教授作为学科带头人与学术骨干。近 5 年，学科带头人与学术骨干人均以第一作者发表教育学科高水平论文不少于 10 篇，出版本学科学术专著（不含教材）不少于 1 部，主持省部级及以上纵向课题不少于 1 项；作为主要成员获得过本学科国家级科研或教学成果奖（排名前五位）、省部级科研或教学成果奖（排名前三位）至少 1 项；所有学科带头人与学术骨干年均招收硕士研究生总量不少于 10 人；完整指导过 2 届硕士生，并参与过博士生培养	3. 骨干教师	各申请招生专业领域骨干教师均不少于 3 人，应具有较高的教育理论水平和研究能力，熟悉教育改革发展实际；近 5 年，在本领域有重要影响的代表性研究成果不少于 5 项，主持国家级科研项目不少于 1 项。骨干教师中具有省级教学名师等称号或在全国性学术团体兼任常务理事及以上职务的不少于 3 人。骨干教师中在本领域或相近学科博士授权点担任博士生导师的不少于 2 人，均完整指导过 1 届博士研究生，且正在指导博士研究生

　　第一，"教育学博士"和"教育博士"都包括三个细目。"教育学博士"包括"人员规模""人员结构"和"学科带头人和学术骨干"，"教育博士"包括"人员规模""人员结构"和"骨干教师"。

　　第二，就"人员规模"而言，对专任教师人数方面差别不是太多，区别最大的是"教育博士"中要求"行业导师占专任教师比例不低于 20%"。

第三，"人员结构"而言，"教育学博士"更多强调的是教师的学缘结构，而"教育博士"更多强调的是教师的行业经验与背景。

第四，就"学科带头人/骨干"而言，"教育学博士"中更多强调"论文""著作""课题"和"科研/教学成果奖励"，而"教育博士"中更多强调"学术成果量""项目"和"教学名师称号"等奖励。

3. "人才培养"

从表 4-27 可知，申请基本条件中"人才培养"的比较情况。

表 4-27　　　　　申请基本条件中"人才培养"比较

教育学博士（0401）		教育博士（0451b）	
1. 培养概况	近 5 年，本学科硕士研究生第一志愿报考率较高，有不少于 5 届硕士毕业生，毕业总人数不少于 50 人		有 5 届教育学和心理学硕士一级学科相关学科毕业研究生，毕业生人数不少于 100 人；有教育硕士专业学位授权点，至少有 5 届毕业研究生，毕业生人数不少于 250 人
2. 课程与教学	现有硕士生专业核心课程符合教育学一级学科硕士学位的基本要求。培养博士研究生拟开设的系列课程及其结构等应符合《教育学一级学科博士学位基本要求》，且体现《教育部关于改进和加强研究生课程建设的意见》精神	1. 课程与教学	制订的培养方案应符合教育博士培养目标的要求，课程结构应符合全国教育专业学位研究生教育指导委员会制定的教育博士专业学位研究生指导性培养方案的基本要求。课程教学应注重理论与实践相结合，突出综合性、专业性、创造性和实践性，注重提升学生的人文素养与科学精神，深化学生对教育问题的理解，发展学生运用科学方法解决教育实践问题的能力
3. 培养质量	硕士毕业生成为相应工作岗位业务骨干，有一定比例硕士毕业生继续攻读国内外博士研究生	2. 培养质量	相关专业毕业研究生就业率高，就业质量高。教育硕士专业学位研究生就业针对性强。学生任职单位评价良好，有一批综合素质高、已成为相关工作岗位业务骨干的优秀毕业生。近 5 年，有一定比例的教育硕士研究生获全国优秀教育硕士专业学位论文，相关院系获得省部级及以上相关教学成果奖不少于 2 项

第一，"教育学博士"和"教育博士"虽然包括的细目不相同，但实质内容几乎完全一样，都包括"培养概况""课程与教学"和"培养质量"等项目。

第二，就"培养概括"而言，除了过去已有五届毕业研究生外，"教育学博士"中强调第一志愿报考率，"教育博士"中更多强调毕业研究生规模。

第三，"课程与教学"而言，课程与教学是两类博士基本条件中的重头戏，而"教育学博士"有《教育学一级学科博士学位基本要求》，"教育博士"则有"全国教育专业学位研究生教育指导委员会"制订的教育博士专业学位研究生指导性培养方案的基本要求。

第四，就"培养质量"而言，相同的是硕士毕业生社会反响好，而"教育学博士"中更强调有一定比例硕士毕业生继续攻读国内外博士研究生，而"教育博士"中更强调毕业生已成为相关工作岗位业务骨干的优秀毕业生，以及近5年有一定比例的教育硕士研究生获全国优秀教育硕士专业学位论文。

4. "培养环境与条件"

从表4-28可知，申请基本条件中"培养环境与条件"的比较情况。

表4-28　　　　申请基本条件中"培养环境与条件"的比较

教育学博士（0401）		教育博士（0451b）	
1. 科学研究	近5年，专任教师获省部级及以上教育类科研成果奖励总数不少于5项；年均纵向科研经费不低于5万元，人均主持省部级及以上科研项目不少于1项，其中人均在研项目不少于1项，人均高水平学术成果不少于7项；有一定比例研究生参与省部级及以上科研项目	1. 科研水平	近5年批准立项的国家级教育科研项目不少于5项，专任教师主持省部级以上教育科研项目人均不少于2项，行业教师主持地市级以上（不含校级）教育科研项目人均不少于1项。专任教师科研纵向项目经费人均不少于10万元，发表高水平学术成果不少于8项。被省部级以上党政部门采纳的实验或咨询报告、主持制定教育类技术规范或行业标准，以及入选的"中国专业学位教学案例中心案例库"的教学案例等应用性成果，总计不少于5件（份）。专任教师近5年获省部级以上教育科研成果获奖不少于5项。入选"中国专业学位教学案例中心案例库"教学案例不少于2个

教育学博士（0401）		教育博士（0451b）	
2. 学术交流	近 5 年，主办或承办教育类国际学术会议不少于 1 次、全国性学术会议不少于 3 次；开展境外教育类学术交流与合作项目不少于 2 个；学术带头人与骨干教师年均主持或参加国际学术会议不少于 1 次，专任教师每年人均参加国内学术会议不少于 1 次；学校或导师有专门经费支持研究生在学期间参加国内外学术活动，能保证研究生人均至少可参加一次学术会议或学术交流	2. 实践教学	与行业具有长期合作的有效机制。有满足开展案例教学需要的空间和条件。行业兼职教师和兼职导师能有效参与培养工作。相关院系专任教师有公开出版的教育专业案例教材
3. 支撑条件	具有省部级及以上教学科研平台或基地至少 1 个。专业期刊（纸质）不少于 50 种；专业图书（纸质）不少于 5 万册；专业电子文献不少于 200 万册（篇）；中外文数据库不少于 60 种，具有满足教学科研需要的数字化资源。建立了完备的研究生培养管理制度、研究生奖助学金管理及使用办法、研究生培养经费管理及使用办法和研究生学风建设规章制度等	3. 支撑条件	具有教育硕士专业学位授权点并具有教育学博士一级学科授权点；或具有教育学硕士一级学科授权点，在教育硕士专业学位研究生培养中取得突出业绩，有不少于 5 届教育硕士专业学位毕业研究生。有全国教育专业学位研究生教育指导委员会评审的示范基地。有丰富的图书资料，其中，教育类专业期刊不少于 50 种，专业图书不少于 5 万册。有满足教育科研需要的数字化资源。有创新创业激励制度和管理办法。有完备的研究生学风建设规章制度。有系统的教育学科发展规划。有专门的管理机构、专职的管理人员、完备的奖助体系和管理制度与办法

第一，"教育学博士"和"教育博士"都包括三个细目，"教育学博士"中包括"科学研究""学术交流"和"支撑条件"，"教育博士"中包括"科研水平""实践教学"和"支撑条件"。

第二，就"科学研究/科研水平"而言，这是申报"教育学博士学位点"或"教育博士学位点"最难达到的，除了它有数量化指标，而且关系到团队、每个专任教师个人，既要有项目，又有经费限制。"教育学博士"中强调"科研成果奖励数量"，"教育博士"中强调采信的实验或咨询报告、主持制定教育类技术规范或行业标准，或者"入选专业学位案例库"等应用性成果。

第三，"学术交流/实践教学"而言，"教育学博士"中强调主办、承办和参加国际国内会议的人数和次数，"教育博士"中强调与行业等多种合作。

第四，就"支撑条件"而言，相同的是除了要求期刊等资料或数据库、研究生有关管理制度等作为支撑条件外，"教育学博士"强调需要科研基地或平台，而"教育博士"强调需要具有教育硕士专业学位授权点并具有教育学博士一级学科授权点，或具有教育学硕士一级学科授权点作为支撑条件。

第四节　中国学位授权审核程序与常态化改革

一、中国研究生学位授权审核程序改革

研究生学位授权审核程序包括"新增博士、硕士授予单位审核程序"，"博士、硕士学位授予学科/专业学位类别审核程序"，"自主审核单位申报审核程序"和"博士、硕士学位授予学科/专业学位类别动态调整审核程序"四种。由于"博士、硕士学位授予学科/职业学位类别动态调整审核程序"每年进行的程序基本相同，故下面只阐述其他三种审核程序和提出相应的改革思路。

（一）学位授权审核基本程序

1. 新增博士、硕士授予单位审核程序

从图4-3可知，新增博士、硕士授予单位的基本审核程序具有以下特点。

第一，新增学位授予单位环节最多的在省份这一层级，在共有的十二步基本程序中，省级学位委员会占到7步，国务院学位委员会有4步，而申请高校环节最少，只有1步，仅需要填写《新增博士硕士学位授予单位申请报告》和《申请新增博士硕士学位授予单位简况表》。工作量最大的在省级学位委员会，在第六步"省级学位委员会组织专家评议"中，省级学位委员会组织专家评审组对符合申请资格的高校进行评议，一般不进校考察，获2/3（含）以上成员同意视为评议通过。评审组成员应从省级学位委员会委员、博士学位授权高校校领导、国务院学位委员会学科评议组（以下简称"学科评议组"）成员、全国专业学位研

究生教育指导委员会（以下简称"专业教指委"）委员中聘请，人数不少于 15 人。在第七步"召开省级学位委员会会议提出推荐名单"，根据专家对单位和相关申请学位点的评议意见进行审议表决和择优推荐，提出拟新增博士硕士学位授予单位推荐名单。

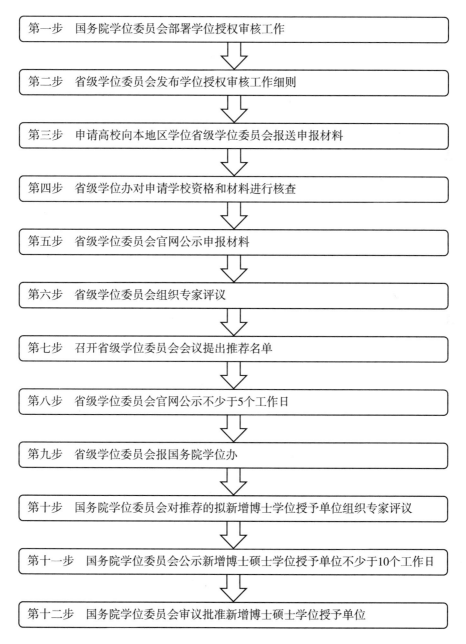

第一步　国务院学位委员会部署学位授权审核工作

第二步　省级学位委员会发布学位授权审核工作细则

第三步　申请高校向本地区学位省级学位委员会报送申报材料

第四步　省级学位办对申请学校资格和材料进行核查

第五步　省级学位委员会官网公示申报材料

第六步　省级学位委员会组织专家评议

第七步　召开省级学位委员会会议提出推荐名单

第八步　省级学位委员会官网公示不少于5个工作日

第九步　省级学位委员会报国务院学位办

第十步　国务院学位委员会对推荐的拟新增博士学位授予单位组织专家评议

第十一步　国务院学位委员会公示新增博士硕士学位授予单位不少于10个工作日

第十二步　国务院学位委员会审议批准新增博士硕士学位授予单位

图 4 - 3　新增博士、硕士授予单位审核基本程序

第二，国务院学位委员会处于最重要和最具权威地位。首先，国务院学位委员会制定学位授权审核的单位条件，即《新增博士学位授予单位申请基本条件》《新增硕士学位授予单位申请基本条件》，相当于制定了"游戏规则"。其次，国务院学位委员会制定学位授权审核的时间、程序，特别是它最后对拟新增博士学位授予单位组织专家评审，这意味着申报高校冲出重围成功获得单位授予资格。如第十步"国务院学位委员会审批"中，国务院学位委员会组织专家评审组对省级学位委员会上报的拟新增博士学位授予单位和按需推荐的拟新增博士硕士学位授予单位进行限额复审。复审采取通讯评议的方式进行，表决结果获 2/3（含）以上成员同意视为复审通过，通过的单位确定为拟新增博士硕士学位授予单位。评审组成员从博士学位授权高校校长、学科评议组召集人、专业教指委主任委员与副主任委员及秘书长中聘请。

第三，学位授权审核任务最重的是申报高校。申报高校只有 1 个环节，第三步"申请高校向本地区省级学位委员会保送申报材料"，即填写《新增博士硕士学位授予单位申请报告》和《申请新增博士硕士学位授予单位简况表》。但从工作量来看，要填写至少近五年来的数据和证明材料，以及论证报告，很多高校成立以校长为组长的工作组，前期准备工作都需要花上 1 年时间。

第三，省级学位委员会在单位学位授予上具有一定的权力。它突出表现在硕士单位授予方面，"经省级学位委员会推荐的符合硕士学位授予单位申请基本条件的学校，无重大异议的，直接确定为拟新增硕士学位授予单位"。

2. 博士、硕士学位授权学科/专业学位类别审核程序

从图 4-4 可知，博士、硕士学位授权学科/专业学位类别审核基本程序与博士、硕士学位授予单位的程序相同，共十二步。从整体程序步骤来看，博士、硕士学位授权学科/专业学位类别审核程序较新增博士、硕士学位单位授予审核程序的难度相对较低，但具体不同包括以下几点。

第一，国务院学位委员会赋予省级学位委员会更大的权力。如在第二步"省级学位委员会制定申报指南"中，"省级学位委员会根据国家和本区域经济社会发展对高层次人才的实际需求，科学编制本省（区、市）新增学位授权点申报指南。明确本区域新增一级学科和专业学位类别的调控意见和申请范围，优先新增国家发展重点领域、本区域空白或急需领域的一级学科和专业学位类别，对本区域布点较多、研究生规模较大且就业率连续三年较低的一级学科或专业学位类别，原则上应暂停新增或限制新增。各省级学位委员会可在申报指南中根据本区域具体情况，对本区域学位授予单位新增学位授权点提出附加条件，但附加条件不得降低《博士硕士学位授权点申请基本条件》中的有关要求"。换句话说，高校申报的学位授权学科或专业学位类别达到国务院学位委员会委托专家制定的国家标准，省级学位委员会也可以根据本省份情况提高标准。

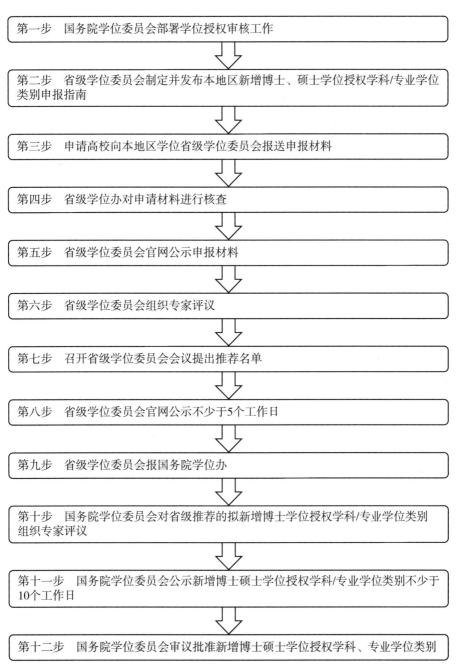

第一步　国务院学位委员会部署学位授权审核工作

第二步　省级学位委员会制定并发布本地区新增博士、硕士学位授权学科/专业学位类别申报指南

第三步　申请高校向本地区学位省级学位委员会报送申报材料

第四步　省级学位办对申请材料进行核查

第五步　省级学位委员会官网公示申报材料

第六步　省级学位委员会组织专家评议

第七步　召开省级学位委员会会议提出推荐名单

第八步　省级学位委员会官网公示不少于5个工作日

第九步　省级学位委员会报国务院学位办

第十步　国务院学位委员会对省级推荐的拟新增博士学位授权学科/专业学位类别组织专家评议

第十一步　国务院学位委员会公示新增博士硕士学位授权学科/专业学位类别不少于10个工作日

第十二步　国务院学位委员会审议批准新增博士硕士学位授权学科、专业学位类别

图 4 - 4　新增博士、硕士授予学科/专业学位类别审核程序

第二，国务院制定了审核的基本要求，并规范省级学位委员会的授权审核行

为。如第十步"国务院学位委员会对省级推荐的拟新增博士学位授权学科/专业学位类别组织专家评议"中,"国务院学位委员会委托学科评议组和专业教指委,以通讯评议方式对各省级学位委员会上报的拟新增博士学位授权点进行限额复审,获 2/3 以上(含)成员同意视为复审通过,通过的学科(专业学位类别)确定为拟新增博士学位授权点","经省级学位委员会推荐申请硕士学位授权的学科(专业学位类别),无重大异议的,直接确定为拟新增硕士学位授权点"。再如第六步"省级学位委员会组织专家评议"中,要求"省级学位委员会组织专家评审组对符合申请资格的拟新增学位授权点进行评议,一般不进校考察,获 2/3(含)以上成员同意视为评议通过。每个评审组成员不少于 9 人;根据申请学位授权点的类型,评审组成员中应有一定数量的学科评议组成员或专业教指委委员"。

第三,申请高校必须如实填报学科或专业学位类别申请材料。如第三步"申请高校向本地区学位省级学位委员会报送申报材料"中,"学位授予单位根据本地区省级学位委员会发布的申报指南,向省级学位委员会提出申请,提交《申请博士学位授权一级学科点简况表》《申请硕士学位授权一级学科点简况表》《申请博士硕士专业学位授权点简况表》。申请学科(专业学位类别)如获得授权,以上表格将作为该学科(专业学位类别)参加学位授权点专项评估的重要材料"。再如"学位授予单位申请新增的各一级学科及现有一级学科授权点的学科带头人和学术骨干不能重复,申请新增的各专业学位类别及现有专业学位授权类别的骨干教师不能重复","各单位向省级学位委员会申请新增学位授权点时,应同时提交本单位《现有学位授权点骨干教师基本情况汇总表》,此汇总表将作为现有学位授权点参加学位授权点合格评估的材料之一"。

3. 自主审核单位申请审核程序

从图 4 - 5 可知,自主审核单位的审核基本程序,相对于"新增博士、硕士授予单位审核程序","博士、硕士学位授予学科/专业学位类别审核程序"两类较简单。一是能够参与自主审核单位的研究生教育开展时间较长,规模较大,而且管理制度相对完善。二是它的申请条件规定相对明确,如学科国内外排名、近五年博士毕业规模等。

(二) 学位授权审核程序改革

第十二次学位授权审核程序的各步骤非常清楚,职责明确,为高质量的学位授权审核奠定了基础。从依法治国和"放管服"的要求上看,还可以在以下三个方面进行改革。

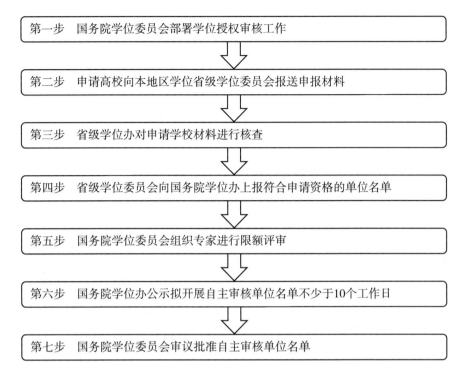

图 4 - 5　自主审核单位申请基本程序

1. 增加明确公示环节

第十二次学位授权审核共有两个环节明确要求进行公示：一是省级学位委员会向国务院学位委员会上报推荐单位、学科或专业学位类别；二是国务院学位委员会公示新增博士、硕士学位授予单位、授权学科或专业学位类别。这两次公示非常必要，明确了省级学位委员会和国务院学位委员会的各自职责。

从第十二次学位授权审核调查结果来看，学位授权审核需要在第五步"省级学位委员会公示申报材料"上明确增加公示环节。其必要性在于，使学位授权审核的高校在材料申报真实性方面也明确自己的职责，弥补之前参与学位授权审核三方中只有国务院学位委员会、省级学位委员会，而缺少高校这一方的职责的缺陷。

2. 公示时间的改革

公示是为了发挥监督，这是依法治国和"放管服"改革的要求。第十二次学位授权审核的公示时间，在省级学位委员会层面是不少于 5 个工作日，在国务院学位委员会层面是不少于 10 个工作日。公示时间长短是基于任务多少和必要性来考虑的。由此，学位授权审核三次的公示时间的改革基本思路是，除增加一次高校材料公示时间外，三次公示时间越往后的公示时间越短，即高校层面的材料公示时间不少于 9 个工作日，省级学位委员会层面的公示时间不少于 7 个工作日，国务院学位委员会层面的公示时间不少于 5 个工作日。

公示时间改革的基本理由：一是越是基层对材料真实性了解更清楚。高校申报材料时，同省份的兄弟院校之间最了解，让基层有更长的公示时间才能起到有效监督作用。二是需要把监督重点放在起始环节。如果起始环节没有做好监督，一旦到了国务院学位委员会层面才发现应该是之前环节监督不够的问题，弥补或推翻之间的公示结果会变得非常困难。

3. 细化表格中条件的原则性规定

第十二次学位授权审核公示期间反映的问题或督查时发生的问题，几乎都与高校填写有关表格时对有些条件理解不同而出现的投诉。

如什么是"学科带头人"或"学术骨干"，人才引进多长时间才能计算成申请单位专任教师，引进人才的科研成果起始时间如何规定，引进的国外人员没有档案能否计算成申请单位人员，科研经费是以到账统计还是以项目下达书开始统计，科研项目的计算是以项目通过后公示就可以计算还是必须经费到账才能计算等。细化这些条件规定，能够有效减少公示中出现的不必要投诉。

二、中国研究生学位授权审核常态化改革

常态化是保障研究生学位授权审核质量的重要条件之一。从 1981 年至今的 12 次学位授权审核来看，是需要常态化改革的。

（一）研究生学位授权审核常态化发展

常态化是指一个约定俗成的正常状态。学位授权审核常态化，是指在规定的时间进行学位授权审核活动，这是依法行政的重要表现。

学位授权审核常态化，对涉及学位授权审核的高校、省级学位委员会和国务院学位委员会都是必需的。明确学位授权审核时间路线图，高校就可以有的放矢引进人才、科研平台建设和重点学科建设；省级学位委员会能做好本省份研究生教育发展规划，指导本省份研究生教育发展的学科以及政府经费投入；国务院学位委员会能够提前协调好时间，做好学位授权审核会议的准备工作。

1981 年以来，中国开展了 12 次学位授权审核时间。从表 4 – 29 可知，第一，学位授权审核间隔年份是不同的，长的有 7 年，短的是 2 年，比较一致的年份是 2 年和 3 年。第二，学位授权审核的具体日期也不同。有的是在年初的 1 月份，有的是在年中的 5 月份，有的是在年末的 12 月份。

表 4 – 29 历次学位授权审核时间

序号	时间	间隔年份
第一次国务院学位委员会学位授权审核	1981 年 11 月 3 日	/
第二次国务院学位委员会学位授权审核	1983 年 12 月 5 日	2 年
第三次国务院学位委员会学位授权审核	1986 年 7 月 28 日	3 年
第四次国务院学位委员会学位授权审核	1990 年 10 月 5 日 ~ 6 日	4 年
第五次国务院学位委员会学位授权审核	1993 年 12 月 10 日 ~ 11 日	3 年
第六次国务院学位委员会学位授权审核	1996 年 4 月 29 日 ~ 30 日	3 年
第七次国务院学位委员会学位授权审核	1998 年 6 月 17 日 ~ 18 日	2 月
第八次国务院学位委员会学位授权审核	2000 年 12 月 26 日 ~ 28 日	2 年
第九次国务院学位委员会学位授权审核	2003 年 7 月 25 日 ~ 26 日	3 年
第十次国务院学位委员会学位授权审核	2006 年 1 月 23 日 ~ 24 日	3 年
第十一次国务院学位委员会学位授权审核	2011 年 2 月 12 日 ~ 13 日	5 年
第十二次国务院学位委员会学位授权审核	2018 年 1 月 29 日 ~ 30 日	7 年

（二）研究生学位授权审核常态化发展

针对中国过去十二次学位授权审核的时间，建议中国学位授权审核实行以下常态化改革措施。

第一，每四年或五年进行一次学位授权审核。目前，中国硕士研究生基本学制为 2 ~ 3 年，博士研究生基本学制由过去的 3 年变为 4 ~ 5 年。进行下一次学位授权审核，首先需要对上次学位授权审核结果作出评估，而毕业研究生是最能代表学位授权审核后研究生教育质量。如果 3 年一次的学位授权审核，学位授权审核后招收的研究生还没有毕业，未能有效评估研究生教育质量，则难以为学位授权审核提供可靠依据。

第二，学位收取审核时间固定在 3 月下旬。审议批准学位授权审核单位、学科或专业学位类别是《学位条例》赋予国务院学位委员会的权力，这也是申请单位和省级学位委员会对学位授权审核十分关心的事项。国务院学位委员会召开学位授权审核会议，法定的国务院学位委员会参加人数比例是非常重要的，然而国务院学位委员会来自多个中央部委等，如果时间不固定，一些国务院学位委员可能不能参加会议。3 月下旬，一方面，全国人民代表大会或全国政协会议已召开，国务院学位委员会委员因身兼"两会代表"而不会产生时间冲突；另一方面，如果太迟启动学位授权审核会议，可能影响到高校申报以及批准后高校的研究生招生工作。

199

第五章

中国学位授予体系保障制度前瞻研究

研究生学位授予体系保障制度是指为了更好地保障研究生教育的招收、培养和就业等采取的规范性措施，它不仅能够保障研究生教育活动合理合规有效开展，而且也是开展研究生教育的必需的制度。

第一节 《中华人民共和国学位条例》修订

《中华人民共和国学位条例》（以下简称《学位条件》）自 1980 年颁布后，时隔 24 年后的 2004 年做了第一次修订。《学位条例》虽然涉及有关学位的学士、硕士和博士等所有层次建设，但比较而言，有关硕士和博士层次的规定最多，本节的阐述仅限于非学士学位的学位修订。

一、《学位条例》修订迫切性

中国研究生教育发展迅猛，特别是 2020 年召开全国研究生教育大会前后，研究生教育发展在规模、质量等方面提出了新要求。但《学位条例》距 2004 年的修订已过去 16 年，有些在 2004 年遗留下来的问题还没有解决，现在面临新发展又出现了新问题，《学位条例》已明显滞后研究生教育发展实践，再次修订已非常迫切。

（一）《学位条例》面临法规规定空白

1978 年，我国恢复研究生招生，当年研究生招生人数为 10 708 人，[①] 其后的一段时间，年招收人数增长不大。经过 10 多年的发展，招收人数由 1978 年的 1 万多人增加到 1995 年的 5 万人。[②] 从 1995 年开始，研究生教育发展增速，到 2000 年招收研究生人数达到 10 万以上。到 2009 年，经过 9 年研究生招收人数发展到 50 万人以上，到 2021 年达到 110 多万人。[③] 研究生招收规模的扩大，不单是人数增长的简单相加，更多反映出来的是研究生招收结构发生的变化，研究生质量要求的变化，但有些问题，《学位条例》未曾涉及，需要通过修订《学位条例》作出法律规定。

1. 专业学位设置

我国研究生学位分为专业学位与学术学位，它们分属两类不同类别的学位。对于报考研究生的人来说，对这两种类别的学位会比较熟悉；对于培养研究生的高校来说，可能更为熟悉。这一熟悉的背后，是我国专业学位研究生教育的蓬勃发展。

我国于 1981 年实施的《学位条例》，学位划分为学士、硕士和博士三个层次，其中研究生教育分为硕士和博士两个层次。经过 10 年的研究生教育发展，社会发展已不能满足于现有研究生教育人才规格，提出要培养高层次应用型职业性人才。于是，传统的学术型人才一统天下的局面被打破，1990 年开始讨论设置研究生专业学位，1991 年率先设置工商管理硕士研究生（Master of Business Administration，MBA）。

虽然研究生的专业学位与学术学位在层次上同一，但研究生专业学位的发展，对传统研究生教育的改变在于以下几个方面：

第一，人才培养规格发生了很大变化。专业学位与学术学位培养规格各有侧重，在培养目标上差异明显。专业学位研究生培养以专业实践为导向，重视实践与应用，培养在专业领域的职业性高层次人才，它与职业性联系密切，主要从事具有明显职业背景的工作，如工程师、教师、医师、律师、会计师等。而学术学位研究生培养以学术研究为导向，偏重理论研究，培养高校教师和科研机构等研究人员。这就决定了专业学位与学术学位研究生在教学方法、教学内容、学位授

---

① 《中国教育年鉴》编辑部. 中国教育年鉴（1949～1981）［M］. 北京：中国大百科全书出版社，1984：964.

② 《中国教育年鉴》编辑部. 中国教育年鉴（1996）［M］. 北京：人民教育出版社，1997：223.

③ 中华人民共和国教育部. 教育统计数据［EB/OL］. http：//www.moe.gov.cn/jyb_sjzl/moe_560/2020/，2022－10－25.

予标准和要求上均有不同。

第二，专业学位举办的专业类别数和培养学校数逐步增加。1991 年开始试办工商管理硕士，其后又设置了法律硕士专业学位、工程硕士专业学位、建筑学专业学位、公共管理硕士专业学位、教育硕士专业学位、医学专业学位、农业推广硕士专业学位、兽医专业学位等。1997 年在专业硕士的基础上，我国研究生教育又尝试开展专业博士教育。到 2020 年，我国专业学位类别共有 47 个，其中 13 个既可以授予硕士又可以授予博士专业学位，"建筑学"可授予学士、硕士专业学位，其他 33 个类别只能授予硕士专业学位。[①] 与此同时，我国能够开展专业学位的高校已有 100 多所。

第三，专业学位招收人数与学术学位招收人数发生了翻天覆地变化。我国研究生招收人数由 1978 年的 1 万多人增长到 2018 年达到 85 万多人，40 来年时间增长了 80 多倍。[②] 其中，专业学位研究生贡献巨大。从图 1 – 15 可知，专业学位招收人数占研究生招收总数的比例由 2009 年的 14.14% 提高到 2019 年的 52.88%。[③] 具体来看，专业学位硕士研究生的比例快速提高。如图 1 – 16 所示，专业学位硕士研究生招收人数占硕士生招收总数的占比由 2009 年的 15.90% 逐步提高到 2019 年的 58.46%。另外，博士研究生教育中专业学位的比例长期较低。如图 1 – 17 所示，2009 ~ 2017 年博士研究生招生中专业学位所占的比例不足 3.2%，但 2019 年博士专业学位的招生比例提高到 9.88%。专业学位研究生教育发展取得成绩，与我国有关积极发展专业学位研究生教育的政策是分不开的。国务院学位办教育部发布的《学位与研究生教育发展"十三五"规划》明确提出，积极发展专业学位教育，其中专业硕士招生达到 60% 左右。[④] 2018 年 8 月教育部、财政部及国家发展改革委三部门印发《关于高等学校加快"双一流"建设的指导意见》的通知指出：适度扩大博士研究生规模，加快发展博士专业学位研究生教育。

研究生专业学位的发展，对社会、高校和研究生都产生了巨大影响。当前社会对人才规格的需求倒逼高校改革人才培养模式，于是出现专业学位研究生需求

---

① 中华人民共和国教育部．学位授予和人才培养学科目录（2018 年 4 月更新）［EB/OL］．http：// www. moe. gov. cn/jyb_sjzl/ziliao/A22/201804/t20180419_333655. html，2022 – 10 – 25.

② 《中国教育年鉴》编辑部．中国教育年鉴（1949 ~ 1981）［M］．北京：中国大百科全书出版社，1984：964.

③ 中华人民共和国教育部．教育统计数据［EB/OL］．http：//www. moe. gov. cn/jyb_sjzl/moe_560/ 2020/，2022 – 10 – 25.

④ 中华人民共和国教育部．教育部 国务院学位委员会关于印发《学位与研究生教育发展"十三五"规划》的通知［EB/OL］．http：// www. moe. gov. cn/srcsite/A22/s7065/201701/t20170120_295344. html，2022 – 10 – 25.

超过学术学位研究生的现象，但《学位条例》却只字未提关于专业学位研究生教育和培养质量的规范，使得专业学位研究生教育发展缺少必要的法律保护与规范。这不仅不利于专业学位研究生教育的发展，而且极易引起有关专业学位研究生培养的法律纠纷。

2. 四级学位设置

《学位条例》规定，我国学位设为学士、硕士和博士三级。中国自1977年恢复高考以来，高等教育事业走过40多年，《学位条例》中设计的三级学位不能很好地满足社会需要，三级学位增设成四级很有必要。

高等职业教育自1980年始于南京金陵职业大学，随着一大批职业大学相继建立，招生人数从当时的7.7万人发展至2017年的350.7万人，[①] 近40年间招收规模翻了约45倍，已占全国高等教育招生人数的41.7%。高职高专为国家培养了大量的技术技能人才，为高等教育由精英化阶段向大众化阶段发展，再发展到普及化阶段都作出了巨大贡献。2014年，《国务院关于加快发展现代职业教育的决定》和《现代职业教育体系建设规划（2014－2020年）》两个文件颁布并要求构建现代职业教育体系，研究建立符合职业教育特点的学位制度。这是政府文件中首次明确提出要建立完善的职业教育学位制度，高等职业教育学位设置和发展被提上国家议事日程。

首先，专业能力与专学衔接，需要高职学位层次定位。我国高职学位设置高度关注和讨论的层次是专科层次，主要借鉴了美国、英国、日本等国家的学位制度。比如美国社区学院为毕业生授予"副学士"学位（associate degree）、英国授予高等职业教育毕业生"基础学位"（foundation degree）、日本短期大学授予的"短期大学士"学位、高等专门学校授予毕业生"准学士"称号、专修学校授予2年制毕业生"专门士"称号等。

副学士学位源自美国高等教育的初级学位。1899年，芝加哥大学针对完成初级学院学习的学生设置并授予了副学士学位。[②] 一般分为文科副学士（associate of arts，A. A.）及理科副学士（associate of science，A. S.），其目的为使学生获得就业技能，增加就业收入，或能使学生获得进一步深造学士学位的机会。[③] 可见，从层级来看，副学士学位既是选择就业学生的最高职业学位，又是学生选择深造学士学位的前序学位层级。日本的"专门士"授予对象是高中毕业后在专

---

① 中华人民共和国国家统计局．各级各类学历教育招生数［EB/OL］. http：//data. stats. gov. cn/easyquery. htm? cn＝C01，2019－05－02.

② 李安萍，陈若愚，潘剑波．我国高职专科层次学位的适切性分析——基于学位设置动因及学位内涵比较的视角［J］．中国职业技术教育，2016（6）：38－42.

③ 李梦卿，王若言．工士学位及我国高等职业教育学位名称推定语境研究［J］．职教论坛，2014（31）：20－25.

修学校完成学业的学生；"准学士"授予对象是应用技术型高等专门学校毕业的学生；"短期大学士"授予对象是转化为新制大学但不满足《大学设置基准》的学校毕业生。① 英国的基础学位介于高等教育证书和学士荣誉学位之间，相当于英国国家职业资格（NVQ）的4级和5级，获得者既可以继续进行英国高等教育资格框架级别6和级别7的职业资格学习，也可以通过取得学士荣誉学位攻读研究生学位。② 虽然这些学位名称各异，但都可以作为专科层次的第四级学位，兼具专业能力和专学衔接的学位功能。从我国高职院校试点授予学位的实际情况来看，学位层级基本与之对应，集中在专科层次，主要用来证明学生专业和职业技能的资格。

我国2014年颁布的《关于加快发展现代职业教育的决定》中强调，要将高等职业教育发展为专科层次职业教育、本科层次职业教育和研究生层次职业教育（专业学位研究生教育）三个层次的现代职业教育。依据国家对高职教育学位发展的定位和导向，高职学位设置并不只是在专科层次或将其作为第四级学位，而是一个与现有三级学位制度平行而置或有所衔接的高职教育学位体系。该定位，似乎更加强调高职学位对专业能力和技能资格的要求，院校类型也需要随之调整和发展。而我国现有的高职院校类型和相应人才培养能力不足以支撑、实践国家对高职学位体系的制度设计和规划。

其次，"引进来"与"本土化"，借鉴高职学位定名。高等职业教育学位授予名称反映院校办学特色。我国最早和最多提及的高等职业教育学位的设想，是借鉴国外经验，采用"引进来"为主的设立思路。其中，对美国副学士学位讨论度最高。我国有相当数量的高职院校试点授予该学位。比如2011年厦门华厦职业学院向1 100多名毕业生授予了"专业副学士"学位，2012年南京化工职业技术学院授予毕业生"副学士"证书等。其作为我国第四级学位名称的理由包括：其一，美国的副学士学位具有国际通用性和丰富的本土化经验。其已被荷兰、澳大利亚等世界发达国家借鉴，具有相对成熟的学位体系；制定与国情相适应的政策目标，院校试点等本土化路径为我国高职学位设置提供思路。其二，引进副学士学位符合传统。我国现有的学位体系设置和建立离不开对域外学位制度的借鉴，因此，以同样的方式引进副学士学位具有合理性。其三，副学士学位符合我国高职学位设计基本框架。美国副学士学位兼具专学衔接和职业能力证明的功能。

另外，除了借鉴发达国家经验外，原创符合我国职业教育特点的本土学位名

① 李梦卿，安培. 日本高等职业教育学位制度及其特征 [J]. 学位与研究生教育，2014（12）：68 - 71.

② 何杨勇. 英国基础学位的发展问题解读和评价 [J]. 现代大学教育，2014（6）：19 - 20.

称也受到多方重视。较多高职院校结合自身特色和对学位的理解，提出不同的学位名称。2013 年云南交通技师学院授予毕业生"匠士"学位。"匠士"蕴含了"能工巧匠"的文化内涵，其根据毕业生所具备的职业技能水平而设定的职级分类称谓。2014 年四川科技职业学院"钻士荣誉学位证书"，主要借鉴于国外和中国香港等地高等教育学位制度中设立的第四层次学位，相当于副学士学位。还有从历史、文化、内涵和词性等层面讨论了"技士""艺士""能士""术士""工士""专士"等高等职业教育学位的应然名称。"技士"是在全国政协十一届一次会议上由政协委员提出，认为其凸显了职业教育崇尚一技之长，并与职业教育的人才培养目标联系起来；"艺士"的名称从古文和传统文化来看，指有才能、技艺的人，尤其专指类似鲁班、墨子等拥有高超技能的大师，另外结合我国学科划分和字面意思，也可指从事文学、艺术相关工作的人；"能士"名称的考虑主要从字面意思出发，指代教育培养的恰恰是一种有能之士；对于"术士"，有观点认为取"技术"的"术"与"学术"的"术"，正好将高等职业教育与普通高等教育建立关联。① "工士"（skilled degree）是学界和学校层面均较为热议和认可的学位名称，最早由于 2009 年提出，② 湖北职业技术学院和江西现代职业技术学院均将"工士"学位作为试点。③ 已有研究认为"工士"学位名称具有学理逻辑与法理意义，从"工"字的语境、寓意和我国传统文化等方面论证其作为我国高等职业教育学位名称的适切性。"专士"（specialist degree）这一名称由 2015 年提出，从词源演变、依据古代文化成词考释，境外渊源等方面论证了"专士"的作为高职学位名称的适切性。无论从古代还是今日通用的词义来看，"专士"既可以指专一从事某项学问的人，又可直接反映出专科学校培养的人才类型，与专科层次教育密切相关。另外，"专士"直接对应高等职业教育层次，与学士（bachelor degree）、硕士（master degree）和博士（doctor degree）中英文语境体系匹配，"专、学、硕、博"的英文翻译均为名词属性。④ 学位名称定名是一个长期存在争议，悬而难决的问题，需要考虑多种语境并结合我国学位文化底蕴和国际惯例等因素，但在专科设置学位却是共同认识。

最后，仪式感与认可度：高职学位设置必要性。仪式感和荣誉感是高职院校试点和实践中对高职学位设置必要性的重要体现之一。从部分高职院校试点授予

① 李梦卿，王若言. 工士学位及我国高等职业教育学位名称推定语境研究 [J]. 职教论坛，2014（31）：20－22.

② 李梦卿，张君第. "工士"学位在我国职教人才培养中的可实施性研究 [J]. 湖北工业大学学报，2009，24（3）：14－16，32.

③ 谭光兴，冯钰平. 论设立高职教育学位的必要性与紧迫性 [J]. 职教论坛，2017（13）：77－81.

④ 伍红军. 从"工士"到"专士"：高等职业教育学位名称再探 [J]. 内蒙古师范大学学报（教育科学版），2017，30（1）：74－77.

学位试点情况来看，虽然它未获得官方认可，但是社会反响很大，加快设置高职学位呼声很强烈。

2013 年 7 月 30 日，云南交通技师学院举行了首次"匠士"加冕典礼，为优秀毕业生代表带上"巧匠冠"，致敬鲁班、墨子，获得学生及家长的赞扬，旨在鼓励学生成长、成才，以此增加技工院校学生的荣誉感和自豪感。2014 年 6 月 20 日，湖北职业技术学院为推进现代职业教育体系进行改革探索，紧密结合当前高职教育生源参差不齐的实际，试点授予 1 103 名毕业生"工士"学位。有专家提出推行"工士"学位的理由，"觉得在颁发毕业证书之外，再颁发学位证书，能增加一层激励，激发学生内生的学习动力，增添学生对专业与技能的成就感、荣誉感、自豪感、归属感。"[1] 2014 年 7 月 5 日，四川科技职业学院向 119 名优秀毕业生代表颁发"钻士"学位荣誉证书。设立"钻士荣誉学位证书"让高职教育和普通高等教育一样享受到"国民待遇"。[2] 可见，学位对于接受高等职业教育的学生或学校而言，具有较高的荣誉价值和仪式感，这是高职院校授予学位必要性的重要体现。然而，高等职业教育学位设置的必要性远不止一纸文凭本身带来的仪式感。以副学士学位为例，克拉克·克尔（Clark Kerr）提出学位红绿灯说。他认为在某种意义上，学位就是红绿灯，使得学生的车流通过高等教育的各个阶段。从副学士到博士学位，各级学位都起着测量和奖励学习成绩的作用，它们影响着录取政策、课程内容和年轻人在大学中的学习期限，这些思想都强化了"副学士"学位的存在价值。[3]

高等职业教育学位设置的认可直接反映社会大众对高等职业教育学位设置必要性的支持与认同。从一定意义上讲，认可度的高低直接反映了高等职业教育学位的推进状况。目前，高职学位设置必要性还未获得较高认可。社会对职业教育及其授予学位的行为歧视还普遍存在，认为高职院校的学生是高考中的差等生，加之用人单位的招聘中"唯学历学位"，"唯学校层次"的现象常有，无形中掩盖了高等职业院校和学生应有的社会地位和就业机会。这在高考分数还作为升学主要依据的时期，容易使人们产生错误倾向，即认为本科教育优于高职教育，相应层次授予的学位也存在优劣之分。现实中，本科院校生源优质而毕业生就业困难，高等职业教育毕业生就业形势被看好，但生源相对较差而又紧缺。《2019 年中国大学生就业报告》（就业蓝皮书）显示，2018 届大学毕业生就业率为 91.5%，

---

① 李玉静，张祺午，程宇等. 拥抱学位：职业教育的诉求与期待 [J]. 职业技术教育，2014，35（24）：24 - 38.

② 伍红军，秦虹. 为什么是学位设立之争而不是学位名称之争——"工士"学位之争的回顾与反思 [J]. 职业技术教育，2015，36（18）：33 - 37.

③ 周洪宇，李梦卿. "工士"学位为高职教育"定位" [N]. 中国教育报，2015 - 02 - 13（3）.

其中近两届高职高专毕业生就业率高于同届本科,① 两者形成强烈反差。这是经济社会发展对高技能人才大量需求的真实写照。因此,高职院校学生在利好的就业趋势下,如果其获得相应的学位,那么就不一定被贴上差评或低认可度的标签。但也有观点认为高等职业教育设置学位不能给高职毕业生更好地指向就业、技能、市场和社会认可,也不能改善高职院校的教育质量。② 学位是保证质量的目的还是手段?这也正是高等职业教育学位制度在制度设计时所要解决的就业与升学、理论与实践、学术与技术等人才培养问题。

高等职业教育未能设置学位,主要原因有以下三个方面。

第一,高职学位设置于法无据。相关法律规范缺乏或滞后是高职学位设置必要性争议和存在障碍的基础原因。高职学位设置合法性可以寻求的法律规定包括:《中华人民共和国教育法》《中华人民共和国高等教育法》《中华人民共和国学位条例》《中华人民共和国学位条例暂行实施办法》(以下简称《学位条例实施办法》)、《专业学位设置审批暂行办法》(以下简称《审批暂行办法》)等。但我国学位授予制度已有的支撑法律规定文件中对高职学位并未具体涉及。

《教育法》第二十二条规定:国家实行学位制度,学位授予单位依法对达到一定学术水平或者专业技术水平的人员授予相应的学位,颁发学位证书。而按照《高等教育法》第二十二条第二款的规定:公民通过接受高等教育或者自学,其学业水平达到国家规定的学位标准,可以向学位授予单位申请授予相应的学位,可视为国家对学位授予单位的授权。高等职业教育属于高等教育范畴,并且培养具有专业技术水平的人员,但《学位条例》和《学位条例实施办法》中只涉及学士、硕士和博士学位及学位授予单位规定,并未提及高职院校及学位。它们"于法无据"成为学位授予单位,无从获得学位授予权。

按照最新政策文件要求,相关法律规范滞后。2014 年颁布的《关于加快发展现代职业教育的决定》中强调要将高等职业教育发展为专科、本科和研究生(专业学位研究生教育)等三个层次的现代职业教育体系。《现代职业教育体系建设规划(2014-2020 年)》的重点任务之一是"强化学历、学位和职业资格衔接。……逐步实现职业教育学历学位证书体系、专业学位研究生教育与职业资格证书体系的有机衔接。"然而已有相关法律规范还未进行调整。我国学位授予制度已建立近四十年,自 1981 年《学位条例》实施以来,仅在 2004 年进行微小修订,未触及三级学位体系的基本框架,高职教育学位不在增列范围。作为《学位条例》补充文件的《审批暂行办法》第二条规定:"专业学位作为具有职业背景

---

① 麦可思:2019 年中国大学生就业报告 [EB/OL]. http://www. gaoxiaojob. com/qiuzhi/info/20190830/394800. html,2022-10-25.

② 何谐. 我国高等职业教育学位制度的构建研究 [D]. 重庆:西南大学,2017:16.

的一种学位，为培养特定职业高层次专门人才而设置。"第三条规定："专业学位分为学士、硕士和博士三级，但一般只设置硕士一级。"① 但从专业学位发展来看，只设置硕士一级的学位层次规定不符合现实发展，高职教育的本科和研究生都需要发展专业学位。

总体上，高职教育学位设置无法可依，学位授予权、学位层级、申请和授予条件、评价机制、学位管理等都缺乏法律明确和规范，对其设置和推进造成了障碍。

第二，高职学位层次定位及衔接不明确。构建高等职业教育学位制度实质是在阐释高等职业教育何以为"高"，高等化的职业教育何以为"高等"，在学位层次上该如何体现？从已有高职院校的实践和政策性文件来看，各方对高等职业教育学位层次定位及衔接方式不明确。

从高职院校的试点现状来看，高职院校仅关注了专科层次学位授予的试点实践。前面提及的高职学位试点院校基本为专科层次的高职院校，突出了高职学位"仪式感"和"荣誉感"的作用，但对于高职本科和研究生教育学位衔接的实践案例是缺乏的。现行学位制度没有为高等职业院校学生提供进入学位教育通道的机会。尽管已有"专升本"这一通道，但是比例十分有限，并且职业技术教育向学术教育转换过程并不容易打通。这就致使我们目前的高职教育学位层次的实践过于局限，升学功能被弱化，不利于满足学生对继续接受高一层次教育的需求，这无疑是与高等教育民主化、大众化、终身化发展目标相悖的，且不利于合理的人才培养层次的形成。

从最新政策导向来看，高职学位体系涉及专科、本科和研究生教育各层级，但它们与我国现有学位层次结构之间的衔接关系不明确。从《国务院关于加快发展现代职业教育的决定》和《现代职业教育体系建设规划（2014-2020年)》两个最新政策文件来看，高职学位层次并不局限在专科层次，还涉及本科、研究生教育。然而，高职专科层次学位还未新增，高职本科和研究生教育的学位层次如何与专业学位和学术学位衔接存在的问题有待厘清，比如接受高职专科层次教育的学生未来继续深造的选择仅有专业学位通道，还是可以攻读学术学位，最终实现构建高职学位与学术学位的双轨并行、多项选择的学位教育通路。如此设计，似乎专业学位可以与高职学位合并为一体，这是否意味着高职本科和研究生教育所授予的学位就是各级专业学位呢？但在上述两个政策文件中，仅明确了高职研究生层次职业教育等同于专业学位研究生教育，对高职本科层次教育与专业学位

---

① 解瑞卿. 高等职业教育学位授予的障碍排除——以制度合法性为主要观察视角 [J]. 职教论坛，2014（22）：61-62.

教育关系并未说明。

第三，高等职业教育学位名称推定语境不统一。高职学位以何命名长期存在争议，学界和高职院校提法各异，主要原因是这些名称推定语境多样，至今难达成共识。分别以讨论度较高的"引进"式名称——副学士学位和"本土"式名称——"工士"学位为例进一步说明。

副学士学位是"引进"式学位名称的代表。前面从国际通用性、传统惯例和适用性等方面对引进副学士学位可行性和适切性进行了阐述。但若转换推定语境，根据各国本土化副学士学位基本路径来看，以副学士学位命名我国高职学位存在以下不足：第一，从词语匹配性来看，副学士与学士、硕士、博士等名称不一致。博、硕、学都是能够体现出学术程度差异的形容词，但"副"只能直观表示形容词的属性，不能表现出学术特点。另外，副学士学位的"副学士"英文翻译为"associate"，与学士学位的"bachelor"、硕士学位的"master"、博士学位的"doctor"的英文词性也不一致，后三者均有指代某类人的名词属性，如果基于信、达等原则将"associate degree"翻译为"联合学位"或许更为贴切，但在"雅"上存在不足。第二，从学位功能概括性来看，副学士学位不能直接体现我国高职学位设置特点。随着美国高等教育普及化发展，副学士学位更加突出了职业人才培养的学术性和与学士学位的衔接，第一印象容易理解为从属于学士的学位，不具有鲜明的独立身份和特色，这与我国对于高等职业教育的定位指向不能完全匹配。若采取副学士作为高等职业教育学位名称，第一印象容易与学术学位产生较为紧密的联系，但对我国高职教育所强调的职业性和技术性特点表现不足，较易走上对学术性人才培养路径依赖的老路。

"工士"学位是本土原创的高职学位名称。对"工士"名称合理性在前面有所阐述。但结合我国高职学位制度设计，确定为该名称仍有不足之处。从中英文词性的匹配性来看，"工士"这一学位名称与副学士学位名称存在词性不一致等相似问题。无论从中文还是英文学位名称整体语境来看，"工士"学位在整个学位体系中具有不协调感。从概括性和通用性来看，"工士"不能包含当前所有的专科层次高等教育形态，比如专科层次普通高等教育和专科层次职业教育两种类型，也不能包括所有学科，设定的语义指向与通行语义产生冲突。"工士"容易使人望文生义理解为指技工或工业、工程类学位。而在《普通高等学校高等职业教育（专科）专业目录（2015年）》19个专业大类中显然不只有技术、工业或工程类学科，如表5-1所示，较易产生偏差的认识。从美誉度来看，学位名称素来能够体现一定学识或身份象征。我国古代与学士、硕士和博士相对应的为学问渊博之人或某种官职。鉴于此，高等职业教育学位名称一定程度上是重拾职业教育尊严的重要契机。但"工士"学位的名称容易与培养工人或技工联系起来，在整个学位体系中烙上"低级"学位的刻板印象，不利于提升高等职业教育社会声誉和吸引力。

表 5-1　　　　　《普通高等学校高等职业教育（专科）
专业目录（2015 年））》专业大类

序号	专业大类	序号	专业大类
1	51 农林牧渔	11	61 电子信息
2	52 资源环境与安全	12	62 医药卫生
3	53 能源动力与材料	13	63 财经商贸
4	54 土木建筑	14	64 旅游
5	55 水利	15	65 文化艺术
6	56 装备制造	16	66 新闻传播
7	57 生物与化工	17	67 教育与体育
8	58 轻工纺织	18	68 公安与司法
9	59 食品药品与粮食	19	69 公共管理与服务
10	60 交通运输		

资料来源：中华人民共和国教育部. 普通高等学校高等职业教育（专科）专业目录（2015 年）［EB/OL］. http：//www. moe. gov. cn/s78/A07/zcs_ztzl/2017_zt06/17zt06_bznr/bznr_ptgxgdzjml/ptgx_mlxjzydz/201708/P020170826555831329313. pdf，2019 - 04 - 29.

副学士学位和"工士"学位均有作为高职学位名称的适切性和合理性，但由于语境推定系统性和全面性不足，转换到不同语境中就可能动摇已有论证，因此，它们都不是我国高等职业教育学位名称最优选择。即便"专士学位""技士学位"等名称的提出和论证对上述不足有所回应，但影响力有限。高职学位名称受到域外和本土多重文化传统、政策目标影响，推定语境多样，可变性强，还需通过广泛搜集建议、试点和学理论证继续探索。

（二）《学位条例》操作性

《学位条例》包含的信息量却非常大，从制定目的、学位三级设立、学位授予课程要求、学位论文基本要求，到学位授予单位审核主体及职责，再到学位的申请要求、申请程序，申请申诉，到最后的学位争议处理、学位授予单位违规处理等。总之，有关学位授予的所有内容都包括了。但由于《学位条例》正文字数仅 1 600 多字，共 20 条，所有该法律条文都是原则性规定。

按照中国成文法律体系颁布和执行的特点，为了让《学位条例》能够实施，又制定了《学位条例实施办法》，虽然该实施办法比《学位条例》规定要具体些，正文由《学位条例》的 20 条增加到《学位条例实施办法》的 25 条，但毕竟学位条例涉及内容非常丰富，正文 4 000 多字的《学位条例实施办法》在过去原则性规定上作出原则性解释，明显的不足还在于操作性不强、规定太过模糊，虽然为今后研究生教育发展提供了多种解释的回旋余地，但基于同一条法律条文出现的不同解释，使得法律权威性大打折扣。

第一条　为了促进我国科学专门人才的成长，促进各门学科学术水平的提高和教育、科学事业的发展，以适应社会主义现代化建设的需要，特制定本条例。

第二条　凡是拥护中国共产党的领导、拥护社会主义制度，具有一定学术水平的公民，都可以按照本条例的规定申请相应的学位。

第三条　学位分学士、硕士、博士三级。

第四条　高等学校本科毕业生，成绩优良，达到下述学术水平者，授予学士学位：（一）较好地掌握本门学科的基础理论、专门知识和基本技能；（二）具有从事科学研究工作或担负专门技术工作的初步能力。

第五条　高等学校和科学研究机构的研究生，或具有研究生毕业同等学力的人员，通过硕士学位的课程考试和论文答辩，成绩合格，达到下述学术水平者，授予硕士学位：（一）在本门学科上掌握坚实的基础理论和系统的专门知识；（二）具有从事科学研究工作或独立担负专门技术工作的能力。

第六条　高等学校和科学研究机构的研究生，或具有研究生毕业同等学力的人员，通过博士学位的课程考试和论文答辩，成绩合格，达到下述学术水平者，授予博士学位：（一）在本门学科上掌握坚实宽广的基础理论和系统深入的专门知识；（二）具有独立从事科学研究工作的能力；（三）在科学或专门技术上作出创造性的成果。

第七条　国务院设立学位委员会，负责领导全国学位授予工作。学位委员会设主任委员一人，副主任委员和委员若干人。主任委员、副主任委员和委员由国务院任免。

第八条　学士学位，由国务院授权的高等学校授予；硕士学位、博士学位，由国务院授权的高等学校和科学研究机构授予。授予学位的高等学校和科学研究机构（以下简称"学位授予单位"）及其可以授予学位的学科名单，由国务院学位委员会提出，经国务院批准公布。

第九条　学位授予单位，应当设立学位评定委员会，并组织有关学科的学位论文答辩委员会。学位论文答辩委员会必须有外单位的有关专家参加，其组成人员由学位授予单位遴选决定。学位评定委员会组成人员名单由学位授予单位确定，报国务院有关部门和国务院学位委员会备案。

第十条　学位论文答辩委员会负责审查硕士和博士学位论文、组织答辩，就是否授予硕士学位或博士学位作出决议。决议以不记名投票方式，经全体成员三分之二以上通过，报学位评定委员会。学位评定委员会负责审查通过学士学位获得者的名单；负责对学位论文答辩委员会报请授予硕士学位或博士学位的决议，作出是否批准的决定。决定以不记名投票方式，经全体成员过半数通过。决定授予硕士学位或博士学位的名单，报国务院学位委员会备案。

第十一条　学位授予单位，在学位评定委员会作出授予学位的决议后，发给学位获得者相应的学位证书。

第十二条　非学位授予单位应届毕业的研究生，由原单位推荐，可以就近向学位授予单位申请学位。经学位授予单位审查同意，通过论文答辩，达到本条例规定的学术水平者，授予相应的学位。

第十三条　对于在科学或专门技术上有重要的著作、发明、发现或发展者，经有关专家推荐，学位授予单位同意，可以免除考试，直接参加博士学位论文答辩。对于通过论文答辩者，授予博士学位。

第十四条　对于国内外卓越的学者或著名的社会活动家，经学位授予单位提名，国务院学位委员会批准，可以授予名誉博士学位。

第十五条　在我国学习的外国留学生和从事研究工作的外国学者，可以向学位授予单位申请学位。对于具有本条例规定的学术水平者，授予相应的学位。

第十六条　非学位授予单位和学术团体对于授予学位的决议和决定持有不同意见时，可以向学位授予单位或国务院学位委员会提出异议。学位授予单位和国务院学位委员会应当对提出的异议进行研究和处理。

第十七条　学位授予单位对于已经授予的学位，如发现有舞弊作伪等严重违反本条例规定的情况，经学位评定委员会复议，可以撤销。

第十八条　国务院对于已经批准授予学位的单位，在确认其不能保证所授学位的学术水平时，可以停止或撤销其授予学位的资格。

第十九条　本条例的实施办法，由国务院学位委员会制定，报国务院批准。

第二十条　本条例自1981年1月1日起施行。

二、《学位条例》修订

1980年颁布的《学位条例》于2004年进行了第一次修订，但是2004年仅对《学位条例》中的一条进行了修改，很多研究生教育发展的问题没有来得及从法律层面作出规定。目前，《学位条例》的修订又被提上议事日程，反思2004年的修订，不能再对必须修订的地方熟视无睹。仅从学位授予角度而言，《学位条例》也必须进行修订。

（一）增加条款

1. 增加国家和省级学位委员会各自职责规定

中国研究生学位授予的重要组织或机构：一是国务院学位委员会，负责组织审核高校或机构是否具培养研究生资格；二是高校，负责具体的研究生培养工作和学位授予工作。高校培养研究生，审核其培养资格是前提，只有获得了资格才能开展研究生招生、培养和学位授予等工作。

《学位条例》赋予国务院学位委员会对高校研究生培养资格审核的职责。《学位条例》第八条规定，"硕士学位、博士学位，由国务院授权的高等学校和科学研究机构授予。授予学位的高等学校和科学研究机构（以下简称'学位授予单位'）及其可以授予学位的学科名单，由国务院学位委员会提出，经国务院批准公布"。但从目前我国研究生学位授权审核来看，形成了国务院学位委员会和省级学位委员会，它们各自承担着不同职责。

随着学位管理体制不断改革发展，省级学位委员会逐步设立。1995 年出台了《关于加强省级学位委员会建设的几点意见》，1997 年出台了《国家教委、国务院学位委员会关于加强省级人民政府对学位与研究生教育工作统筹权的意见》，截至 2005 年，全国 31 个省、自治区和直辖市（不含香港、澳门、台湾）全部设立省级学位委员会。① 省级学位委员会基本覆盖了我国行政区域，而且在学位授权审核管理中发挥着重要作用。如第十二次学位授权审核中，省级学位委员会组织实施新增博士学位授予单位授权初审；统筹制定本地区新增学位授予单位规划，确立立项建设单位，按照立项、建设、评估和验收的程序分批安排建设。② 2017 年《博士硕士学位授权审核办法》第九条提出："省级学位委员会受国务院学位委员会委托"，即省级学位委员会根据国务院学位委员会的委托进行学位授权工作，其在学位授予审核中的评议权、推荐权及其他权利等都带有行政委托性质。

省级学位委员会已经承担了过去国务院学位委员会的职责，但在《学位条例》中根本没有体现，学位授权审核实践已经走在了法律法规前面，迫切需要《学位条例》增加省级学位委员会的职责，让省级学位委员会有关学位授权审核工作开展有法可依、有法可据。

---

① 翟亚军，王战军. 省级政府学位与研究生教育管理职能的历史演进及未来走向 [J]. 学位与研究生教育，2012（4）：64 – 67.

② 姚云，钟秉林. 第十二次博士硕士学位授权审核政策解读 [J]. 研究生教育研究，2018（4）：9 – 13.

2. 增加"专业学位"的法律规定

1991 年我国就开始招收专业学位研究生，但 2004 年的《学位条例》修订内容并没有涉及。近些年，专业学位研究生规模超过了学术学位研究生规模，如招收的专业学位硕士生人数已经超过学术学位研究生，招收的专业学位博士生的增长幅度也大于学术学位的博士生。由于专业学位与学术学位是两种不同类型的学位，它们的招收对象、培养目标、培养模式和评价指标都有很大不同，现在是时候在《学位条例》中增加专业学位发展方面的内容了。

专业学位研究生的有关法律条款应该增加和明确以下几个方面：

第一，明确规定中国学位在硕士和博士两个层次有学术学位和专业学位两种类别；

第二，研究生专业学位授予的学科目录；

第三，授予专业硕士和博士学位的条件和规定；

第四，开展专业硕士学位和博士学位答辩的要求；

第五，获得专业硕士和博士学位的成果要求；

第六，专业硕士和博士学位的答辩委员会的人数、资格等要求；

第七，专业硕士和博士学位论文审查和外审的专家人数、资格等要求。

以上 7 条中，第五和第七条更为重要。第五条涉及专业学位和学术学位的区别性规定，表征在论文选题、研究背景和解决问题等，而落脚点是学位论文成果表达方式，第七条为成果是否合格由谁来判断。如果用高考来比喻这三者之间的关系，可以认为学习内容为论文选题等，高考大纲为专业学位成果表达方式，高考阅卷人为论文审查专家。

正如民间所说高考"指挥棒"有决定高中学习内容的作用，在专业学位研究生教育中，成果表达方式就决定了论文选题等。专业学位中，艺术、临床医学、工学等专业学位类别相对于其他专业学位类别更为明显，如艺术学学术学位的获得条件必须是学位论文，而艺术学专业学位的获得条件可能是一场艺术表演、艺术作品展览，而非学位论文。

课题组在调研过程中发现，一些高校和许多导师虽然知道专业学位和学术学位不同，培养过程和培养模式也不相同，但不敢让研究生选择多样化的成果来做专业学位论文，很重要的原因就是外审专家平台只有一个，平台系统中的专家过去接受的是学术学位熏陶，自己培养的研究生也是按照学术性进行，面对专业学位的研究成果，专家是否会认识、理解和认同是未知数。有事实证明，用实践性成果来获取研究生学位在一些学校和导师中碰到过"钉子"。为此，建立专业学位外审专家平台非常重要，广泛吸收具有实践经验的专家进入平台，才能促进专业学位的正常发展。

3. 增加设置高等职业教育学位

高等职业教育担负着培养面向社会、经济发展的生产、管理和服务等领域的高等应用型、技能型人才的重要使命。独立的高职教育学位体系的缺乏，使高等技能型人才的培养层次仅至专科阶段，人才培养无法连续，造成技能型人才的结构性短缺，难以满足经济社会发展对人才层次与结构的需求。构建完善的高职教育学位体系，将其与现有学位体系融通十分必要和迫切。面对现实需要，可以从以下三方面进一步促进高职教育学位的设置。

第一，加快推进修订《学位条例》。按照法治统一原则和与时俱进要求，系统修改学位制度相关法律规范十分迫切和必要。基于高等职业教育学位设置的强烈诉求和发展需求，已有法律不能适应近年来我国高等教育结构调整。建议由国务院学位办牵头，组成由学者、高等职业院校、企业行业管理者构成高等职业教育学位制度起草小组，明确学位价值、学位名称、培养目标，制订包含职业资格等要求在内的学位授予标准，说明职业教育和普通教育学位流通机制，在多方合力促进其写入《学位条例》和《学位条例实施办法》，使其得到法律确认和保障，以促进现代高等教育学位体系"立交桥"的依法构建和管理，引导职业学院、普通院校成为高中毕业生毕业时的平等选择。这也是提高高职学位社会认可度的重要路径。只有当高职学位的制度实践获得相应法律认可、完善的组织运载和社会文化认知的支持，才能被广为接受，在此基础上，我国高等职业教育学位制度才算真正建设完成。

第二，明确高等职业教育学位层次。高等职业教育通过可以授予学位体现其"高等"的特点，突出高等职业教育不可取代的特点，以被世界广为认可的"学位"符号统一认证这一独具特色的人才培养模式和质量，重新树立其不可取代的身份地位。结合已有学位层次结构和高职学位教育政策规划，明确高职教育学位不只是专科层次的学位，未来可以尝试构建"职普双轨并行，专学灵活衔接，层次接续"的学位教育"立交桥"。新增高职专科层次学位，获得专科层次学位的学生可以根据继续学习需要，自由选择专业学位教育或学术学位教育通路深造，具体如图 5-1 所示。

第三，确定高职学位名称。前面总结归纳了已有高职学位定名的观点和认识，综合起来看有通过"引进来"的副学士学位说和本土原创提出的技术职业学位说或专业学位说。副学士学位说站在高职教育的"高等"这一特点上，强调了专科层次的高等教育和本科教育学位的衔接关系；技术职业学位说和专业学位说区别并不大，都是站在高职教育对学生专业职业能力培养的特点上。但从我国对高职教育学位体系的最新制度设计来看，将上述观点融合后确定的学位名称也许更为合理，可以基于与国情相适应的政策目标、院校试点、国际接轨、文化传统等原则最终确定我国高职学位名称。

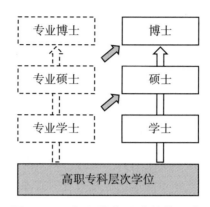

图 5 - 1　高职学位层次结构设想

　　总之，社会快速发展和科技进步对高技能人才的知识不断提出新的要求和挑战，需要通过不断学习、发展和提高来应对。技术的更新引发职业的变更，技能人才的培养过程需要职业教育体系的延伸。实现高等职业教育学位体系延伸的首要任务，是通过"自上而下"方式构建和完成高等职业教育与普通高等教育在学位制度上的衔接和沟通。高等职业教育学位设置是我国高等职业教育学位制度改革实践的一次重要尝试，未来需要在法律层面的支持、保障，高等职业院校的高效配合，以及企业行业积极参与下加快建设和完善的步伐。

（二）加强《学位条例》的可操作性

　　《学位条例》可操作性不强，一直是该法规被诟病的因素。由于法规的操作性不强，中国研究生教育发展和学位授予许多问题难以找到法律依据和权威的法律解释。即将要进行的《学位条例》修订，是难得的法律条文调整和补充的机会，需要法律工作者和教育工作者从长计议，在《学位条例》的可操作性方面下功夫。如果有些研究生教育发展和学位授予的问题，目前还看不清楚发展走向，也需按照中国法律修订的传统，在随后制定的与《学位条例》配套的《学位条例实施办法》中体现其操作性。

第二节　学位授予保障制度中的研究生资助政策改革

216　　研究生资助是保障研究生顺利完成学业、获得授予学位的经费保障制度。不同国家由于经济发展水平不同和对研究生身份定位不同，研究生资助政策也有很大不同，但资助政策的有力实施有助于保障研究生学位授予的数量和质量。

一、中国研究生资助政策及其演变

研究生资助政策或制度的建立无疑与特定的历史条件是分不开的，或者说由特定历史条件决定的，不同历史时期的经济社会发展水平与制度决定了研究生资助政策与制度。研究生资助政策的分析，可以有不同视角，如资助目的、资助主体、资助名称、资助群体、资助强度、资助效益、经费来源或资助无偿等，不同的分析视角，会给研究生资助政策改革带来不同的视角。为了更好地分析研究生资助政策有利于研究生学位授予，研究生资助将从无偿性角度进行阐述，这里的无偿是指研究生获得的这一资助金，今后无须归还。

（一）中国研究生资助政策演变

1. 1950～1999 年：无偿资助

这一时期，无偿资助包括"助学金""奖学金""三助金""绿色通道减免金"等。

（1）助学金。1950～1991 年，这一时期对研究生的资助称为"人民助学金"，虽然在 20 世纪 80 年代，人民助学金改称为了生活待遇补助。人民助学金这一称谓明显体现出时代特征。当时，接受高等教育的学生，包括研究生，其学费和住宿费都是免费的，而人民助学金是对因经济困难或特殊困难而无法支付伙食费等开支的贫困学生给予一定的补助金额。人民助学金的资金来源于国家财政拨款，发放方法采取"自报公议、民主判定"，但实际上几乎是每名研究生都能获得。

2014 年秋季学期起，将研究生普通奖学金调整为研究生国家助学金，用于资助计划内所有全日制研究生（有固定工资除外）的基本生活支出。

这一时期，时间跨度较大，研究生资助具有以下特点：一是发放标准是随着国家经济发展形势不断调整的；二是发放标准很高，特别是人民助学金建立之初，很长一段时间人民助学金资助金额还高于助教，甚至在职工作人员的工资。这与当时研究生招收人数少，而且国家对人才极其重视有关；三是不同地区研究生之间有地区差价补助；四是在职研究生与无收入研究生资助标准不一；五是曾对研究生的书籍费和粮油差价发放过补助。

（2）奖学金。1991 年，国家教委、财政部联合发布《普通高等学校研究生奖学金制度试行办法》，废止了之前的人民助学金和生活待遇补助的规定，变

217

"助学金"为"奖学金"的目的，很显然是希望拉开研究生资助差距，鼓励研究生努力学习。

研究生奖学金分为两类、多种。两类是指研究生奖学金分为普通奖学金和优秀奖学金，多种是指普通奖学金又分为就读研究生之前没有参加工作、参加工作2年和参加工作4年等。优秀奖学金的比例不超过招收人数的10%。另外，继续执行之前政策中补助研究生书籍费的措施，并另设每人每月2元的临时性困难补助。

1994年，奖学金政策做了一些调整，如除了因物价上涨原因调高奖学金标准外，因书籍补助费已包含在奖学金标准中而不再单独发放，同时，优秀奖学金标准、评定比例和发放办法由各学校自定。

1996年，国家教委等部委发文调高了研究生奖学金标准。2011年，教育部等部委发文专门提高了中央部委所属普通高校研究生的奖学金标准。2012年，财政部和教育部发文设立研究生国家奖学金，奖励优异的全日制研究生。2013年又增设了国家学业奖学金这一单项奖学金，规定研究生学业奖学金标准不得超过同阶段研究生国家奖学金标准的60%，其具体等级、覆盖面、标准和评定办法则由各高校根据自身实际情况自定。此外，继续执行研究生国家奖学金以及校级层面上的优秀奖学金。

（3）"三助金"。虽1989年就提出了改进和加强研究生工作的要求，但研究生的"三助金"正式实施已到1992年。改革研究生培养制度，研究生在攻读学位的同时，兼任"职教、助研和助管"。

2. 2000至现在：有偿与无偿并存时期

我国在1999年本专科试点国家助学贷款经验的基础上，于2000年2月和8月，国务院办公厅相继转发中国人民银行等部门制定的《关于助学贷款管理的若干意见》以及《关于助学贷款管理补充意见》，对国家助学贷款政策作出如下调整：一是贷款办理银行由工行扩大至工、农、中、建四行。二是贷款对象由全日制本专科生扩大至研究生。三是高等学校在读学生实行无担保（信用）贷款等。

2006年9月，财政部、教育部印发《高等学校毕业生国家助学贷款代偿资助暂行办法》，开始实施国家助学贷款代偿机制。凡是愿意到西部地区和艰苦边远地区基层单位服务达3年或以上的部属高校应届毕业生，其国家助学贷款本金及还款前产生的利息由国家代为偿还。2007年，国家采取生源地信用助学贷款试点，由学生或其合法监护人，向其家庭所在地的农村信用社、银行等金融机构申请办理，不需要担保或抵押，但需要承诺按期还款，并承担相关法律责任。

2014年秋季学期开始，研究生教育实行全面收费制度，原有的助学贷款标准不能保障贫困研究生的顺利入学。2014年7月，财政部、教育部、中国人民银行、银监会四部门联合下发《关于调整完善国家助学贷款相关政策措施的通知》，上调研究生国家助学贷款原有标准。同时规定，全日制研究生原则上只能申请办理校园地国家助学贷款。2015 年 7 月，四部门又联合发布《关于完善国家助学贷款政策的若干意见》，将贷款最长年限由原来的 14 年延长至 20 年，还本宽限期从 2 年延长至 3 年整，以及建立国家助学贷款还款救助机制等措施，使我国研究生国家助学贷款制度逐步建立和完善。

（二）当前研究生资助政策基本内容

当前研究生资助政策包括国家、地方和高校三个层面的资助。国家的资助主要包括中央财政对研究生的资助，包括中央财政对中央高校研究生的资助、地方高校对研究生的部分资助等。地方政府的资助主要包括地方政府对本辖区的省、自治区、直辖市或计划单列市等高校研究生的资助。地方政府一般根据国家对研究生的资助政策来制定自身资助研究生政策，所以地方对研究生的资助政策此处不再述及。高校的资助主要包括高校自筹或接受社会捐赠资金对研究生的资助。

除了以上的资助外，国家层面还对"服兵役的高等学校研究生实施国家教育资助"，对研究生获得学位后去"基层就业实施学费补偿国家助学贷款代偿"等。由于这部分人群人数不多，比例不大，研究生资助的分析聚焦于以上国家和高校对研究生的资助来进行。

1. 国家资助

2019 年 4 月 1 日，财政部、教育部、人力资源社会保障部、退役军人部、中央军委国防动员部发布《关于印发〈学生资助资金管理办法〉的通知》，对研究生资助指标与标准、资助目的与申请条件等作出了相应的规定。

（1）研究生资助指标与标准。研究生资助包括"研究生国家奖学金""研究生学业奖学金"和"研究生国家助学金"三种。

第一，研究生国家奖学金。奖励特别优秀的全日制研究生，每年奖励 4.5 万名。其中：硕士生 3.5 万名，每生每年 2 万元；博士生 1 万名，每生每年 3 万元。

第二，研究生学业奖学金。奖励中央高校全日制研究生，中央财政按照硕士研究生每生每年 8 000 元、博士研究生每生每年 10 000 元的标准以及在校学生数的一定比例给予支持。

第三，研究生国家助学金。资助全日制研究生的基本生活支出。中央高校硕士研究生每生每年 6 000 元，博士研究生每生每年 15 000 元；地方所属高校研究生国家助学金资助标准由各省（自治区、直辖市、计划单列市）财政部门会同教育部门确定，硕士研究生每生每年不低于 6 000 元，博士研究生每生每年不低于 13 000 元。

（2）资助目的与条件。从表 5 - 2 可知，国家设置三种研究生资助，其目的各有侧重。从字面上看，国家奖学金资助的是全面发展、全面优秀的研究生，学业奖学金资助的是成绩和科研优秀的研究生，而国家助学金资助的是无固定收入的所有研究生，资助他们的基本生活，国家助学金是由过去的普通奖学金变换名称而来的。

表 5 – 2　　　　　　　　　　国家对研究生资助

资助类型	资助目的
国家奖学金	用于奖励纳入全国招生计划内的高校中表现优异的全日制研究生，旨在发展中国特色研究生教育，促进研究生培养机制改革，提高研究生培养质量
学业奖学金	用于激励研究生勤奋学习、潜心科研、勇于创新、积极进取，在全面实行研究生教育收费制度的情况下更好地支持研究生顺利完成学业
国家助学金	用于资助普通高校纳入全国研究生招生计划的所有全日制研究生（有固定工资收入的除外），补助研究生基本生活支出。获得资助的研究生须具有中华人民共和国国籍

（3）资助申请条件。在国家资助的"国家奖学金""学业奖学金"和"国家助学金"中，"国家助学金"是针对除有固定工资收入的所有研究生的资助，因而它没有资助的申请条件。从表 5 – 3"国家奖学金"和"学业奖学金"的资助申请条件来看，两者比较而言区别不是太大，前四条中有三条半的表述完全一样，而最后一条的"国家奖学金"表述为"学习成绩优异、科研能力显著，发展潜力突出"，要求的是学业成绩和科研能力以及未来发展三个方面，"学业奖学金"表述为"积极参与科学研究和社会实践"，要求的是参与科研和社会实践两个方面。简单来说，它们之间的区别是，"国家奖学金"强调的是科研，"学业奖学金"强调的是"社会公益"，它们的相同条件则是"学业成绩"。

表 5 – 3　　　　　　　国家对研究生资助申请条件

项目	国家奖学金	学业奖学金
资助条件	1. 具有中华人民共和国国籍	1. 具有中华人民共和国国籍
	2. 热爱社会主义祖国，拥护中国共产党的领导	2. 热爱社会主义祖国，拥护中国共产党的领导
	3. 遵守宪法和法律，遵守高等学校规章制度	3. 遵守宪法和法律，遵守高等学校规章制度
	4. 诚实守信，道德品质优良	4. 诚实守信，品学兼优
	5. 学习成绩优异，科研能力显著，发展潜力突出	5. 积极参与科学研究和社会实践

2. 高校资助

高校制定的研究生资助政策，基本都是在国家有关政策基础上的细化与补充。由于各高校经费宽裕程度和办学理念不一样，为研究可行与方便，对高校研究生资助的分析仅选取一所大学为例。

该校对研究生的资助包括以下 6 类。

（1）奖学金。根据国家有关奖学金政策，高校制定的奖学金政策包括国家、学校、培养单位三级优秀研究生奖学金奖励体系，对优秀新生和学业优秀、综合表现突出的在校研究生进行奖励。

第一类：新生奖学金。

为提高研究生生源质量，学校设研究生优秀新生奖学金，覆盖面达到当年招生人数的 100%。硕士新生奖学金共设一等奖、二等奖两个等级，学术型硕士生分别按当年招生人数的 40% 和 60% 评定，奖金分别为 1 万/人和 0.6 万/人；专业硕士生分别按当年招生人数的 15% 和 85% 评定，奖金分别为 0.8 万/人和 0.6 万/人；硕士新生一等奖只用于奖励保送推免生。博士新生奖学金设特等奖和一等奖两个等级，分别按当年博士生招生人数的 5% 和 95% 评定，奖金金额分别为 8 万/人和 1 万/人。新生奖学金在新生入学评定后发放，其中，博士生新生特等奖学金分两次发放。

第二类：学业奖学金。

学校设研究生学业奖学金和国家奖学金形成梯次，奖励优秀学生。学业奖学金共设一等奖、二等奖、三等奖 3 个等级，其中学术型硕士生分别按 40%、45% 和 12% 评定，奖金分别为 1.2 万/人·年、1 万/人·年和 0.6 万/人·年；专业硕士生分别按 40%、45% 和 13% 评定，奖金分别为 1 万/人·年、0.8 万/人·年和 0.6 万/人·年；博士生分别按 35%、40% 和 20% 评定，奖金分别为 1.8 万/人·年、1.5 万/人·年和 0.8 万/人·年。

专业学位研究生的新生奖学金与学业奖学金由学校和院系共同承担，按照学生不同学费标准承担相应比例，学费在每生每年 1 万~2 万元的专业，学校和院系承担比例为 8:2；学费在每生每年 2 万~4 万元的专业，学校和院系承担比例为 7:3；学费在每生每年 4 万元及以上的专业，学校和院系承担比例为 6:4。

（2）基本助学金。

为保障研究生的基本生活需要，学校设置基本助学金，其标准为：硕士生 0.6 万/生·年，博士生 1.44 万/生·年。

（3）"三助"岗位津贴。

学校为研究生设置教学助理（以下简称"助教"）、管理助理（以下简称"助管"）岗位，学校与导师（院系）共同为研究生设置研究助理（以下简称

"助研")岗位。助教、助管、助研岗位统称为"三助"岗位。全日制硕士生的"三助"岗位津贴标准为 0.8 万/岗·年，全日制博士生岗位津贴标准为 1 万/岗·年；"三助"岗位覆盖率在学制内全日制硕士生中可达到 80%，在学制内全日制博士生中可达到 100%。

（4）突出成果、突出贡献奖励。

学校对发表高水平科研成果，参加高水平学术活动并获得奖励，在全国性及以上艺术、体育竞赛中取得优异成绩，以及在学生事务管理、志愿服务活动等社会工作中表现突出的研究生进行奖励。

（5）特困资助。

学校对家庭经济困难的研究生，除给予研究生基本助学金、帮助其申请助学贷款外，在"三助"岗位的聘用上同等条件下予以优先。同时，学校将积极争取社会资金为学业优秀的特困研究生设立专项奖学金。对于家庭特别贫困、个人表现特别优秀的研究生，经学生个人申请、培养单位同意和学校研究批准，可减免全部或部分学费。

（6）学院（部、系）奖学金与专项奖学金。

依托院系、教育基金会另设学院（部、系）奖学金与专项奖学金若干项，作为研究生奖学金校级奖励的重要补充，原则上此类奖学金的标准不超过 1 万/人·年。

以上奖助项目中，除国家奖学金和学校学业奖学金不兼得、博士新生特等奖学金获得者需要承担导师助研工作但不兼得助研津贴外，如无特殊规定，原则上其他奖助项目均可兼得。符合条件的延期毕业研究生可申报突出成果奖励。

二、中国研究生资助政策改革

中国研究生教育规模已成为世界第二，特别是在高等教育进入普及化发展阶段，研究生教育规模将继续扩大。与此同时，面临的问题是，研究生教育规模扩大中如何保障质量。就学位授予而言，研究生学位授予既要满足庞大规模的需求，又要保证质量不能降低，甚至是质量提高。这对研究生资助政策提出了全新挑战，是新时代中国研究生教育发展面临的全新课题。

（一）中国研究生资助政策问题

中国研究生资助政策是由过去高等教育大包大揽制度变革而来，改革难度大，特别是研究生资助政策改革除了受到金融政策和经济政策的制约外，它更直接地受到高等教育治理体制制约。当前研究生资助政策改革存在的以下几个问题，影响着学位授予。

1. 国家层面资助政策是普惠性还是奖励性

国家制定的研究生资助政策，包括"研究生国家奖学金""研究生学业奖学金""研究生国家助学金"，也包括"服兵役高等学校学生国家教育资助"和"国家助学贷款奖补资金"等多种资助。从有偿性和无偿性角度来看，国家奖学金中只有"国家助学贷款"具有有偿性，其他都是无偿性资助，即获得该资助后无须偿还。显然，被资助者更愿意获得更多的无偿资助。但由于政府资助经费有限，资助必须在奖励性和普惠性之间作出选择。

普惠性资助意指只要是研究生，都可以获得相应的资助。奖励性资助属于竞争性资助，它是限额的。竞争性资助必须设置竞争性标准，但由于各省、高校、各学科的情况不一，往往特殊性大于普遍性，所以从国家层面来看，设定的标准只能是模糊的。模糊的标准显然不便于竞争性判定，于是只好利用指标来解决模糊标准的问题。国家对研究生资助则采用各省、各校研究生规模与层次分配指标。

"研究生国家助学金"属于普惠性资助，中央高校硕士研究生每生每年6 000元，博士研究生每生每年15 000元；地方所属高校研究生国家助学金资助标准由各省（自治区、直辖市、计划单列市）财政部门会同教育部门确定，硕士研究生每生每年不低于6 000元，博士研究生每生每年不低于13 000元。

"研究生国家奖学金"和"研究生学业奖学金"属于竞争性资助。前者每年奖励4.5万名。其中硕士生3.5万名，每生每年2万元；博士生1万名，每生每年3万元。后者奖励中央高校全日制研究生，中央财政按照硕士研究生每生每年8 000元、博士研究生每生每年10 000元的标准以及在校学生数的一定比例给予支持。

从国家层面来看，我国研究生资助包括普惠性和奖励性两种，其好处在于顾及了改革研究生免费制度后普通家庭的承受能力，也能透露出政府对研究生质量的期望。但从2014年改革免费制度后，国家的奖励性资助乏力，并没有根据研究生招收人数规模扩大而增加国家奖学金资助名额，奖励性的作用逐步降低。根据《中国大学生资助报告》数据制作成表5-4可知，由于研究生招收规模的逐步扩大，普惠性资助的国家助学金增长较快。

今后，国家对研究生资助是选择普惠性还是奖励性，还是继续执行当前的两者兼顾，需要有个统一的规定。

表 5 - 4　　　　　　2014～2018 年研究生三大国家资助项目经费

年份	国家奖学金金额（亿元）		国家奖学金人次（万人）		国家助学金		学业奖学金		国家助学贷款	
	硕士	博士	硕士	博士	金额（亿元）	人次（万人）	金额（亿元）	人次（万人）	金额（亿元）	人次（万人）
2018	7	3	3.5	1	129.18	194.6	113.60	154.60	325.54	446.94
2017	7	3	3.5	1	117.19	219.9	104.30	143.50	284.20	409.16
2016	7	3	3.5	1	109.93	174.6	93.25	132.20	263.21	378.21
2015	7	3	3.5	1	106.11	314.2	70.41	100.30	219.86	332.57
2014	7	3	3.5	1	55.68	208.6	39.05	64.76	166.99	277.81

注：表中"国家助学贷款"中是针对所有学生，研究生只占其中一个部分。

2. 中央政府、地方政府和高校的资助身份

2019 年 4 月 1 日，财政部、教育部、人力资源社会保障部、退役军人部、中央军委国防动员部印发了《关于印发〈学生资助资金管理办法〉的通知》，文件中第四条规定，"学生资助资金由财政部、教育部、人力资源社会保障部按职责共同管理。财政部负责学生资助资金分配和预算下达，组织教育部、人力资源社会保障部等部门编制学生资助资金中期财政规划和年度预算草案。教育部、人力资源社会保障部负责完善学生信息管理系统，加强学生学籍和资助信息管理，组织各地审核上报基础数据，提出预算分配建议方案，会同财政部等部门对资金使用和政策执行情况进行监督管理。学校是学生资助资金使用的责任主体，应当切实履行法人责任，健全内部管理机制，具体组织预算执行"。这是对中央政府、地方政府和高校对资金管理三方的责任规定。同时，在第十一条要求，"普通高校国家奖学金、国家励志奖学金、服兵役高等学校学生国家教育资助、国家助学贷款奖补资金由中央财政承担。中央高校的学业奖学金、国家助学金、基层就业学费补偿国家助学贷款代偿资金由中央财政承担。地方高校的学业奖学金、基层就业学费补偿国家助学贷款代偿资金由地方财政承担。地方高校的国家助学金由中央与地方分档按比例分担，按照本专科生每生每年 3 000 元、硕士研究生每生每年 6 000 元、博士研究生每生每年 13 000 元的标准，不区分生源地区，第一档中央财政负担 80%，第二档中央财政负担 60%，第三档、第四档、第五档中央财政分别负担 50%、30%、10%"。这是国家对研究生资助金来源的中央政府和地方政府各自出资的规定。

从以上对研究生资助的文件规定来看，中央政府的责任比较明确，但地方政府和高校在研究生资助中各自承担什么责任尚不明确。同时，在研究生资助上，怎样发挥中央政府经费的种子功能，充分调动地方政府和高校的积极性，引导它们拿出更多经费来资助研究生也是必须考虑的问题。

3. 评优性资助能否提高研究生教育质量

目前，中央政府设置的"研究生国家奖学金"和"研究生学业奖学金"是对优秀硕士生和博士生的奖励，地方政府的配套经费也与政府的设置保持了一致。高校除了按照政府的要求实施奖励外，高校自身也设置了一些奖项。如之前举例某高校设置的"突出成果、突出贡献奖励"和"学院奖学金与专项奖学金"等。

当前，一些高校为了提高办学水平和研究生培养质量，绩效意识在高校盛行，对研究生的科研等所取得的成绩持续加大奖励力度。从部分高校每年评优性资助来看，这笔资助性经费是研究生培养经费中增长最快项目之一。但评优性资助能否起到提高研究生教育质量的作用，现有的研究成果并不能够证明。

（二）研究生资助政策改革

1. 明确中央政府、地方政府和高校各自的资助责任

就研究生资助而言，中央政府资金具有三方面作用：首先，最重要的是资助经济困难群体，无论是少数民族地区、西部地区，还是东部地区的经济困难学生，对其实施普惠性资助，发挥政府对研究生资助的兜底作用。其次，对中央部属或直属高校研究生实施资助，这是我国高等教育管理体制决定的。最后，是对地方政府管理的高校实行种子性资助，引导地方政府拿出更多的配套资金来资助研究生。

地方政府应该加强对辖区内的高校负责，一方面，利用资金资助地方高校的研究生，特别是普惠性资助地方高校研究生，满足研究生基本消费。另一方面，引导高校和社会投入更多经费支持高校研究生教育。

高校作为研究生教育的实施主体，经费保障是提高研究生教育的基础，高校应充分利用政府拨款，规划好更有利于促进研究生公平发展和提高研究生质量的资助政策。同时，通过冠名等方式设置一些单项奖励，让学院、教师和社会人士积极参与到研究生培养中来，用真金白银来支持研究生教育发展。

2. 改变资助金基本性质，资助金以助为主

改革资助金的价值定位，逐步使资助金成为学生完成学业的基本保障经费，而不是科研、学习的奖励。从"研究生国家奖学金"和"研究生学业奖学金"现有的评定情况来看，有的学校对研究生学业成绩分数计算到小数点后两位，有的学校研究生可能因为多参加一个项目就能占据评选先机，这不仅助长了研究生片面追求分数或功利性选课，而且设置的评定指标在很大程度上让研究生急功近利参与科研项目或单纯为了评奖而发表论文等。如果学校把研究生的资助金变成奖学金，那么可能就偏离了研究生资助金设置的初衷。学校只有让资助金成为研究生完成学业学习的经费保障，或许才能够让他们静下心来、脚踏实地获得学位。

3. 限定助学周学时，杜绝打工影响学位获得

高校普遍设立研究生"三助"岗位，并提供相应的津贴资助。"三助"岗位的设置是为了辅助研究生资助政策，用于其他经济困难或有实践需求的研究生通过参与科研建设和投身社会实践、教学管理工作达到两个目的：一方面，可以促进自身人力资本和社会资本的增长，增加社会实践经验；另一方面，还能获取一定的经济补助，满足生活和学习所需。高校都十分重视"三助"岗位建设，加大扶持力度和津贴力度，给研究生提供经费支持。

但同时也必须看到，随着政府对研究生资助面的扩大、资助力度的增加，以及贷款等政策的执行，研究生的基本生活保障能够得到满足，"三助"的社会实践功能大于了经济补助功能。

高校要负起培养和提高研究生质量的责任，对研究生"三助"工作以及在校外打工等作出周学时的时间规定，超过规定的学时，将不能承担"三助"工作和允许其在外打工，让研究生逐步回归课堂、回归学习、回归研究。

第三节　研究生学位授予质量第三方评估改革

随着研究生规模的不断扩张，研究生学位授予质量更加引发社会关注。在"立德树人、服务需求、提高质量、追求卓越"新时期研究生教育发展理念下，研究生学位授予质量成为研究生教育改革与评估的重要课题。

一、研究生学位授予质量第三方评估及其特点

（一）研究生学位授予质量第三方评估内涵

研究生学位授予质量第三方评估，是指独立于高校和政府的专门性评估，第三方评估机构站在价值无涉的立场接受他者（政府或高校）的业务委托，通过定量分析和定性描述的评估方法对研究生教育发展和质量建设进行客观诊断。第三

方评估在评估中具有行政和民事的双重法律关系。① 行政法律关系是基于政府委托产生，第三方评估受政府委托对研究生教育质量进行评估，接受政府监督，有助于避免行政权力对高校学术自由的直接干预；民事法律关系是评估机构与高校及其他利益主体之间形成的关系。在"管、办、评"分离理念下，研究生学位授予质量第三方评估为高校与政府、高校与社会之间搭建了沟通的桥梁。借助第三方评估，高校能更客观地认识到自身在研究生培养中所处的水平，采取措施保障和提高研究生教育质量；政府能充分了解高校研究生培养水平，为研究生教育发展理性决策提供重要依据；为家长、学生选择就读学校及其专业，以及人力资本市场等其他社会利益相关者挑选研究生毕业生提供参考。

（二）研究生学位授予质量第三方评估特征

研究生学位授予质量第三方评估，是以外部监控的方式保障和促进研究生教育质量提升，其特征主要包括以下几个方面。

1. 独立性

独立性是研究生学位授予质量第三方评估的前提。研究生学位授予质量第三方评估机构依法成立，具有独立法人地位。根据《中华人民共和国民法典》第一编"总则"第五十七条规定："法人是具有民事权利能力和民事行为能力，依法独立享有民事权利和承担民事义务的组织。"② 就研究生学位授予质量评估机构而言，法律赋予了它需要独立于政府、高校和其他利益相关者，不能与委托者和被评估者有任何行政隶属关系。否则，行政中的上下级关系会使其丧失独立性，当服从成为上下级关系中的常态，评估结果的客观性和科学性则会无从谈起。

2. 中立性

中立性是研究生学位授权质量第三方评估的根本。"第三方"这一概念本身就蕴含着价值无涉，它与政府评估最大的不同在于立场中立。第三方评估机构应该是教育行业冷静的"旁观者"，价值无涉的"观察员"③。第三方评估机构作为一种外部监测和质量保障机制，其中立立场关系着评估结果的真实性。在高等教育"管、办、评"分离背景下，第三方评估机构作为沟通高校、政府及社会的纽带，以一种价值无涉的态度参与评估，评估中不被经济利益所诱惑，也不被权力所驱使，坚持客观性与公正性原则，最真实地反映研究生学位授权水平和质量，

---

① 黄明东，陶夏. 高等教育第三方评估机构的法律身份及其适用逻辑［J］. 大学教育科学，2018（3）：51 - 56.

② 中国人大网. 中华人民共和国民法总则［EB/OL］. http：//www. npc. gov. cn/zgrdw/npc/xinwen/2017 -03/15/content_2018907. htm，2017 - 03 - 15.

③ 向帮华. 为什么需要独立第三方教育评估［N］. 中国教育报，2017 - 04 - 06（6）.

才能为中国研究生教育发展决策提供咨询服务，也为学生及其家长选择学校和专业提供现实参照。

3. 专业性

专业性是研究生学位授予质量第三方评估准入的条件。研究生学位授予质量评估是一项相对复杂的工程，评估必须具备较强的专业性。如构建研究生学位授予的科学评价指标、符合公平正义的评估程序及撰写评估报告等活动，都对评估人员的专业知识和专业能力有着较高要求，唯有如此，才能保障评估结果的科学性和权威性，真正实现"以评促建、以评促改"的评估理念。

二、中国研究生学位授予质量第三方评估发展

（一）成立与发展简况

中国研究生教育质量评估或研究生学位授予质量评估伴随着研究生教育一起发展，但试图通过第三方进行评估的起始时间应是 1993 年，始起的机构当属 1994 年成立的高等学校与科研院所学位与研究生教育评估所。

1993 年，中共中央、国务院印发的《中国教育改革和发展纲要》的第 32 条指出，"对职业技术教育和高等教育，要采取领导、专家和社会用人部门相结合的办法，通过多种形式进行质量评估和检查。各类学校都要重视了解用人单位对毕业生质量的评估"，第 18 条指出，"政府要转变职能，由对学校的直接行政管理，转变为运用立法、拨款、规划、信息服务、政策指导和必要的行政手段，进行宏观管理。要重视和加强决策研究工作，建立由教育和社会各界专家参加的咨询、审议、评估等机构，对高等教育方针政策、发展战略和规划等提出咨询建议，形成民主的、科学的决策程序。"这为建立研究生学位授予质量第三方评估机构提供法规依据，并对政府职能、第三方评估机构活动内容的要求等作出理性安排。1994 年 7 月 29 日，受国务院学位委员会委托，高等学校与科研院所学位与研究生教育评估所在北京理工大学成立，成立后国家教委即委托其开展对 33 所试办研究院和申请新设置研究生院的高等学校进行评估，[①] 它的成立标志着中国有了自己的研究生教育发展评估与咨询第三方机构。

1996 年，上海市成立高等教育评估事务所，于 2000 年改名为上海市教育评估院；1997 年江苏省成立教育评估院；2000 年广东省教育方针研究与评估中心

---

① 陆叔云. 高等学校与科研院所学位与研究生教育评估所在京成立 [J]. 学位与研究生教育，1994 （5）：6.

成立。此后，迎来了第三方教育评估机构成立的黄金 10 年，大多数省份在本省、自治区、直辖市教育厅或教育委员会指导下成立具有独立法人地位的评估机构。

除了以上成立的评估机构外，真正意义上的民间第三方机构，最早的应属以武书连为负责人的课题组，它从 1993 年就开始进行评估探索，连续推出一系列中国大学排行榜方面的连续性论文、书籍。其后，大量的民间高等教育评估机构也相继成立。如 2000 年，云南省高等教育评估事务所成立，它专职从事高等教育评估与中介咨询服务，享有独立企业法人资格，2002 年，江西省高等教育评估所成立，它属于民办非企业，是从事非营利性审核服务活动的机构。2006 年麦可思公司成立，具有较为广泛的影响力，为高校开展中国高等教育管理数据与咨询产业等活动服务。

迄今成立的评估机构可以分为四大类：具有官方背景的法人资格教育评估机构；依附大学或科研机构成立的准官方教育评估机构，大多数都没有独立法人资格；具有中国特色的民办非企业的法人资格教育评估机构；具有法人资格的教育公司评估机构。必须说明的是，这些评估机构的业务范围不完全在高等教育领域，大多没有开展研究生学位授予质量方面的评估，真正在中国具有影响力的还是"高等学校与科研机构学位与研究生评估所"，该所于 1998 年并入新成立的"教育部学位与研究生教育发展中心"。

（二）存在问题

1. 评估机构第三方性不够

研究生学位授予质量第三方评估机构数量在增加，但从第三方机构的严格定义上看，真正的第三方机构第三方性不强的特征十分明显。例如现在比较活跃的高等教育评估有上海交通大学高等教育研究院世界一流大学研究中心"软科世界大学学术排名"、武书连的《中国大学排行榜》、艾瑞深校友会网大学研究团队的《中国大学评价研究报告》、中国科学评价研究中心的《中国大学及学科专业评价报告》、麦可思的《中国大学生就业报告》等，有的独立性或中立性不够强，更多的因未致力于研究生学位授予质量方面的评估而显得专业性不是太强。

教育部学位与研究生教育发展中心自 2003 年开始就致力于中国研究生教育质量或研究生学位授予质量方面的评估，它无疑是中国研究生教育评估历史最长、最权威和最专业的平台。对研究生教育质量方面进行的四次评估都由该机构承担（见表 5-1）。但由于"教育部学位与研究生教育发展中心"是隶属于教育部的直属事业单位，它的工作必须在教育部、国务院学位委员会领导下开展，带有明显的官方背景与性质。这会不会在评估中缺失独立性与中立性？"机构本身活动组织中行政化思维依然占主导，第四轮学科评估依然沿袭'短、平、快'的政治动员方式。"① 这些问题，还需进一步探讨。

2. 评估机构一家独大

评估机构一家独大可以有两种理解：一是说明评估机构权威，二是说明评估机构没有竞争对手。但这里希望说明的是评估机构没有竞争对手，其原因是缺少公平机会或没有充分竞争的市场，大多数机构没有生存空间，只有个别机构才能获得评估项目，于是造成了一家独大的评估局面。表 5 - 5 中的四轮评估，都由教育部学位与研究生教育发展中心承担。虽然该机构目前最权威，但评估项目由教育行政部门委托给该机构，也是有利有弊的。

表 5 - 5　　　　　　　　　　中国研究生学科评估

学科评估轮次	学科评估年度	参评学科数	评估方
第一轮学科评估	2002~2004 年	1366	教育部学位与研究生教育发展中心
第二轮学科评估	2009 年	2369	教育部学位与研究生教育发展中心
第三轮学科评估	2012 年	4235	教育部学位与研究生教育发展中心
第四轮学科评估	2017 年	7449	教育部学位与研究生教育发展中心

资料来源：中国学位与研究生教育信息网［EB/OL］. http：//www. cdgdc. edu. cn/xw-yyjsjyxx/xkpgjg/283494. shtml.

3. 评估效用不够

根据评估内容的复杂性和差异性，研究生教育质量评估可以简单地分为单项评估和综合性评估（见表 5 - 6）。大多数单项的研究生教育项目都属于名次的排行，不能非常有针对性地诊断出参与评估高校研究生教育存在的问题。综合性的项目有学科排名等，但也存在效用性不强的问题。

表 5 - 6　　　　　　　　　研究生教育评估项目与类型

评估机构	评估项目	类型
教育部学位与研究生教育发展中心	博士论文抽检	单项
	学位点合格评估	单项
	中外合作办学评估	综合
	全国优博评选（已取消）	单项

---

① 陈学飞，叶祝弟，王英杰等. 中国式学科评估：问题与出路［J］. 探索与争鸣，2016（9）：59 - 74.

续表

评估机构	评估项目	类型
教育部学位与研究生教育发展中心	学科评估	综合
	专业学位水平评估	单项
上海市教育评估院	上海市学位授权点合格评估	单项
	临床医师硕士专业学位论文评审	单项
	硕士学位论文抽检	单项
	上海市研究生优秀成果（学位论文）评选	单项
武汉大学中国科学评价研究中心	中国研究生教育高校竞争力排行榜	单项
	中国研究生教育地区竞争力排行榜	单项
	中国研究生院竞争力排行榜	单项
	中国研究生教育及学科专业评价报告	单项
	中国研究生教育专业学位排行榜	单项

科学评估虽继续秉持"自愿申请、免费参评"的原则，但由于是政府项目，一般都会"自愿"参加。第五轮的学科评估继续保持"人才培养质量""师资队伍与资源""科学研究水平"和"社会服务贡献与学科声誉"四个一级指标体系，同时将在以下十个方面"进一步"改革创新：进一步强化价值导向和思想引领；进一步强化立德树人和人才培养质量；进一步强化师德师风；进一步强化社会服务贡献；进一步强化质量导向；进一步强化主观评价质量；进一步强化分类评价，特别是完善哲学社会科学学科评价体系；进一步强化中国特色与国际比较有机统一；进一步强化评估数据可靠性；进一步强化与相关机构合作。

指标体系中包括了客观评价与主观评价，如果以全国 500 多个单位参评计算，评估工作量太大。每所高校都有大量的数据和评分项目，每个专家都要对所有学校进行评分，整个过程非常耗时，特别是大学科更这样。一方面，专家由于需要完成教学任务和科研任务等，花在评估上的时间相对有限；另一方面，评估周期也不允许时间太长。如果专家评审完所有的学科材料，可能在时间上会影响到评估质量，如果把任务分散到不同专家，又可能影响到评估效度。

231

三、优化研究生学位授予质量第三方评估路径

（一）依法促使第三方评估机构成长

1993 年的《中国教育改革和发展纲要》不仅提出了要转变政府职能，而且明确提出要"建立由教育和社会各界专家参加的咨询、审议、评估等机构，对高等教育方针政策、发展战略和规划等提出咨询建议，形成民主的、科学的决策程序"。时至今日，该《纲要》对第三方评估的重要性和扶持态度方面都有意义。在依法治国的大背景下，2015 年 5 月教育部印发了《关于深入推进教育管办评分离，促进政府职能转变的若干意见》，指出："推进教育管办评分离，建立健全政府、学校、专业机构和社会组织等多元参与的教育评价体系。"[①] 高等教育大可在"放管服"方面真正发展壮大第三方评估机构成长。

第三方评估机构的壮大，有以下三条路可循。

1. 废除一家独大的垄断地位

就如同国外一些科技巨头按照反垄断法进行分拆，国内的通信公司分为移动、电信和联通，石油类公司分为中石油、中石化和中海油三家。试想，如果不分拆，难以有竞争对手出现，一家独大的局面只能继续存在。

2. 依法招标实施评估

教育部一方面是教育部部属院校的主办方，也是其他高校的业务管理者，另一方面，教育部委托的评估方也是自己的直属机构，这就出现政府、高校和评估方相当于一家，"管、办、评"没有分离。为此，学科评估项目不应采取委托的方式实施评估，而应该严格按照招标的方式进行项目招标。

3. 对评估结果进行再评估

从现有的评估来看，几乎缺少对评估结果的再评估。政府委托或以其他方式的研究生教育评估项目，评估结束后没有再评估，一是对评估质量无从考证，二是不能发现优秀的评估机构。评估的发包方应通过对评估机构评估结果进行再评估，让优秀的评估机构涌现出来。

（二）增强评估的效用性

研究生学位授予质量评估，可以分为诊断性评估、过程性评估和结果性评

---

① 教育部．教育部关于深入推进教育管办评分离促进政府职能转变的若干意见 ［EB/OL］．http：//www. moe. gov. cn/srcsite/A02/s7049/201505/t20150506_189460. html，2022－10－25.

估。我国研究生教育开展的评估，大多数都还是结果性评估，特别是排名性评估，其评估结果的效用性不够。

我国研究生学位授予评估需要加强诊断性评估和过程性评估，提前发现研究生教育方面的存在问题，以便在研究生培养过程中将问题解决。评估机构可设置一些单项的评估项目，让高校更容易在研究生培养过程中发现问题，同时，评估机构不能仅就评估结果提供给高校，而需要向高校提出解决问题的办法，使评估机构更加专业，评估的效用才能放大。

（三）强化运用大数据进行评估

智能化时代，大数据已成为各行各业进行科学决策的重要工具。教育部、国务院学位委员会发布的《学位与研究生教育发展"十三五"规划》中明确提出："开展研究生教育大数据分析，加强质量监测与调控。"

研究生学位授予质量第三方评估是在客观真实的数据基础上对研究生教育质量进行价值无涉的判断与评价，因此，必须保证评估数据的真实性、实效性和实时性。"依靠数据，通过对数据的深度分析得出评估结果，以现代信息技术来保障评估的专业性，通过数据处理的技术规则来保障评估的规范性"①，通过信息公开制度，利用大数据平台，及时采集数据，动态监测研究生教育的师资力量、学生学习质量、经费投入及科研产出等，促使高校研究生教育转向内涵发展，提高研究生教育质量。

---

① 王战军，乔伟峰，李江波. 高等教育监测评估的内涵、方法与展望 [J]. 教育研究，2015（6）：29－37.

第六章

中国研究生学位授予体系改革专题调研报告

本章专题选取了 2017 年国务院学位委员会印发的《博士硕士学位授权审核办法》（以下简称"第十二次《博士硕士学位授权审核》"）政策实施满意度、中国研究生教育基本修业年限和"双一流"建设高校博士学位论文答辩规则执行三个调研报告。调研满意度是为了了解研究生利益主体对中国研究生学位授权审核最新改革措施的认同程度；基本修业年限调研是就近些年研究生教育改革措施对过去学制造成的冲击展开的，或许调研结果能够使国家和学校达成共识；博士学位论文答辩规则执行是基于"双一流"建设高校和研究生教育质量的结合点，可以了解当前中国博士学位教育质量保障的现状。

第一节　第十二次《博士硕士学位授权审核》政策实施满意度研究

一、选题缘由与文献综述

（一）选题缘由与研究意义

1. 研究缘起

（1）学位授权审核对开展研究生教育和质量保障具有重要作用。研究生学位授权审核作为学位制度中不可或缺的组成部分,是国家和政府用来调控高等教育质量水平的一种有效手段。自 20 世纪 80 年代初《学位条例》施行,到 2019 年,国务院学位委员会组织开展了十二次学位授权审核工作。这对建立完备的研究生学科专业体系,促进学位布局的调整优化和高技能人才的培养作出了积极的贡献。截至 2018 年 6 月,我国硕士、博士授予单位分别有 757 个和 429 个;一级学科授权点分别有 6 867 个和 3 639 个;二级学科授权点分别有 1 564 个和 202 个;专业学位授权点分别有 8 162 个和 183 个。[①][②] 我国现已基本建立了较为完善的学位授权体系,研究生教育在区域协调发展、学科门类齐全、学位类型多样性等方面取得突出成绩。

(2)满足高层次人才培养新需求的学位授权审核工作日益优化。为顺应时代发展新要求,促进研究生教育的内涵建设,我国历届博士硕士学位授权审核工作都紧紧围绕审核主体、学科结构、质量保障等内容不断改革完善。在审核主体方面,授权审核权力不断下放,"中央集权型"审核主体向"地方分权型"审核转变,省级学位委员会和高校具有更大的权利,同时简化审批程序,提高了审批效率;在学科结构方面,注重分层办学,突出特色,不断优化授权点的学科布局和类型。同时,根据区域研究生教育发展基础,学位授权审核对我国西部和民族高校给予适量政策倾斜;在质量保障方面,学位授权审核注重以质量为准绳,不仅严把高校开展研究生教育入门水平关,同时对高校开展研究生教育及学科建设情况定期评估,强化研究生教育质量保障,确保学位授权审核的执行效果。

(3)第十二次《博士硕士学位授权审核》政策实施较之前有较大突破。我国前十一次学位授权审核往往采用"计划"的方式,在对各省区市分配指标的基础上进行授权审核,或依照研究生教育发展水平在全国范围划分不同区域后再分配指标进行审核。面对研究生教育法治化和治理现代化背景,"放管服"思想在学位授权审核中得到具体落实,2017 年的第十二次《博士硕士学位授权审核》政策实施主要体现在以下四个方面:一是制定严格的准入标准,设置可操作的定量指标,对研究生办学水平严格审查,保障开展研究生教育入门环节的质量关;二是对部分地区及类型的高校实施政策倾斜,适当降低审核标准,以缩小地区间研究生教育发展差距,解决研究生教育发展在区域中不充分不平衡的矛盾;三是

① 姚云,钟秉林. 第十二次博士硕士学位授权审核政策解析[J]. 研究生教育研究,2018(4):9–13.

② 根据教育部国务院学位委员会办公室发布的 2017 年学位授权审核文件整理,http://www.moe. gov. cn/srcsite/A22/yjss_xwgl/moe_818/201803/t20180326_331245. html;http://www. moe. gov. cn/src-site/A22/yjss_xwgl/moe_818/201805/t20180509_335457. html. http://www. moe. gov. cn/srcsite/A22/yjss_xwgl/moe_818/201803/t20180326_331245. html;http://www. moe. gov. cn/srcsite/A22/yjss_xwgl/moe_818/201805/t20180509_335457. html.

程序公开公正，接受各利益相关群体监督，学位授权审核工作逐步走向规范化、标准化；四是调整部分政策，如增加自主审核、规定审核周期、申报材料填写要求更加清晰等。

一直以来，学位授权审核就在研究生教育开展和质量保障中扮演着关键角色，同时也起到了不可替代的作用。2017 年开展的第十二次授权审核工作紧紧围绕"需求与质量"这一主线，顺应研究生教育发展的时代新要求，注重相关工作的法治化建设，在制定审核标准、促进区域协调发展、调动省级学位办和高校的积极性、保障程序公正等方面与过去相比均有了较大提升。同时本次授权审核工作前期准备历时两年，早在 2015 年就已在全国范围内开展调研，在充分调研和考虑到我国研究生发展区域不均衡的现实情况下，结合不同层次与类型高校的学位授权审核需求，最终制定了适应新时代发展的第十二次《博士硕士学位授权审核》的相关政策及实施办法。

2. 研究意义

研究生学位授权审核是研究生教育研究的重要内容之一，是研究生教育现代治理的核心和关键内容。通过对从第十二次《博士硕士学位授权审核》政策实施满意度的调研，可以平衡不同利益群体对研究生教育政策的理性判断，丰富研究生教育法治化的内容，促进研究生教育发展理论构建。

按照我国学位授权审核的工作节奏，每隔几年就进行一次。每次学位授权审核工作，都十分有必要进行经验和教训总结，这可使今后的工作避免走弯路。特别是第十二次博士硕士授权审核工作，是在教育治理现代化、法治化背景和落实"放管服"思想下开展的，按照《行政许可法》强调标准、程序、监督等，更有必要进行总结，以便为下一次的学位授权审核工作做好思想准备和实践铺垫。

（二）核心概念与理论基础

1. 核心概念

（1）学位授权审核。不同学者从不同视角有不同理解。从实践层面出发，有学者将学位授权审核视为国务院学位委员会对各申请授权高校的审定活动。高校或高校内部学科点、专业点向国务院学位委员会提交拟开展研究生教育的学位授予权申请，并通过省级学位委员会的审核评定，国务院学位委员会再依照相关政策规定和授权标准，依靠国务院学科评议组对高校申请进行审查，并对其作出是否同意授权的决定。[①]

从审定结果层面出发，有学者认为学位授权审核，是国务院学位委员会对学

---

① 陈子辰，王家平. 我国学位授权体系结构研究 [M]. 杭州：浙江大学出版社，2012：7.

位授权申请高校及学科专业的学位授予资格的审定。它不仅针对未获得学位授权的高校及学科，同时还对已开展研究生教育并进行学位授权工作的院校及学科有同样的审查考核要求。依据《学位条例》及相关政策规定，也对审定结果有不同程度的区分，既有对未获得学位授权的单位作出授权和不授权的决定，也有对已获得学位授权资质的高校和专业经过审核后作出停止或撤销授权的决定。但在具体的操作过程中，学位授权审核仅将新增学位授权单位及学科、专业作为审查考核对象，并作出是否给予其开展研究生教育办学资质的决定，而对后者的审查及资格复核工作，近年来才刚刚起步，而且在具体的实践中多将其归类于研究生教育评估方面，以此来和新增学位授权审核加以区分。①

在官方政策文本第十二次《博士硕士学位授权审核》中，认为学位授权审核是发生在国家与学位授权申请单位之间的，在相应法律许可内，由二者共同参与的审批行为。国家相关职能部门即国务院学位委员会依照法定职权审定高校及学科专业是否具备开展研究生教育的资质与能力，并决定是否批准其获得学位授予权。②

以上是基于不同角度作出的不同分析，但基本内涵是共同的。学位授权审核的审核主体包括国务院学位委员会、国务院学位委员会学科评议组、全国专业学位研究生教育指导委员会、省级学位委员会、省级学位委员会学科评议组、省级专业学位研究生教育指导委员会。根据它们的职能不同，国家层面的组织与机构负责国家层面的学位授权审核，而省级的组织与机构负责省级层面的学位授权审核。学位授权审核的审核内容包括申请授权高校的单位资格审核、授权审核的学科或专业学位类别的审核。学位授权审核的基本过程是，申请审核的高校提出申请，省级学位委员会组织省级专家进行审核，审核结果由省级学位委员会提交到国务院学位委员会，国务院学位委员会组织国家层面的专家进行审核，审核结果由国务院学位委员会投票表决。

根据以上对审核主体、审核内容和审核过程的分析，学位授权审核可理解为在国务院学位委员会统一领导部署下，各省区市学位委员会组织专家对申请单位、学科和专业学位类别进行学位授权审核，然后提交国务院学位委员会，并由国务院学位委员会组织专家审核，投票表决申请高校及其学科和专业学位类别是否具有研究生学位授予权的活动。

（2）满意度。不同学科对"满意度"的解释有所区别。1970年前后，满意度这一概念就已经出现。在经济学领域，"满意度"被视为客户需求被满足后的

---

① 胡志刚. 研究生学位授权审核制度研究［M］. 北京：科学出版社，2013：2.

② 国务院学位委员会关于印发《博士硕士学位授权审核办法》的通知［EB/OL］. http：//www. moe. gov. cn/srcsite/A22/yjss_xwgl/moe_818/201703/t20170330_301525. html，2019－08－28.

愉悦感，继而激发人们产生再次购买的意愿和冲动。[①] 在营销学领域，"顾客满意"是可以借助专门的测量工具或方法，搜集顾客对公司目前运行现状的多种评价反映讯息，从而帮助公司明晰今后的发展方向，制订符合公司实际和自身需求的发展方案，最终提高企业的运行效益。[②] 在心理学领域，满意被视为个体达成追求目标时的心理状态。[③] 马丁（Martin）认为，满意度是个人所感受到的期望与实际效果之间的差值，其差异程度决定满意度的水平。[④] 奥利弗（Oliver）将顾客满意度分为满足、不满足和超满足三种情况，从消费者的角度出发，产品和服务本身带给其个人的喜悦和满意程度，是顾客对不同心理感受进行评判并加以区分的标准和依据。[⑤]

尽管各种行业对顾客满意度的具体定义不同，但都强调满意度是一种心理体验和自我状态，是顾客对消费对象或服务过程在其主观层面上的情感反映。满意度通过量化数据的方式将顾客的需求反映给企业或其他服务提供者，从而指导企业或服务提供者改进"产品"或优化服务，满足顾客需求。

事实上，满意度是指一种主观体验，是顾客使用了产品或者接受了某项服务后的实际感受和其先前对该产品或服务的期望进行对比后所最终形成的心理感受。

（3）博士、硕士学位授权审核满意度。

博士硕士学位授权审核满意度是在分析满意度和学位授权审核的基础上，结合博士、硕士学位授权审核工作及相关政策后定义的。博士、硕士学位授权审核满意度是指，授权审核高校对 2017 年第十二次博士硕士学位授权审核工作实施和执行结果满意程度的主观体验。它包括主观整体满意度体验和政策设计维度、审核标准维度、政策倾斜维度、监督公示维度四个分维度的主观满意度体验。

2. 理论基础

（1）期望—差异理论。"期望"也可以被理解为希冀与期盼，是人们依据对外在信息的已有认知或自身内在需求而产生的对自己或他人行为的某种预测性认知。[⑥]"差异"即差别，指与预测性认知不一致的方面。这一概念最早由奥利弗

---

① Cardozo. Richard N. An Experimental Study Of Consumer Effort Expectation and Satisfaction [J]. Journal of Marketing Research，1965（10）：244 – 249.

② 赵霞. 中小学教师对党组织满意度研究——以海淀区为例 [D]. 北京：北京师范大学，2014.

③ 贾馥著主编. 教育大辞书 [K]. 台北市：编译馆，2000.

④ Martin，C. L. Enhancing children's satisfaction and participation using a predictive regression model of bowling performance norms. The Physical Educator，1988，45（4）：196 – 209.

⑤ Oliver，Richard L. Measurement and Evaluation of Satisfaction Processes in Retailing Setting [J]. Journal of Retailing，1981，57（3）：25 – 48.

⑥ 朱智贤. 心理学大辞典 [M]. 北京：北京师范大学出版社，1980：480.

（Oliver）[1] 提出，他认为消费者的满意度高低是以其在购买产品或获得服务前的期望值作为参照物；当产品的实际效果高于期望值时会产生正向差异，带给顾客愉悦的感受，因而其满意度水平较高；反之，当消费者的实际体验低于期望时会产生负向差异，进而引发顾客的抱怨，满意度水平较低。这说明消费者的期望水平和实际体验的差异是导致消费者满意度评价高低的关键，在函数式中可表达为，满意度 = f（期望，差异）。丘吉尔（Churchill）在此基础上进一步提出感知绩效这一概念，即消费者在消费过程中的现实体验，并赞同消费者预期和现实体验之间的差距将影响消费者个人的满意度水平。[2]

这一理论后来在顾客满意度和政府公共部门服务认可评价研究中被推广。以公共政策为例，在政策实施前群众对其作用效果和满足自身利益需求的预判即"期望值"，而"实绩"则指该公共政策真正实施后产生的最终价值。当公共政策最终落实后产生的"现实效果"高于大众预期时，大众会认可并支持该政策，引发其正向积极的情绪，否则将会对政策产生消极情绪。因而满意度的高低与"实绩"和"期望值"之间的差异密切相关，满意程度与正向差异呈正相关，与负向差异呈负相关。期望—差异模型实质上也可以被当成是一种满意度因果模型的不同表达，自变量的不同变化导致因变量的改变。

第十二次《博士硕士学位授权审核》政策实施满意度调研，关注博士、硕士两类不同学位授权申请层次的高校，从政策设计、审核标准、政策倾斜、监督公示四个方面对各学位授权建设单位关于政策实施后的"实绩"进行调查，了解其满意度水平。同时在"实绩"与"期望值"的比较中，发现各授权申请高校的实际需求与客观政策要求间的差异，从而为后续学位授权审核工作的优化，审核方案、标准、程序的改进提供思路。

（2）满意度理论。20 世纪 60 年代中期，卡多佐（Cardozo）最早提出这一理论，并对理论内涵进行了详尽的解释。[3] 他认为努力提升消费者对产品的满意度水平，会有助于激发消费者再次购买该产品的愿望，并促使其将愿望付诸行动，从而留住消费者并降低其流失率，保障消费群体的相对稳定性。此后尽管关于该理论的研究探讨逐步增多，但大多数学者各执一词，并未对顾客满意这一定义达成统一意见。安德森（Anderson）等从评估的视角出发，将顾客满意度视为个体通过对产品功效及价值充分的体验感受后，在事后形成的对整个消费过程的全面

① Oliver, Richard L. A Cognitive Model of the Antecedents and Consequences of Satisfaction Decision [J]. Journal of Marketing Research, 1980, 17 (4): 462.

② Churchill G A, Surprenant C. An investigation into the determinants of customer satisfaction [J]. Journal of Marketing Research, 1982, 19: 491 –504.

③ Cardozo R N. An Experimental Study of Customer Effort, Expectation and Satisfaction [J]. Journal of Marketing Research, 1965, 2 (3): 244 –249.

评估。① 而约翰逊（Johnson）和特普斯特拉（Terpstra）等则从心理体验的差异比较出发对顾客满意度进行界定。②③ 他们都认为满意度是顾客在消费前后所形成的一种心理状态，这种状态随自身期待和实际体验的差异而产生波动，进而会让消费者产生失落或愉悦的情绪，最终导致不同的满足体验。虽然学者对顾客满意度的理解略有不同，但都将满意度视为一种认知评价或心理体验，并可以借助量化的形式加以测量，从而形成满意度的评价。后来随着顾客满意度理论的发展，又有学者将其引入公共部门或政府部门的项目管理或政策实施中，对项目开展或政策实施效果进行研究。尽管公共部门与营销学领域的满意度有所区别，但基本内涵一致，都将其视为一种公众基于"期望—落差"而产生的感知状态，并能够借助工具加以测量。

20 世纪末期，各国纷纷依据前期相关研究建立起适合自身实际的顾客满意度测量指标体系。其中以瑞典、美国、欧洲等国家和地区建立的满意度测量模型最具有代表性，其他国家往往参考这些模型或其中的部分变量，并结合自身研究问题，对模型进行修订。1989 年瑞典针对本国市场构建瑞典顾客满意度指数模型（SCSB），该模型包括感知质量、顾客期望、顾客满意度、顾客抱怨和顾客忠诚五个变量。随后福乃尔（Fornell）在参照瑞典模型的基础上构建了适应美国市场的满意度指数模型（ACSI），该模型与 SCSB 模型的区别在于添加了价值感知这一变量，与感知质量一同作为对消费者产品实际感知的测量指标。④ 而欧洲顾客满意度指数模型（ECSI）则是在综合前两个模型的基础上，面向本区域市场构建的，是对先前模型指标的进一步完善和优化。该模型根据欧洲市场特点，用"企业形象"替换"顾客抱怨"这一变量，认为其会对顾客的期望值和满意度水平产生影响。通过对比分析 SCSB、ACSI、ESCI 三个满意度指数模型，发现尽管三者在结构变量中有所区别，但都包括顾客期望和感知质量对顾客满意度的测度，因而可知消费者满意度评价是消费者预期和感知质量综合作用的结果。顾客期望即个体根据自己的经验判断商品能否满足自身需求的预期。而感知质量，是个体在享受产品和服务的时候，亲身体验到的产品质量与服务水平。

第十二次《博士硕士学位授权审核》，除依据《中华人民共和国学位条例》

---

① Anderson E, Fornell C, Lehmann D. Customer Satisfaction, Market Share and Profitablility: Findings from Sweden [J]. Journal of Marketing, 1994 (58): 53 – 66.

② Johnson M D, Nader G and Fornell C A. Expectations, Perceived Performance and Customer Satisfaction for a Complex Service: The Case of Bank Loans [J]. Journal of Economic Psychology, 1996, 17 (2): 163 – 182.

③ Terpstra M, Verbeeten F H M. Customer Satisfaction: Cost Driver or Value Driver? Empirical Evidence from the Financial Services Industry [J]. European Management Journal, 2013, 32 (3): 499 – 508.

④ 张丹. 我国学术性会议满意度提升策略研究——以 A 学术年会为例 [D]. 北京：北京师范大学，2015.

有关规定外，也对此次学位授权审核的标准、条件、程序和监督机制等作出明确要求。这些要约是否能够得到认同，研究满意度是其重要内容。不仅可以评估公共部门政策实施的认同或绩效情况，还能为后续决策提供更为可行的科学依据。由于以往的顾客满意度指数模型都是面向企业顾客的，企业的商品服务和政府的政策有明显的不同，因而将以往的顾客满意度模型运用到政策满意度研究中时，要根据结合研究内容及实际需要对变量作出调整，最终选择"高校期望""感知质量""高校满意度""高校抱怨""高校忠诚"这五个变量，如图 6 - 1 所示。在该模型中，将"高校期望"和"感知质量"作为原因变量，将"高校满意度"视为本次研究的目标变量，而"高校抱怨"和"高校忠诚"则是随之产生的结果变量。按照第十二次《博士硕士学位授权审核》内容要求进行的满意度分析，主要调查分析感知质量这一指标对满意度水平的影响。通过对按照第十二次《博士硕士学位授权审核》要求开展的审核工作先后发布的 9 项官方政策文本的分析解读，发现这些通知文件主要包括此项工作开展的总体要求、审核基本条件、程序、监督公示方案等内容，它们大致由四部分组成，分别是政策设计、审核标准、政策倾斜、监督公示，并将其作为感知质量的四个可观测变量。学位授权申请高校通过对各质量因子的感知形成整体感知质量，从而影响第十二次《博士硕士学位授权审核》政策实施的满意度水平。"顾客期望"变量虽不能在测量指标构建时有所提取，但被调查者的心理预期的确会对其在学位授权审核政策内容的评价方面产生间接影响，顾客期望因人而异，个人经验和社会环境的差异会导致调查对象期望的不同[①]，考虑这一变量对满意度的影响程度，主要通过高校背景因素体现。"高校忠诚"是各申请单位对第十二次授权审核工作及政策的忠诚程度，它表现为高校对此轮学位授权审核政策、办法支持和推荐的行为或意愿。满意度与忠诚度存在正相关关系，高校对政策认可，进而会产生对政策拥护和忠诚的情感，但是高校对政策保持忠诚并不等同于对政策完全满意。"高校抱怨"是各申请单位对第十二次《博士硕士学位授权审核》政策实施表达不满的行为方式，它表现为高校对第十二次《博士硕士学位授权审核》相关政策的问题及意见，同时也成为满意度调查中了解受众需求、从而进一步完善政策、改进政府服务的起点。

---

① 冯江涛. 供需平衡视角下的大学生创新创业政策满意度评估研究 [D]. 天津：天津工业大学，2018.

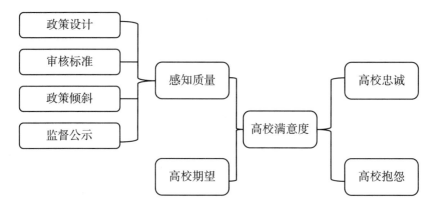

图 6 - 1　第十二次《博士硕士学位授权审核》政策实施满意度模型构建

(三) 研究综述

为了解国内外关于博士、硕士学位授权审核满意度的研究现状，本文检索了中国知网（CNKI）、维普、万方（高级检索，期刊来源"CI""I""核心期刊""CSSCI"）和北京师范大学图书馆：篇名＝博士硕士学位授权审核满意度/研究生学位授权审核满意度，获得 0 条检索结果。遂将检索主题扩大，CNKI 数据库中检索式为：主题＝"学位授权审核"并含"研究生/硕士/博士"（精确匹配）；主题＝"政策满意度"（精确匹配）；篇名＝"学位授权审核"。同时在北京师范大学图书馆的馆藏目录进行检索（高级检索，检索式为"主题"题"学位授权审核"和"任意字段"包含"研究生"；"主题"题"满意度"和"任意字段"包含"政策"），共搜到相关文献 107 篇（含学位论文 10 篇）。同时还通过 Web of Science、Proquest 和 Google 检索了相关英文文献。经过遴选，最后确定了 67 篇参考文献，包括 52 篇中文期刊文章，4 篇硕士、博士论文，6 篇英文文献，5 篇英文电子文献。

1. 政策满意度相关研究

20 世纪 60 年代中期，卡多佐（Cardozo）最先提出顾客满意度这一理论并予以解释，随后有学者开始在企业管理、营销等领域运用这一理论开展相关研究，顾客满意度理论也因此取得了长足发展。由于学者们对顾客满意探讨的侧重点不同，因此定义也有所差别，各国也在此基础上结合自身市场需求构建了很多顾客满意度模型，国际上比较有代表性的有瑞典、美国、欧洲等国家或地区的测量模型和指标。[①]

---

① Oliver, Richard L. Measurement and Evaluation of Satisfaction Processes in Retailing Setting [J]. Journal of Retailing, 1981, 57（3）：25 - 48.

20 世纪 80 年代前后，在管理领域也发起了一场浩浩荡荡的新公共管理改革运动。这场运动不仅对本领域造成了巨大的震动，同时也对满意度研究方面产生了影响。有些西方发达国家开始尝试将政府管理服务与满意度指数模型结合，以考核、评估政府公共管理服务的实施情况，不仅包括对政府行政执法行为公正性的考核，也包括对政府服务态度的评判和所颁布的政策适应性的评价等。而其中的政策满意度测量就是借助顾客满意的思路，运用科学的评估指标和方法，对政府的公共政策作出综合性评估。在这一语境下，通过与满意度理论的比照，政策对应其中的产品，不过在这里不是实体的商品，而是一种虚拟的商品或服务，而政策惠顾下的群体则是商品销售环节的"顾客"。① 政策满意度的评估实际上就是了解群众对公共政策的认同程度及其与自身需求的契合度。

国外研究者大多采用实证研究的方法对国家或地区所颁布的政策开展满意度调查，调查主体均为该政策的利益相关者。如通过收集企业对政府部门管理方式及实施政策的评价信息，来了解企业对环境污染控制政策及政府管理方式的认同度，从而反映企业自身对政府公共决策及颁发政策的满意度水平。② 又如通过对澳大利亚再生能源的政策实施效果的调查，发现多数被调查者认为该政策具有不稳定性，审查程序复杂且低效，因而对其政策的满意度评价较低。③ 国内就政策满意度的相关研究方面也与国外类似，如通过对相关政策受众的实证调查，对政策的效果进行评估并提出合理化建议，它既包含对国家宏观政策法规的满意度研究，也包含对区域性政策实施成效的评估探讨。如通过对精准扶贫政策面向的受众开展问卷调查工作，了解该政策的实施效果及农民的认可度，发现大部分农民对政府实施的这项扶贫政策较为满意，对所属区域地方部门的政策执行力度和程序也较为赞同。在此基础上，再通过对受众个人基本资料的分析，了解不同区域、文化程度、收入情况、贫困状况的被调查者对政策的满意度水平是否存在差异，并发现农民对精准扶贫政策内容及落实情况越了解，他们对该项政策的满意度水平就越高。④ 又如以湖南、湖北两省为例，针对精准扶贫政策下的易地扶贫搬迁政策的实施成效进行研究，并测算已搬迁贫困户的综合满意度并探究影响其满意度的因素。在对区域性政策的实施成效研究方面，研究内容紧紧围绕区域发

① 陶怡. 装配式建筑政策文本分析及政策满意度评估 ［D］. 重庆：重庆大学，2018.

② Althoff P，Greig W H. Environmental Pollution Control Policy - Making：An Analysis of Elite Perceptions and Preferences ［J］. Environment &Behavior，1974，6（3）：259 - 288.

③ Simpson G，Clifton J. Picking winners and policy uncertainty：Stakeholder perceptions of Australia's Renewable Energy Target ［J］. Renewable Energy，2014，67：128 - 135.

④ 曹军会，何得桂，朱玉春. 农民对精准扶贫政策的满意度及影响因素分析 ［J］. 西北农林科技大学学报（社会科学版），2017（4）：22 - 29.

展实际，凸显一定的区域特色。① 如有学者对某一区域范围内的生态补偿②、相关移民政策③的实施效果进行分析，并在此基础上对影响政策满意度的因素进行分析，研究发现，有包含政策实绩在内的 15 个变量对该区域内农民受众关于生态补偿政策的满意度水平造成影响；在对影响甘肃省瓜州县生态移民群体对该安置政策满意度的因素分析时发现，群体的自身特征和迁入地的环境是影响其政策评价的关键因素，除此之外，满意度水平还应考虑到政策落实的应然与实然状态间的差距这一变量的影响。

根据已有满意度相关研究可知，政策满意度不仅关注政策受众的整体满意度水平，还关注影响其满意度水平的因素，其中既包括受众的自身因素，还包括其他自变量的影响。满意度研究作为受众在对政府提供服务及出台政策过程中形成的主观感知，除了受到服务本身及政策实绩的影响外，还与受众的个体特征等变量有关。由于自变量与因变量之间具有较强的相关性，个体对政策各方面的感知实绩会影响整体满意度水平的高低。同时受众的个体特征会影响其认知与偏好，即使面对同一项产品或政策也会产生差异较大的满意度，进而影响对政策的评价。因而，依据顾客特征对顾客进行区分，一方面有助于深化满意度相关研究，另一方面也有效解决顾客抱怨，建立顾客信任。

2. 博士硕士学位授权审核满意度现状研究

研究生学位授权审核满意度的研究，主要散见于有关学位授权审核文章中，主要集中在研究对象、研究内容、研究方法、研究结果四个方面。

（1）就研究对象而言，它又可分为以下三类。第一类是对学位授权审核政策文本的研究。如对第十二次《博士硕士学位授权审核》政策文本的解读，阐述学位授权审核文本实施方案及政策的新要点，并给予了积极评价。又如通过对我国第十次学位授权审核工作及审核内容的梳理，总结有益经验，认为第十次学位授权审核在研究生质量保障、人才培养方面作出了历史性的贡献。④⑤ 再如对第九次学位授权审核文本的分析，充分肯定了其历史功绩，认为我国学位授权审核制度功不可没，影响深远。⑥

第二类是对高校学位授权审核的案例研究。如以美国某大学系统为案例，对

① 徐鹏飞. 易地扶贫搬迁政策的农户满意度及影响因素研究 [D]. 华中农业大学，2019.

② 刘小红. 林农生态公益林补偿政策满意度影响因素研究——以江西省为例 [D]. 江西农业大学，2018.

③ 魏绎濡. 瓜州生态移民政策满意度研究 [D]. 甘肃农业大学，2018.

④ 姚云，钟秉林. 第十二次博士硕士学位授权审核政策解析 [J]. 研究生教育研究，2018（4）：9–13.

⑤ 杜瑛. 我国学位授权审核制度的现状透视与改革策略 [J]. 学位与研究生教育，2008（8）：61–66.

⑥ 袁本涛，王孙禺. 我国实施学位授权审核制度的反思与改革刍议 [J]. 高等工程教育研究，2005（2）：78–81.

其博士、硕士学位授予审核机制进行分析，认为该机制能够保证在系统所属范围内的研究生教育的质量，并支持该系统内的所有大学在学位授权申请方面保障高校自身学位质量和人才培养质量，同时大学系统十分注重对高校申报材料的细化及申报流程的指导，这些有益做法值得我国借鉴学习。又如以美国和中国两所知名学校为案例，从学位授权审核的原则、条件、程序、时间、内容、内外部审查形式等多方面对新增学位点审核制度进行对比分析，充分肯定了美国高校在新增学位点审核方面的特色和优势，可为我国新增学位授权点审核改革工作提供思路和借鉴。①②

第三类是我国学者对欧美等发达国家或地区的学位授权审核机制的引介研究。由于国外并没有严格意义上与我国学位授权审核完全对应，它们大多采用学位授权资格认定、许可、认证等词汇，其实质与我国学位授权审核一词的含义相似。我国学者则通过对国外学位授权资格认证主体及过程、学位授权认证的质量保障等方面进行了梳理分析。如通过对英国、美国、德国、日本、俄罗斯五国学位授权审核制度的分析，探讨其引入第三方社会评估，实行多元共治的模式。这种模式在一定限度内能够均衡各方利益，化解矛盾与冲突。将学位授权审核交由专业性的第三方机构参与认证考核的形式也得到国内其他学者的支持。③ 又如第三方专业评估机构，不仅要在其中扮演制定学位授权准入标准的角色，同时也需要全程参与整个学位评审考核过程，并向官方部门提供认证报告和考察结果。④通过分析美国中西部公立高校学位授权审核相关工作，发现高校在执行这项工作时，相关职能部门严格遵照审核标准和流程进行，同时在考核标准制定时考虑到各个学科的差异性，既有对审核工作的整体统一安排，也会针对一些特殊情况做灵活处理，这些方面的优势值得我国在开展同类工作时学习借鉴。⑤

（2）就研究内容而言，重点在学位授权审核法治化和政策实施满意度。第十二次博士硕士学位授权审核是继 2011 年后时隔 6 年再次启动的学位授权工作，整体上呈现出行政许可法治化特点，此次学位授权审核工作经过国务院学位办的

① 马爱民. 美国加州大学系统研究生学位授权审核制度研究 ［J］. 学位与研究生教育，2019，314（1）：76－81.

② 孙圻，张圆圆，李京京. 中美公立大学新增学位点授权审核比较研究——基于清华大学和加州大学伯克利分校的案例分析 ［J］. 中国高教研究，2012（12）：55－59.

③ 韩映雄. 世界主要发达国家学位授权制度分析 ［J］. 教育学文摘，2009（4）：75－77.

④ 樊文强，马永红. 美国印第安纳州公立高校学位授权审核制度研究 ［J］. 学位与研究生教育，2014（7）：66－71.

⑤ 何爱芬，赵世奎. 美国学位授权审核第三方参与机制：历程、路径与实施 ［J］. 研究生教育研究，2018（4）：77－83.

精心筹备和规范实施，会对未来研究生教育的发展产生深远持久积极影响。①

国外研究以各州的学位授权审核为例，通过对高校获得学位授予权的流程、标准的介绍，对学位授权审核工作进行评价，认为多元主体参与的学位授权认证方式，层层分工，不仅保障了学位授权审核工作的公平合理，也有助于对高校的研究生培养质量严格把关，利于高校的学科建设。如以美国中北部和西北部两大州——印第安纳州和华盛顿州为例，从审批主体来看，前者是由州高等委员会（SHEC）负责受理高校新增学位项目的申请和审批工作，而后者的学位授权审核工作则由华盛顿学生成就委员会（WSAC）负责。从审核流程来看，前者包括高校自评、部门审核、学术分委会审核、州高等教育委员会会议审核等几个环节，但具体的审核工作则交由认证机构，依据相关审核标准对高校材料进行审查，并向州高等教育委员会提交审查报告，最终由高等教育委员会决定是否批准该高校的新学位点申请。② 后者则包括高校提交申请，办理审批手续、学生成就委员会（WSAC）为期一年的审查、WSAC 审批三个环节。③ 新增学位点审批流程及认证方式，将院校、第三方机构、州政府或教育部门的权力分散制衡，多方协调监控，从而形成申、管、办、审分离的学位授权审核机制，保证了审核过程的公开透明。从审核结果来看，各州均将审核结果公开，一方面有利于接受社会监督，向利益相关者提供审核信息，另一方面有利于建立相关的激励措施，发挥评估的调控作用，督促高校严把学位质量关。④

（3）就研究方法而言，主要涉及质性和定量研究。研究所采用的研究方法，以质性分析为主，理论性研究比较多，以量化数据为支撑的调查研究相对较少。学位授权审核满意度方面，缺乏独立的系统性研究，多在研究学位授权审核其他问题中稍作提及。研究通过对文献、政策、个案等对学位授权审核相关问题进行探讨，进而对学位授权审核做相关评价，指出成就及问题。

（4）在研究结果公布方面，对授权审核总体评价较高。美国的授权审核结果并不是简单作出"通过"或"未通过"两个等级，而是根据高校实际需求提供不同等级和水平的评定考核结果。例如，加州政府根据专业机构的审核建议和认证报告，由教育部门的主管领导依此对高校的新增学位申请作出不同时间期限的

① 章志远. 博士硕士学位授权审核的行政法规制 [J]. 福建行政学院学报，2019，173（1）：60 - 67.

② Indiana Commission for Higher Education. Checklist of criteria to be used by the commission in taking action on new degree programs [EB/OL]. http：//www. in. gov/che/files/Checklist - of - Criteria - web. pdf，2013 - 10 - 11. jub，2019 - 08 - 12.

③ Washington Student Achievement Council. Degree Authorization [EB/OL]. https：//www. wsac. wa. gov/ degree - authorization，2019 - 08 - 15.

④ 吴怡英. 博士、硕士学位点授权审核制度的沿革分析 [D]. 苏州：苏州大学，2010.

有条件许可，一般是三年内，或不通过的决定。即使高校新增学位点获得审批，高校也要每年进行一次内部审核，5 年进行一次复审，以保障各项审核指标和学位点的质量。[①]

通过对 20 世纪 80 年代以来我国开展的学位授权审核工作和政策文本的回顾，本书认为其突出成就表现在审核制度法治化、审核主体明确化、授权学科及高校布局合理化、均衡化。[②] 还有研究认为，截至 2016 年，已开展的十一批学位授权审核工作在研究生的质量保障、学科建设与高校发展、人才培育等方面给予充分肯定。学位授权审核优化了我国的学位点及院校布局，利于提升高校自身的办学水平和促进学科专业的内涵式发展，从而实现塑造高层次专业化人才的目标。从宏观层面看，学位授权审核在研究生教育的"准入门槛"上严格把关，是保证研究生教育入门质量的重要手段，也是我国学位与研究生教育制度的重要组成部分。从微观层面看，学位授权审核不仅有利于高校和科研院所办学层次的提升和社会声誉的塑造，同时还对学位授权单位及学位点的区域分布、高校办学层次结构和学科建设等产生强有力的调控和影响。另外也对高校师生的自身职业发展和人生定位产生重要影响。

尽管研究显示，我国博士、硕士学位授权审核总体评价较高，但现行学位授权审核政策及相关工作也确实存在一些不完善之处，如在高校申报、审核过程等方面存在问题，进而影响了此次学位授权审核工作的整体评价。

3. 博士、硕士学位授权审核问题研究

我国学位授权审核主要存在以下几个方面的问题：

（1）国家相关职能部门与各申请高校之间的问题。研究认为，国家行政部门权力过于集中，院校自主权不够。过去的学位授权审核，权力集中于政府部门，高校成为"边缘人"，高校自主权被削弱甚至剥夺，不利于调动高校学位授权积极性，也不利于研究生教育质量的提高。[③]

（2）审核标准与审核监督问题。我国过去的学位授权审核工作，除上级部门出台的纲领性文件外，对各省市在具体开展过程中的工作并没有明确详尽的统一规定，引发了诸多问题，[④] 在西北政法大学"申博案"中可以印证[⑤]。过去的审核标准较模糊，专家在评审过程中缺乏操作性，在某种程度上对评估审查的客观

---

① SUBSTANTIVE CHANGE MANUAL：A Guide to Substantive Change Policies and Procedures 2012 ［EB/OL］. http：//wascsenior. org/files/2012 – Substantive – Change – Manual. pdf，2017 – 07 – 20.

② 李福华，姚云，钟秉林. 中国研究生学位授权审核法治化 35 年的回顾与发展展望 ［J］. 高等教育研究，2017（9）：54 – 59.

③ 胡志刚. 研究生学位授权审核制度研究 ［D］. 厦门：厦门大学，2012.

④ 朱蕾. 我国政府学位授权审核管理存在的问题及政策建议 ［J］. 才智，2014（23）：248 – 248.

⑤ 范奇. 我国学位制度研究 ［D］. 重庆：西南政法大学，2016.

性和公正性造成了不利影响。① 在监督机制上，过去学位授权审核工作在监督方面存在漏洞，并没有形成专门有效的监督机制。一些学位授权申请高校为获得研究生学位授予权，存在弄虚作假、急功近利的做法，对学位授权审核工作的开展造成了不良的影响，也对该项工作的公信力造成了挑战。部分单位为了获得学位授权，故意在近似学科间转移科研项目和学术成果，整合师资队伍，从而刻意包装美化申报学科。②

4. 博士、硕士学位授权审核改进策略研究

我国博士、硕士学位授权审核工作改善可从以下几个方面入手：

（1）审核主体。理顺中央政府、省级政府与高校之间的关系，建立多元参与机制。学位授权审核，不仅要形成中央和地方政府责权明晰、分级管理的学位授权审核运行机制，还要发挥院校的办学自主权和积极性，尊重学术权力和高校学科发展规律，保证其在学科规划和学位点申请上享有充分的话语权。

（2）准入标准。学位授权审核需要在全国范围内制定统一明确的学位授权标准，对学位授权质量严格把关。学位授权审核要在科学评估各地区及高校学位授权需求和研究生发展资质的前提下，分门别类地对学位授权单位及学科制定明确具体的条件要求，并严格按照标准开展相应的审核工作，以最大限度地降低片面主观因素对考核结果的影响。同时减轻高校的申报负担，简化审批手续和流程，更好地为高校授权申请提供服务。除此之外，标准的制定也为高校学位点建设提供参照，在督促高校对照标准明确研究生发展定位及学科建设方向方面也扮演着重要角色。③

（3）审核程序。学位授权审核必须保证审核程序的公开透明。学位授权审核是一项动态的工作，不仅包括对申请高校是否有资质开展研究生教育并进行授权展开评定，同时还包括一系列前期准备和事后监管工作，如准入标准的确立、新增学位授权高校学位点质量的评估等，这些环节一同在研究生教育的质量保障方面起到积极作用。因此，相关工作要完善学位授权审核全过程，健全相关的法律法规，同时设立专门的监督检查机构，从而保证学位授权审核工作的规范化、科学化。针对部分高校盲目申报而缺少研究生教育发展规划的现实问题，学位授权审核主管部门要进一步加强监督保障机制建设，对新增学位授权单位及学位点开展不定期评估，鼓励高校自我评估，督促高校持续不断加强自身建设。同时除了

---

① 林梦泉，龚桢梽. 改革环境下我国学位授权审核的不适应性分析及几点思考 [J]. 学位与研究生教育，2009（7）：23 – 28.

② 苏兆斌，李天鹰. 我国学位授权审核制度的回顾与反思 [J]. 研究生教育研究，2011（2）：11 – 16.

③ 杜瑛. 我国学位授权审核制度的现状透视与改革策略 [J]. 学位与研究生教育，2008（8）：61 – 66.

学位主管部门实行年度督查外，还要借助社会力量，接受社会监督，邀请专业化的社会评估机构对高校学位建设质量进行评估，以保证评估的专业性和中立性。①

（4）审核效果。学位授权审核要有益于授权高校的长远发展。过去的学位授权审核更多的是注重高校的前期申报，而对其后续发展关注不足。因此未来的审核工作应转换工作思路，在高校未来发展方面多加引导支持。一方面，学位授权审核要注重对学位申请单位的规范引导，根据高校发展实际和自身特色进行学科建设；另一方面，也要注重对新增学位授权高校的"事后审核"，对其研究生教育发展质量开展定期审核，建立有上有下的动态竞争机制，在一定程度上也能避免事前审核中的某些单位"重申报、轻建设"的问题。同时还能对高校的研究生教育发展和学科建设起到引导和督促作用，促使其不断加强自身建设，巩固和提高学位授权点的教育教学水平。

5. 文献述评

总体来看，国内外关于研究生学位授权审核的相关研究还十分薄弱，研究的广度和深度不足，表现在进行专门系统研究的文献较少，以 CNKI 为例，仅有 16 篇文章与这一主题直接相关，对学位授权审核的研究多放在学位制度或研究生质量保障的相关研究中。研究主要遵循"发展概括—经验与问题—未来对策"这一思路展开。国外没有严格意义上与我国学位授权审核对应的政策，西方各国在学位授权审核方面基本采取第三方机构认证的方式对高校的学位授予质量予以认可及保障，国家及政府不参与实质性的学位授权审核。从满意度视角入手，已有研究仍存在不足。

一是没有专门从满意度视角研究学位授权审核政策的研究。已有研究均未专门涉及博士硕士学位授权审核政策的满意度调查。截至目前，我国已开展了 12 次的学位授权审核工作，且最新一轮的《授权审核》工作较过去有较大改革与创新，因此从满意度视角了解第十二次《博士硕士学位授权审核》实施的成效，对未来学位授权审核工作提供建议是需要的。

二是研究方法以定性研究为主，且大多停留在实践经验总结或政策性解释说明上。现有对学位授权审核政策评述及满意度相关问题的研究大多遵从现状介绍、经验总结、问题分析、对策建议等写作思路，重思辨分析与文献分析，轻实证研究和量化分析。

博士硕士学位授权审核作为一项国家政策，将"满意度"引入学位授权审核政策领域，会反映政策作用对象对政策的期望和其实行后真实感受之间的差异，

---

① 甘晖，罗云，李兴业．优化学位授权审核机制，加强高层次人才队伍建设［J］．学位与研究生教育，2009（7）：29－33.

从而检验学位授权审核工作开展及相关政策实施的实效性和公众认同度。

二、研究设计与研究过程

（一）研究方法及研究伦理

1. 研究方法

文本分析法。2017 年 3 月至 2018 年 5 月，国务院学位委员会先后围绕第十二次博士硕士学位授权审核工作共发布相关政策文件 9 项，包括工作开展的总体要求、审核基本条件、程序、监督公示名单等。分析解读官方政策文件，提炼出第十二次博士硕士学位授权审核工作的规定、开展程序、条件标准等要求，这为问卷编制的维度提供思考。

问卷调查法。问卷调查能够达到了解各学位授权审核建设高校对当前我国研究生教育发展及学位授予的看法，对第十二次博士硕士学位授权审核工作的满意度水平及其实施成效。问卷设计前，收集、阅读学位授权审核相关文献和对 38 名国务院学位委员的访谈记录，确定问卷各维度和主要问题。问卷设计中，征求多位专家意见，充分吸收不同利益相关者意见，删除部分题目后确定最终问卷。学位授权审核建设高校因申请的学位授权审核层次不同，问卷分为博士和硕士学位两个版本，但维度和问题一致。

访谈法。采用访谈法，了解不同学位授权建设高校、各省市学位办负责人及国务院学位办委员对第十二次博士硕士学位授权审核工作的评价，分析此次学位授权审核工作的实施效果，从而为今后的学位授权审核工作提供建议。访谈采用结构化问题，在访谈之前制定好访谈提纲，访谈提纲中的访谈问题均经过课题组及该领域研究专家多次讨论后确定。访谈分为两个阶段：第一阶段利用问卷调查中的开放性问题收集调研高校研究生负责人的意见；第二阶段赴山东、江苏、湖北、江西等地开展实地调研，对 12 所省级立项建设高校的 14 位研究生院领导或校级领导进行访谈，了解他们对第十二次《博士硕士学位授权审核》在政策设计、审核标准、政策倾斜、监督公示等维度上的评价。

2. 研究伦理

调研过程伦理。问卷调查采用不记名方式保护被调查对象的隐私。问卷中要求填写的被问卷人基本信息，仅了解东中西部高校学位授权的整体情况，以及所处位置是否在省会或非省会城市，不涉及单位及个人的具体信息。访谈前，访谈者会征求被访谈者是否同意录音，在被访谈者同意后并在承诺会保护他的个人隐私的前提下才会录音。在访谈过程中，访谈对象如因录音而感到不适，访谈者则会中止录音访谈。

数据分析及内容呈现伦理。问卷数据及访谈资料仅供研究使用，不另作他用。报告撰写过程中，涉及个人或高校隐私的相关信息，研究者会严格遵守伦理规范，对相关内容做隐私处理。研究遵从科学研究角度如实地反映各学位授权建设单位对第十二次博士硕士学位授权审核工作的满意度及未来学位授权审核工作的诉求与期待，也会从伦理道德的角度保护各校的隐私。

（二）研究对象与研究假设

1. 研究对象

研究对象包括问卷对象和访谈对象。问卷对象为研究生学位授权高校，包括申请新增博士硕士学位授权审核单位的高校和新增研究生学科授予点高校。访谈对象包括研究生学位授权建设单位校长及研究生院领导，国务院学位办负责人和省级学位办负责人。研究对象的确定是基于它们都是学位授权审核政策制定和实施满意度的直接利益相关者。

2. 研究假设

2017年开展的第十二次博士硕士学位授权审核工作政策制定与实施满意度的三个假设：

假设一，第十二次《博士硕士学位授权审核》政策实施的整体满意度水平较高。2017年第十二次博士硕士学位授权审核工作准备充分，借助专家智慧和行政部门的工作经验，制定了以申请条件为学位授权审核申报条件，改变了过去指标分配行政为主的授权审核方式，强化了学位授权审核的客观标准，回避了主观意志对学位授权审核的影响。对于各省份有多家单位申报学位授权审核竞争时，高校不会因为过去指标限制或行政主导推荐而失去申请资格，公正、公平、公开的学位授权审核会有助于整体满意度处于较高水平。

假设二，不同维度的满意度水平与第十二次《博士硕士学位授权审核》政策实施的整体满意度水平呈显著正相关。整体满意度是由各维度满意度集合而成，整体满意度高必然是由于各维度满意度高。学位授权审核分为"政策设计、审核标准、政策倾斜、监督公示"四个维度，如果第十二次《博士硕士学位授权审核》政策实施满意度高，学位授权审核这四个维度的满意度也会高。

假设三，不同高校对第十二次《博士硕士学位授权审核》政策实施的满意度不同。因为高校所处区域、办学类型、办学层次和条件各不相同，它们的学位授权审核诉求也不相同。高校诉求不同，会导致它们对学位授权审核政策的赞许态度不同，进而导致它们在整体满意度和各维度满意度方面有所不同。

（三）研究目的与研究过程

1. 研究目的与研究内容

调查分析第十二次《博士硕士学位授权审核》政策实施的总体满意度和各维度满意度，了解高校申请新增学位授予单位和学位授予点的诉求与希望，为未来博士、硕士学位授权审核工作改进提出建议。

研究内容主要包含以下两个方面（见图6-2）：

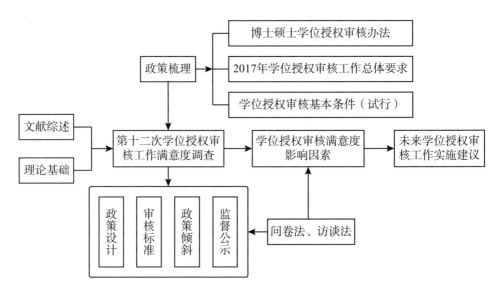

图6-2　第十二次《博士硕士学位授权审核》政策实施满意度研究技术路线

第一，第十二次《博士硕士学位授权审核》政策实施满意度水平。通过问卷并对问卷结果进行描述性统计分析、多重响应性分析等，了解第十二次《博士硕士学位授权审核》政策实施的整体满意度水平，以及各维度满意度水平之间的差异，了解不同学位授权申请高校满意度水平是否存在差异。

第二，第十二次《博士硕士学位授权审核》满意度的影响因素。对问卷结果进行皮尔逊积差相关分析、独立样本 T 检验、单因素 ANOVA 方差统计，从政策设计、审核标准、政策倾斜、监督公示等维度进行分析，并对访谈资料进行编码来分析验证统计结果，了解影响学位授权审核满意度水平的因素，为提出未来学位授权审核工作提出政策建议。

2. 研究过程

（1）文献检索。文献检索以"研究生教育发展""学位授权审核""研究生学位授权体系""学位制度"为关键词，收集和整理相关论文和书籍，分析已有研究成果的现状水平，同时为编制问卷和访谈提纲提供编制思路。

（2）问卷编制。首先，编制第十二次《博士硕士学位授权审核》政策实施满意度调查问卷。

问卷编制以第十二次《博士硕士学位授权审核》政策实施为研究背景，在课题组于 2016 年对 63 名国务院学位委员会成员中的 38 名委员的访谈基础上，并参考第十二次《博士硕士学位授权审核办法》《2017 年学位授权审核工作总体要求》《学位授权审核基本条件（试行）》等相关政策文件，在国务院学位办指导下设计出初稿。

问卷初稿经全国部分省份学位办组织征求意见后，确定了"第十二次《博士硕士学位授权审核》政策实施满意度问卷"的具体维度以及各维度下的题目编写。

2018 年 3 月启动预调查，经 38 所高校测试后统计，再咨询专家提出修改意见后对问卷题目做了调整及修订，删除了一些交叉性及易产生异议的题目。为进一步验证问卷的可靠性与有效性，课题组对问卷再次进行信度和效度检验。通过克隆巴赫可靠性分析发现，问卷的信度系数为 0.731。一般来说，信度系数达到 0.6 为可接受水平，该调查问卷具有良好信度。问卷效度包括问卷的结构和内容效度。首先通过 AMOS 18.0 对问卷进行验证性因子分析（CFA），考察各维度间的模型拟合度。采用 χ^2、df、GFI、CFI、AGFI 等多个拟合指数的数据情况来判断整个模型的拟合度，问卷验证性因素的各拟合指数如表 6-1 所示。

表 6-1　　第十二次《博士硕士学位授权审核》满意度验证性因素分析的各拟合指数

χ^2/df	χ^2	df	RMSEA	GFI	CFI	IFI	AGFI	NFI
1.4525	2.905	2	0.074	0.983	0.957	0.964	0.916	0.892

从表 6-1 可知，χ^2/df 的比值为 1.4525 < 2，RMSEA 值为 0.074 < 0.08，说明模型拟合度较好。首先，在各项拟合指数中，GFI、CFI、IFI、NFI、AGFI 的范围在 0 到 1 之间，且该理论模型的拟合效果与数值呈正相关，数值越大，拟合效果越好。问卷的各拟合指数均在 0.89 以上，结果适配良好，说明正式问卷的结构效度较高。其次，用 Bootstrap 法对模型再次检验，观察有偏校正置信区间的上限和下限，分别为 0.484 和 0.016，置信区间不包括 0，再次说明检验结果较好，问卷有较好的结构效度。最后，专家对问卷的内容进行评估分析，以验证其

内容效度的高低。这一环节采用"内容效度比"指标（CVR）[1] 来反映所邀请专家的意见的一致性，其计算公式为 $CVR = \left(me - \dfrac{m}{2} \right) \Big/ \dfrac{m}{2}$，其中 me 为认可该问卷的专家数量，m 为所有专家总人数。通过对 9 位专家的意见，进行问卷测评指标体系分析，发现他们对问卷评价具有一致性，表明问卷能较好地反映各高校对本轮学位授权审核工作的满意度水平，故效度为 1，说明该问卷具有较好的内容效度。

第十二次《博士硕士学位授权审核》满意度的调查问卷分为两个版本：一是以硕士学位授权审核建设单位；二是以博士学位授权审核建设单位。两个版本的问卷，除因博士硕士学位授权审核条件规定不同而有关"申报条件及审核标准"的问卷提问不同外，其余题目都一样。

问卷分为封闭式问题和开放性问题两种，总共分为四个部分：第一部分是学校信息，包括学校机构名称、学校类型、研究生学位授权情况等内容，共计 7 题；第二部分是第十二次《博士硕士学位授权审核》政策实施满意度调查，了解被调查者对学位授权审核工作的实施及审核标准的相关看法，主要包括学位授权审核工作"政策设计""审核标准""政策倾斜""监督公示"四个方面，这部分题目均采用李克特（Likert）五点量表，项目按照符合程度进行 1~5 分的赋值，共计 17 题；第三部分是审核标准难易程度调查，包括审核标准中的单位标准、学科标准及"四大量化指标"难易程度，这部分题目均采用 Likert 五点量表，项目按照符合程度进行 1~5 分的赋值，共计 3 题；第四部分为开放性问题，主要了解被调查者对第二十次《博士硕士学位授权审核》政策实施满意度的评价及对未来博士硕士学位授权审核工作的期待，共计 2 题。

（3）编制访谈提纲。"第十二次《博士硕士学位授权审核》满意度访谈提纲"的设计内容，主要包括拟开展研究生教育和申请相应学位授予权高校的建设准备、对第十二次学位授权审核指标和工作开展的评价，以及如何推进我国学位授权审核工作进一步法治化的建议。

为了更好地保证访谈的有效性，访谈提纲初稿成型后，通过小样本的受访者进行预访谈，依据受访者对主要问题的理解程度和反应情况与专家讨论并对初始提纲进行调整，调整部分主要包括修改提纲中存在歧义的问题，最终形成正式版访谈提纲。为保障访谈的效度，访谈对象选择熟悉研究生教育及参与 2017 年第十二次博士硕士学位授权审核工作的高校负责人。为降低研究者自身对资料分析的主观性，访谈材料的编码交由专家及课题组成员审阅，根据他们的反馈意见进

---

[1] 范柏乃. 政府绩效评估理论与实务 [M]. 北京：人民出版社，2005：232–233.

行修改，直到达到符合规范要求。

（4）调研实施。调查于 2018 年 5 月和 6 月分别在广州和北京两地举办的"研究生教育发展与学位授权审核学术研讨会"中展开。会议间隙，参会单位接受了问卷调查，同时访谈也随之进行。依据省份所在区域、高校类型、学位授权申请类型等，课题组对各省份学位授权建设高校实行抽样访谈。

2019 年 6 月至 7 月，课题组赴山东、江苏、湖北、江西等省份的高校进行调研，通过座谈会、面对面访谈及电话访谈等方式收集原始访谈资料。访谈的样本高校包括博士授权建设高校和硕士授权建设高校两种类型，分布在东中西部三个地区，同时既包括单科性质院校又包括综合院校，具有一定代表性。

（5）数据处理与分析。研究运用量化软件 SPSS 18.0 对调查问卷数据进行处理与分析，采用描述性统计、多重响应性分析、差异检验、相关分析等方法对各博士硕士学位建设单位、申请单位关于第十二次《博士硕士学位授权审核》政策实施的满意度现状进行统计与分析。

研究运用 Nvivo 12.0 Plus 对访谈数据进行编码，提炼影响各高校对此次学位授权审核工作满意度的因素；采用三级编码的方式对访谈结果不断进行归纳整理，对自由节点进行合并，从中建立树节点。随后再进一步寻找各节点之间的共性和联系，以便从分散的概念类属中提取出核心类属，并最终以参考点及项目图的方式呈现。

三、第十二次《博士硕士学位授权审核》政策实施满意度调查结果

（一）数据收集总体概况

1. 数据来源

研究数据的收集途径主要有以下两个：

第一个是调查问卷。"研究生教育发展与学位授权审核"学术研讨会于 2018 年分别在北京师范大学和广东财经大学召开，课题组向参会单位发放纸质版问卷 110 份，包含硕士建设单位 59 所，博士建设单位 24 所，共回收问卷 95 份。

第二个是访谈。课题组采用分层随机抽样的方式，依据区域发展水平、高校类型、学位授权申请类型的差异，对各省份学位授权申请单位和建设单位进行抽样作为访谈对象；借助 2018 年"研究生教育发展与学位授权审核学术研讨会"访谈部分高校，再于 2019 年 6 月至 7 月，前往山东、江苏、湖北、江西等地开

展调研，选择 12 所东中西部样本高校进行访谈。

2. 样本特征

调查问卷经过整理、筛选，对作答不完整、不规范、不合理的问卷进行删除，最终有效问卷为 83 份，问卷合格率为 87.4%，问卷分别来源于 59 所硕士建设单位和 24 所博士建设单位。有效样本基本情况如表 6 − 2 所示。

表 6 − 2　　　第十二次《博士硕士学位授权审核》满意度
问卷调查有效样本基本信息

变量	类别	学校数	百分比（%）
高校所处区域	东部	26	34.7
	中部	18	24.0
	西部	31	41.3
职务	校级领导	10	12.0
	研究生院领导	48	57.8
	其他	25	30.1
学校类型	授权单位	8	9.6
	建设单位	59	71.1
	其他	16	19.3
学位授权申请单位	硕士授权申请单位	59	71.1
	博士授权申请单位	24	28.9
获得学士/硕士学位授权时间	4 年以下	5	6.2
	5~8 年	12	14.8
	9~12 年	17	21.0
	12 年以上	47	58.0
开展研究生教育现状	有毕业生	50	61.7
	已开展但没毕业生	8	9.9
	正协商联合招收	16	19.8
	未联合	7	8.6
研究生教育类型定位	仅发展学术类型	11	13.3
	仅发展专业类型	21	25.3
	以学术型为主	16	19.3
	以专业型为主	35	42.2

续表

变量	类别	学校数	百分比（%）
学校未来拟年均招收研究生人数	50 人以内	33	39.8
	50～150 人	24	28.9
	151～300 人	30	24.1
	300 人以上	6	7.2

学位授权审核高校领导、研究生院的管理人员或学科办的相关负责人接受访谈，共计 14 人。其中校级领导 4 人，其他人 10 人。访谈对象的高校所在省份囊括了东中西三个区域及师范类、综合类、理工类等多个高校类别。

课题组用 Word 文档对访谈材料的录音进行逐字转录和保存。单个受访者访谈时间最短为 3 分钟，最长为 37 分钟，访谈时间共计 275 分钟，平均每位受访者访谈时间为 20 分钟，共计 4.6 万字的文字转录稿，平均每个文本为 3 286 字。

为严格坚守学术道德和学术伦理，受访者命名方式如下：第一位字母 S 或 B 代表受访者为硕士建设单位或博士建设单位，第二位字母 E 或 M 或 W 代表受访者所在高校的区域分布，第三四位数字代表受访者的访谈顺序。具体访谈对象的基本情况及访谈转录情况如表 6 - 3、表 6 - 4 所示。

表 6 - 3　　　　第十二次《博士硕士学位授权审核》满意度调查访谈对象基本信息

编号	高校	省份	区域	学位授权层次	职务
BE01	山东艺术学院	山东省	东部	博士	研究生院领导
SE02	山东交通学院	山东省	东部	硕士	研究生院领导
SE03	滨州学院	山东省	东部	硕士	研究生院领导
BE04	南京财经大学	江苏省	东部	博士	研究生院领导
SE05	金陵科技学院	江苏省	东部	硕士	校级领导
BM06	南昌航空大学	江西省	中部	博士	校级领导
BM07	南昌航空大学	江西省	中部	博士	研究生院领导
BE08	齐鲁工业大学	山东省	东部	博士	研究生院领导
BE09	山东建筑大学	山东省	东部	博士	研究生院领导
SE10	江苏理工学院	江苏省	东部	硕士	校级领导
BM11	南昌航空大学	江西省	中部	博士	研究生院领导
SW12	遵义师范学院	贵州省	西部	硕士	研究生院领导
BW13	重庆工商大学	重庆市	西部	博士	研究生院领导

表6-4   第十二次《博士硕士学位授权审核》满意度访谈文本转录

编号	访谈时间	访谈时长	访谈方式	文本转录（字）	编码参考点	节点
BE01	2019.6.28	12′44″	电话访谈	2 327	153	45
SE02	2019.6.29	28′57″	电话访谈	3 988	248	65
SE03	2019.6.30	36′42″	当面访谈/电话访谈	4 988	253	48
BE04	2019.6.30	37′14″	电话访谈	5 433	203	53
SE05	2019.7.2	12′01″	电话访谈	914	53	26
BM06	2019.7.3	3′02″	当面访谈/电话访谈	425	9	6
BM07	2019.7.3	9′01″	当面访谈/电话访谈	701	17	9
BE08	2019.7.5	18′32″	电话访谈	2 493	149	43
BE09	2019.7.10	23′57″	电话访谈	3 965	141	53
SE10	2019.7.11	8′58″	电话访谈	1 536	109	37
BM11	2019.7.15	18′29″	电话访谈	3 009	61	29
SW12	2019.7.15	18′08″	电话访谈	2 923	129	39
BM13	2019.7.15	29′11″	电话访谈	4 570	165	48
SM14	2019.7.18	10′27″	电话访谈	1 800	105	38

（二）第十二次《博士硕士学位授权审核》满意度总体水平

第十二次《博士硕士学位授权审核》政策实施满意度的总体水平及在各个维度上的平均得分，根据李克特式五点量表的计分方法，量化研究中常以3、3.75和4.25等临界点将统计数据的得分情况划分为较差、中等、较高和非常高四种水平。

第十二次《博士硕士学位授权审核》政策实施整体满意度由"政策设计""审核标准""政策倾斜""监督公示"四方面问题构成。

第十二次《博士硕士学位授权审核》政策实施整体满意度平均得分为3.65，表明所有调查的学位授权申请高校对此轮学位授权审核的整体满意度水平处于中等水平。其中"政策倾斜"方面平均得分为3.20分，其满意度水平在这4个维度中最低；"审核标准"方面平均得分为3.89分，说明高校在这一维度上的满意度水平较高，也是四个维度中得分最高的一项，如图6-3所示。

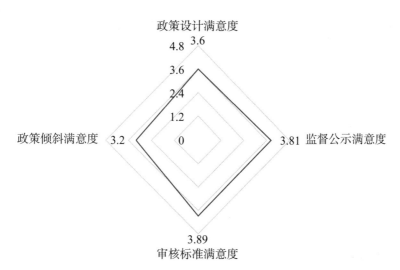

图 6-3　第十二次《博士硕士学位授权审核》政策实施满意度水平得分情况

博士和硕士学位授权申请单位满意度水平的描述性统计显示，它们的整体满意度及各个维度上的平均得分如表 6-5 所示。

表 6-5　　博士、硕士申请高校对第十二次《博士硕士学位
授权审核》政策实施满意度水平

满意度	硕士学位授权申请高校				博士学位授权申请高校			
	Min	Max	M	SD	Min	Max	M	SD
整体满意度	2.86	4.43	3.71	0.38	3.00	4.66	3.53	0.43
政策设计满意度	3.13	4.38	3.65	0.29	3.00	4.63	3.75	0.41
审核标准满意度	2.50	5.00	4.01	0.66	2.50	5.00	3.58	0.83
政策倾斜满意度	1.33	4.67	3.27	0.83	2.00	4.33	3.04	0.65
监督公示满意度	2.00	5.00	3.91	0.56	2.50	5.00	3.75	0.71

从表 6-5 可知，硕士学位授权申请单位对第十二次《博士硕士学位授权审核》政策实施整体满意度平均得分为 3.71 分，表明学位授权审核整体满意度水平处于中等水平。其中"政策倾斜"平均得分为 3.27 分，其满意度水平在这 4 个维度中最低；"审核标准"平均得分为 4.01 分，高校在这一维度上的满意度水平较高，也是四个维度中得分最高的一项。

博士学位授权申请单位对第十二次《博士硕士学位授权审核》政策实施整体满意度平均得分为 3.53 分，表明这些学位授权审核的满意度水平也处于中等水平。其中"政策倾斜"维度上的平均分为 3.04 分，其满意度得分在所有维度中

是得分最低的一项；"监督公示"和"政策设计"平均得分均为3.75，说明博士学位授权申请高校在这两个维度上的满意度较高，也是四个维度中得分最高的两项。

（三）第十二次《博士硕士学位授权审核》政策实施满意度的影响因素

1. 各维度对第十二次《博士硕士学位授权审核》政策实施满意度的影响

（1）各维度满意度水平与整体满意度水平的相关性分析。学位授权审核各维度及项目的得分属于正态高测度数据，且为连续性变量，进行学位授权各个维度与学位授权整体满意度的相关性分析时采用皮尔逊相关来探究多类数据之间的相关关系，探究第十二次《博士硕士学位授权审核》对各类申请高校满意度水平的影响。

表6-6反映了学位授权审核各个维度的满意度水平与"博士、硕士学位授权审核"整体满意度之间的相关关系。整体来看，博士、硕士学位授权审核"政策设计"维度、"审核标准"维度、"政策倾斜"维度、"监督公示"维度的检验概率值（近似值Sig）均小于0.01，说明这四个维度均与学位授权审核整体满意度水平呈现显著的正相关。同时，以相关性系数的绝对值高低作为判断相关性强弱的标准，系数值越大，两者之间的相关程度越强。一般认为，当数值小于0.09时，说明两者之间不存在相关关系，当数值高于0.5时可以认定为强相关。从表6-6可知，"政策设计"维度、"审核标准"维度、"政策倾斜"维度、"监督公示"维度与整体满意度水平的相关系数，分别为0.628、0.715、0.598、0.642，进一步说明这四个维度与整体满意度水平呈现显著的正向强相关。

表6-6 第十二次《博士硕士学位授权审核》各维度满意度水平与整体满意度的相关性分析

满意度	所有申请高校		硕士申请高校		博士申请高校	
	Pearson	Sig	Pearson 相关	Sig	Pearson 相关	Sig
整体满意度	1	—	1	—	1	—
政策设计满意度	0.628 **	0.000	0.624 **	0.000	0.477 *	0.018
审核标准满意度	0.715 **	0.000	0.615 **	0.000	0.811 **	0.000
政策倾斜满意度	0.598 **	0.000	0.745 **	0.000	0.468 *	0.021
监督公示满意度	0.624 **	0.000	0.592 **	0.000	0.757 **	0.000

注：（1）Pearson 相关系数（r）的绝对值越接近于1，意味着其相关性越强。

（2）* 表示 $0.3 \leqslant |r| < 0.5$，为低度相关；** 表示 $0.5 \leqslant |r| < 0.8$，为中度相关。

高校学位申请层次诉求的差异可能会对调查结果造成影响，分别对硕博士学位授权申请高校中学位授权审核各个维度的满意度水平与"硕/博士学位授权审核"整体满意度之间的相关关系进行探讨。从 Pearson 相关检验的结果可以看出，硕士学位授权申请单位对"政策设计"维度、"审核标准"维度、"政策倾斜"维度、"监督公示"维度的检验概率值（近似值 Sig）均小于 0.01，且相关系数均大于 0.5，说明这四个维度均与学位授权审核整体满意度水平呈现显著的正向强相关。博士学位授权申请单位对"政策设计"维度、"政策倾斜"维度、"审核标准"维度、"监督公示"维度的检验概率值（近似值 Sig）均小于 0.05，说明这四个维度均与学位授权审核整体满意度水平呈现显著的正相关。同时，根据相关系数反映相关性强弱的标准，"政策设计"和"政策倾斜"维度的相关系数在 0.3 ~ 0.5 之间，因此这两个维度与学位授权审核整体满意度水平呈现正向的中等相关；"审核标准"和"监督公示"维度的相关系数 >0.5，说明他们与学位授权审核整体满意度水平呈现正向的强相关。

（2）各维度满意度水平与整体满意度水平的编码分析

访谈资料的三级编码显示，对影响第十二次《博士硕士学位授权审核》整体满意度的因素进行了逻辑关系的探索，最后进行降序排列；对各维度呈现的态度倾向分为正向评价和负向评价两种，分别探究其与整体满意度水平之间的关系，如图 6 - 4、表 6 - 7 所示。

首先，由图 6 - 4 可知，通过对原始访谈资料编码和建立树节点发现，政策设计、审核标准、政策倾斜、监督公示四个方面均对第十二次《博士硕士学位授权审核》政策实施整体满意度水平产生影响，但其影响程度是不同的。同时，各个影响因素下又包含多个自由节点，共同作用于整体满意度水平的高低。

其次，由表 6 - 7 可知，尽管四个维度均与整体满意度水平相关，但是其影响的强弱程度不同。在质性资料的分析中，通过对数据归类的比较，把分析资料归为不同的类别，这些归类项所包含的节点数又称为编码参考点数。在质性分析中常以编码参考点的数量作为判断归类项的重要程度的依据，且两者呈正相关，编码参考点数越多，说明该归类项对研究的影响越重要。因而，对原始访谈资料编码并统计参考点数发现，四个维度的参考点数排序依次是审核标准（102）>政策倾斜（73）>政策设计（56）>监督公示（55）。受访者对第十二次《博士硕士学位授权审核》政策实施的整体评价受审核标准和政策倾斜两方面的影响大于其他两个维度。

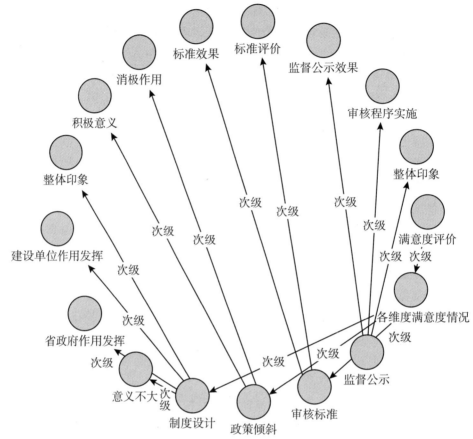

图 6-4 第十二次《博士硕士学位授权审核》
政策实施满意度的影响因素逻辑关系

表 6-7 第十二次《博士硕士学位授权审核》政策实施满意度
各维度编码节点频次比较

	态度 （频次）	内容（频次）	编码参 考点
整体评价	正向评价 （112）	标准具体（20）、不同程度放权较好（2）、促进学校自评（1）、定期审核较好（3）、公平竞争（12）、规范（16）、规则意识（4）、很大进步（3）、目标明确（4）、切忌形式主义（1）、权责划分明确（3）、严格（5）、总体不错（38）	143

	态度 （频次）	内容（频次）	编码参 考点
整体评价	负向评价 （30）	按需择优存在问题（7）、不太满意（1）、措手不及（6）、地方院校达标困难（7）、申报时间紧张（4）、师范院校达标困难（2）、需进一步完善（2）、政策出台背景参照美国不合适（1）	143
政策设计	正向评价 （43）	按需择优合理（1）、层层筛选（4）、发挥省级学位办的作用（8）、建设单位有一定竞争力（4）、省级部门认可（6）、省级政府加大投入（3）、完成建设任务（5）、赞同认可（12）	56
	负向评价 （13）	表格填写仍有疑惑（1）、不利于非省级立项建设高校申报（3）、省级审核流于形式（1）、意义不大（5）、政府没有相应的投入（3）	
审核标准	正向评价 （5）	学科标准容易达到（4）、实现教育部严控数量的目的（1）	102
	负向评价 （97）	博化率难达到（7）、单位标准和学科标准都难（6）、单位标准难（18）、单位标准设置不合理（5）、连续五年的数据不合适（9）、生年均经费难（12）、生师比难（14）、省财政拨款少（9）、师年均科研经费难（12）、学科标准难（2）、学科标准难易程度不同（2）、学校压力大（1）	
政策倾斜	正向评价 （34）	促进发展（4）、促进学位点均衡布局（1）、留住西部人才（2）、倾斜力度合适（1）、西部对人才渴求（3）、优惠力度需进一步加大（3）、有必要（20）	73
	负向评价 （39）	东部也有弱势学校（2）、对东中部高校不利（14）、对提高质量不利（10）、非正向促进作用（2）、评审不公平（7）、倾斜对象缺乏深入研究（3）、倾斜后效果不佳（1）	
监督公示	正向评价 （47）	比较严格（4）、高校重视关注（5）、公平竞争（5）、很好（16）、互相监督（4）、凭实力竞选（2）、人情关系减弱（1）、省内公示较好（7）、授权审核权力下放（1）、指标定量化更具体（2）	55
	负向评价 （8）	仍存在人情跑关系（2）、各省审核程序存在差异（1）、社会监督作用有限（3）、弄虚作假惩罚力度一般（1）、专家评审程序存在问题（1）	

最后，通过 Nvivo 12.0 Plus 对四个方面进行层次比较发现，审核标准及政策倾斜两个维度的作用明显大于政策设计和监督公示两个维度，如图 6 - 5 所示。同时，受访者在审核标准和政策倾斜这两个维度中的负向评价的参考点次数大于正向评价的参考点次数。分析这两个因素下的自由节点，发现在审核标准方面，受访者的负向评价主要集中在"标准过高""单位标准四个定量指标较难达到""数据统计年份存在争议"等；在政策倾斜方面，受访者的负向评价主要集中在"损害东中部利益""不利于质量提升""西部高校受政策倾斜后仍难达到标准"等。

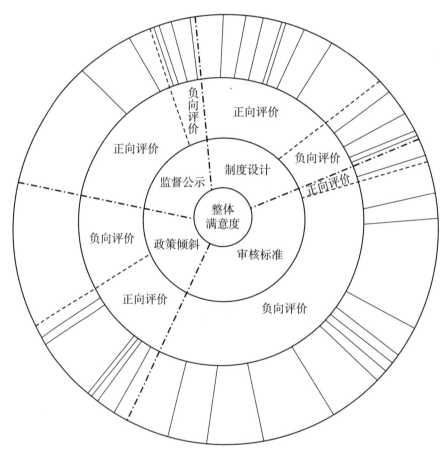

图 6 - 5　第十二次《博士硕士学位授权审核》政策实施
满意度各维度影响程度的层次比较

2. 高校对第十二次《博士硕士学位授权审核》政策实施满意度影响

（1）不同区域及不同类型高校学位授权审核满意度的差异检验

高校所处区域划分为东部、中部、西部三个区域并作分组变量，高校类型分为授权单位、建设单位和其他三种类型，也作分组变量。由于它们的数据均为近似正态分布，比较均值中单因素 ANOVA 方差分析对不同区域及类型高校对第十二次《博士硕士学位授权审核》政策实施满意度进行差异比较，其结果如表 6 - 8 所示。

表 6 - 8   第十二次《博士硕士学位授权审核》政策实施
满意度的区域、高校类型差异

满意度	不同区域学位授权申请高校		不同类型学位授权申请高校	
	F	Sig	F	Sig
整体满意度	8.730	0.000	8.639	0.000
政策设计满意度	3.436	0.038	1.321	0.273
审核标准满意度	3.907	0.025	6.678	0.002
政策倾斜满意度	6.945	0.002	0.532	0.589
监督公示满意度	2.143	0.125	10.333	0.000

对不同区域高校"学位授权审核"整体满意度及各维度的满意度水平进行差异检验及分析。由表 6 - 8 可知，从整体看，不同区域学位授权申请高校对此次学位授权审核的整体满意度的 Sig 值为 0.000 < 0.05，说明不同区域学位授权申请高校对第十二次《博士硕士学位授权审核》政策实施的整体满意度水平存在显著差异。学位授权的"政策设计""审核标准"和"政策倾斜"等维度上的 Sig 值均小于0.05，说明区域差异对高校在这些方面的满意度水平存在显著影响，且在"政策设计"和"审核标准"维度上，东部高校满意度水平高于西部高校，在"政策倾斜"维度上，西部高校的满意度水平高于东部高校。但是，在"监督公示"维度上的 Sig 值为 0.125 > 0.05，说明不同区域的高校在这一维度上的满意度水平不存在显著差异。

对不同类型高校"学位授权审核"整体满意度及各维度的满意度水平进行差异检验及分析，由表 6 - 8 可知，它们的整体满意度的 Sig 值为 0.000 < 0.05，说明不同类型高校对第十二次《博士硕士学位授权审核》政策实施整体满意度水平存在显著差异。学位授权的"审核标准""监督公示"等维度上的 Sig 值均小于0.05，说明高校类型差异对学位授权申请单位在这些方面的满意度水平存在显著影响。且已获得学位授权并开展研究生教育的高校的满意度高于尚处于学位授权申请和建设阶段的单位及其他类型高校。学位授权的"政策设计""政策倾斜"等维度上的 Sig 值均大于 0.05，说明不同类型学位授权申请高校在这两个维度上不存在显著差异。

（2）不同学位授权年限、不同研究生发展规划高校满意度

获得学士和硕士学位授权年限分为4年以下、5~8年、9~12年、12年以上四种类型，并作为分组变量。同时，各高校研究生发展规划分为有毕业生、已开展但尚未培养出毕业生、正协商联合招收、未联合四种类型，也作为分组变量。由于数据为近似正态分布，比较均值中单因素ANOVA方差分析对不同学士和硕士学位授权年限及不同研究生发展规划的高校对满意度情况进行差异比较，其结果如表6-9所示。

表6-9　第十二次《博士硕士学位授权审核》政策实施满意度的学位授权年限、研究生发展规划差异

满意度	不同授权年限学位授权申请高校		不同研究生发展规划学位授权申请高校	
	F	Sig	F	Sig
整体满意度	1.029	0.385	0.877	0.457
政策设计满意度	0.158	0.924	0.525	0.666
审核标准满意度	1.735	0.167	0.424	0.737
政策倾斜满意度	0.806	0.494	0.560	0.643
监督公示满意度	0.897	0.447	3.997	0.061

不同学位授权年限高校的"学位授权审核"整体满意度及各维度的满意度水平的差异检验及分析如表6-9所示。从整体来看，已获得不同学/硕士学位授权年限的申请高校对此次学位授权审核的整体满意度的Sig值为0.385 > 0.05，说明已获得不同学位授权年限的高校对此次授权审核整体满意度不存在显著差异。学位授权的"政策设计""审核标准""政策倾斜""监督公示"等维度的Sig值均大于0.05，说明学位授权年限的差异对高校关于此次授权审核各个维度的满意度水平也没有显著影响。

不同研究生发展规划高校的"学位授权审核"整体满意度及各维度的满意度水平的差异检验及分析如表6-9所示。从整体来看，不同研究生发展规划的学位授权申请高校对此次学位授权审核的整体满意度的Sig值为0.457 > 0.05，说明研究生教育发展规划不同的高校对此次博士硕士学位授权审核的整体满意度不存在显著差异。学位授权的"政策设计""审核标准""政策倾斜""监督公示"等维度的Sig值均大于0.05，说明研究生教育发展规划的差异对高校关于此次授权审核各个维度的满意度水平也没有显著影响。

（3）不同研究生学位发展类型及学位授权层次高校满意度

研究生学位发展类型分为学术型、专业型、学术型为主、专业型为主四种类型，并将其作为分组变量。由于数据为近似正态分布，比较均值中单因素 ANO-VA 方差分析对不同研究生学位发展类型的高校的满意度情况进行差异比较。同时，学位授权层次分为硕士学位授权申请单位、博士学位授权申请单位两类，并将其作为分组变量。由于数据为近似正态分布，比较均值中独立样本 T 检验对不同学位授权层次高校的满意度情况进行差异比较，其结果如表 6 - 10 所示。

**表 6 - 10　第十二次《博士硕士学位授权审核》政策实施满意度的
学位发展类型、学位授权层次差异**

类型	不同学位发展类型授权高校		不同学位层次授权高校	
	F	Sig	F	Sig
整体满意度	1.876	0.140	1.475	0.069
政策设计满意度	0.647	0.587	0.451	0.486
审核标准满意度	2.488	0.066	5.308	0.032
政策倾斜满意度	2.283	0.085	0.250	0.156
监督公示满意度	0.278	0.841	3.420	0.560

不同研究生学位发展类型高校的整体满意度及各维度满意度水平的差异检验及分析如表 6 - 10 所示。从整体来看，不同研究生学位发展类型高校对此次学位授权审核的整体满意度的 Sig 值为 0.140 > 0.05，说明不同研究生学位发展类型高校的整体满意度不存在显著差异。学位授权的"政策设计""审核标准""政策倾斜""监督公示"等维度的 Sig 值均大于 0.05，说明研究生教育学位发展类型的差异对各维度的满意度水平也没有显著影响。

不同学位授权层次高校的整体满意度及各维度满意度水平的差异检验及分析如表 6 - 10 所示。从整体看，不同学位授权层次高校对此次学位授权审核的整体满意度的 Sig 值为 0.069 > 0.05，说明不同学位授权层次高校的整体满意度不存在显著差异，学位授权的"政策设计""政策倾斜""监督公示"等维度的 Sig 值均大于 0.05，说明不同学位授权层次差异，即硕/博士学位授权申请高校在这些维度上的满意度水平没有显著影响。但"审核标准"维度的 Sig 值为 0.032 < 0.05，说明学位授权层次差异对高校在这一维度的满意度水平产生影响，且硕士高校在该维度上的满意度水平略高于博士高校，这也与描述性统计分析的结果一致。

四、调查结果分析与讨论

（一）整体满意度水平与预期存在差异

第十二次《博士硕士学位授权审核》整体满意度得分为 3.65 分，依据 Likert 五点量表计分法对被试得分高低进行判断的衡量标准，其整体满意度水平处于中等水平。其中，"政策倾斜"维度的满意度平均得分为 3.20 分，满意度水平最低；"审核标准"维度的满意度平均得分为 3.89 分，满意度水平处于较高水平，这也是四个维度中得分最高的一项。不同学位授权层次高校的整体满意度发现呈现中等水平，且在"政策倾斜"维度得分最低。

2017 年开展的博士硕士学位授权审核工作，较之间的十一次学位授权审核最大的不同是在"准入标准""程序监督"等方面进行了多项改革。所有改革都经过国务院学位委员会委员、专家团队、省级学位委员会和学位授权审核高校四方面利益相关者的参与、讨论、修改和征求意见等。以高校为例，专家组分别到 10 个省份与省级学位委员会座谈，与所在区域共计 120 多所高校进行交流与征求意见等。客观地说，第十二次《博士硕士学位授权审核》在实施前，国务院学位办做了大量工作，按照科学决策的程序反复征求不同利益群体的意见，不论是《博士硕士学位授权审核》的审核指标制定，还是授权审核的工作程序和监督措施都在实施前得到广泛认同与肯定。尽管如此，总体满意度水平与预期满意度水平还存在一定差距，主要由以下三方面原因造成。

1. 学位授权审核的期望与审核结果的差距所致

2017 年开展的第十二次博士硕士学位授权审核工作，是继 2011 年第十一次学位授权审核工作后的重启。一方面，我国先前此项工作平均每 3 年进行一次，此轮审核距离上次间隔六年之久，各省级学位委员会和高校对第十二次学位授权审核工作充满期待。另一方面，大多数学位授权建设高校认为我国现有研究生教育规模较小，国家要适度发展研究生教育，大多数省份研究生培养高校数量已不能满足当地研究生人才需求。由此，各省份学位授权审核建设高校都预计新一轮学位授权审核将有大批高校能够获得研究生学位授权。

"我们对学位授权审核工作期待已久，我们省份部分高校长期没有文科博士点，这对高校甚至地方的发展不利。"（BM06）

"我们现在是需要通过研究生教育的发展来带动区域的发展，因此应该适当地扩大研究生规模，不仅是招生的规模，还包括学位授予单位的数量。这样也能帮助我们留住大量的高素质研究人才，促进当地的发展。"（BM07）

"硕博士指标对于我们地方院校是非常需要的，这是我们的'作战部队'，我们省的教育资源在全国是非常不均衡的。所以我们希望能够对我们省适度地扩大研究生的招生指标及培育单位的数量，促进我们省份发展，也实现中部崛起。"（BM11，SM14）

"对于西部院校来说，我们在研究生教育发展方面有更为迫切的需求。在我看来，我们欠发达地区的高校对高层次人才的渴求要远远大于东中部高校。"（BW13）

此次博士硕士学位授权审核工作改变了过去分配指标的传统做法，通过制定准入标准对申报单位进行审核。新增授权审核"四大定量指标"首次实行且难度较大，大多数地方高校及欠发达地区高校难以达标，使得预想能够获得授权审核高校的愿望落空。2017年第十二次博士硕士学位授权审核工作，最后审核通过的博士硕士授权单位合计57所，平均一个省级高校达不到一所新增博士学位授予单位和一所新增硕士学位授予单位。这一数据反映出，准入标准较高使得希望新增高校难以到达，审核结果远远低于高校对此次学位授权审核的预期。高校对学位授权审核感知效果与其期望值相比较后形成的"失落"的心理状态影响到了整体满意度水平，这也符合理查德·奥利弗在1980年提出的"期望—差异"模型①，事前期望与事后感知的差异会影响其满意度水平，两者呈负相关，差值越高，满意度水平越低，差值越小，满意度水平越高。期望差异理论中也指出了期望值与效价的差异会影响满意度。在公共政策中，当政策实施效果即效价高于期望值时，公众会对该政策产生好的评价，从而形成较高的满意度水平。

"2017年以前好像连续很多年都没有这个审核工作了，我们原以为此次审核工作会分配更多的授权审核指标以促进研究生教育的发展。但是出台了一个准入标准，你达到标准才能上，达不到就不能获得学位授权，这就让我们在2017年的学位授权审核中失败了。"（BE04）

"可能当时因为设这个标准，大家一开始都不清楚，导致我们省整个升硕的所有单位都达不到这个标准，所以只能从中选一个，我省因为这几个学校应该说

①　Oliver Richard L. A Cognitive Model of the Antecedents and Consequences of Satisfaction Decision［J］. Journal of Marketing Research，1980，17（4）：462.

实力都差不多，那就是说很多学校就没办法了，就功亏一篑了，可能设的标准没有提前通知吧，可能很多也被打得措手不及，但是就整个工作开展过程而言我觉得没什么问题。"（SE02）

"整个省都被挡在门外，2017年的时候，我是听说全国能够达到标准的是个位数，只有8所，这就说明实现了教育部严控研究生教育高校数量的目的。全国只有8所学校能够达到这个标准，然后还主要集中在北京和江浙地区，应该说绝大部分省份都不满足这个标准，只能靠按需择优推荐推选一所学校往上申报。"（BE09）

2. 倾斜政策影响满意度水平

第十二次《博士硕士学位授权审核》中明确提出："对西部高校和民族高校学位授权审核标准降低20%。"政策倾斜有利于促进西部高校和民族高校研究生教育的发展，努力缩小各地区研究生教育的发展差距，从而促进高等教育公平，实现研究生教育均衡发展。但无论是东部高校还是西部和中部高校，它们对政策倾斜满意度水平最低。特别是东部高校认为研究生教育发展要将质量放在首位，秉持"择优录取"的原则，不应搞特殊照顾。

"审核标准的降低看似是一种'政策照顾'，有利于西部高校和民族高校研究生教育的发展，但却是进一步加剧了教育的不公平，且对其他地区高校学位授权单位及学位点的申请造成不利影响。有些西部高校因为'占指标或是政策倾斜'拿到了学位授权，但是其研究生培养质量并未达标，也并不能真正促进地区研究生教育的发展。同时'政策优惠'还会给一些高校造成可乘之机，为了拿到学位授权而走关系或者选择其他歪门邪道。"（SE03，BE08）

"尽管国家对西部地区高校发展研究生教育提供了政策优惠，但是20%的审核标准优惠力度并不大，考虑到我们高校研究生教育的发展实际，仍是杯水车薪。我们高校研究生教育的发展现状与'审核标准'之间仍有较大的差距。"（SW12，BW13）

3. 调研高校样本量影响

83所参与问卷调查的高校中，有8所高校已是2017年博士硕士学位授予新增单位，其余75所高校要么参与2017年学位授权审核但未通过，要么认为2017年学位授权审核条件太高而没有提交申请。虽然调查样本高校都认为此次学位授权审核准入标准科学合理、审核程序公开透明，但由于它们中有近90%的高校因没有获得学位授权审核，或因准入标准高而没有申报新增学位授权审核单位，换句话说，它们是新增学位授权审核的"失败者"，让它们参加对该项政策的评估，满意度自然不会太高。

第十二次《博士硕士学位授权审核》整体满意度水平高低或多或少受到以上三方面原因的影响，从 Likert5 分制计分方式看，满意度只达到一般水平。这一满意度水平的评价结果，不能简单地认为此次学位授权审核工作满意度不高，访谈结果也从一个方面得到印证。事实上，高校对此次学位授权审核工作普遍认可。

"通过这次学位授权审核工作，给予高校开展培育研究生的机会，也有利于高层次人才的培养。特别是 2017 年之后，规定以后每 3 年进行一次学位授权审核工作，也给了我们希望。这项工作对于研究生规模的扩大有重要作用。"（BE04）

"2017 年的学位授权审核工作，鼓励高校申报专业硕士学位点，这就为应用型高校的发展提供了契机。应用型高校在专业硕士培养方面，具有优势，在学位点达标方面问题不大，但是建议在单位标准上对其放宽条件，这样才能进一步推动其发展。"（SE05）

"2017 年的这项审核工作，填补了我们在部分学科和专业上的空白，优化了我们的学科结构，也增加了相应的博士学位点，提高了我们学校的办学资质水平，解决了限制我校发展的瓶颈和问题。我们希望借助几轮的学位授权审核工作，把学位点的布局调整好。"（BM06）

"2017 年的学位授权审核工作，给大家一个明确的预期、明确的标准在这里，让大家朝着这个标准去建设，去把学位点建设好，这个是蛮有意义的。"（BE04）

"这个学位授权审核能够以一定的量化标准来进行，不像以前，以前最大的一个问题就是为了申报，就把很多材料拼凑在一起，比如说上一轮申报的某些学位点的老师、成果又放在另一个学位点去。一个学校就那么一点资源，然后分到多个学位点，实际上在学位点的建设上的话就捉襟见肘。学位授权审核既重视单位标准，又重视学科标准，对保障研究生教育质量是非常有必要的。"（BW13）

"要是以前的时候，大家都对国务院授权审核工作的评价标准是什么都不清楚，2017 年以后，大家都对标准有了一个认识，都知道怎么去努力了，有章可循。"（SW12）

271

"现在就是有利于大家公平竞争了，你达到标准就可以去申请，规则面前人人平等。"（SE02）

（二）不同维度的满意度水平影响因素

第十二次《博士说是学位授权审核》在"政策设计、审核标准、政策倾斜、监督公示"四维度上的满意度水平，与整体满意度水平呈显著相关，且为正向强相关。但四维度满意度水平对整体满意度水平的贡献是不一样的，这一结论与本书作出的假设是一致的。

福内尔（Fornell）等在1994年构建的美国满意度指数模型中提到，通过对产品的细分，顾客对产品所含各质量因子（如外观、性能等）进行直观感知后，会形成整体的感知质量。之后经其他学者的进一步研究，也证实了感知质量与消费者满意度之间存在正相关关系。[①] 顾客对产品各质量因子的认可度越高，其满意度水平也越高，这一自变量在对顾客满意度影响方面发挥着关键作用。高校对第十二次《博士硕士学位授权审核》政策内容各个部分的直观感知，它们会从整体上进行判断，形成整体感知质量，出现整体的满意度水平。通过访谈材料的编码分析发现，四个维度对整体满意度水平均有影响，但其影响的强弱存在差异。

1. "政策倾斜"和"审核标准"影响满意度较大

编码访谈资料并统计参考点数后发现，整体满意度水平受"政策倾斜"和"审核标准"两个维度的影响较大，且在两个维度中，受访者对其负向评价的参考点次数大于正向评价的参考点次数。

就"政策倾斜"而言，为促进我国研究生教育的发展，第十二次《博士硕士学位授权审核》对部分地区和类型的高校给予政策倾斜，如对西部和民族高校的准入标准降低20%等。客观来看，第十二次《博士硕士学位授权审核》最大的亮点就是"准入标准"，强调在标准面前一视同仁。但由于中国国情的特殊性，研究生教育在西部地区和民族地区发展大大滞后国家总体水平，而且其差距还越来越大。国务院学位委员会在综合考虑多种因素后，采取了一定的倾斜政策。尽管该政策初衷是好的，也得到了不同利益群体的理解与认同。但从调查结果来看，该倾斜政策的认可度在四个维度中满意度最低。

83所学位授权申请高校中，32所为东部高校、18所为中部高校和33所为西部高校。问卷结果显示，83所高校对政策倾斜的满意度最低。访谈结果也表明，没有受到政策倾斜的东部和中部地区高校满意度不高，甚至受到政策倾斜实惠的

---

① Claes Fornell, Michael D Johnson, Eugene W Anderson, et al. The American Customer Satisfaction Index: Nature, Purposes and Findings [J]. Journal of Marketing, 1996, 6 (10): 7 - 18.

西部高校也不满意，"抱怨"这一优惠政策还不够优惠。对访谈数据编码分析发现，负向评价主要集中在"损害东中部利益""不利于公平竞争""降低研究生教育质量""西部高校受政策倾斜后仍难达到标准"等方面。

东部省份高校的相关负责人认为：

"我们省份作为东部发达省份，主要是靠人力资源，人才竞争。我们如果没有达到标准，只能申报一所学校，这样很限制我们的发展。到目前为止，我们省份还有 12 所本科院校没有硕士点。国家对西部高校政策倾斜无可厚非，但是也要照顾到我们东部省份对人才的需求，我们在学科条件、培养质量上是很有优势的，学位授权不仅要考虑国家政策，更要考虑学术标准，毕竟是培养高端人才的。"（SE10）

"既然我们国家是通过学位授权这个事情选出或者评出能够培养研究生的高校，因此质量肯定是优先考虑的。所以从这个角度来说，我认为如果设置一些倾向性的倾斜政策，对于我们提高质量不利，不是一个正向的促进作用。咱们解决西部人才短缺，如果西部高校和民族高校条件不够，我们非要降标准整上去让它们培养研究生，实际上这种方式和这种做法，与我们国家要求提高质量的政策是相悖的。虽然研究生培养质量不仅仅是准入标准，但是这个是很重要的质量准入，这是质量控制体系的重要环节和要素。另外，从东中西部地域来看，可能存在着在这个评审工作上的不公平。为什么这样说呢，因为从国家培养学生来说，设置了一个国家标准，又放进了一些不符合标准的学校，这本身是一种矛盾。"（SE03）

"从学位授予水平来看，你不能够对远远没有达到条件的也倾斜，毕竟博士授予单位和博士点代表的是学术水平，我觉得倾斜太多不是很合理。"（BE08）

"博士学位授予单位也向西部高校倾斜，西部高校培养质量不如东部高校，或者水平不如东部高校，倾斜政策还给它降低标准，那它培养出来的学生质量可能会更低。你像西部高校增加的兰州财经大学，它们通过几年建设，后来条件达到成为新增单位，但像有些学校，比我们学校差很多，它们的第四轮学科的评估结果也比我们学校差很多，但是它们就成为新增博士学位授予单位。虽然西部高校有理由要求国家向它倾斜，我也完全同意，但是不能减少东部新增高校，这是另外一种不公平。"（BE04）

"审核标准的降低看似是一种'政策照顾'，有利于西部高校和民族高校研究生教育的发展，但却是进一步加剧了教育的不公平，且会对其他地区高校学位授权单位及学位点的申请造成不利影响。有些西部高校因为'占指标或是政策倾斜'拿到了学位授权，但是其研究生培养质量并未达标，也并不能真正促进地区研究生教育的发展。"（BE09）

西部省份高校的相关负责人则表示：

"尽管国家对西部地区高校发展研究生教育提供了政策优惠，但是20%的审核标准优惠力度并不大，考虑到我们高校研究生教育的发展实际，仍是杯水车薪。我们学校在开展研究生教育方面的办学条件与'审核标准'相比仍有较大的距离。"（SW12）

"国家为促进西部高校的发展，在申报标准上降低20%对于我们来说是很有必要的，否则如果严格按照标准我们达标太困难了。我们希望国家不仅是在'审核标准'方面给予我们优惠政策，同时在其他方面，如经费投入、人才引进方面也加大对西部高校的照顾，也能帮助我们尽快达标。"（BW13）

中部省份高校相关负责人则认为：

"中部高校无论是在学位授权审核方面还是在研究生教育发展方面一直都是处于尴尬的境地。由于地理位置的限制，既不如东部高校可以享受得天独厚的经济发展条件，也不如西部高校能享受到国家政策的优惠。我们中部地区高校的发展一直都是靠自身努力艰难发展，因此获得学位授权难度很大。"（BM11）

"我们作为地方高校，在学位点的优化和布局上还存在着很大的空白，尽管我们的教育水平不及教育部直属的高校，但是我们在学科点的优化、人才培养和学科支撑条件等方面有和它们同等的需求。但是现在的倾斜政策忽视了中部高校的发展诉求，这不利于我们发展研究生教育。"（BM06）

"特别是对于非省会的中部高校而言，我们的发展条件和环境更为艰苦，也很难获得国家政策的照顾，所以对我们而言想要获得学位授权难上加难。国家为了促进西部高校研究生教育的发展，在审核标准方面降低20%，但是相比之下，很多中部非省会高校的发展条件及环境远远不及西部高校，但也没有享受到政策照顾，所以在很大程度上影响其申请学位授权的动力和信心。既然我们现在都说中部崛起，那么硕士、博士的学位授权点是不是也应该在同等条件下向我们欠发达的省份倾斜？"（BM07）

还有部分其他类型的高校的校长、研究生院领导认为：

"现有的倾斜政策不完善，革命老区和国家确定的 14 个连片特困地区更需要政策倾斜，它们不仅自然环境差、经济发展水平低，而且曾经为中国的革命事业作出了巨大的牺牲和奉献，是当前中央确定的精准扶贫的重点地区。这些地区的高校应该给予更大力度的倾斜，通过学科建设的倾斜支持所在地区尽快脱贫。"（SM14）

"我们作为师范高校，也很希望能获得国家的批准授权，具备开展研究生教育的资质。但是由于我们专业设置较为基础，着力发展某一学科不太现实，而现有的学位授权审核标准对我们而言难度较大。国家在对部分地区及高校给予政策照顾的同时，可否关注师范院校在发展研究生教育中的基础性地位，关注我们的发展需求及现实困难，也给予一定的政策倾斜或单设指标。"（SW12、SM14）

综上所述，各高校对此次学位授权审核工作中的"政策倾斜"这一维度的满意度较低，进而也影响了各申请高校对此次授权审核工作的整体满意度评价。

就"审核标准"而言，此次学位授权审核工作不仅在学科条件上设置了授权准入条件，还规定新增博士、硕士学位授权审核高校必须要同时达到单位标准，才能获得开展研究生教育的办学资格。

新增博士、硕士学位授权审核高校中有 67.5% 的认为"单位标准"更难达到，有 25.3% 的认为"单位标准和学科标准"都难达到，仅有 7.2% 的认为"学科标准"较难达到。由此可知，尽管设置准入条件对提高博士、硕士学位授权审核质量至关重要，但是对大多数申请高校而言，标准过高，尤其是单位标准，导致有 2/3 学位授权申请高校由于达不到单位整体条件而在 2017 年中落选。

通过对"单位标准"和"学科标准"四个定量指标的多重响应性分析发现，约有 34.1% 的人认为"单位标准"中对"教师队伍中博士师资必须占有一定比例"的要求最难达到，如图 6 - 6 所示；约有 42% 的人认为"学科标准"中"科研项目、科研经费和科研获奖情况"最难达到，如图 6 - 7 所示。

访谈也得到类似结论，尽管博士、硕士学位授权建设高校普遍认为学位授权审核工作较为公平公正，制定准入标准也是保障研究生内涵式发展、提升高校办学水平的重要举措，但是其认为标准的要求太高且即出即用，增加了这些高校获得学位授权的难度，因而影响了这些学位授权建设高校对此次学位授权审核工作的满意度水平。受访者对审核标准的争议主要体现在"单位标准难度较大""各学科标准难易不均衡""数据统计方式"等几个方面。

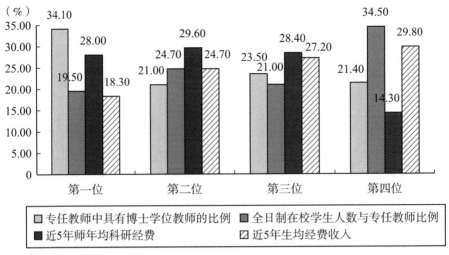

图 6-6　第十二次《博士硕士学位授权审核》单位标准多重响应性分析

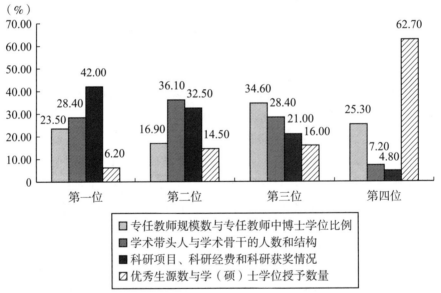

图 6-7　第十二次《博士硕士学位授权审核》学位点标准多重响应性分析

　　"学位建设单位既要达到单位标准，又要达到学科标准，这对高校的学位授权申请无疑是一种挑战。尤其是对于学位点申请建设高校而言，其申报初衷就是发展特色学科，以强带弱，从而带动高校的整体发展。因此对于我们这类的建设高校而言，学科标准能够按要求达到，但是单位标准却是很难达到，这样的学位授权规定，不利于部分高校特色学科的发展。"（BM06）

"对于现在还没有研究生授权的单位，以及相对来说偏西一点的学校或者是地方院校，教育部鼓励它们走特色发展的道路，也就是说这些学校不可能全面发展，所以从这个意义上讲，就是我们保证几个学位点达到博士培养的标准，这个是学校完全可以做到的，但是要让这个学校整体来说达标是不现实的，说实话现在还有很多学校，已经能授予博士的学校都还没有达到这个标准，应该来说，多数学校单位标准可能更苛刻一些。我们有些西部省份的高校或者非省会高校是达不到的。"（BW13）

"这个我觉得非常不合理。这个单位标准是非常非常不讲道理的，你学科再强，你也进不了，就是学科我经过若干年的建设，我可以达到比较高的水平，但是因为一些这样的限制，你也没有办法突破。"（BE09）

除此之外，新增博士硕士学位授予点的各学科设置条件，存在难度不一，以及数据统计方式不尽合理等问题也是造成满意度水平低的原因。

"我们发现学科标准之间，由于是各个学科教育指导委员会或者是评议组制定的，各个标准相互之间可能互不相关，制定出来之后我们发现这个学科标准之间的差距非常非常大，有的要求就很高很高，有的要求就非常低，高的我们就不说了，大部分相对要求都非常高，低的我们说像历史，中国史就非常低，相互很不平衡。"（SE03）

"学科标准是各个学科评议组来弄的，各学科评议组之间，各个学科难易度不一样，标准不统一，有的很难，有的不难，有的很简单，各个评议组的思路不一样，有的学科就是感觉它上了不让别人上的感觉，有的学科现有的博士点未必够条件。所以在这方面，国家还是要宏观把握，保证各学科的竞争之间相对公平。"（BE08）

"2017年的这次的审核工作要求申报单位近五年的数据都要达到标准，这个是很难的。2017年出台的政策，连续看前五年，达到标准的高校没有几个。即使2020年申报的时候，也有计算2015年、2016年的数据，那我们学校在这两年的师年均科研经费还是不达标。"（BM13）

"个人建议在指标定量化基础上我们还要进一步完善包括指标的具体定量规则，到底是近五年每年都要达标，还是五年加权平均达标就可以，这需要有明确规定。现在来看的话，近五年每年都达标是不太合适的，我们可以看2017年这个标准制定出来后各高校的数据，以及是否连年增长。"（SE02、BE04、BE08、SW12、BW13）

277

2. "政策设计"与"监督公示"满意度水平较高

相关性分析发现,"政策设计"与"监督公示"两个维度与博士、硕士学位授权审核整体满意度也呈现显著的相关关系。对访谈资料编码分析发现,这两个维度的参考点数远远低于另外两个维度,且受访者对其多为正向评价。由此可见,"政策设计"与"监督公示"对博士、硕士学位授权审核满意度水平较高,受访者对其负面评价较低。

就"政策设计"而言,编码分析发现,受访者对其积极评价主要体现在"放权省级学位办""定期审核""表格填写简易"等方面。

"一方面,立项建设单位通过这个省级立项,省里面可以有意识地统筹,发挥省级学位办的作用,通过这种方法来筛选,把有专门的行业需求、地区需求这些相应的高校,培育它们作为立项单位。同时,省级政府也会在科研项目、经费等方面给予这些高校一定的扶持。另一方面,也是给予各省级单位一定的权力,它们首先对学位授权申请高校进行筛选,最终再报到教育部进行最终审核。"(BE04、SM14)

"在 2017 年之前好像连续很多年都没有这个审核工作了,从 2017 年以后,才形成规律,因为出台了办法,出台了条件,制定了标准,3 年一次,这个很好。最好是坚持下去,三年搞一次,这样就是避免了无规律,标准化。"(BE08、BE09、BE04)

"2017 年学位授权审核的申报表格与以往相比更加简化,指向也比较明确,这是比以前进步的地方。"(SM14)

就"监督公示"而言,编码分析发现,受访者对其积极评价体现在"公开透明""公平竞争""减弱人情关系"等方面。

"程序方面如评审公示、过程监督我觉得都没有问题,各个省学位办都要求各个学校把相关申报的材料都放在网上。今年我们也会迎来评估,我们把自评报告也传到网上了,接受教育部的评估及其他兄弟院校的评估,也督促我们发现问题,及时调整方向。同时也在一定程度上减弱了一些高校对材料弄虚作假的情况,各个高校能够处于同一起跑线公平竞争。"(BE01、BE04、SM14)

"特别是在某省内的公示,公示的情况很好,反馈出我们很多问题,有些东西是很小的问题,我们原来在申报的时候没把它当一回事的一些问题,具体到哪些文章出版的年月日卷期,它指得都非常清楚。"(SE02)

"以前的学位授权审核，没有具体的审核标准，对材料的公示力度也不大。所以就存在跑上跑下啊，各种各样的关系。2017年之后，学位办按照准入标准严格审核，层层筛选，也在一定程度上减弱了人情关系。"（SE02）

（三）高校自身因素对满意度水平的影响

1. 高校所处区域和类型差异对满意度的影响

（1）不同省份高校的满意度存在差异。不同区域高校对博士、硕士学位授权审核满意度的影响，与研究假设预设是一致的。它具体体现在"整体满意度""审核标准""政策设计"等方面。东部、中部省份高校的满意度显著高于西部省份高校；在"政策倾斜"维度上，西部省份高校的满意度显著高于东中部省份高校。

第一，不同省份的高校对博士、硕士学位授权审核工作整体满意度存在差异。我国东中西部三个区域的经济发展水平很不平衡，所在辖区的高校研究生教育发展也深受其影响而存在差异。区域差异是区分高校群体的重要变量，不同区域高校在学校综合实力、学位授权审核需求等方面均存在差异，进而影响学位授权审核主观感知。调查发现，西部欠发达地区高校在科研实力、师资储备、生源质量、经费储备等方面明显落后于中东部发达地区高校。审核中的"四大"定量指标使得处于劣势地位的西部高校较东中部高校更难达到。不同省份高校满意度不高的维度，西部高校的评价更低。

第二，"审核标准"维度的问卷问题包括"授权申请单位原则上需已开展本科或硕士层次的教育8年以上的规定是否合理""单位标准与学科标准同时达到是否合理"等，东中西部高校对此的满意度也存在差异。通过访谈发现，不同省份申请高校均认为学科标准较容易达到，但是单位标准较难；如果严格执行"单位标准与学科标准一体化"的学位授权审核条件，西部高校很难获得学位授予资格。

部分高校负责人表示：

"八年的学士学位授权的年限规定，虽说符合人才培养周期和高校的学科建设规律，但是对于西部欠发达地区的高校来说，其对高层次人才的需求较为旺盛，较长的建设周期不利于其发展研究生教育。因此在这方面，西部省份高校也需要国家更多的投入和政策倾斜。"（SW12）

"'新增硕/博士单位需要获得学/硕士学位8年以上'这一规定有其合理之处，可以帮助高校在发展研究生教育的过程中积累相关经验，如师资引进、人才培养、课程教学、项目申请等方面。"（SE05、BM07）

"西部省份由于地理位置及经济发展的限制，较难吸引到优秀人才来校工作，'四个标准'中对'一定博士比例专任教师'的要求尤其较难达到。相比之下，东中部高校其学校整体实力较强，社会条件优越，办学经费充足，能够对照'四个标准'的要求较快进行学科建设，吸引高层次人才。"（BW13）

第三，在"政策设计"维度对问卷问题中包括"新增单位需已列入省级新增学位立项建设单位的要求是否合理""审核周期三年一次是否合理""申报简况表填写是否清晰"等，不同省份高校的满意度水平也存在差异。通过访谈发现，东中部高校对"政策设计"维度的满意度水平较高，主要体现在对"三年一审""设立省级立项建设单位"等方面。

"通过这个省级立项建设单位的评选，发挥了省级学位办的作用，压实它们的责任，也督促申报高校对照标准积极建设。同时，我们成为省级立项建设单位后，在科研项目支持、经费投入方面，也比以往有了很大的改善，能够帮助我们尽快完成建设期的任务。"（BE08，BE04）

"2017年学位授权审核工作要求以后每三年一审，这个规定很好，避免了学位授权审核工作开展的随意性，也让我们这些申报高校有个准备。"（BE09）

"既然国家已经制定了一个准入标准，达标的就可以获得学位授权，不达标的就没有机会，这很清楚，所以为什么还有单位设置一个省级立项建设单位呢？而且及时成为省级立项单位，我们在经费等方面也没有特殊的照顾，所以我觉得意义不大。"（BM11，BW13）

第四，在"政策倾斜"方面，各省份高校同样持有不同态度，满意度呈现不同水平。西部高校和民族院校降低条件20%的政策倾斜，这一规定为西部欠发达地区高校发展研究生教育提供了可能，也引发了西部高校申请博士、硕士学位授予单位和学位授权点的热情，有利于促进西部地区研究生教育培养环境的整体改善。西部高校较东部和中部高校满意度高，评价好。他们认为：

"对西部高校学位授权审核标准的适当降低，让西部高校发展研究生教育看到了希望，也体现了国家对西部高校的重视。希望在下一轮学位授权审核的时候能继续保持至少20%的优惠条件。"（SW12、BW13）

但在访谈中发现，部分东中部省份高校研究生教育负责人对这一政策较为反对。他们认为：

"研究生教育本来就属于'精英教育'阶段，体现着国家人才培养质量的最高标准，因而学位授权单位及学位授权点均应达到某一公认标准，才有权开展研究生教育，这既是对研究生教育质量的保障，也是对人才培养质量的负责。"（SE03，BE08）

因此他们建议：

"学位授权审核标准应适用于东中西部省份高校，一视同仁，择优录取，不应在门槛准入上区别对待。对西部欠发达高校的政策倾斜可以是在加大教育投入，经费、师资等方面，还可以通过对西部地区人才定向培养，加大西部生源的招生指标等方式促进西部高校研究生教育的发展，进而帮助西部省份高校尽快达到学位授权审核标准，而非片面地降低门槛。"（SE03）

（2）不同类型高校的满意度存在差异。不同类型高校对博士硕士学位授权审核满意度存在差异，这与研究假设预设是一致的。它具体体现在"学位授权"审核工作整体满意度、"审核标准"和"监督公示"维度上，获得新增学位授权高校的满意度高于学位授权建设高校及其他类型高校。

首先，不同类型高校对博士、硕士学位授权审核整体满意上存在差异。调查发现，已获得学位授权的单位其满意度水平略高于还处于申请建设阶段的高校。不同类型的高校满意度之所以存在差异，主要原因是对学位授权审核的认知不同。访谈发现，已获得学位授权审核高校对学位授权审核工作较为熟悉，因而对审核实施及标准规定较为认可，认为审核工作各项规定符合研究生教育发展实际；而学位授权审核建设高校，学位建设时间较短，研究生教育发展才进入尝试阶段，对学位授权审核工作不够熟悉，因此对学位授权的政策规定存在异议。有博士学位建设单位的负责人表示：

"该项工作每3年进行一次，时间周期过长，容易导致很多高校在这一周期范围内错失很多发展机会，对其高校发展不利。可以适当增加学位授权审核次数，给予更多高校发展研究生教育的机会。"（BE01）

"在进行学位点申报的时候，有些表格的填写较为烦琐，且对于刚刚发展研究生教育的高校来说，填写申请表格难度较大。学位办可以开展相关的讲座指导各建设高校填写申请表，从而更有利于其申报成功。"（BW13）

访谈发现，学位授权建设高校较为关心学位授权工作的审核周期、如何申报等问题，因此希望学位授权审核工作能够适当缩短审核周期，使得建设高校有更多的机会进入发展研究生教育的行列。同时希望在填写申报表的过程中得到相关部门的指导，使得申报过程更为顺利。获得学位授权单位对这些申报环节关注度不高且大致认可，因而对学位授权审核工作的整体满意度略高于建设高校。

其次，不同类型高校在"审核标准"维度上的满意度存在差异。"审核标准"维度包括："'授权申请单位原则上需已开展本科或硕士层次的教育8年以上'的规定是否合理""单位标准与学科标准同时达到是否合理"等。通过访谈发现，已开展研究生教育且获得相应学位层次办学资质的高校对"审核标准"较为认同，有高校的相关负责人表示：

"学位授权审核要求高校要获得学/硕士学位授权8年以上的规定较为合理，这是保证研究生教育质量的重要举措。另外，虽然要求'单位标准和学科标准'都要达标这一规定对于部分学位授权申请高校较难达到，但是却在一定程度上体现了国家对研究生学位授权的重视。这一规定也会督促各学位申报高校既要重视学科建设，也要重视学校整体建设。"（SE10）

但是学位授权建设单位对"审核标准"规定的满意度较低，主要意见集中在"单位标准和学科标准要同时达到"这一规定上。有高校主管此项工作的负责人表示：

"学位建设单位既要达到单位标准，又要达到学科标准，这对高校的学位授权申请无疑是一种挑战。尤其是对于学位点申请建设高校而言，其申报初衷就是发展特色学科，以强带弱，从而带动高校的整体发展。因此，对于我们这类的建设高校而言，学科标准能够按要求达到，但是单位标准却是很难达到，这样的学位授权规定，不利于部分高校特色学科的发展。"（BE09）

最后，不同类型高校类对"监督公示"满意度存在差异。在"监督公示"维度方面，主要包括对"学位授权审核工作"公开程度、公示时间、申诉处理等，问卷调查发现学位授权高校和学位授权建设高校对这一维度的满意度不同。部分学位授权建设高校负责人认为：

"省级学位办和国务院学位办在对新增硕博士申请单位及学位点公示时，公示内容可以更加详尽，如高校的'四个标准'的达成情况、高校发展特色、学位授权申请经验等。这样使得公示环节更具参考性，也为建设单位后期学位发展指明方向。"（E01）

学位授权建设高校更加关心新增学位授权单位的成功经验及建设思路，对学位授权"监督公示"满意度不高。

2. 学位授权年限和研究生教育发展规划差异对满意度的影响

（1）不同学位授权年限高校对学位授权审核工作的满意度不存在差异。第十二次《博士硕士学位授权审核》中明确要求"授权申请单位原则上需已开展本科或硕士层次的教育 8 年以上"，申请硕士学位授权的高校中约 80% 的已开展了 8 年以上的本科教育，而博士学位授权申请高校中约有 70% 的单位已开展了 8 年以上的硕士教育。大多数调查群体都已达到 8 年以上的学位授权年限，样本的类型较为单一，因而其在学位授权审核工作的整体满意水平及各维度的满意度水平上均不存在明显区别，学位授权年限的差异对各申请高校对此次工作的满意度评价也没有显著影响，与研究假设不一致。

（2）不同研究生教育发展规划高校的满意度不存在差异。硕士建设单位中，约 80% 的高校已招收硕士生，其中大部分高校已有毕业生；博士建设单位中，约有 54% 的高校已招收博士生，且部分高校已有毕业生。第十二次《博士硕士学位授权审核》中"政策设计""审核标准""政策倾斜""监督公示"等问题，不涉及学位建设单位研究生招生情况的满意度调查，同时无论高校具有何种研究生教育发展规划，都需达到学位授权基本准入标准，因此不同研究生教育发展规划高校对"学位授权审核"的评价相似，研究生发展规划这一因素对"学位授权审核"工作的满意度影响较小，与研究假设不一致。

3. 研究生学位发展类型及学位授权层次对满意度影响

（1）不同研究生学位发展类型高校对满意度不存在差异。未来研究生教育学位发展类型的高校，包括"学术型、专业型、以学术型为主、以专业型为主"四种，它们对"学位授权审核"满意度没有影响，与研究假设不一致。

硕士学位授权建设单位未来开展的多是专业型硕士或以专业型为主，而博士学位授权建设单位未来开展的多是学术型或以学术型为主，因而各建设高校对此次授权审核工作的认知比较一致，对"政策设计""审核标准""政策倾斜""监督公示"等各维度的态度及评价也较为相似，它们的满意度没有显著影响。

（2）不同学位授权层次高校的满意度不存在差异。博士或硕士学位授权申请高校在"学位授权审核工作"整体满意度、"政策设计""政策倾斜""监督公示"等维度上的满意度水平均不存在显著差异，与研究假设不一致。

首先，在总体满意度方面，博士或硕士学位授权申请高校没有差异。博士、硕士学位授权审核办法适用于所有博士硕士建设单位，在"政策设计、审核标准、政策倾斜、监督公示"四个方面标准一致。博士或硕士学位授权申请高校对学位授权审核工的整体满意度较高，且评价较为一致。

其次，"政策设计"维度主要包括"申报标准"规定中"单位标准和整体标准""审核周期""省级立项单位才能申报"等，博士或硕士学位授权申请高校的在认可度较为相似。有被访者表示：

"此次的学位授权审核工作规定成为省级立项单位的高校才有资格申请以及各高校在申请过程中不仅要达到学科条件，同时也要达到单位标准等要求，都有利于保证学位授权的含金量。作为建设单位也很认同这一规定。但是审核周期可以视情况适当缩短，1～2年一审，给予更多高校发展机会，尽快获得研究生办学资质。另外，在简况表的填写方面，其填写的难易度较过去有所降低，概念所指也较为清晰，有利于高校申报。"（SE02，SW12，BE01）

再次，在"政策倾斜"维度上，不同学位授权申请类型的满意度水平影响不大。

"政策倾斜"满意度水平差异主要体现在受益群体与非受益群体之间，不同省份、不同区域、不同层次高校的满意度水平不存在显著差异。

最后，"监督公示"维度主要包括"公开程度""中央和地方各级学位办的公示时间""相关部门对申诉异议事件的处理"等，博士、硕士学位授权申请高校的满意度水平不存在显著差异。通过访谈发现，不同省份、不同区域和不同层次的高校在"监督公示"维度上的看法较为一致且评价较高，满意度水平不存在显著差异。

有高校研究生负责人表示：

"学位授权的公示时间较为合理，过程公开透明符合规范，且相关部门对申诉异议事件能够较好地处理，但是自身听说过的申诉异议事件较少。"（SM14，BE09）

五、研究结论与改革建议

（一）结论

1. 整体满意度处于中等水平

第十二次学位授权审核工作整体满意度处于中等水平。虽然授权审核工作准备较为充分，经历了多个专家组的反复论证，多轮征求各省份教育厅和学位办意见、听取几百所高校的意见，以及4 000多名专家学者历时1年半制定的249个授权审核单位、学科和专业类别条件，但因调查样本大部分来自申请未获得通过和还处于学位授权建设中的高校，它们普遍认为审核条件要求太高，这在很大程度上导致整体满意度水平呈现中等水平。

2. 倾斜政策拉低了授权审核满意度整体水平

授权审核政策倾斜，是根据国家有关政策对西部高校、民族高校和部分单科性高校作出的，但由于东部和中部高校普遍感到政策未能一视同仁，它们对倾斜政策不太满意。同时，西部高校虽然享受了政策倾斜，但它们认为政策优惠幅度不大，满意度也不高。东中西部高校都不太满意政策倾斜，造成该维度满意度得分最低。同时，它拉低了整体满意度水平。

3. 单位授权审核条件难于学位点审核条件

单位或学位点的授权审核条件基本按照"办学定位与特色""师资队伍与水平""人才培养与质量""科学研究与贡献""整体条件与支持"和"学生管理与服务"6 个方面来体现，但高校普遍认为，单位授权审核条件难于学位点审核条件。无论单位授权审核条件还是学位点审核条件，相对其他条件而言，"具有博士学位的教师占专任教师的比例"是授权审核中最难达到的。

（二）建议

1. 延续学位授权审核条件，促进学科建设稳定发展

学位授权审核条件是学位授权审核的基础，有了条件标准，一方面，学科授权审核有了依据。第十二次学位授权审核尝试以"标准准入"的重大改革，对高校开展研究生教育起到了质量入门把关的作用。另一方面，更为重要的是它使高校学科建设有了定力。一些高校通过积累提炼出明确的重点学科及其发展方向，但受到高等教育政策变化的影响而不断改变学科发展方向，使得学科建设事倍功半。学科授权审核条件，能够使高校瞄准学科发展方向，持续建设不动摇，在人才培养、科研、社会服务、办学经费等方面稳步发力，促使学科建设达到条件。但试想，如果每轮授权审核条件进行大调整，高校学科建设与资助不可避免地会失去方向与动力。因此，在较长时间保持学位授权审核条件的稳定性，才能更好地促进学科建设与发展。

2. 依法进行学位授权审核，保证评审过程公开

学位授权审核的依法开展，必须在授权审核程序上公开，接受监督。第十二次学位授权审核评审程序上的公开监督需要继续坚持。

第一，让申报单位熟知授权审核的每个环节。学位授权审核在程序上执行的是"国务院学位委员会制定学位授权审核条件→新增学位授予单位向省级学位委员会提交申报材料→省级学位委员会对申请单位的资格和材料进行审查→省级学位委员会组织专家对符合条件的单位进行评议，提出拟新增学位授予单位与学位点报国务院学位委员会→国务院学位委员会委托专家进行评议→国务院学位委员会审议批准"等 7 个基本步骤，高校只有熟知每个环节及其时间节点，才能在每

285

个环节上提前布局和有所准备地进行授权审核申报。

第二，让申报单位了解各环节公示的监督重点。学位授权审核，必须对每一个评审环节在专家资格、人数、投票要求等作出了具体明确规定，并通过"省级学位委员会对申请单位材料公示""省级学位委员会专家评审结果公示"和"国务院学位委员会组织专家评审结果公示"的 3 次公示创造公正公平的评审环境。公示时间和评议的异议处理等作出了明确规定，这样才能保证学位授权审核工作的公平公正。

第三，扩大督查范围。在第十二次学位授权审核中，国务院学位委员会首次组织由国务院学位办人员和专家组成的工作小组，于 2017 年 9 月至 10 月分别对东北片区和西南片区学位授权审核进行了督查，督察工作得到了社会赞誉，进一步保障了授权审核工作的公平、公开进行。今后的学位授权审核，还可扩大督查范围，促使各省级学位委员会依法有序开展学位授权审核工作。

3. 坚持学位授权审核基本条件，政策优惠兼顾多方利益

第十二次学位授权审核工作在坚持"标准"的基础上，按照国家有关政策对西部、少数民族高校和部分单科性高校采取了政策倾斜。虽然这一政策实施的满意度得分最低，但继续坚持这一政策有一定必要性，毕竟中国研究生教育发展的地区差距太大，需要政策倾斜促使研究生教育欠发达地区缩小差距。按照研究生教育"以服务需求、提高质量为主线"的发展任务要求，从提高满意度的角度来看，未来的学位授权审核需要在坚持授权审核条件的前提下，使授权审核政策倾斜惠顾更多群体，在同等条件下作出以下倾斜。

第一，向师范院校倾斜。师范院校为了满足基础教育师资需要，学科建设不能偏废，而且师范院校大多属于基础学科，不能产生直接的经济效益。师范院校的学科优势不突出，劣势却十分明显。如何根据师范教育特点，在学位授权审核中更好地服务师范院校发展需要，《教师教育振兴行动计划（2018—2022 年）》对此提出了具体要求，"按照有关程序办法，增加一批教育硕士专业学位授权点。引导鼓励有关高校扩大教育硕士招生规模……适当增加教育博士专业学位授权点，引导鼓励有关高校扩大教育博士招生规模"。因此，未来的学位授权审核在优惠政策方面，可以在参照国家其他相关文件的基础上，考虑对师范院校作出政策倾斜。

第二，向非省会城市倾斜。从全国地区性研究生发展来看，省会城市的研究生教育发展大大优于非省会城市，但一些地区的非省会城市或一个大的片区都没有一所开展研究生教育的高校。这些片区，不仅难以留住人才，引进的人才也容易流失，当地高校对地方经济建设和社会发展贡献有限。因此，在基本条件相当的前提下，授权审核向非省会城市的高校倾斜是必要的。

第二节　中国研究生教育基本修业年限改革研究

一、研究背景与文献综述

（一）研究缘起与研究意义

1. 研究缘起

（1）研究生基本修业年限已不能满足研究生教育改革要求。中国研究生教育随着招收规模的扩大，研究生教育质量问题更为突出，教育部出台了多份有关提高研究生教育质量的文件，高校也采取了多项措施来提高研究生教育质量，特别是拟定了研究生培养新目标、增加了培养任务和培养环节。

《教育部　国家发展改革委　财政部关于深化研究生教育改革的意见》提出，要强化研究生创新能力的培养，重视研究生科研能力的训练，"要求并支持研究生更多参与前沿性、高水平的科研工作"，"支持研究生更多参与学术交流和国际合作"，要"加强课程建设"，"加大考核与淘汰力度"。教育部和国务院学位委员会印发的《学位与研究生教育发展"十三五"规划》中提出了六个研究生教育改革发展的任务，为达到"显著增强我国研究生教育的国际影响力"，"建成亚太区域研究生教育中心，建设研究生教育强国"的目标。

我国研究生培养目标的变化，要求提高研究生的科研水平和创新能力，拓宽研究生的国际视野。为实现该目标，国家和高校要求增加了新的培养任务和培养环节，要求研究生更多地参加科研工作、进行学术交流与国际合作，要求加强课程建设、加大考核与淘汰力度。培养目标的变化，培养任务和培养环节的增加。但为了保障研究生培养任务的顺利完成，实现研究生的培养目标，过去的研究生基本修业年限已完全不能适应新时代研究生教育改革的需要。

（2）部分高校自发开展研究生基本修业年限改革。《教育部　国家发展改革委　财政部关于深化研究生教育改革的意见》颁布之后，部分高校开展了研究生基本修业年限改革的试点工作。以博士研究生基本修业年限改革为例，厦门大学为进一步提高博士研究生的培养质量，于 2014 年将博士生的基本修业年限由 3

年延长为 4 年。① "中国人民大学全面深化博士研究生教育改革",② 于 2015 年将博士生的基本修业年限从 3 年延长至 4 年,目的在于"鼓励和支持博士研究生在学期间出国进行为期半年到一年的学习或联合培养,开阔博士研究生的国际视野,培养国家急需的国际化水准的高端人才"。③ 如同厦门大学和中国人民大学等一批知名大学主动进行了研究生基本修业年限改革,不得不说提高研究生培养质量、延长博士生基本修业年限已自下而上进行了改革。这些知名大学的改革能否引起其他大学的连锁反应,特别是能否上升到国家层面在全国范围内展开,值得深入探讨。

2. 研究意义

研究采用利益相关者理论和制度变迁理论作为理论分析框架,丰富研究生基本修业年限改革研究的理论基础,为国家制定研究生基本修业年限改革提供理论依据,丰富高等教育学学科内容。同时,分析研究生基本修业年限改革的经费保障,拓宽了研究生基本修业年限改革的研究内容。

全面调查不同类型、不同区域的高校以及不同学科的研究生教育管理人员、导师和研究生,科学研究我国研究生基本修业年限改革的需求,提供具有针对性和可行性的政策建议,促使全国通过研究生基本修业年限改革来保障研究生质量。

(二) 核心概念与理论基础

1. 核心概念

(1) 学制与修业年限。学制的概念有广义和狭义之分。广义的学制是指"一个国家各级各类学校的系统及其管理规则,它规定着各级各类学校的性质、任务、入学条件、修业年限以及它们之间的关系"。④ 狭义的学制仅指修业年限,即学生从第一次注册入学到毕业的时间。

广义和狭义的学制概念,它们既有相同之处也有不同之处。相同之处在于,二者都是学校教育实践中以时间为中轴的人才培养规定。不同之处在于,广义的学制包含了狭义概念,广义的学制内涵广泛,以时间为重点规定了学校的性质、任务和入学条件等;狭义的学制突出以时间对在校学习任务和环节的

① 中华人民共和国教育部. 厦门大学"三打通三融合"深化研究生教育模式改革 [EB/OL]. http://www.moe.gov.cn/jyb_xwfb/s6192/s133/s193/201609/t20160914_281144.html,2022 – 10 – 22.
② 中华人民共和国教育部. 中国人民大学全面深化博士生教育改革 [EB/OL]. http://www.moe.gov.cn/jyb_xwfb/s6192/s133/s135/201509/t20150929_211321.html.
③ 傅竹风. 博士基本学制延长利弊几何? [N]. 中国教育报,2015 – 07 – 27 (001).
④ 全国十二所重点师范大学联合编写. 教育学基础 [M]. 北京:教育科学出版社,2008:105.

展开和规定。

研究生修业年限是指学生从第一次注册入学到获得相应学位的时限，主要是从时间角度分析课程、学位论文、学术论文发表等培养任务和环节需要的时间。

（2）弹性学制与基本修业年限。弹性学制是指学生完成和达到学校人才培养任务和要求，就可获得相应证书，它没有时间的上限和下限要求。研究生弹性学制是指获得了规定的学分和学位需要的成果，就可以获得相应的学位证书。

弹性学制与基本修业年限既有相同之处也有不同之处。相同之处在于，二者都是对学生在校学习时间的规定。不同之处在于，弹性学制重在强调学生学习时间的个性化，没有时间的上限和下限要求，只要达到学分和学位成果的要求，就能获得相应证书。基本修业年限强调的是学生群体，规定了学生学习的时间中轴。

2. 理论基础

（1）利益相关者理论。利益相关者理论最开始应用于企业管理中。1963 年，斯坦福大学的研究小组首次提出利益相关者的定义："利益相关者是这样一些团体，没有他们的支持，组织就不可能存在。"① 利益相关者是"任何能够影响公司目标的实现，或者受公司目标实现所影响的团体或个人"，② 它以"一个以利益相关者识别、利益相关者行为分析和解释、一般管理策略的形成、具体管理计划、整体管理计划制订为中心的，企业利益相关者管理战略制定理论框架"。③简单来说，利益相关者理论的逻辑分析框架是：首先，识别利益相关者；其次，分析和解释利益相关者的需求；最后，采取相应措施，满足利益相关者的需求。④

随着对利益相关者研究的增加，不同学者从不同角度对利益相关者进行分类，乔安妮·巴罗斯（Joanne Burrows）在先前研究者研究基础上，"根据利益相关者与教育机构的关系，将高等教育利益相关者划分为内部利益相关者（学校管理者、教师、学生）和外部利益相关者（雇主、社区、媒体）"⑤；胡赤弟从"利益相关者与大学管理，利益相关者与社会责任，利益相关者与建立合作伙伴关系，利益相关者与相互作用大学四个方面"⑥ 构建高等教育利益相关者分析框

① 王凤华，梁星. 企业利益相关者管理框架设计与策略选择［C］. 中国会计学会 2013 年学术年会论文集，2013：1051 – 1057.

② ［美］R. 爱德华·弗里曼著. 王彦化等译. 战略管理利益相关者方法［M］. 上海：上海译文出版社，2006.

③ 林曦. 弗里曼利益相关者理论评述［J］. 商业研究，2010（8）：66 – 70.

④ 焦磊. 高等教育利益相关者理论研究的进路［J］. 高教发展与评估，2018，34（4）：1 – 8 + 103.

⑤ Burrows, J. Going Beyond Labels：A Framework for Profiling Institutional Stakeholders［J］. Contemporary Education，1999，70（4）：5.

⑥ 胡赤弟. 高等教育中的利益相关者分析［J］. 教育研究，2005（3）：38 – 46.

架，提出大学"具体的利益相关者包括大学的高级行政管理人员、大学教授、大学出资者、学生和政府"。①

研究生基本修业年限改革，不同利益相关者有不同需求，结合利益相关者的定义和高等教育利益相关者分类，可将研究生基本修业年限的内部利益相关者分为学校的研究生教育管理人员、研究生导师、研究生；外部利益相关者分为政府、社会、家长等，如图6-8所示。

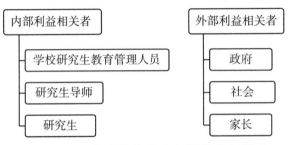

图 6-8　研究生基本修业年限利益相关者

（2）制度变迁理论。"制度变迁理论是新制度经济学的核心理论之一"。② 道格拉斯·C. 诺斯（Douglass C. North）在《制度、制度变迁与经济绩效》一书中提出，制度变迁是"制度的创立、变更以及随着时间的变化而被打破的过程"，具有渐进性。制度变迁理论的主要观点是：由于资源的稀缺性和有限性，利益主体为实现特定目标重新对制度进行安排或结构调整，利益最大化是制度变迁的主要动力，提高效率是制度变迁的根本目的，供需是否均衡是制度变迁的前提条件。供给不能满足需求，会产生制度的缺失，从而降低制度效率、增加制度变迁成本。③ 根据变迁主体不同，分为强制性变迁和诱致性变迁。④ 强制性变迁是从管理层面进行的"自上而下"的变迁，诱致性变迁是以基层需求为动力的"自下而上"的变迁。该理论遵循"环境—信念—制度"的逻辑分析框架，环境是可感知的现实，信念是人类的意向性，制度是政策。⑤

制度的变迁应兼有强制性变迁主体和诱致性变迁主体的需求。在中国研究生基本修业年限改革过程中，政府是强制性变迁主体，高校、导师和研究生是诱致

① 胡赤弟. 高等教育中的利益相关者分析 [J]. 教育研究，2005（3）：38-46.
② 张红. 我国高校内部管理体制改革的制度变迁研究 [D]. 哈尔滨：哈尔滨师范大学，2012.
③ 陈宣霖. 制度变迁与高等教育发展的实证研究——1994-2011年的数据观察 [J]. 现代教育管理，2017（11）：30-35.
④ 智耀徽. 制度变迁理论下的我国民办教育发展研究 [J]. 学理论，2018（8）：196-198.
⑤ 刘勇，田杰，余子鹏. 诺斯制度变迁理论的变迁分析 [J]. 理论月刊，2012（12）：119-123.

性变迁主体[1][2]，如图 6-9 所示。

政府与社会根据利益最大化原则，制定研究生基本修业年限相关政策。高校、研究生导师、研究生根据自身利益需求提出政策诉求。研究生教育资源在高等教育体系中是稀缺的，随着人们对研究生基本修业年限诉求的变化，政府、高校、研究生导师和研究生演化出自己对研究生基本修业年限的信念，从自身出发提出研究生基本修业年限改革需求。

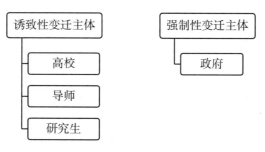

图 6-9 研究生基本修业年限变迁主体

利益相关者理论和制度变迁理论的理论框架遵循"识别利益相关者/变迁主体—了解并分析利益相关者/变迁主体需求—满足利益相关者/变迁主体的需求"的分析逻辑。我国研究生基本修业年限改革是强制性变迁与诱致性变迁共存，以政府主导的"自上而下"的强制性变迁为主，而诱致性变迁主体中的高校管理人员、研究生导师、研究生关于研究生基本修业年限改革的需求，特别是涉及政府根据研究生基本修业年限来拨款，政府的政策作出调整会引导高校研究生教育内部改革。研究生基本修业年限的内部利益相关者与制度变迁理论中的诱致性变迁主体是一致的，在这两种理论的分析框架下，研究内部利益相关者和诱致性变迁主体对研究生基本修业年限改革的需求，以提高研究生培养质量，实现新时代背景下的研究生培养目标，推动中国研究生基本修业年限改革。

学校研究生教育管理人员代表着学校的利益观点，对学校来说，最关心的是学生培养质量，人力、物力和财力等的投入；对导师来说，最关心的是学生的培养质量；对究生来说，最关心的是学习质量、学习成本与收益等；对政府来说，最关心的是人才培养质量、经费投入等；对社会来说，最关心的是人才培养质量、对社会所做的贡献等；对家长来说，最关心的是培养质量、培养成本和收益等。将利益相关者理论和制度变迁理论应用到中国研究生基本修业年限改革的研

① 智耀徵. 制度变迁理论下的我国民办教育发展研究 [J]. 学理论, 2018 (8)：196-198.
② 包水梅. 我国高等教育重点建设政策演变机制研究——基于制度变迁理论的分析 [J]. 复旦教育论坛, 2018, 16 (4)：80-86.

究中来，有助于有针对性地研究和解释不同利益相关者、不同变迁主体的需求，从而作出正确的决策满足需求，在保证研究生培养质量的前提下，推动我国研究生基本修业年限改革顺利进行。

（三）文献综述

修业年限被看作"反映大学内部效率的指标"[①]，研究生基本修业年限为研究生人才培养提供重要的基本时间保障。检索中国知网（CNKI），主题 = 研究生修业年限或者题名 = 研究生修业年限或者 v_subject = 中英文扩展（研究生修业年限，中英文对照）（模糊匹配），一共检索到 7 篇相关文章；题名 = 研究生学制或者 Title = 中英文扩展（研究生学制，中英文对照）（模糊匹配），一共检索到 115 篇相关文章；题名 = 硕士学制或者 Title = 中英文扩展（硕士学制，中英文对照）（模糊匹配），一共检索到 75 篇相关文章；题名 = 博士学制或者 Title = 中英文扩展（博士学制，中英文对照）（模糊匹配），一共检索到 3 篇相关文章；高级检索，主题 = 研究生或者题名 = 研究生或者 v_subject = 中英文扩展（研究生，中英文对照）并且（主题 = 硕士修业年限或者题名 = 硕士修业年限或者 v_subject = 中英文扩展）（硕士修业年限，中英文对照）（模糊匹配），一共检索到 7 篇相关文章；检索北京师范大学图书馆的馆藏目录（高级检索，检索式为"主题""研究生学制"和"任意字段"包含"修业年限"），搜索到 4 篇相关文献。同时还通过 WebofScience、Proquest 检索了相关英文文献。经过遴选，排除报道性消息，最后确定了 113 篇参考文献，包括 75 篇中文期刊文章、17 篇硕士博士学位论文、21 篇英文文献。这些文献与数据，从文献本身的统计学特点和文献内容的角度能够了解到国内外研究生基本修业年限改革的研究现状。

国内最早对硕士研究生基本修业年限进行研究的是林功实和崔艳清，他们于 1989 年在《学位与研究生教育》期刊上发表了《关于缩短硕士生修业年限的思考》一文，从理论层面提出了缩短硕士生基本修业年限的建议和理由，提出"为更好适应社会需求，提高研究生教育办学效益，经过努力，逐步缩短硕士生的基本修业年限是必要和可能的，当然又是十分艰巨的"[②]。同时，他们依据自己学校硕士研究生的特点，总结了影响硕士生修业年限的 6 个原因，并就如何有效缩短硕士生基本修业年限提出了 6 点看法和建议。国内最早对博士研究生基本修业年限提出改革建议的是王伯年，他在《对我国研究生教育现状与制度的思考之

---

① 赵世奎，沈文钦，张帅. 博士修业年限及其影响因素分析——基于中美比较的视角 [J]. 教育学术月刊，2010（4）：34 - 37.

② 林功实，崔艳清. 关于缩短硕士生修业年限的思考 [J]. 学位与研究生教育，1989（1）：49 - 52.

三——关于学习年限的规定》一文中提出我国"博士研究生取得学位的年限为 4 年"①。已有文献关于研究生基本修业年限改革的研究主要体现在以下四个方面。

1. 政府以法规引导研究生基本修业年限改革

1981 年实施的《中华人民共和国学位条例》，确立了三级学位制度，要求硕士生和博士生基本修业年限分别都为 3 年。其后，国家出台了一系列政策文件引导研究生基本修业年限改革，具体文件规定与要求如下：

1981 年，教育部在《关于做好一九八一年攻读博士学位研究生招生工作的通知》中规定博士修业年限一般为 2～3 年。1983 年 6 月，教育部在《关于高等学校制订理工农医各专业研究生培养方案的几项规定》中，进一步明确规定"脱产攻读博士学位的研究生的学习时间一般在取得硕士学位之后，再继续学习 2 年至 3 年"。② 1986 年 12 月 1 日，国家教育委员会在《关于改进和加强研究生工作的通知》中提出："硕士生的学习年限，现阶段为 2 至 3 年，要根据学科特点，经过一定时期的努力，积极创造条件，逐步缩短为 2 年至 2.5 年。博士生的学习年限以 3 年左右为宜"。③ 1987 年 12 月 27 日，国务院学位办在《贯彻教委〈通知〉精神全面提高研究生质量深化研究生教育改革》中提出："积极创造条件，逐步缩短硕士生的学习年限。目前硕士生的学习年限，工科为 2.5 年，其他学科为 3 年，一般反映长了一些，不能很好地适应国家对高层次人才的需要……为逐步缩短硕士生的学习年限提供了有利条件……适当调整硕士学位论文的要求，逐步缩短硕士生的学习年限是有可能的……各培养单位要努力创造条件，作出改革规划，争取逐步实现。学习年限为 3 年的，可以考虑分步骤先缩短为 2.5 年，再缩短为 2 年。学习年限为 2.5 年的，可以按专业的不同情况，有的先缩短为 2 年，然后，其他专业条件具备，再全部缩短为 2 年。"④ 1992 年，国家教育委员会在《关于博士研究生培养工作暂行规程》中规定，"全日制博士生的学习年限一般为 3 年，如确有必要可延长学习年限，延长期一般不超过一年。"⑤ 1995 年 11 月 3 日，国家教育委员会在《关于进一步改进和加强研究生工作的若干意见》中指出，"硕士生培养规格、类型比较单一，培养要求偏于学术性，学习年限偏长"，提出"硕士生的学习年限可根据不同类型的学校、学科和人才培养规格分别确定。专业学位等应用型硕士生的学习年限，应创造条件，逐步缩短为宜"；⑥

---

① 王伯年. 对我国研究生教育现状与制度的思考之三——关于学习年限的规定［J］. 学位与研究生教育，1995（6）：24.
②⑤ 袁本涛，王顶明. 我国博士生合理学制探讨［J］. 大学教育科学，2014（5）：34-40.
③ 关于改进和加强研究生工作的通知［J］. 学位与研究生教育，1987（1）：1-4.
④ 吴本厦. 贯彻教委《通知》精神全面提高研究生质量深化研究生教育改革［J］. 学位与研究生教育，1987（6）：1-6.
⑥ 关于进一步改进和加强研究生工作的若干意见［J］. 学位与研究生教育，1996（1）：3-6.

同年，国家教育委员会在《研究生学籍管理规定》中重申，"研究生在校学习年限，硕士生一般为 2 年至 3 年；博士生一般为 3 年。研究生应在规定的年限内完成学习任务，一般不能延长。因特殊原因未能完成学习任务，经培养单位批准，可适当延长学习年限"①。1998 年 4 月 28 日，教育部研究生工作办公室发布的《国家教育委员会关于修订研究生培养方案的指导意见》提出，"研究生的学习年限在达到培养目标所要求的前提下由培养单位自行确定""全日制攻读硕士学位的学习年限一般为 2~3 年""全日制攻读博士学位的学习年限一般为 3~4 年。"② 1998 年 8 月 29 日，第九届全国人民代表大会常务委员会通过的《中华人民共和国高等教育法》中规定："硕士研究生教育的基本修业年限为 2~3 年，博士研究生教育的基本修业年限为 3~4 年。"③ 1999 年 12 月 13 日，教育部在其颁布的《关于加强和改进研究生培养工作的几点意见》中提出："硕士生学习年限一般为 2~3 年，博士生学习年限一般为 3~4 年，具体由培养单位自行确定。允许研究生分段完成学业，并规定学生累计在学的最长年限。"④ 2002 年 6 月 28 日，科技部和教育部联合发布的《关于充分发挥高等学校科技创新作用的若干意见》提出："逐步推行与国际接轨的研究生培养制度，取消对研究生基本修业年限的统一规定，实行弹性学制。逐步扩大教学科研并重的高校在研究生招生、培养方面的自主权。"⑤ 2005 年 3 月 16 日，教育部在《普通高等学校学生管理规定》中再次强调，"学生在校最长年限（含休学）由学校规定"⑥。

以上文件中，有两份是法律，包括《中华人民共和国学位条例》和《中华人民共和国高等教育法》，其他都为部门法规和规定。1998 年通过的《中华人民共和国高等教育法》，首次以法律的形式规定了硕士研究生教育的基本修业年限为 2~3 年，博士研究生教育的基本修业年限为 3~4 年。部门法规和规定对研究生基本修业年限的规定，随着时间的推移，其要求由强制性规定到引导性规定、由统一规定到分类规定的发展，但更多倾向于硕士生的基本修业年限为 2~3 年，博士生为 3~4 年。

---

① 中华人民共和国教育部. 研究生学籍管理规定 [EB/OL]. http：//www. moe. gov. cn/s78/A02/zfs__left/s5911/moe_621/tnull_4254. html.
② 袁本涛，王顶明. 我国博士生合理学制探讨 [J]. 大学教育科学，2014 (5)：34 - 40.
③ 中华人民共和国教育部. 中华人民共和国高等教育法 [EB/OL]. http：//old. moe. gov. cn//public-files/business/htmlfiles/moe/moe_619/200407/1311. html.
④ 关于加强和改进研究生培养工作的几点意见 [J]. 学位与研究生教育，2000 (2)：68 - 70.
⑤ 关于充分发挥高等学校科技创新作用的若干意见 [J]. 科技与法律，2002 (2)：140 - 142.
⑥ 普通高等学校学生管理规定 [J]. 司法业务文选，2005 (13)：3 - 11.

2. 研究生基本修业年限改革的观点存在差异

研究生基本修业年限改革的观点主要有两种：一是倡导研究生基本修业年限改革；二是维持现有硕士生基本修业年限。

（1）倡导研究生基本修业年限改革。倡导研究生基本修业年限改革者，基本从培养目标与培养质量、国际接轨、成本收益等角度进行阐述。

研究生培养目标是研究生基本修业年限设置的前提和关键，研究生基本修业年限是研究生培养目标的实现路径，并随着研究生培养目标的变化而变化。研究生基本修业年限改革首先是对研究生培养目标定位的改革[1]，基本修业年限的长短只是表象，培养目标的定位才是关键[2]，是基本修业年限改革的大前提[3][4]。"我国原有相对独立的硕士研究生培养逐渐分化为学术型和应用型，培养类型的多元化及培养目标的不同定位，带来了修业年限的改革。"[5]《中华人民共和国学位条例》（1981）对我国研究生培养目标的定位是培养学术型、科研型人才，与此培养目标相适应的基本修业年限是 3 年，随着社会对应用型人才的迫切需求，研究生有了学术型和专业型的区分，培养目标的定位需要随其作出调整，基本修业年限也理应作出相应改变[6]。如果培养目标定位不明确，即使进行基本修业年限改革，也是带有盲目性的做法和选择。研究生培养目标需要在研究生基本修业年限中体现出来，通过基本修业年限实现培养目标。不同的培养目标要有不同的基本修业年限与之相适应，培养目标的重新定位必然会引起基本修业年限的变革是大多数学者、高校等群体对培养目标与基本修业年限关系的认知[7]。

博士生 3 年基本修业年限难以实现培养目标，不能保证培养质量。"全日制博士研究生的学习年限由 3 年改为 4 年较为适宜，符合目前我国高等学校的实际情况"[8]。后来的学者们也提出"我国博士研究生学制只能延长到以 4 年为主"[9]，博士研究生的"学习年限最少得 4 年"[10]，或"建议将博士研究生基本学制调整

---

① 赵艾明. 我国当代硕士研究生教育学制改革研究 [D]. 吉林大学，2007.

② 史安娜. 世纪之交以来的我国硕士研究生学制改革研究 [D]. 东北师范大学，2008.

③ 张倩. 近十年我国硕士研究生学制改革研究 [D]. 东北大学，2011.

④ 钟晓佳. 我国硕士研究生两年制学制的利弊分析及保证措施研究 [D]. 哈尔滨工业大学，2013.

⑤ 徐丽森，李宁生. 我国现行学制必须进行根本性改革 [J]. 前沿，2005（12）：67 - 71.

⑥ 张民宪，丁康. 全面质量观与多元培养目标——论硕士研究生学制改革 [J]. 学位与研究生教育，2006（8）：19 - 24.

⑦ 邱菊. 我国硕士研究生学制改革完善对策研究 [D]. 东北大学，2010.

⑧ 刘保卫. 对博士生学习年限的探讨 [J]. 学位与研究生教育，1998（2）：78.

⑨ 樊明成. 当前我国博士生学制的问题分析与对策建议 [J]. 学位与研究生教育，2009（4）：63 - 66.

⑩ 刘亚敏. 迎接新世纪的挑战：欧洲博士生教育的改革动向 [J]. 高教发展与评估，2010，26（3）：84 - 91，123.

为 4 年"①。还有学者提出实行"博士 6 年学制","在这 6 年中安排 2 个合理出口","将硕士作为学术性中间过渡型学位",以此"提高有限资源的利用效率,促进研究生教育知识生产和人才培养的双丰收"②。对博士来说,3 年基本修业年限难以达到培养要求,此现象在西北工业大学 82 级、83 级和 90 级的博士研究生中早有体现。该校 82 级、83 级、90 级的学生中,获得博士学位的时间超过 3 年的占比分别为 50%、56%、75%③。2012 年对全国 42 所研究生院进行问卷调查,在回收到的 1518 份有效样本中发现,在 3 年基本修业年限内获得学位的博士比例为 31.7%,超过基本修业年限获得学位的博士比例为 68.3%④。从 2004 年到2014 年,我国博士研究生平均修业年限已从 3.5 年左右延长到 4.5 年左右⑤。在3 年之内,博士要花 1 年时间学习课程,加上学位论文评审、答辩以及找工作等占用的时间,博士真正用于做研究的时间只有 1 年多,难以达到培养目标⑥。"博士是一种高端的研究型学术人才,其专业领域内知识的积累、学术技能的养成、研究能力的提高乃至研究项目的开展,都需要一种关键的投入要素——时间。""创造性成果的取得一般需要较长时间的工作积累",学习时间不足,"不利于创造性人才的培养和创造性成果的产生",结束 1 年课程后,在"2 年时间内要独立完成一个创新的研究成果非常困难"⑦,"博士生现在再按照修业年限为3 年来要求,是不大符合现实的,在执行过程中也无法做到"。"如果博士生必须经过 3 年或更长时间才能受到充足科研训练,而学制却只给 2 年研究时间而使博士提前'出炉',火候不够会造成博士人才产出内在质量的低效率和投入浪费。"近年来,欧洲国家为增强博士研究生教育的竞争力,提高博士研究生教育的培养质量,竞相加快了培养的改革步伐⑧。

研究生基本修业年限改革是研究生教育与国际接轨的需要。早在 1994 年,就出现了从"与国际接轨"角度考虑研究生基本修业年限改革,"从'与国际接轨'的角度,从相当一部分学科、专业人才培养的实际需要来看,'缩短硕士生基本修业年限'和实行'硕博连读'这个改革思路,有利于提高研究生培养质

①⑤ 袁本涛,王顶明. 我国博士生合理学制探讨 [J]. 大学教育科学,2014 (5):34 – 40.

② 卢晓东,王小玥. 变革双重低效率的博士生学制初探 [J]. 中国高等教育,2004 (2):41 – 42.

③ 闫俊英. 博士生延期毕业的原因及对策 [J]. 学位与研究生教育,1990 (2):22 – 23.

④ 李海生. 我国博士生延期完成学业的影响因素分析——基于对 42 所研究生院的问卷调查 [J]. 学位与研究生教育,2012 (5):9 – 15.

⑥ 樊明成. 当前我国博士生学制的问题分析与对策建议 [J]. 学位与研究生教育,2009 (4):63 – 66.

⑦ 罗英姿,钱德洲. 博士生培养质量与制度创新 [J]. 江苏高教,2007 (1):83 – 85.

⑧ 刘亚敏. 迎接新世纪的挑战:欧洲博士生教育的改革动向 [J]. 高教发展与评估,2010,26 (3):84 – 91,123.

量和办学效益"，① 并就如何缩短硕士生基本修业年限和如何实行"硕博连读"
提出了相关建议。后续有众多学者从与国际接轨的角度，阐述我国硕士生基本修
业年限需要调整的原因，主要围绕着保障我国硕士研究生培养质量和提高我国硕
士研究生的国际竞争力展开。我国的高等教育需要与国外教育环境相适应，我们
彼此存在着学历互认和生源竞争等问题②，我国硕士研究生 3 年的基本修业年限
相较国外来说，长了一些，与国际通行的硕士生基本修业年限不接轨，不利于中
国研究生教育在国际舞台上的竞争③。"在全世界具有一定研究生教育规模的国
家里，中国是攻读硕士学位费时最多的国家，极大地妨碍了我国研究生教育的国
际化步伐。"④ 发达国家硕士生基本修业年限普遍较短⑤，一般不超过 2 年，不同
学位类型的硕士生基本修业年限也不同⑥。日本在进行研究生教育改革之前，硕
士生基本修业年限一般为 3 年；进行研究生教育改革之后，硕士生基本修业年限
缩短为 1~2 年⑦。2005 年，在重庆大学召开的"全国硕士研究生培养定位与硕
士研究生学制第二次研讨会"上，关于硕士生基本修业年限改革问题的讨论中，
其中一种观点表示应"向国际上的标准靠拢，逐渐缩短在校年限，将 3 年改为 2
年"。⑧ 为推进我国硕士研究生教育的国际化，保证研究生的毕业质量⑨，应缩短
硕士生基本修业年限⑩⑪。

发达国家博士研究生修业年限普遍较长，甚至过长，且存在不断延长的趋
势。于是，从国家层面实行了缩短博士研究生修业年限的改革。改革之后，仍然
比我国博士研究生修业年限长。我国博士生基本修业年限统一设置为 3 年，许多
发达国家的博士生基本修业年限因学校类型和学科而不同。在美国，从第一次注

---

① 秦惠民. 关于"缩短硕士生学制"和"硕博连读"问题的思考 [J]. 学位与研究生教育，1994
（6）：37 - 39.

② 孙冬梅，马彩云. 我国硕士研究生学制改革再认识 [J]. 大学（研究与评价），2009（1）：84 -
87.

③ 徐丽森，李宁生. 我国现行硕士研究生学制改革刍议 [J]. 江苏高教，2005（6）：74 - 76.

④ 陈钟颀. 推进研究生教育改革提升研究生教育国际化水平 [J]. 学位与研究生教育，2011（12）：
1 - 4.

⑤⑦ 蒲蕊. 研究生教育学制的国际比较及其启示 [J]. 武汉大学学报（人文科学版），2006（1）：
108 - 113.

⑥⑩ 方展画，薛二勇，劳俊华. 硕士研究生学制国际比较及启示 [J]. 高等教育研究，2007（1）：
105 - 109.

⑧ 吴志伦，陈姝雨. 推行弹性学制 加快硕士研究生教育改革步伐 [J]. 中国高教研究，2005（6）：
25 - 27.

⑨ 王伯年. 对我国研究生教育现状与制度的思考之三——关于学习年限的规定 [J]. 学位与研究生
教育，1995（6）：24.

⑪ 芒刺. 硕士研究生学制该不该"三"改"二"[J]. 教育与职业，2007（4）：31 - 32.

册入学到获得博士学位所花的时间远远长于我国[1]，"过去 20 年，美国获得博士
学位的用时增加了约 30%"[2]。1960 年初，美国研究生教育界就对博士研究生修
业年限太长的问题开展了讨论[3]，塔克曼、科伊尔和巴（Tuckman，Coyle and
Bae）也指出在 20 世纪 70 年代和 80 年代，美国博士研究生修业年限的中位数一
直处于上升的状态[4]。虽然美国博士研究生修业年限的中位数在不断发生变化，
但依旧保持较长的水平。因学科不同，获得学位的修业年限也有所不同，人文与
社会科学的修业年限较长，尤其是护理学，平均修业年限长达 13 年[5]，全国范围
来看，美国博士研究生平均修业年限为 4~5 年[6]。英国博士生基本修业年限一般
是 3 年或 3 年以上，但大多数博士获得学位需要 3.5~4 年，个别学生甚至长达 8
年。不同学科门类的博士生基本修业年限也不同，"自然科学、人文科学学生的
修业年限一般是 3~4 年，而应用科学专业学生的修业年限较长"[7]。不同类型学
校的博士生基本修业年限不同，"主要采取研究型培养模式的古典大学，其博士
研究生的修业年限一般为 3~4 年；主要采取应用型培养模式的技术大学和多科
技术大学，其博士研究生的修业年限一般为 5~6 年，甚至更长时间；主要采取
复合型培养模式的城市大学和新大学，其博士研究生修业年限弹性较大，3~6
年不等"[8]。德国统一规定了博士生基本修业年限，但获得博士学位的时间会长
于基本修业年限，实践性越强的学科，修业年限就越长[9]。总体来看，德国博士
研究生修业年限平均数在 4~5 年，工科博士研究生修业年限最长，平均值为 5.3
年[10]。法国博士研究生修业年限主要包括两个阶段：第一阶段是深入学习文凭阶
段，时间为 1 年；第二阶段是博士论文撰写阶段，时间为 2~4 年[11]。在法国获得
博士学位平均需要 3 年，但根据学科性质不同，修业年限也有所不同，其中人

① 陈金圣，李献斌. 我国博士生培养条件与机制分析：基于中美比较的视角 [J]. 现代教育管理，2011（1）：110 – 114.

② 王顶明，于玲. 美国大学博士生学习年限规定及其启示 [J]. 学位与研究生教育，2014（11）：68 – 71.

③ Frasier H S. An Analysis of Institutional Characteristics That Contribute to Extended Time to Doctoral Degree [J]. Proquest Llc，2013.

④ Tuckman H P，Coyle S，Bae Y. The lengthening of time to completion of the doctorate degree [J]. Research in Higher Education，1989，30（5）：503 – 516.

⑤ Frasier H S. An Analysis of Institutional Characteristics That Contribute to Extended Time to Doctoral Degree [J]. Proquest Llc，2013.

⑥ 孙希. 美国博士研究生培养模式探析及启示 [J]. 高校教育管理，2007（2）：48 – 52.

⑦⑧⑨⑪ 蒲蕊. 研究生教育学制的国际比较及其启示 [J]. 武汉大学学报（人文科学版），2006（1）：108 – 113.

⑩ 陈学飞. 传统与创新：法、英、德、美博士生培养模式演变趋势的探讨 [J]. 清华大学教育研究，2000（4）：9 – 20.

文、社科平均 3.4 年，理科平均 2.7 年①。日本的博士研究生教育是研究生教育的第二阶段，2003 年，日本正式导入专职研究生制度，规定研究生院可设置博士课程，其基本修业年限 5 年，医学牙学、兽医学基本修业年限为 4 年②。我国博士生基本修业年限较发达国家来说偏短，也常被认为是"创新型人才培养不足的重要原因之一"。③

缩短硕士生基本修业年限的收益大于成本。对硕士生基本修业年限改革进行成本收益分析表明，如果将硕士生基本修业年限从 3 年改为 2 年，"给国家和社会带来的收益相当大。在其他变量相对稳定的情况下，改革的净收益将是很大的。国家会更趋向于积极提供政策和制度供给，引导学制改革"。④ 缩短硕士生基本修业年限，对学生来说，能降低个人教育成本和教育投资风险⑤；能促进学生集中精力刻苦学习。对社会来说，可提高资源的有效利用率；促进产业结构调整，由粗放型向集约型转化⑥，"加快了人才的投入—产出速度，用 2 年时间培养出合格的硕士研究生，相当于将培养效率提高 1/3，为国家社会发展和经济建设输送更多的高层次人才"。⑦总而言之，缩短硕士研究生基本修业年限，能够降低成本，提高研究生、学校和社会的收益⑧。

（2）赞同维持现有硕士生基本修业年限。赞同维持现有硕士生基本修业年限的观点，主要从硕士学位性质和培养质量等角度进行阐述。

我国硕士研究生教育仍是一个相对独立的教育层次，对硕士研究生的培养要求仍然较高，只有给予学生充足的学习时间，才能保证培养质量。我国硕士学位是一种"独立学位"，对学生的要求较高，提供 3 年时间让他们学习课程、撰写论文是合理的。英国、美国硕士生基本修业年限比中国短，是因为其硕士研究生教育与该国的学士教育和博士研究生教育衔接紧密，即使基本修业年限为 1～2 年也能保证人才培养质量⑨，中国的硕士研究生还必须要通过相应语言考试才能

---

① 陈学飞. 传统与创新：法、英、德、美博士生培养模式演变趋势的探讨［J］. 清华大学教育研究，2000（4）：9－20.

② 张立新，苗薇薇. 美日两国硕士研究生培养环节的比较研究［J］. 研究生教育研究，2013（4）：91－95.

③ 樊明成. 当前我国博士生学制的问题分析与对策建议［J］. 学位与研究生教育，2009（4）：63－66.

④⑦ 王海燕. 我国研究生学制改革的成本收益分析［J］. 湖北经济学院学报（人文社会科学版），2007（11）：168－169，177.

⑤⑥ 唐小洁. 我国研究生学制改革的经济学分析［D］. 桂林：广西师范大学，2007.

⑧ 钟晓佳. 我国硕士研究生两年制学制的利弊分析及保证措施研究［D］. 哈尔滨：哈尔滨工业大学，2013.

⑨ 芒刺. 硕士研究生学制该不该"三"改"二"［J］. 教育与职业，2007（4）：31－32.

获得学位，还需要学习政治课等公共必修课程①。如果要与国际接轨，首先要看国内的实际情况是否符合接轨的条件，但目前中国的硕士研究生"学习不属于过渡性的教育阶段"。② 2005 年，在重庆大学召开的"全国硕士研究生培养定位与硕士研究生学制第二次研讨会"上，关于硕士生基本修业年限改革讨论的另外一个观点是："根据现阶段我国研究生教育的实情，硕士研究生培养仍是一个相对独立的阶段，仍应坚持以研究为主进行学习，不能轻易缩短学习时间"。③ "在培养模式没有变化的前提下单纯缩短年限，肯定会带来一系列问题，影响整个研究生教育的质量。在现实就业中，在不少实践性较强的非研究行业，硕士研究生不如本科生的现象屡见不鲜，这种尴尬的局面给现有的硕士研究生教育提了个醒，2 年基本修业年限虽然使培养数量大幅上升，但其中的质量隐忧让人不得不担心一二。"④目前工科 3 年的基本修业年限比较合理，能够充分保证学生的质量，2年时间根本不够⑤，如果缩短硕士生基本修业年限，必然会"减少学分，降低学位要求，导致'学而不精'的情况出现，甚至会引起硕士研究生培养模式的改变、质量的滑坡，造成硕士研究生含金量降低"。⑥如果将硕士生基本修业年限缩短为 2 年，学生会在不同程度上感受到压力，"硕士生基本修业年限改为 2 年，几乎有 2/3（63%）的学生认为，学习压力会'增大'，2 年制的硕士研究生除去研二找工作、写论文，用来学习的时间基本上就只有 1 年"⑦。硕士生基本修业年限的缩短会带来教育质量和就业压力双重问题⑧。

3. 培养任务中的课程设置制约基本修业年限

研究生基本修业年限改革与课程设置紧密相连、不可分割，培养目标的实现需要花一定时间学习课程，如果课程设置的时间分配不合理，就难以实现培养目标。学者们采用了比较分析法分析研究生培养阶段课程设置存在的问题：一类是对国内不同高校同一专业的硕士研究生培养方案进行比较分析；另一类是与国外某大学同一专业的研究生培养模式进行比较分析。

我国研究生课程设置存在许多不合理的地方，主要表现为课程分类标准不统

---

①④　李素琴，李雨锦. 关于硕士研究生培养"两年制"的思考 [J]. 华北电力大学学报（社会科学版），2007（1）：123 – 126.

②⑤⑥　芒刺. 硕士研究生学制该不该"三"改"二" [J]. 教育与职业，2007（4）：31 – 32.

③　吴志伦，陈姝雨. 推行弹性学制　加快硕士研究生教育改革步伐 [J]. 中国高教研究，2005（6）：25 – 27.

⑦　王海燕. 我国研究生学制改革的成本收益分析 [J]. 湖北经济学院学报（人文社会科学版），2007（11）：168 – 169，177.

⑧　李桂琴. 对我国调整硕士研究生学制的思考 [J]. 扬州大学学报（高教研究版），2007（2）：84 – 86.

一、课程结构比例不协调[①]、课程内容陈旧缺乏实用性[②③]、授课方式单调[④]等。比较国内 15 所高校高等教育学专业的硕士研究生课程设置，发现高等教育学硕士研究生的课程设置"主要分为必修课和选修课，学位课和非学位课，公共课、专业课和选修课这三种类型"，不同学校在课程具体分类方面存在差异，且在课程模块的分布上存在包含和重复现象，说明我国课程分类标准不统一[⑤]。

课程结构比例不协调主要是指课时和学分比例的不协调，表现在：公共课与专业课比例失调，必修课与选修课比例失调[⑥]，理论课与实践课比例失调[⑦]。我国高等教育学硕士研究生的总课时约为 600 课时，其中，公共课的课时在 112 ~ 270 课时之间，占比在 19% ~ 38%；学位基础课的课时在 200 课时上下，学位专业课的课时在 108 ~ 216 课时之间。总学分要求在 30 ~ 35 分，其中，公共课在 5 ~ 10 分，占比在 12% ~ 33%；学位基础课在 6 ~ 10 分，学位专业课在 6 ~ 9 分且以 6 分为主，二者学分之和占总学分的比例在 56% ~ 85%；选修课在 4 ~ 12 分，占比在 12% ~ 40%[⑧]。15 所高校不同课程模块的课时和学分要求有较大差异，但也有一些共同点：一是公共课课时和学分比例较高；二是选修课课时和学分比例较低[⑨]；三是实践课课时和学分比例较低，只有 10% 左右[⑩]。

我国博士研究生的课程结构表现出重科研、轻课程的特点[⑪]。在课程内容上，问题主要表现在：知识点陈旧，缺乏对前沿热点问题的关注和研究，跨学科课程的设置偏少[⑫]。授课方式比较传统单调，仍是以老师讲学生听为主，部分博士课程授课采用研讨班的方式进行。总体来说学生还是处于被动接受知识的状态[⑬]。

4. 基本修业年限改革研究的样本代表性不够

搜索到的国内文献中有 3 篇硕士论文采用了问卷调查法研究硕士研究生基本修业年限改革，4 篇论文采用了问卷调查法研究博士研究生基本修业年限改革。

2008 年，史安娜对东北师范大学和吉林大学的部分硕士研究生进行问卷调查，回收有效问卷 272 份，目的在于为硕士研究生基本修业年限改革提供现实依据。2009 年，盛伟男对国内五所大学的硕士研究生进行问卷调查，回收有效问卷 313 份，对 30 名硕士研究生进行访谈，目的在于了解硕士研究生对硕士研究生基本修业年限的看法、比较硕士两年制和三年制的区别和利弊、分析硕士研究

---

①⑤⑥⑧⑩　曾美良. 我国高等教育学硕士研究生培养方案比较研究［D］. 重庆：重庆师范大学，2018.

②　史安娜. 世纪之交以来的我国硕士研究生学制改革研究［D］. 沈阳：东北师范大学，2008.

③⑦⑫　陈善志，冯建民. 我国高等教育学硕士研究生课程设置比较研究——基于 12 所高校培养方案的分析［J］. 长江师范学院学报，2018，34（6）：103 – 113，122.

④⑪⑬　张蕾娜. 中美高等教育学专业研究生教育比较研究［D］. 武汉：华中科技大学，2005.

⑨　苏曼虹. 美国研究生培养模式研究［D］. 桂林：广西师范大学，2008.

生基本修业年限改革的必要性。2011 年，张倩对我国六所大学的硕士研究生进行问卷调查，回收有效问卷 200 份，目的在于了解硕士研究生对硕士研究生基本修业年限改革的看法；对东北大学个别研究生导师、部分硕士研究生、用人单位进行访谈，目的在于了解不同利益相关者对硕士研究生基本修业年限的看法。

2007 年，张巧林、孙建军等对南京大学在校博士研究生和博士生导师进行问卷调查，回收博士研究生有效问卷 242 份，回收博士生导师有效问卷 103 份，目的在于了解博士研究生培养质量及其影响因素。2011 年，黄俊平、陈秋媛以北京大学未在基本修业年限获得学位的博士研究生为研究对象，对北京大学 1999～2011 年入学的所有科学学位博士研究生信息数据库进行描述性统计，并对其中延长过修业年限的博士研究生进行问卷调查，回收有效问卷 119 份，对不同院系延长修业年限的 24 位博士研究生进行访谈，作为问卷调查的补充，目的在于了解他们延长修业年限后的状况并进行原因分析。2012 年，李海生对国内 42 所研究生院 2007 级及以前的博士研究生进行问卷调查，回收有效问卷 1 518 份，目的在于分析影响博士研究生延长修业年限完成学业的因素。2015 年，刘玮对国内某高校延长修业年限的 151 名博士研究生和 106 名未延长修业年限的博士研究生进行问卷调查，将二者的调查结果进行对比，分析延长修业年限的博士研究生具有的主要特征，并有针对性地提出解决措施。

国外研究采用多种方法对研究生学制进行分析。1987 年，阿贝迪和本基（Abedi and Benkin）利用加州大学洛杉矶分校的数据，使用多元回归方法分析学术、财务和人口统计变量中哪一种因素对博士研究生修业年限影响最大[1]。霍华德·塔克曼（Howard Tuckman）等利用 1967～1986 年科学和工程学博士研究生信息数据库，采用回归分析方法对影响博士研究生修业年限的因素进行分析，并建立博士研究生修业年限影响因素的模型。[2] 美国学者舒奇塔·古鲁拉杰等（Gururaj S et al.）在先前研究者研究的基础上，采用回归分析方法分析研究生获得的资助总额（以 1 000 美元为单位）、奖学金、助教助研津贴、助学贷款和学费与保持率（retention）的相关性。[3] 詹尼弗·克林斯（Jennifer L. Collins）以 1998～2003 年间在洛杉矶安联国际大学就读的临床心理学博士研究生为研究对象，采用独立样本 t 检验、Pearson 积差相关系数检验和双因素方差分析进行数据统计分析，目的在于了解平均学分绩点（Grade Point Average，GPA）不同和年

① Abedi J, Benkin E. The effects of students' academic, financial, and demographic variables on time to the doctorate [J]. Research in Higher Education, 1987, 27 (1): 3－14.

② Tuckman H, Others A. On Time to the Doctorate. A Study of the Increased Time To Complete Doctorates in Science and Engineering [J]. 1990.

③ Gururaj S, Heilig J V, Somers P . Graduate Student Persistence: Evidence from Three Decades [J]. Journal of Student Financial Aid, 2010, 40 (1): 31－46.

龄不同的博士学业完成率是否存在差异，以及影响博士学业完成率的因素。① 海伦·弗雷泽（Helen Frasier）采用多元线性回归分析法对2004年、2005年、2006年获得博士学位的博士研究生进行数据统计分析，目的在于了解影响博士研究生修业年限的制度性因素。②

总体来看，国内研究采用的方法主要是比较研究法，思辨研究较多，主观性较强；国外的研究大多基于数据库进行比较深度的数据统计分析。国内关于研究生基本修业年限改革的实证研究较少，且样本缺乏代表性，研究对象主要集中在某个地区或某所学校，未能从全国范围内了解研究生基本修业年限利益相关者或变迁主体的需求。国外关于研究生修业年限改革的研究对象主要集中在博士研究生层面。

二、研究设计与研究过程

（一）研究方法

1. 问卷调查法

采用问卷调查法，了解当前我国研究生的基本修业年限和期望的基本修业年限，了解研究生培养任务和培养环节的时间安排等。

问卷设计前，查阅了国内外关于研究生教育、研究生学制、研究生修业年限改革的文献和书籍。在分析国内外研究成果的基础上，参考已有问卷，自行编制《中国研究生基本修业年限改革研究》问卷。问卷初稿设计完成后进行了预调查，根据预调查结果对问卷中的题目进行删除、调整等。正式问卷分为"导师版"和"研究生版"，问卷内容包括基本修业年限、培养任务和培养质量三个方面。根据区域经济发展水平、研究生教育发展水平和学科差异，对全国具有研究生学位授予权的高校中的导师和研究生发放调查问卷。此次问卷调查对象为全日制学术型研究生，来自不同类型和不同区域的学校，涵盖不同学科领域，调查对象均依据自身实际情况填写问卷，调查样本具有一定代表性，收集的数据较为客观真实。

2. 访谈法

采用访谈法，较为深入了解不同高校的研究生教育管理人员、导师和研究生

① Collins, J. L. The relationships between age, undergraduate grade point average, and time to completion of a doctoral degree [D]. Alliant International University, 2013.

② Frasier H S. An Analysis of Institutional Characteristics That Contribute to Extended Time to Doctoral Degree [J]. Proquest Llc, 2013.

对研究生培养任务和基本修业年限改革的看法和建议，分析目前我国研究生基本修业年限改革面临的问题或阻力。2017 年 9 ~ 10 月，课题组先后赴陕西、湖北、江苏、山东、云南等地，对 8 所样本高校的 106 位研究生教育管理人员、导师和研究生进行访谈。访谈的样本高校包括"研究生工程"院校、"985 工程"院校、"211 工程"院校、普通院校三种类型，分布在东部、中部、西部三个地区，学科覆盖广泛，具有一定代表性。

3. 数据分析法

采用数据分析法，分析博士研究生修业年限的整体情况，包括延长修业年限的博士生比例，博士研究生的平均修业年限。

根据利益相关者理论和制度变迁理论的理论分析框架，只有先了解利益相关者和变迁主体的需求，才能采取措施满足需求，可见了解需求是关键。"通过问卷调查等实证研究收集利益相关者的需求是明晰高校利益相关者利益诉求的关键。以问卷和访谈的形式收集高校利益相关者的诉求，能够更加真切地了解利益相关者的需求与期望。"[1]

（二）研究对象与研究假设

1. 研究对象

研究对象为全日制学术型研究生。问卷调查和访谈对象为研究生基本修业年限的内部利益相关者和诱致性变迁主体，即研究生教育管理人员、导师和研究生。

2. 研究假设

我国研究生教育发展与改革的要求，研究生培养目标发生了变化，培养任务和培养环节相应增加。任务和环节的变化引起已有基本修业年限的不适，一些疑问随之产生：研究生基本修业年限是否需要改革？基本修业年限调整是利大于弊还是弊大于利？研究生基本修业年限需要缩短还是延长？

基于以上疑问，提出以下三个假设：

假设一，硕士生基本修业年限需要缩短，博士生基本修业年限需要延长；

假设二，研究生培养任务和培养环节与研究生基本修业年限呈显著正相关；

假设三，不同维度下的研究生基本修业年限改革的需求不存在显著性差异。

（三）研究内容与研究过程

1. 研究内容

研究内容主要包括以下三个方面。

---

① 焦磊. 高等教育利益相关者理论研究的进路 [J]. 高教发展与评估，2018，34（4）：1 - 8，103.

（1）高校目前较为一致的研究生基本修业年限和高校期望的基本修业年限。调查和描述性分析数据库数据，归纳与分析访谈内容。

（2）研究生培养任务和培养环节与基本修业年限的关系。描述性统计分析问卷结果、皮尔逊积差相关分析、独立样本 t 检验等研究研究生培养任务和培养环节与基本修业年限的关系。

（3）不同类型和不同区域的高校以及不同学科间，研究生基本修业年限改革的需求。它主要包括两个方面，研究生基本修业年限的设置的观点和博士研究生修业年限。对调查问卷进行单因素方差分析，研究不同类型和不同区域的高校以及不同学科的导师和研究生，关于研究生基本修业年限设置的观点；对 11 所高校 2013～2017 年已获博士学位的学生数据进行单因素方差分析，研究不同类型和不同区域的高校以及不同学科的博士研究生修业年限，如图 6 - 10 所示。

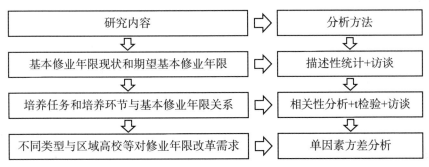

图 6 - 10　研究技术路线

2. 研究过程

研究过程大致分为四个阶段，如图 6 - 11 所示。

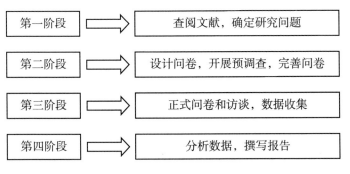

图 6 - 11　研究过程四阶段

第一个阶段：查阅文献，确定研究问题。这一阶段开展的主要工作是，查阅国内外关于研究生教育、研究生学制、研究生修业年限的文献和书籍，归纳总结已有研究的特点和不足，讨论并确定研究问题。

第二个阶段：设计调查问卷，开展预调查，完善调查问卷。这一阶段开展的主要工作是，参考《关于硕士研究生学制改革的调查问卷》（史安娜，2008）、《硕士研究生学制问卷调查》（盛伟男，2009）、《硕士研究生学制调查问卷》（张倩，2011）、《我国博士研究生延期完成学业情况调查问卷》（李海生、卞玉筱，2012）这4份问卷，结合研究生培养任务，自行编制《中国研究生基本修业年限改革研究》调查问卷。问卷包含研究生基本修业年限、研究生培养任务、研究生培养质量三大部分，于2017年10月开展预调查，预调查回收有效问卷78份，根据预调查结果，于2018年1月对问卷进行二次修改。

第三个阶段：正式开展问卷调查和访谈，进行数据收集。这一阶段开展的主要工作是，根据随机便利抽样的原则，用问卷星对研究生导师和研究生发放调查问卷。依据区域经济发展水平、研究生教育发展水平、学科差异把全国具有研究生学位授予权的高校作为访谈对象抽样。2017年9月12日，国务院学位委员会办公室向全国16所高校发布《关于请协助提供部分博士生就业抽样数据的函》，请各高校协助提供2013～2017年已获学位的博士研究生相关数据，每年每校不同学科随机抽取50人。2017年9月～2018年6月，根据国务院学位委员会发布的函以及抽样结果，赴样本高校进行访谈、收集已获博士学位的学生数据。

第四个阶段：分析数据，撰写报告。这一阶段开展的主要工作是，对收集到的数据进行整理、分析，开始撰写报告。

三、中国研究生教育基本修业年限调查结果

（一）数据总体概况

1. 数据来源

样本数据的收集来源主要有以下三个。

第一个是调查问卷数据。根据随机便利的原则，采用微信的方式将问卷发放给具有研究生学位授予权高校的导师和研究生，回收有效问卷"导师版"107份，"研究生版"284份。

第二个是访谈资料。采用分层随机抽样的方式，依据区域经济发展水平、研究生教育发展水平、学科差异，对全国具有研究生学位授予权的高校进行抽样作为访谈对象。国务院学位委员会办公室向全国16所高校发布的《关于请协助提供部分博士生就业抽样数据的函》，结合分层随机抽样结果，选择样本高校进行访谈，最终确定西安建筑科技大学、武汉大学、南京师范大学、山东大学、烟台

大学、曲阜师范大学、云南大学、大理大学 8 所样本高校作为访谈对象。

第三个数据库数据，它是由 11 所高校提供的 2013～2017 年已获博士学位的学生数据。国务院学位委员会办公室向全国 16 所高校发布了《关于请协助提供部分博士生就业抽样数据的函》，其中，有 13 所院校提供了数据，因不同院校提供的数据信息不完全一致，经过整理和筛选，最终确定采用 11 所高校提供的数据，分别是清华大学、厦门大学、南开大学、山东大学、武汉大学、吉林大学、中国农业大学、云南大学、南京师范大学、西安建筑科技大学、安徽大学，有效样本量为 4 999 个。

2. 样本特征

对回收到的问卷进行整理、筛选，剔除答案不完整问卷、答案不合理问卷，最终保留"导师版"有效问卷 107 份；"研究生版"有效问卷 284 份。107 位导师中，男性导师 62 人，女性导师 45 人，男性导师比女性导师多 17 人；硕士生导师 88 人，博士生导师 19 人，硕士生导师比博士生导师多 69 人。284 位研究生中，硕士 190 人，博士 94 人，硕士比博士多 96 人。问卷调查对象所在的学校类型包括了"985 工程"院校、"211 工程"院校和普通院校，学校所属的区域涵盖了东部、中部和西部地区，所属的学科囊括了哲学、经济学、法学、教育学、文学、历史学、理学、工学、管理学、艺术学 10 大学科门类①，如表 6 - 11 所示。

表 6 - 11　　　　　　　　　问卷调查对象总体概况

项目	内容	导师		硕士研究生		博士研究生	
		N	百分比（%）	N	百分比（%）	N	百分比（%）
性别	男	62	57.94	62	32.63	46	48.94
	女	45	42.06	128	67.37	48	51.06
学位层次	硕导	88	82.24	—	—	—	—
	博导	19	17.76	—	—	—	—
学校类型	985	25	23.36	66	34.74	58	61.7
	211	11	10.28	40	21.05	4	4.26
	普通	71	66.36	84	44.21	32	34.04

---

① 学科门类划分依据：中华人民共和国教育部. 关于印发学位授予和人才培养学科目录（2011 年）的通知 [EB/OL]. http://www.moe.gov.cn/srcsite/A22/moe_833/201103/t20110308_116439.html, 2022 - 10 - 22.

项目	内容	导师		硕士研究生		博士研究生	
		N	百分比（%）	N	百分比（%）	N	百分比（%）
区域类型	东部	70	65.42	108	56.84	74	78.72
	中部	5	4.67	12	6.32	1	1.06
	西部	32	29.91	70	36.84	19	20.21
学科类别	哲学	0	0	1	0.53	0	0
	经济学	2	1.87	0	0	0	0
	法学	15	14.02	12	6.32	3	3.19
	教育学	25	23.36	86	45.26	36	38.30
	文学	8	7.48	6	3.16	1	1.06
	历史学	2	1.87	2	1.05	0	0
	理学	20	18.69	33	17.37	19	20.21
	工学	16	14.95	39	20.53	26	27.66
	农学	0	0	0	0	0	0
	医学	0	0	0	0	0	0
	军事学	0	0	0	0	0	0
	管理学	18	16.82	10	5.26	9	9.57
	艺术学	1	0.93	1	0.53	0	0

　　接受访谈的对象有研究生院的管理人员、各院系的管理人员、导师和研究生，他们共计 106 人。其中，硕士生导师 37 位，管理人员和博士生导师 24 位，硕士研究生 29 位，博士研究生 16 位。他们的学科背景囊括了经济学、法学、教育学、文学、理学、工学、管理学、艺术学 8 大学科门类，如表 6 - 12 所示。

表 6 - 12　　　　　　　　　　访谈对象一览

访谈时间	访谈地点	访谈对象（编号）
2017 年 9 月 21 日	西安建筑科技大学	X1 ~ X5；X6 ~ X11；X12 ~ X15；X16 ~ X18
2017 年 9 月 28 日	武汉大学	W1 ~ W2；W3 ~ W6；W7 ~ W11；W12 ~ W15；W16 ~ W18
2017 年 9 月 30 日	南京师范大学	N1 ~ N9；N10 ~ N12；N13 ~ N14
2017 年 10 月 9 日	山东大学	S1 ~ S3
2017 年 10 月 11 日	烟台大学	T1 ~ T5；T6 ~ T10

访谈时间	访谈地点	访谈对象（编号）
2017 年 10 月 2 日	曲阜师范大学	Q1 ~ Q5；Q6 ~ Q10；Q11 ~ Q14
2017 年 10 月 13 日	云南大学	Y1；Y2 ~ Y6；Y7 ~ Y10；Y11 ~ Y14；Y15 ~ Y17
2017 年 10 月 15 日	大理大学	D1；D2 ~ D7；D8 ~ D12

11 所高校 2013 ~ 2017 年已获博士学位的学生数据，对这些数据进行整理、筛选，剔除信息不完整、不一致的数据后，课题组确定有效样本量为 4 999。有效样本中，博士研究生的性别比例较为平衡，男女数量均超过了 2 000。他们来自 11 个民族，其中少数民族学生数量为 182。他们年龄分布在 19 ~ 59 岁之间，根据研究需要划分成 19 ~ 29 岁、30 ~ 39 岁、40 ~ 49 岁、50 ~ 59 岁四个年龄阶段，其中，已获博士学位的年龄集中在 19 ~ 39 岁这一区间。学科门类覆盖较齐全，有哲学、经济学、法学、教育学、文学、历史学、理学、工学、农学、医学、管理学、艺术学 12 大学科门类，见表 6 - 13。

表 6 - 13　　　　　2013 ~ 2017 年已获博士学位的学生
数据样本总体概况

项目	内容	N	百分比（%）	项目	内容	N	百分比（%）
性别	男	2 898	57.99		哲学	117	2.34
	女	2 101	42.01		经济学	207	4.14
民族	汉族	4 817	96.36		法学	499	9.98
	少数民族	182	3.64		教育学	277	5.54
年龄阶段	19 ~ 29 岁	2 278	45.55		文学	411	8.22
	30 ~ 39 岁	2 204	44.11		历史学	106	2.12
	40 ~ 49 岁	489	9.78	学科门类	理学	1 393	27.87
	50 ~ 59 岁	28	0.56		工学	1201	24.02
学校类型	985	2 576	51.51		农学	128	2.56
	211	2 175	43.49		医学	449	8.98
	普通	248	5		军事学	0	0
区域类型	东部	3 779	75.56		管理学	166	3.32
	中部	726	14.52		艺术学	45	0.9
	西部	494	9.92				

以上的调查问卷、访谈和已获博士学位学生等三方面数据呈现出以下两个特点。

第一，就学校类型而言，问卷调查对象中，东部地区、普通类型高校的导师和研究生数量最多；已获博士学位的学生数据中，东部地区院校和"985 工程"院校的学生数量最多，其次是中部地区和"211 工程"院校。

第二，就学科门类而言，均不包含军事学，问卷调查和访谈均不包含农学、医学，艺术学样本较小。

样本数据呈现出这样的特点，主要有五个原因：一是东部地区经济发展水平和研究生教育发展水平较高；二是"985 工程"院校承担着我国博士研究生培养的主要任务，博士学位授权单位数量多、规模大；三是除东部地区和"985 工程"院校以外，中部地区和"211 工程"院校的资源相对西部地区和普通院校占有优势；四是在全国范围内，普通类型高校的基数大；五是军事学的学科统计信息具有不公开的特殊性。

（二）研究生基本修业年限与期望的基本修业年限

1. 硕士生和博士生的基本修业年限各为 3 年

硕士生和博士生回答"目前基本修业年限"为 3 年的比例为各自最高，分别为 64.15% 和 70.21%，如表 6 - 14 所示。这基本可以判断，当前我国硕士生和博士生的基本修业年限各为 3 年居多。

表 6 - 14　　　　　　　　研究生基本修业年限统计

修业年限	硕士研究生		博士研究生	
	N	百分比（%）	N	百分比（%）
2 年	1	0.38	—	—
2.5 年	12	4.53	—	—
3 年	170	64.15	66	70.21
4 年	—	—	3	3.19
5 年及以上	—	—	7	7.45
弹性学制	7	2.64	18	19.15

2. 延长修业年限的博士生比例高且波动上升

11 所高校提供的 2013～2017 年已获博士学位学生数据显示，博士研究生的修业年限为 2 年到 12 年不等。其中，修业年限为 3 年的博士比例最高，为 40.49%；修业年限为 4 年的博士比例次之，为 27.15%；修业年限为 5 年的博士比例排名第三，为 20.42%（见表 6 - 15）。

表 6 - 15   11 所高校 2013 ~ 2017 年已获博士学位学生修业年限

修业年限	N	百分比（%）	修业年限	N	百分比（%）
2 年	20	0.40	7.5	5	0.10
2.5 年	7	0.14	8	48	0.96
3 年	2 024	40.49	8.5	1	0.02
3.5 年	65	1.30	9	12	0.24
4 年	1 357	27.15	9.5	1	0.02
4.5 年	70	1.40	10	7	0.14
5 年	1 021	20.42	10.5	2	0.04
5.5 年	54	1.08	11	7	0.14
6 年	200	4.00	11.5	2	0.02
6.5 年	12	0.24	12	3	0.06
7 年	82	1.64	合计	4 999	100

如果以博士 3 年为基本修业年限的标准，超过 3 年则被视为"延长修业年限"，那么在 2013 ~ 2017 年已获博士学位学生中，修业年限为 3 年及以内的比例为 41.03%，延长修业年限的比例为 58.97%（见表 6 - 15）。由此可知，11 所高校中延长修业年限的博士比例整体较高。

11 所高校 2013 ~ 2017 年已获博士学位学生中，延长修业年限的比例从 2013 年的 35.05% 增加到 2017 年的 76.63%。5 年来，11 所高校中延长了修业年限的博士比例高且呈波动上升的趋势，如图 6 - 12 所示。

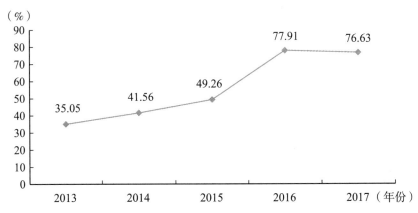

图 6 - 12   11 所高校 2013 ~ 2017 年延长修业年限的博士比例折线图

中华人民共和国教育部规划司的数据也显示，2002 ~ 2016 年，全国延长修业年限的博士比例从 58.37% 上升到 66%，上升了近 8 个百分点，如图 6 – 13 所示。由此可见，我国延长修业年限的博士比例高且呈现持续上升的趋势，2002 ~ 2009 年呈波动上升的状态，2009 ~ 2016 年呈逐年上升的状态。

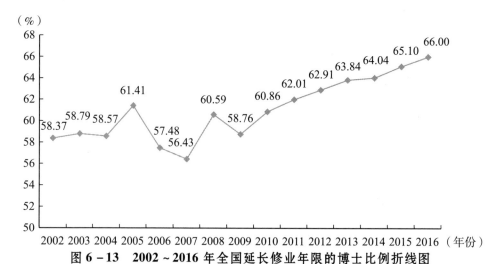

图 6 – 13 2002 ~ 2016 年全国延长修业年限的博士比例折线图

注：部分数据来源于教育部官网历年数据。

资料来源：袁本涛，王顶明. 我国博士生合理学制探讨 [J]. 大学教育科学，2014（5）：34 – 40.

3. 博士研究生的平均修业年限在继续增长

不仅延长修业年限的博士比例高且波动上升，博士研究生的平均修业年限也在继续延长。2013 ~ 2017 年，博士研究生的平均修业年限从 3.58 年延长至了 4.21 年，2015 年较前一年稍有下降，但只有极短的 0.03 年，2016 年以后都保持在 4 年以上，且呈现出继续延长的趋势，如图 6 – 14 所示。

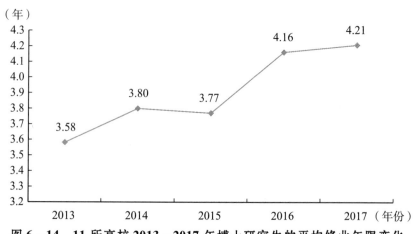

图 6 – 14 11 所高校 2013 ~ 2017 年博士研究生的平均修业年限变化

4. 期望的硕士生和博士生基本修业年限分别为 2 年和 4 年

就"硕士生基本修业年限几年合适"的问卷问题，50% 的硕士生导师回答 3 年，比例最高；34.74% 的硕士生回答 2 年，比例最高。就"博士生基本修业年限几年合适"的问卷问题，分别有 57.89% 和 55.32% 的博士生导师和博士生回答 4 年，比例最高，如表 6 - 16 所示。

表 6 - 16　　　　　　　　　　期望的研究生基本修业年限

修业年限	硕士生导师		硕士研究生		博士生导师		博士研究生	
	N	百分比（%）	N	百分比（%）	N	百分比（%）	N	百分比（%）
1 年	0	0	4	2.11	—	—	—	—
1.5 年	2	2.27	7	3.68	—	—	—	—
2 年	11	12.50	66	34.74	—	—	—	—
2.5 年	31	35.23	63	33.16	—	—	—	—
3 年	44	50	50	26.32	3	15.79	35	37.23
4 年	—	—	—	—	11	57.89	52	55.32
5 年	—	—	—	—	5	26.32	7	7.45

虽然研究生导师和研究生期望的基本修业年限有所不同，但总体来看，期望的硕士生和博士生基本修业年限分别为 2 年和 4 年占大多数。

访谈研究生教育管理人员、导师和研究生发现，他们对研究生基本修业年限的诉求不尽相同。这是由于他们所在学校研究生招收层次不同、他们所带研究生的学科不同等，高校不同利益相关者地位不同，表达的诉求也不相同。

硕士生导师期望硕士生基本修业年限是 3 年，主要理由有：研究生需要时间做科研、写论文、找工作；需要硕士生帮忙做课题研究；研究生需要时间适应新生活；研究生跨专业生源需要时间补充专业基础知识等。

"硕士需要 3 年，条件较好的学校可以缩短。"（D2）

"现在硕士年限是 3 年，感觉没有必要进行改革，一年级学习课程，剩下两年时间开题、做科研、写论文，刚刚好。"（X1）

"硕士 3 年的培养很有必要，课程安排在头一年，按理说第二年是在学校做科研、看书，学生却是出去实习，没有达到学硕的要求。"（Q3）

"硕士需要 3 年，年轻导师，主要依靠硕士来帮忙做事，第一年上很多课程，

313

第二年写论文，还要面临找工作。"（X2）

"主张硕士3年制，入学后，学生需要时间适应。"（Q5）

"许多研究生生源属于跨专业，需要补专业知识。"（D4）

硕士研究生更多希望硕士生基本修业年限由3年缩短为2年。他们的理由主要是：时间越长就业越难，希望尽早参加工作，硕士2年完全能够毕业；国外硕士不做科研，修业年限为1~2年；硕士阶段是攻读博士的遴选阶段，时间不宜过长。

"硕士应该缩短，将硕士的时间延长到博士，博士应该延长至4年或5年。"（X16）

"硕士2年，博士4年更好"，"硕士年限缩短，博士年限延长。硕士博士都是3年没区别，硕士2年，博士4年好，这样培养重点有侧重。"（N11）

"6年时间不变，硕士缩短，博士延长"（Q13），"博士一贯主张四年制，三年制太紧张"（Q1），"博士年限4年比较合理。"（T1）

"读硕士是为了找更好的工作，基本很少有人读博士。就业压力越来越大，时间越长，找工作越难。"（D8）

"希望硕士缩短，缩短为2年或2.5年，尽早参加工作有一定好处。总体来看，硕士年限可以缩短，已有硕士2年毕业的例子。"（X12）

"对于硕士年限建议缩短，2年或2.5年，周围有很多硕士2年到2.5年就已经毕业的例子，也有更短的，在这个时间内既完成了学习、实践等，又找到了好的工作，应该充分利用时间，两年内是完全可以的。"（X18）

"硕士基本修业年限时间较长，学校是按3年进行培养，按照国外来说，硕士是一年到两年足够，硕士阶段看是否可以搞研究，而不是说要搞什么研究，但是硕士阶段做研究很困难，仅作为一个观察阶段、遴选阶段，如果能有所创新，对科研感兴趣且有能力，则应该继续读博士，硕士阶段作为遴选不能太长，硕士阶段很有压力。"（X17）

博士生导师和博士生希望将博士生基本修业年限由3年延长至4年，其主要原因包括：博士3年时间太短，所学知识不消化，培养质量不达标；论文发表困难且周期长；3年毕业的博士比例低；博士培养要求越来越高。

"博士学制太短质量达不到，硕士和博士学制 2 + 4 比较合适"，"可以延长学制，过短'没有吃饱'。"（N11）

"文科博士按时毕业的非常低。"（N12）

"博士 3 年不够，好多东西放在那没发表就毕业了，4 年是可以的。"（N8），

"博二在美国待了 1 年，美国硕士生基本修业年限为 1.5 年，刚到的时候先给安排一个课题，如果感兴趣，能深入研究就申请博士，博士学制 4.5 ~ 6 年。我国硕士毕业论文的质量要求很高，导致年限过长，硕士毕业论文的时间要缩短，硕士的科研论文要求不能太高，有的人不搞学术，节约年限就节约在论文上。美国是不写硕士论文的，就可以做一个报告，可以减少年限，硕士修业年限缩短到 2 年，博士年限延长到 4 ~ 6 年，关系到期刊论文发表的期限，对研究的深度。"（N13）。

"论文发表困难且周期长"，"博士 3 年之内要出高水平文章很难"，"学院对博士要求逐渐提高，三年毕业很困难，要发 SSCI 核心期刊，很难。"（Q1，W2，Y1）

"一大部分人没办法正常毕业，延期毕业太普遍，按照规定延期之后没有补助，毕业压力，建议延长到 4 年，3 年有很大挑战性。"（Q11）

"博士 3 年短，应该到 4 年比较合适。因为博士要创新，达到这个目的需要消化知识，然后提出自己的东西，优秀的加勤奋的可以在 3 年完成。"（Q2）

"正常三年毕业的不到 1/3，所以学制改成 4 年。"（Y1）

"我们学院有意向将博士学制延长到 4 年，目前能 3 年毕业的比例不超过 30%，目前 3 年学制与培养要求之间失调。"（W3）

"博士年限延长，三年能毕业的博士很少，建议国家资助按四年资助，如果做得好可以允许提前毕业。"（X13）

但也有博士生考虑到目前就业环境，认为延长博士生基本修业年限至 4 年不利于博士就业。还有个别博士考虑到年龄、成家立业等情况，不希望延长基本修业年限。

"博士培养与就业环境是矛盾的，如果基本修业年限设置成 4 年，是否会出现大于 4 年才毕业的情况，招聘要求 35 岁以下，好的高校不能超过 32 周岁。"（Q12）

"年纪较大，不太希望延长，3 年顺利还是 3 年好，如果学制延长，本科已经 4 年，疲累，与就业成家立业带来人生阶段影响大。"（Q14）

当前，我国硕士生和博士生的基本修业年限各为 3 年，而研究生教育管理人员、导师和研究生期望的硕士生基本修业年限是 2 年，期望的博士生基本修业年限是 4 年，即由过去硕士生和博士生的"3 + 3"基本修业年限改为"2 + 4"。它保持了我国原有研究生整个基本修业年限 6 年不变，但硕士生缩短 1 年而博士生增加 1 年。

（三）研究生培养任务和培养环节与基本修业年限的关系

《中华人民共和国学位条例》中规定，必须通过相应的"课程考试和论文答辩，成绩合格"，[①] 才能获得学位，即我国研究生的培养任务主要有两个：一是课程与学分；二是论文与答辩。但为了提高研究生教育质量和应对国际研究生教育发展趋势，大多数高校又在此基础上加码，增加了论文发表、国际化经历等任务。

1. 一年时间能够修完课程，但课程设置需要调整

我国硕士生和博士生培养都采取"课程 + 学位论文"的培养模式，而课程学习一般在研究生入学的第一年内完成，其后进入到研究生选题、开题和撰写论文阶段。课程设置基本分为必修课、选修课、公共课三种类型。

对"哪类课程更重要"问题的回答，导师、硕士生、博士生回答比例最高的都是必修课，分别为 85.05%、88.95% 和 73.4%。对"哪类课程需要优先调整"时，导师、硕士生、博士生回答比例最高的都是公共课，分别为 71.96%、70.53% 和 77.66%，如表 6 - 17 所示。由此可见，导师、硕士生和博士生的意见一致性较强，他们都有超过 7 成的认为专业必修课对他们发展十分重要，而从公共课需要调整的意见来看，反映出他们对公共课意见较大，需要优先进行调整与改革。

表 6 - 17　　　研究生不同类型课程重要性及优先调整百分比　　　单位：%

课程类型	重要程度百分比			优先调整百分比		
	导师	硕士生	博士生	导师	硕士生	博士生
必修课	85.05	88.95	73.4	4.67	1.58	4.26

---

① 中华人民共和国教育部. 中华人民共和国学位条例 ［EB/OL］. http：// www. moe. gov. cn/jyb_sjzl/sjzl_zcfg/zcfg_jyfl/202204/t20220421_620264. html，2022 - 10 - 22.

课程类型	重要程度百分比			优先调整百分比		
	导师	硕士生	博士生	导师	硕士生	博士生
选修课	6.54	2.63	17.02	23.36	27.89	18.09
公共课	8.41	8.42	9.57	71.96	70.53	77.66

研究生教育管理人员、导师和研究生对课程设置有他们自己的理解。他们的意见集中起来主要表现在：本科、硕士、博士所学内容重复；授课方式比较单调乏味，存在照本宣科问题；课程设置上标准划一，地方或本校特色不明显；理论性课程多，应用性和实践性课程不足；英语课程内容不实用，专业英语开设不够；选修课自由选择限制较多，学院与学院之间没有打通等。

"政治课绝对要保障，但现在研究生的政治授课内容还是本科阶段的延续。"（D3）

"硕士和博士的政治公共课学习的是同类知识，没有区分度。"（N10）

"课程需要改革，本、硕、博政治课重复很大。中科院政治课特别好，压缩成两个礼拜，十天的十个上午，请名家讲国家、科研制度、人文修养等，时间紧凑、内容丰富、学分也拿到。"（N10）

"本学院负责全校的公共课，但目前课时不断加码，不太好，不是越多越好……外语公共课简单粗暴，外语考试有可能把专业素质较好、但英语较差的学生排除在外，不利于人才培养。"（D2）

"只有专业英语，没有用于实践的外语。"（D10）

"英语必须要上，学校要求国际化，不会英语没办法国际化，现在跟本科差异不大，学的英语与实用的不一样。"（N13）

"学科之间交流很少，交叉创新很少"（X17），"有些外院的选修课程我们没有权利选，没有打破专业上的限制，课程内容没有紧跟时代而发展，课程比较陈旧，选课限制，没办法跨专业选课，学院与学院之间的选修课没有打通，制度上没有鼓励学生跨专业选课。学校没有提供足够的条件支持学生不同学科之间的学习。"（W16）

"选修课，规定了要选什么，自己只有一门可以选择的权利。"（W15）

对于课程设置存在的这些问题，导师、硕士生和博士生也提出了一些改进措施和建议：重新分配不同类型课程的学分和课时比例；以讲座或讨论组的形式开展学习，打破课堂教学的局限；更新公共课授课内容，调整授课形式，将不同阶段具有重复内容的课程替换为哲学课或逻辑课，课程内容应紧密联系时代热点；英语课程应重视实用性，加强专业英语的学习，加强口语和听力练习；增设具有院校特色的选修课程，扩大选修范围，打破不同院系选修课壁垒；增加社会实践环节。

"课程要调整，研究生要做创造性的研究，需要多给研究生时间自己学习，自学加固定时间讨论。"（D4）

"公共课可作为课外要求，不一定非要在课堂讲太多，利用课外时间强化。"（D2）

"博士课程应该多开一些扩大眼界的课程，与国际多接轨的课程。"（N14）

"研究生的政治应该是时事的教育，内容应该拓展，结合现在发展实际，要对现代社会发展有整体把握。"（D3）

"政治课程可以讲座的形式。"（D7，Y11）

"告诉我们一些政策热点，时事政治好一些，理论太深的话学生不太喜欢。"（D2，D4）

"压缩政治课的课时和学分要求。"（N10；N12；Y6）

"可将传统的政治课程换成逻辑课，博士逻辑感太差，或者哲学课。"（X17，N14，N12）。

"外语，尤为重要的工具，希望更多营造外语学习氛围，让大家融入其中，不是仅仅为了上课而上课，让大家在这种氛围中更多学习国外文化。"（X17）

"外语课的设置要根据自身发展和专业特点，强调学科特色，英语教学需要体现专业特色，博士在研究领域上还是讲究专业的，更重要的是口语，说和听，现在国际会议多，以前基本上没听懂国际会议，英语要实用化，怎么实用怎么来。"（N12）

"应该给老师和学生自主权，外语考试可以根据学科的性质规定等级，学生可以根据自己的能力选择考什么样的外语等级"，"加强专业外语的学习，读英文

原著强。"（D4）

"提高博士外语水平，参与国际竞争。"（N13）

"选修课是最有特点的，应该有地方特色，充分放开。"（D3）

"选修课的课时要适当地有所调整，与专业有关的选修课可以增加课时。"（D4）

"选修课要让学生有机会根据自身特长爱好进行选择。"（D2）

"选修课，应该多增加自然学科的学习，多接触一些自然学科，对自身的发展也有更好的启示作用。"（X17）

2. 硕士生和博士生学位论文完成时长不一样

对"学位论文撰写时长"的回答，46.84%的硕士研究生回答时长为半年，比例最高。54.26%的博士研究生回答时长为 1 年，比例最高，如表 6 – 18 所示。

表 6 – 18 　　　　　　　　　　研究生学位论文撰写时长

时长	硕士生		博士生	
	N	百分比（%）	N	百分比（%）
3 个月	36	18.95	—	—
半年	89	46.84	16	17.02
1 年	57	30.00	51	54.26
1.5 年	8	4.21	27	28.72

3. 研究生学术论文要求与发表困难

对"是否有学术论文发表要求"时，70%的硕士生回答有，100%的博士生回答不仅有，而且要求在来源期刊上发表，如表 6 – 19 所示。以此推断，我国一些大学已要求硕士生毕业前发表论文，绝大多数大学要求博士生发表论文才能进行学位论文答辩。

表 6 – 19 　　　　　　　　　　研究生学术论文发表要求

研究生层次	是		否	
	N	百分比（%）	N	百分比（%）
硕士生	133	70	57	30
博士生	94	100	0	0

对"学术论文发表难度"的问题，博士生导师回答"一般"的比例最高，为42.11%；博士生回答"一般"的比例最高，为39.36%。博士生与导师的回答约有2个百分点差距，但博士生回答"难"和"非常难"比例之和为54.26%，如表6-20所示。这足以说明，虽然博士生导师认为发表论文对博士生而言仅"一般"，但博士生自己则认为发表论文很困难。

表6-20　　　　　　　　博士研究生学术论文发表难度

难度	博士生导师		博士研究生	
	N	百分比（%）	N	百分比（%）
非常难	3	15.79	22	23.40
难	2	10.53	29	30.85
一般	8	42.11	37	39.36
不难	6	31.58	6	6.38

研究生教育管理人员、研究生导师和研究生认为，发表高质量学术论文是困难的，只是他们三者认为困难的程度不一。博士生发表论文不仅困难，而且发表论文的周期太长，影响研究生基本修业年限。

"学校要求硕士发表一篇论文，学生普遍认为发表文章难，背后又涉及期刊改革制度，期刊制度很成问题，简单分为核心与非核心，评价机制不合理，博士发表论文去挤核心，好像非核心就没有意义了，刊物不应该以核心与非核心来判断学生文章的水平高低。"（D2）

"硕士发论文的要求要取消，博士要有论文发表要求。"（N5）

"如果没有学术论文发表要求，硕士学制可以缩短到2年。"（N7）

"如果不需要写论文，则可以缩短，对研究生毕业和学位要求改变，比如对学位论文和发表论文没有要求，否则两年有难度……写出好文章很困难，发表好期刊困难。研究生为了得奖学金，花钱买文章。"（D4）

"发论文不难，发好论文很难……核心期刊很难，文科类相对更难，而且难度在不断提高。"（Y8）

"论文发表非常难，还要求发表2篇……核心期刊周期太长。"（X12，Y8）

"3篇C刊，对文科博士来说，几乎不可能。"（N1）

4. 研究生国际化要求影响基本修业年限

我国研究生国际化经历要求主要体现在参加国际会议或联合培养两个方面。

对"是否要求在国际会议上宣读论文"问题，21 位博士生的回答"是"，所占比例为 22.34%；73 位博士生的回答是"否"，所占比例为 77.66%，如表 6 - 21 所示。

表 6 - 21 博士研究生在国际会议宣读论文的要求

项目	N	百分比（%）
是	21	22.34
否	73	77.66

对"是否参与过国外大学联合培养"问题，14 位博士回答参加过，所占比例为 14.89%，其中，有 10 位博士联合培养的时长为 1 年，在参加过该项目的博士中所占比例为 71.43%，如表 6 - 22 所示。

表 6 - 22 博士研究生国外大学联合培养参与情况

是否参与过				联合培养时长			
是		否		半年		1 年	
N	百分比（%）	N	百分比（%）	N	百分比（%）	N	百分比（%）
14	14.89	80	85.11	4	28.57	10	71.43

研究生的培养任务和培养环节制约着研究生基本修业年限，除了《中华人民共和国学位条例》规定的课程和论文答辩外，高校自行增加的发表论文和国际化经历等新要求已成为影响基本修业年限最重要的因素。

（四）不同维度下研究生基本修业年限改革需求

1. 不同类型高校研究生基本修业年限改革需求

（1）不同类型高校研究生基本修业年限设置的观点。不同类型高校导师和研究生对研究生基本修业年限设置的观点不完全相同，采用单因素方差分析（One - Way ANOVO）发现：三种类型高校的博士生导师之间、研究生之间的观点不存在显著性差异，但三种类型高校的导师之间存在显著性差异（F = 13.301，P = 0.000 < 0.05），如表 6 - 23 所示。

表6－23　不同类型学校的导师关于硕士生基本修业年限设置的观点

学校类型	人数	修业年限	统计检验
"985"	25	0.84 ± 3.804	
"211"	11	2.27 ± 3.438	$F = 13.301^{***}$
普通	71	3.92 ± 1.873	

注：***代表0.001水平的显著性。下同。

事后多重比较检验表明，普通院校与"985工程"院校和"211工程"院校的导师之间，对硕士生基本修业年限设置的观点存在显著性差异。

（2）不同类型高校博士修业年限。对不同类型高校博士修业年限进行单因素方差分析发现：三种类型学校的博士修业年限存在极其显著性差异（F＝116.634，P＝0.000＜0.001），如表6－24所示。

表6－24　　　　　不同类型学校的博士修业年限

学校类型	人数	修业年限	统计检验
"985"	2 576	4.17 ± 1.01	
"211"	2 175	3.77 ± 1.3	$F = 116.634^{***}$
普通	248	4.71 ± 1.29	

事后多重比较检验表明，"985工程"院校、"211工程"院校、普通院校的博士修业年限之间存在显著性差异，普通院校博士修业年限最长，"985工程"院校次之，"211工程"院校博士修业年限最短。

2. 不同区域高校研究生基本修业年限改革需求

（1）不同区域高校研究生基本修业年限设置。对不同区域高校导师和研究生对研究生基本修业年限设置的观点进行单因素方差分析发现：三类地区的博士生导师之间、研究生之间不存在显著性差异，三类地区的导师之间对硕士生基本修业年限设置的观点存在显著性差异（F＝4.153，P＝0.018＜0.05），如表6－25所示。

表6－25　　　　　不同区域高校的导师关于硕士生
基本修业年限设置的观点

区域类型	人数	修业年限	统计检验
东部	70	2.46 ± 3.296	
中部	5	4 ± 0.707	$F = 4.153^{*}$
西部	32	4.13 ± 4.13	

注：*代表0.1水平的显著性。下同。

事后多重比较检验表明，东部地区和西部地区的研究生导师观点存在显著性差异。

（2）不同区域高校博士修业年限。对不同区域类型博士修业年限设置观点的单因素方差分析发现：三类地区的博士修业年限存在极其显著的差异（F = 20.923，P = 0.000 < 0.001），如表 6 - 26 所示。

表 6 - 26　　　　　　　　不同区域高校博士修业年限

区域类型	人数	修业年限	统计检验
东部	3 779	4. 023 ± 1. 15	
中部	726	3. 849 ± 1. 24	F = 20. 923***
西部	494	4. 294 ± 1. 31	

事后多重比较检验表明，东部、中部、西部三个地区的博士修业年限之间存在显著性差异，西部地区博士修业年限最长，东部地区次之，中部地区博士修业年限最短。

3. 不同学科门类研究生基本修业年限改革需求

（1）不同学科门类研究生基本修业年限设置。对不同学科门类的导师和研究生对研究生基本修业年限设置的观点进行单因素方差分析发现：不同学科门类的导师之间、研究生之间对研究生基本修业年限设置的观点没有显著性差异（$F_{硕导} = 0.548$，$P_{硕导} = 0.817 > 0.05$；$F_{硕} = 0.863$，$P_{硕} = 0.549 > 0.05$；$F_{博导} = 0.821$，$P_{博导} = 0.556 > 0.05$；$F_{博} = 0.583$，$P_{博} = 0.56 > 0.05$）。

（2）不同学科门类博士修业年限。对不同学科门类的博士修业年限进行单因素方差分析发现：12 个学科门类的博士修业年限存在极其显著性差异（F = 17.395，P = 0.000 < 0.001）。

事后多重比较检验表明，哲学与法学、农学、管理学、艺术学的博士修业年限存在显著性差异；经济学与法学、文学、农学、管理学、艺术学的博士修业年限存在显著性差异；法学与除工学外的 10 大学科门类的博士修业年限存在显著性差异；教育学与法学、文学、农学、管理学、艺术学的博士修业年限存在显著性差异；文学与除哲学、农学、管理学外的 8 大学科门类的博士修业年限存在显著性差异；历史学与法学、文学、农学、管理学、艺术学的博士修业年限存在显著性差异；理学与法学、文学、农学、管理学、艺术学的博士修业年限存在显著性差异；工学与文学、农学、医学、艺术学的博士修业年限存在显著性差异；农学与除文学、医学、艺术学之外的博士修业年限存在显著性差异；医学与法学、工学、管理学、艺术学的博士修业年限存在显著性差异；管理学与除工学之外的

323

博士修业年限存在显著性差异；艺术学与除医学之外的博士修业年限存在显著性差异。各学科博士修业年限从长到短的排序是：医学、管理学、工学、经济学、法学、哲学、文学、历史学、理学、艺术学、教育学、农学，如表 6 – 27 所示。

表 6 – 27 不同学科门类的博士修业年限

学科门类	人数	修业年限	统计检验
医学	449	4. 3686 ± 1	
管理学	166	4. 2861 ± 1. 41	
工学	1 201	4. 2032 ± 1. 14	
经济学	207	4. 0773 ± 1. 14	
法学	499	4. 017 ± 1. 26	
哲学	117	4. 0085 ± 1. 1	$F = 17.395$ ***
文学	411	3. 9854 ± 1. 35	
历史学	106	3. 9245 ± 1. 23	
理学	1 393	3. 9167 ± 1. 19	
艺术学	45	3. 6778 ± 1. 41	
教育学	277	3. 5415 ± 0. 81	
农学	128	3. 2969 ± 0. 71	

与东部地区高校相比，西部地区高校的导师不赞同缩短硕士生基本修业年限。与"985 工程"院校和"211 工程"院校的导师相比，普通院校导师不赞同缩短硕士生基本修业年限。他们的理由是：西部地区拥有博士学位授予权高校数量少，研究生培养重点在硕士层面，导师对硕士生培养寄予厚望，也需要依靠硕士协助完成科研项目。统计发现，不赞成将硕士生基本修业年限缩短的硕士生导师中，有 60% 来自只有"0～2"个博士学位一级学科授予权的高校，其中来自没有博士学位授予权高校的硕士生导师居多。

东部地区拥有博士学位授予权高校数量多，"985 工程"院校硕士点多和博士点多，研究生导师更倾向于硕博连读。我国可进行硕博连读的高校，一般采取的是硕士生接受 2 年的教育后，就攻读博士学位。因此，硕博连读的高校，导师希望缩短硕士研究生基本修业年限，让研究生提前进入研究状态，至少有 4 年的时间攻读博士学位。

对不同区域和不同类型院校希望博士生基本修业年限延长的导师而言，西部地区排第一、东部地区次之、中部地区最短；普通院校排第一、"985 工程"院校次之、"211 工程"院校最短。这一现象形成的原因是：西部地区高校和普通类型高校研究生教育水平相对较低，学习资源相对有限，高水平博士生导师数量较少，而东部高校及其导师情况正好相反。

四、调查结果分析与讨论

（一）研究生培养目标的重新定位与基本修业年限调整

中国社会的改革与发展导致人才需求的多元化，过去高校单一人才一统高校的局面被打破。就研究生人才培养而言，社会越来越出现学术型人才需求降低，专业学位人才需求旺盛的局面。

学术型和专业型是两类不同类型的人才，它们的培养目标各不相同。学术型硕士侧重研究型人才，为继续攻读博士学位从事理论研究的后备人才。专业型硕士侧重对当前实践环境问题的发现与解决，培养的是应用型人才。在高等教育精英化和大众化初期，我国需要大量的学术型人才，来解决我国高校不断扩大的高等教育规模师资缺乏等问题，学术型人才培养至关重要。但在高等教育大众化中后期和普及化阶段，我国师资规模需求已基本稳定，社会对应用型高级人才需求十分旺盛，专业学位研究生受到社会欢迎。

根据中华人民共和国教育部规划司的教育数据统计，2013～2017年，学术型硕士招生人数占研究生招生总人数的比例逐年下降，专业型硕士招生人数占研究生招生总人数的比例逐年上升。2017年专业型硕士招生人数占研究生招生总人数的比例接近50%，比学术型硕士招生人数占研究生招生总人数的比例高10.17个百分点；学术型博士招生人数占研究生招生总人数的比例波动下降，起伏不大，专业型博士招生人数占研究生招生总人数的比例波动，起伏不大，如图6-15所示。

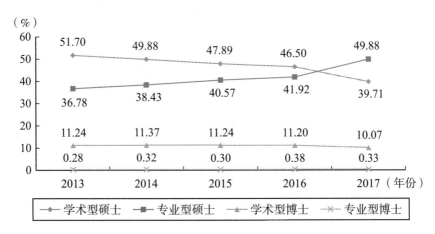

图6-15 学术型与专业型研究生2013～2017年招生数占研究生招生总数比例

由于学术型与专业型研究生分属不同类型的学位，它们的培养目标、课程设置、培养模式，特别是获得学位的成果表达方式也不相同。由此，研究生基本修业年限也会发生变化，需要进行改革和调整。

（二）研究生培养任务和环节变化与基本修业年限

培养任务变化与培养环节增加是相互联系的。除了课程外，培养任务增加了国际化实践、学术实践活动、论文发表等要求。同时，培养环节增加了研究生预答辩、论文查重、论文统一外审等。培养任务变化与培养环节增加之间的叠加，对基本修业年限提出了新要求。如国际化实践需要，博士生一般第二学年去国外联合培养一年，由于联合培养往往需要选修课程，特别是去一个陌生环境，语言提高和语言运用对联合培养博士生都是一个极大的挑战，而基本无暇顾及论文写作。如果博士生还是以 3 年为基本修业年限，则他们的论文撰写理论上只能安排在第三学年。但事实上，博士生最后一个学年还有新增的预答辩、论文查重和论文外审等环节，特别是面临找工作需要花时间。这样，博士生实际上论文撰写只有半年不到的时间。博士生在过去的三年基本修业年限中有 2 年的完整时间完成学位论文撰写，而现在在同样长的修业年限中只有半年的时间撰写学位论文，他们要完成学位论文撰写已变得不太可能。同时需要注意的是，这仅是新增加的一项任务。研究生教育质量要有保障，研究生基本修业年限改革已是非常重要。

对研究生课程完成时间与基本修业年限设置进行皮尔逊积差相关分析发现：研究生课程完成时间与基本修业年限设置观点没有显著性相关（$r_\text{硕}$ = 0.093，$P_\text{硕}$ = 0.202 > 0.05；$r_\text{博}$ = 0.153，$P_\text{博}$ = 0.141 > 0.05）。但我国研究生课程时间安排不合理，我国硕士与美国硕士相比，学分要求基本一致，但基本修业年限比国外长了 1 年，美国为 2 年，我国为 3 年；我国博士与美国博士相比，学分要求低 30 分左右，修业年限比美国短 2 ~ 4 年，如表 6 - 28 所示。

表 6 - 28　　国内外教育学专业硕士和博士学分和修业年限

国别	学校名称	研究生层次	学分	基本修业年限
美国	哈佛大学	硕士研究生	32	2
		博士研究生	64	5 ~ 7
	加州大学尔湾分校	硕士研究生	—	2
		博士研究生	—	5
	威斯康星大学麦迪逊分校	硕士研究生	30	2
		博士研究生	51	5 ~ 7

续表

国别	学校名称	研究生层次	学分	基本修业年限
中国	北京师范大学	硕士研究生	35	3
		博士研究生	20	3
	西北师范大学	硕士研究生	35	3
		博士研究生	22	3
	西南大学	硕士研究生	30	3
		博士研究生	16	3

美国博士课程学习时间为 2 年，重视专业理论基础知识的学习；我国博士课程学习时间为半年或 1 年，专业理论基础知识不够扎实。应该优化不同类型课程的学分和课时，充分利用时间学习实用知识；应该加强我国博士的课程学习，增设拓宽国际视野、了解本专业研究热点的课程等，为博士科研创新打下坚实的专业理论基础。

对研究生学位论文撰写时长与研究生基本修业年限设置观点进行皮尔逊积差相关分析。结果发现：研究生学位论文撰写时长与研究生基本修业年限设置观点存在显著相关（$r_{硕} = 0.192$，$P_{硕} = 0.008 < 0.05$；$r_{博} = 0.153$，$P_{博} = 0.019 < 0.05$），如表 6-29 所示。

表 6-29　　　　学位论文撰写时长与基本修业年限设置观点
皮尔逊积差相关分析结果

研究生层次	r 值	sig.
硕士研究生	0.192 **	0.008
博士研究生	0.241 *	0.019

注：* 代表 0.1 水平显著；** 代表 0.05 水平显著。下同。

博士的学位论文在一定程度上代表着博士的创新能力，必须严格把握质量。学位论文答辩前要经过预答辩、重复率检测、送审等环节，这一过程需要较长时间。

对学术论文发表与基本修业年限设置的独立样本 t 检验发现：学术论文发表要求与基本修业年限设置的观点没有显著相关（t = 0.899，P = 0.37 > 0.05）。并非所有高校都要求硕士生发表论文，硕士学术论文发表要求与学校类型进行卡方检验的统计结果表明，硕士学术论文发表与学校类型存在极其显著的关联（$\chi^2 = 32.2$，df = 2，P = 0.000 < 0.01），即学校类型显著地影响了硕士学术论文发表要

求，不同学校类型的硕士学术论文发表要求存在明显的不同，如表 6 - 30 所示。

表 6 - 30　　不同类型学校的硕士学术论文发表要求卡方检验结果

学校类型	是	否	χ^2	P	df
"985"	29	36			
"211"	30	10	$\chi^2 = 32.2$	P = 0.000	df = 2
普通	74	11			

学术论文发表困难且周期长，这是硕士生导师不赞成缩短硕士生基本修业年限为 2 年的主要原因。但学术论文发表要求与学校类型存在显著相关，说明发表学术论文并不一定能提高质量，也不代表学校水平就高，反而需要耗费大量时间。研究生教育管理人员和研究生导师表示，缩短硕士生基本修业年限的前提是取消硕士阶段发表学术论文的要求，因为国外对硕士没有学术论文发表要求；硕士学位可演变为一种过渡性质的学位，让具有学术理想和学术能力的硕士继续攻读博士，博士资源的稀缺性和有限性决定了只有少部分人能从硕士阶段过渡到博士阶段，真正做科研应该是在博士阶段；《中华人民共和国学位条例》和《中华人民共和国高等教育法》中没有要求硕士阶段发表学术论文。国外大学对博士也没有学术论文发表要求，但在不同阶段对博士有不同的科研任务要求，或者完成一个科研项目，或者完成一篇高质量的研究论文，或者要求在国际会议提交论文等，这有可能比在期刊发表文章更困难。我国研究生培养要走向国际化，就应在培养任务方面与国际接轨，为提高研究生教育在国际上的竞争力，就应加强对博士科研能力的培养。

高校对博士研究生国际化要求有所不同，博士在国际会议宣读论文的要求与学校类型进行卡方检验结果表明，博士在国际会议宣读论文的要求与学校类型存在显著关联（$\chi^2 = 8.163$，df = 2，P = 0.017 < 0.05），即学校类型显著地影响了博士在国际会议宣读论文的要求，不同学校类型的博士在国际会议宣读论文的要求存在明显的不同。

博士是否参加过国外大学联合培养项目与学校类型的卡方检验结果表明，博士参加国外大学联合培养的经历与学校类型存在显著关联（$\chi^2 = 6.028$，df = 2，P = 0.049 < 0.05），即学校类型显著地影响了博士参与国外大学联合培养的经历，不同学校类型的博士参与国外大学联合培养的经历存在明显的不同，如表 6 - 31 所示。

表 6 – 31　　不同类型学校的博士国际化要求和经历卡方检验结果

学校类型	是否要求在国际会议宣读论文					是否参加过国外大学联合培养项目				
	是	否	X^2	P	df	是	否	X^2	P	df
"985"	17	41	$X^2 =$ 8.163	P = 0.017	df = 2	10	48	$X^2 =$ 6.028	P = 0.049	df = 2
"211"	2	2				2	2			
普通	2	30				2	30			

　　目前，有在国际会议宣读论文要求或参加过国外大学联合培养项目的博士中，来自"985 工程"院校的居多。随着我国大学与国外大学交流的加深，会有越来越多的博士有机会出国交流和学习，参与国际联合培养项目的时间大多为 1 年，3 年的博士生基本修业年限不能满足博士发展需求。

　　硕士生基本修业年限需要缩短。修业年限越长就业越难，尽早参加工作有助于积累工作经验；硕士阶段是攻读博士的遴选阶段，遴选出有学术理想和学术能力的硕士继续攻读博士，时间不宜过长；硕士阶段不应有学术论文发表的任务，真正做科研是在博士阶段；已有硕士 2 年顺利毕业的案例，充分利用时间，2 年既能完成培养任务，又能找到很好的工作。取消硕士阶段学术论文发表的任务，其基本修业年限具有缩短的必要性和可行性。

　　博士生基本修业年限需要延长。延长修业年限的博士比例在波动上升，2013～2017 年，国内 11 所高校超过 3 年毕业的博士比例从 38%上升到 76%；2002～2016 年，全国超过 3 年毕业的博士比例从 58%上升到 66%。博士平均修业年限不断延长，2013～2017 年，博士平均修业年限从 3.58 年延长至 4.21 年。学术论文发表困难且周期长，博士都被要求在核心期刊发表学术论文，发表一篇高质量的文章很困难。越来越多的博士有机会参加国外大学联合培养项目，时间大多为 1 年。博士学位论文答辩环节复杂，包括预答辩、重复率检测、送审等，这一过程需要较长时间。培养任务和环节与修业年限呈显著正相关，任务和环节越多，修业年限越长。博士 3 年基本修业年限难以完成博士培养任务，不能满足博士培养需求，需要延长。

　　世界上经济发达的国家以及研究生教育强国，硕士生基本修业年限无一例外在 1～2 年；博士生基本修业年限主要为 4 年，甚至 5 年。与这些国家相比，我国培养同类型的硕士要多花 1～2 年的时间，花更长时间培养出来的硕士，既增加了培养成本，又不能保证质量高于其他国家；我国培养同类型的博士，少花了 1～2 年的时间，花更短时间培养出来的博士，质量遭到其他国家质疑，不利于提高我国的竞争力，如表 6 – 32 所示。

表 6 - 32   国外研究生基本修业年限

国别	硕士生基本修业年限	博士生基本修业年限
美国	1 ~ 2	4 ~ 5
英国	1 ~ 2	3.5 ~ 4
日本	1 ~ 2	5
加拿大	1 ~ 2	4
俄罗斯	1 ~ 1.5	3 ~ 4
韩国	2	—
德国	1 ~ 2	3
法国	2	3 ~ 5

资料来源：方展画，薛二勇，劳俊华．硕士研究生学制国际比较及启示 [J]．高等教育研究，2007（1）：105 - 109；韩业，姜延秋．国内外研究生教育的学位设置及修业年限比较研究 [J]．长春工业大学学报（高教研究版），2008，29（4）：107 - 110；王顶明，于玲．美国大学博士生学习年限规定及其启示 [J]．学位与研究生教育，2014（11）：68 - 71；蒲蕊．研究生教育学制的国际比较及其启示 [J]．武汉大学学报（人文科学版），2006（1）：108 - 113；赵露．俄罗斯联邦副博士研究生培养研究 [D]．上海：上海师范大学，2018；李爽．加拿大研究生培养模式及对我国研究生培养的启示 [J]．商业经济，2017（7）：169 - 171；杨洲，刘志民．德国高等教育国际化的特点、路径及挑战 [J]．高等教育研究，2018，39（8）：91 - 102.

　　研究生基本修业年限需要与培养任务和环节同步改革。硕士生基本修业年限有缩短需求，但缩短年限也有一定限度，年限太短无法完成基本培养任务，只能牺牲研究生教育质量。博士生基本修业年限也不是越长越好，过长会让学生没有紧迫感，不会充分利用时间，而且还会增加国家财政负担。硕士生基本修业年限缩短为 2 年，博士生基本修业年限延长为 4 年，这符合《中华人民共和国高等教育法》中的相关规定，也与发达国家研究生修业年限基本一致。

（三）研究生基本修业年限对培养质量的影响

　　"影响研究生质量的最主要因素"这一问题，研究生导师回答排名前三位的因素是"研究生努力程度""导师水平""导师精力投入"，而研究生排名前三位的是"研究生努力程度""导师精力投入""导师水平"，如表 6 - 33 所示。

表6-33　　　　　　研究生培养质量影响因素得分情况

影响因素	硕士生导师	硕士研究生	博士生导师	博士研究生
研究生努力程度	5.02	4.92	4.79	5.30
导师水平	3.69	4.06	4.16	4.19
导师精力投入	3.44	4.14	3.47	4.30
招收条件	2.47	1.79	3.16	1.54
课程设置	1.76	2.41	1.79	1.86
修业年限	1.80	1.55	2.32	2.03

在研究生基本修业年限相同的前提下，研究生的努力程度、导师的水平和导师的精力投入是影响研究生教育质量的三个主要因素。

（四）研究生基本修业年限改革与财政负担

中国研究生教育经费主要由政府拨款、学费、助学金等构成。政府拨款在研究生教育经费中占大头，其中助学金又是很大一笔政府拨款。财政负担是调整研究生基本修业年限最重要的因素之一，调整研究生基本修业年限会不会增加财政负担？

如果将硕士生基本修业年限由过去的3年缩短为2年，博士生基本修业年限由过去的3年延长为4年，而研究生整体基本修业年限保持6年不变，以研究生助学金为例来演算调整研究生基本修业年限后会不会增加财政负担。

以2011~2016年研究生助学金支出为例，硕士每人每年的助学金为6 000元，博士每人每年的助学金为10 000元。计算公式如下：

$$\sum\nolimits_{前} = 3 \times 6\,000 \times N_{硕} + 3 \times 10\,000 \times N_{博} \qquad (6-1)$$

基本修业年限改革后，研究生助学金的支出总额可用公式（6-2）来表示：

$$\sum\nolimits_{后} = 2 \times 6\,000 \times N_{硕} + 4 \times 10\,000 \times N_{博} \qquad (6-2)$$

基本修业年限改革前后研究生助学金的支出总额差可用公式（6-3）来表示：

$$\sum\nolimits_{差} = 表_{前} - 表_{后} = 6\,000\,N_{硕} - 10\,000\,N_{博} \qquad (6-3)$$

其中，$N_{硕}$ =当年硕士招生人数；$N_{博}$ =当年博士招生人数。

在2011~2016年每年研究生招生人数相同的情况下，根据以上公式可计算出，研究生基本修业年限调整前的助学金支出总额为2011年的108.7亿元到2016年的129.3亿元；调整后的研究生助学金支出总额为2011年的85.58亿元到 2016 年的 101.68 亿元，如表 6 – 34 所示。

表 6 – 34　　2011～2016 年基本修业年限调整前后研究生助学金支出额

项目	内容	2011 年	2012 年	2013 年	2014 年	2015 年	2016 年
招生人数	博士（人）	65 559	68 370	70 462	72 634	74 416	77 252
	硕士（人）	494 609	521 303	540 919	548 689	570 639	589 812
调整前	博士（亿元）	19.67	20.51	21.14	21.79	22.32	23.18
	硕士（亿元）	89.03	93.83	97.37	98.76	102.72	106.17
	总额（亿元）	108.70	114.35	118.50	120.55	125.04	129.34
调整后	博士（亿元）	26.22	27.35	28.18	29.05	29.77	30.90
	硕士（亿元）	59.35	62.56	64.91	65.84	68.48	70.78
	总额（亿元）	85.58	89.90	93.10	94.90	98.24	101.68

调整研究生基本修业年限后，每年的博士研究生助学金支出额有所增加，但硕士研究生助学金支出额有所减少。但就研究生助学金支出总额而言，2011～2016 年研究生助学金支出总额，调整后较调整前不但没有增加，反而还有所减少，2011 年减少了 23 亿元，减少金额逐年递增，到 2016 年减少了约 28 亿元，如图 6 – 16 所示。

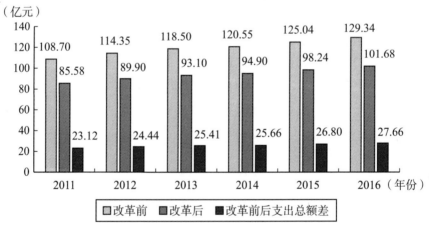

图 6 – 16　2011～2016 年基本修业年限调整前后研究生助学金支出总额变化

当然，研究生培养不仅包含助学金，还包括奖学金、国际交流、住宿等支出，这些支出，博士生较硕士生高。但从总体来看，研究生基本修业年限调整后，财政负担不会有太大的增加。

五、研究结论与改革建议

（一）研究结论

1. 研究生基本修业年限必须改革

（1）研究生导师和研究生提出改革研究生基本修业年限。71.03%的研究生导师认为硕士生基本修业年限需要改革，65.26%的硕士研究生认为硕士生基本修业年限需要缩短，89.47%的博士生导师认为博士生基本修业年限需要延长；54.26%的博士研究生认为博士生基本修业年限需要延长。

（2）研究培养目标变化、培养任务和培养环节变化要求改革基本修业年限。高等教育进入普及化阶段，研究生教育规模在扩大，要求我们改变人才培养质量观。研究生的培养目标已经发生变化，培养任务和环节也在变化，社会对专业型人才的需求越来越大，研究生培养目标已经从单一的培养学术型研究生向培养应用型和复合型研究生转变。研究生培养任务和环节变化，要求研究生基本修业年限作出相应改革。

（3）研究生基本修业年限改革收益大于成本。对学生来说，有助于提高学习效率，接受实用性知识，提高学生个人收益；对国家来说，研究生助学金金额不会增加，不会给财政造成负担；对社会来说，有助于及时满足社会对专业型人才的需求，提高社会效益。

2. 研究生的培养任务和环节制约基本修业年限

研究生的基本修业年限与培养任务和环节关系密切，培养任务和环节与基本修业年限呈显著正相关。研究生培养任务的时间安排制约基本修业年限的改革。

（1）我国研究生课程完成时间为1年，公共课和必修课学分和课时所占比例较大，授课内容陈旧缺乏实用性，授课方式单一缺乏吸引力；选修课和实践课重视不够。

（2）与国外相比，在同等学分要求下，我国硕士生培养任务和环节相对较多，基本修业年限较长；我国博士生学分要求低于国外，博士课程学习时间比国外短。

（3）我国对硕士生培养要求高，有学术论文发表任务，博士生的培养任务和环节增加，研究生的学术论文发表困难且周期长。

3. 硕士生和博士生基本修业年限改革的需求呈背离趋势

硕士研究生基本修业年限需要缩短，博士研究生基本修业年限需要延长。

（1）研究生导师和研究生，对硕士生和博士生基本修业年限改革的观点存在差异。65.26% 的硕士研究生认为硕士生基本修业年限可以缩短，缩短为 2 年合适的比例最高；89.47% 的博士生导师和 54.26% 博士研究生认为博士生基本修业年限需要延长，延长为 4 年合适的比例最高。

（2）延长修业年限的博士比例波动上升，博士平均修业年限在逐年延长。从 2002 年开始，全国延长修业年限的博士比例已经高达 58.37%；2017 年，延长修业年限的博士比例为 76%；2013～2017 年，博士平均修业年限从 3.58 年延长至了 4.21 年。早在 1982 年，西北工业大学 82 级博士毕业生中延长修业年限的博士比例就已达到 50%；到 90 级的时候，比例已上升到 75%。

（3）硕士阶段是为继续攻读博士的遴选阶段，将有学术理想和学术能力的硕士遴选出来继续攻读博士，学习时间不宜过长；在博士阶段做科学研究，产出创新性成果，需要充足的学习时间。

4. 不同维度下的研究生基本修业年限改革的需求存在差异

不同类型和不同区域的学校以及不同学科的研究生基本修业年限改革的需求存在差异。

（1）普通院校与"985 工程"院校和"211 工程"院校的研究生导师，对硕士生基本修业年限设置的观点存在显著性差异，普通院校的导师不同意缩短硕士生基本修业年限。"985 工程"院校、"211 工程"院校、普通院校的博士修业年限两两之间存在显著的差异，普通院校最长，"985 工程"院校次之，"211 工程"院校最短。

（2）东部地区和西部地区的研究生导师，对硕士生基本修业年限设置的观点存在显著性差异，东部地区的导师同意缩短硕士生基本修业年限，西部地区的导师不同意缩短硕士生基本修业年限。东部、中部、西部三个地区的博士修业年限两两之间存在显著的差异，西部地区最长，东部地区次之，中部地区最短。

（3）12 大学科门类的博士修业年限存在极其显著的差异，各学科博士修业年限从长到短的排序是：医学、管理学、工学、经济学、法学、哲学、文学、历史学、理学、艺术学、教育学、农学。

（二）政策建议

1. 改革研究生基本修业年限，由"3 +3"改为"2 +4"

保持研究生基本修业年限 6 年不变，将硕士生的基本修业年限从 3 年缩短为 2 年，将博士生的基本修业年限从 3 年延长至 4 年，即改革研究生基本修业年限"3 +3"模式为"2 +4"模式。研究生培养任务和研究生基本修业年限需要同步改革，合理分配培养任务的时间，可从以下四个方面进行：一是重新分配不同类型课程的学分和课时比例；开设具有院校特色的选修课程，打破院系之间选修壁垒；增加社会实践环节；加强博士课程学习。二是将硕士学位逐步演变成过渡性质，取消硕士阶段学术论文发表要求，加强博士的科研能力训练。三是分类要求撰写学位论文，对于学术特别优秀的研究生，可用其优秀的学术成果代替学位论文，或根据专业特征采用不同的形式代替学位论文。四是对提前完成培养任务、达到培养要求的研究生，提供良好的提前毕业的条件。

2. 给予研究生基本修业年限改革过渡期

研究生基本修业年限改革涉及师资、经费、教育资源配置、不同利益群体等方方面面，需要设置研究生基本修业年限改革过渡期，可从以下两个方面进行：

第一，对学生而言，实行"新生新学制，老生可选择"。针对新入学的研究生，各校根据改革后的新培养方案进行培养，实行硕士 2 年制、博士 4 年制；针对已经在读的研究生，赋予他们选择权，使他们根据学校条件和自身能力，自主选择继续原来的学制，或是采用新的学制。

第二，对学校而言，设置 3 年的研究生基本修业年限改革过渡期。当前，中国研究生基本修业年限为 3 年，3 年过渡期结束后，各校根据自身特点和实际情况自主决定先行试点或全部施行改革。

3. 根据研究生基本修业年限拨付经费

在研究生基本修业年限改革的过渡期，对已经在读的研究生，根据其自主选择的基本修业年限提供经费；对新入学的硕士和博士，根据改革后的培养方案，提供 2 年和 4 年的经费支持。研究生基本修业年限改革的过渡期结束后，对实行了硕士 2 年制和博士 4 年制改革的学校提供相应的经费支持；对还没有实行硕士 2 年制和博士 4 年制改革的学校，根据研究生的基本修业年限提供经费支持。

第三节 "双一流"建设高校博士学位论文答辩规则执行研究报告

一、研究背景与文献综述

（一）研究缘起与研究意义

1. 研究缘起

博士学位论文是博士研究生申请博士学位的主要依据，也是衡量研究生培养

335

质量及学位授予质量的核心指标之一。如何提高博士学位论文质量一直是研究生教育领域的重要议题。但是，长期以来，大量博士学位论文被曝存在抄袭、作假等现象，致使博士论文质量及其审查环节屡遭质疑。

博士论文抄袭、造假现象引起公众对博士学位论文答辩把关功效的质疑。研究者也不禁疑惑：为何抄袭、作假的博士论文没能在博士学位论文答辩阶段被答辩委员发现？这类情况是个案还是普遍现象？博士学位论文答辩究竟是简走程序还是质量把关？导致学术不端现象出现的原因是无章可循还是有章不遵？

"双一流"建设高校作为中国高水平大学的代表，它们开展博士生教育相对其他高校要早、规模要大、水平要高，以它们为个案来了解和分析中国高校博士学位论文答辩的说服力强。研究技术路线：分析"双一流"建设高校博士学位论文答辩制定的相关规则，分析规则内容的完整性，现场观察答辩规则执行情况，对答辩活动参与人员进行访谈，发现规则未被执行的原因，提出答辩改进意见。

2. 研究意义

（1）理论意义。博士学位论文答辩对博士研究生学术训练、学术规范和论文质量保障具有十分重要的作用。然而，研究者梳理已有文献发现，目前专门针对博士学位论文答辩规定及其执行情况的研究相对欠缺；相关研究多用控制、全面质量管理和过程管理理论作为理论基础，忽视了答辩规定本身的属性与答辩规定执行主体的能动性；研究方法以思辨居多，实证研究较少。因此，本研究以规范理论和学术共同体理论为分析框架，兼顾答辩规定本身和答辩规定执行主体主观能动性对执行效果的影响。同时，实地观摩了北京地区 11 所"双一流"建设高校中的 144 场博士学位论文答辩活动，弥补了纯思辨分析缺乏实证数据的缺陷。

整体而言，本书为博士学位论文答辩规定与执行的研究提供了不同视角下的理论依据，进一步补充了"双一流"建设高校博士学位论文答辩规定执行情况等实证数据，为博士培养单位进一步完善博士学位论文答辩规定条款和切实提高我国研究生学位论文质量和培养质量提供智力支撑。

（2）实践意义。"双一流"建设高校博士研究生学位论文质量是"双一流"质量的重要体现。研究"双一流"建设高校博士学位论文答辩规定的完备性、答辩规定执行的规范性，对"双一流"建设具有重要作用。本书通过对北京地区 11 所"双一流"建设高校的博士答辩规定进行内容分析，以及对 12 个"一流学科"的 144 场博士答辩活动进行现场观摩，客观调研我国博士学位论文答辩规定的执行现状，针对答辩过程中存在的问题与不足，提供有针对性和可操作性的改进建议，呼吁博士培养单位严格执行答辩规定，切实守护博士学位论文质量底线。

（二） 核心概念与理论基础

1. 核心概念

（1）博士学位论文。博士学位论文"是博士学位申请者为获得博士学位所提交的研究论文，是学位授予单位评审、决定授予博士学位的最主要或全部根据"，① "是一项对学术思想有所丰富的重要研究。它既可根据归纳推理或演绎推理的科学范例来进行，也可用人文科学的方法去收集资料和分析资料……一篇博士学位论文就是一个学者的研究产品，博士学位论文完成后通常就是一本可供发行的书籍"。② 《中华人民共和国学位条例暂行实施办法》规定，博士学位论文应是在导师指导下由博士生本人独立完成，应反映出作者在本门学科上掌握了坚实宽广的基础理论和系统深入的专门知识，应表明作者具有独立从事科学研究工作的能力，并在科学或专门技术上作出创造性成果。博士学位论文应对自己的研究成果作出详细阐述，阐明本领域前人已有的成果和自己的贡献。要求文字精练、证据确凿、数据可靠、立论正确、层次分明、说理透彻，并具有较强的逻辑性。③ "博士学位论文作为博士研究生培养计划的顶点，无疑是研究生获取学位的最主要依据，博士学位论文没有达到一定标准，不可能取得博士学位。因此，在一定程度上，博士研究生培养质量就体现在学位论文的质量上"，④ "博士学位论文不仅反映了作者所接受的训练、被培养的能力，也体现着导师的指导能力"。⑤

概括来说，上述五种概念分别从博士学位授予者个人和机构两个角度来定义博士学位论文。就博士学位授予者个人而言，博士学位论文是由博士生本人独立完成的、符合科学范例且具有创造性的研究论文，它不仅体现出学位申请者的学术能力与科研水平，也体现出论文指导教师的指导能力；就博士学位授予机构而言，博士学位论文是学位授予机构用来评审、决定是否授予博士学位的主要依据，只有博士学位论文达到一定标准才能被授予博士学位。

以上两个角度的定义是有一定道理的。博士学位论文对博士研究生个人而言，它是证明自己获得博士学位的最重要依据，也是自己当前学术水平的最高体现。与此同时，博士学位论文也是在导师或导师组的指导下完成的，导师或导师组还负有学术指导的责任。博士学位论文对博士学位授予机构而言，代表了本机构博士群体的学术水平和学术规范程度，是判断机构能否继续具备招收博士生资

① 教育大辞典（3）［Z］.上海：上海教育出版社，1991：39.
② 国际教育百科全书（3）［Z］.贵阳：贵州教育出版社，1991：150.
③ 孙义燧.研究生教育词典［M］.南京：南京大学出版社，1995：108.
④ 道红.学位论文质量管理研究［D］.上海：华东师范大学，2005：24.
⑤ 王忠烈.外国学位与研究生教育法规选编［Z］.北京：中国人民大学出版社，1999：6.

格和评价本机构博士生学术水平的直接和重要依据。据此认为，博士学位论文是指博士研究生提交的用来申请博士学位的论文，体现着博士研究生的学术能力与科研水平，是学位授予单位用来决定是否授予其博士学位的主要评审依据。

（2）博士学位论文答辩。"答辩"一词可拆解为"答"和"辩"。众所周知，"答"为回答、应答、答应之意，[1]"辩"为争论、辩论、辩解。如《荀子·劝学》，"有争气者，勿与辩也"；《列子·汤问》，"孔子东游，见两小儿辩斗"；《孟子·告子上》，"万钟，则不辨礼义而受之"；《庄子·秋水》，"两涘渚崖之间，不辨牛马"。上述古典之"辨"，含分辨、辨别之义。[2] 因此，"答辩"一词是相对于提问和应答双方而言的，除了回答，还应体现争辩、辩论之象。

"答辩"用英文表达为"defense"，前缀"de"表示去、离和相反，词根"fens"表示"打击""还击"，"e"可指代"enemy"，连在一起可理解为"把（敌人）打跑、还击对方"，故其含义为防御、辩护、答辩等。[3] 若在答辩过程中，仅有回答而无还击，其气势偏弱，不足以表达其本意。

"答辩"一词引用到教育学领域，则指在特定场合就某提问或质疑进行的一种回答、应答和辩解、辩护或辩论的活动。在此活动过程中，答辩主体涉及提问者和答辩人，提问者的提问和质疑是在尽分辨、辨别之责，答辩人除回答和应允外，还应体现通过辩护、讨论或争论的方式，努力捍卫自身立场和论点的辩论过程。

博士学位论文答辩的广义定义包括了论文评阅、预答辩和正式答辩三个阶段。[4] 狭义的则仅指正式答辩，即博士学位申请者提交研究论文通过审查后，进行的申请授予学位的问答式考核环节。该考核由学位授予机构组成博士学位论文答辩委员会，委员会成员围绕论文的研究对博士学位申请者提问、质疑，经博士生回答与辩护后，答辩委员会综合其学位论文质量以及现场表现作出是否通过答辩以及建议授予学位的过程。

（3）博士学位论文答辩规则。"规则"兼具动词和名词两种词性。作为动词的规定指"对某一事物作出关于方式、方法或数量、质量、标准等的决定"。[5]作为名词的"规则"有两种理解，一是指规程和要求，如《宣传舆论学大辞典》

① 中国社会科学语言研究所词典编辑室.现代汉语词典（第7版）[Z].北京：商务印书馆，2016：232.

② 古代汉语词典[Z].北京：商务印书馆，2014：48.

③ Oxford Advanced Learner's English – Chinese Dictionary.（第9版）[Z].牛津高校出版社，北京：商务印书馆，2018：520–535.

④ 李广民，丁金光，欧斌.试析学位论文答辩对论文质量保证的作用[J].黑龙江教育（高教研究与评估），2011（5）：1–3.

⑤ 莫衡.当代汉语词典[Z].上海：上海辞书出版社，2001：360.

将规定阐述为国家机关、社会团体、企事业单位为处理某项工作或开展某种活动而制定的规程和要求。值得注意的是，规定一经制定，就要求大家照章执行。因此，这也要求规定的词句必须准确、周密；① 二是指一种公文文体，如《汉语倒排词典》将规定界定为机关单位对某项工作、某些问题、某一事物所作出的规范、颁发和要求的一种公文文体。② 对比上述词性可知，"规定"是针对名词层面的为规范答辩工作而制定的相应规程和要求。

《中华人民共和国学位条例暂行实施办法》指出，"学位授予单位，应当成立相关学科的学位论文答辩委员会。学位论文答辩委员会成员由学位授予单位遴选决定。学位论文答辩委员会负责审查博士学位论文、组织答辩，就是否授予博士学位作出决议"。博士学位论文答辩活动全权由学位授予单位组织开展，学位授予机构必须制定出有关答辩委员会人员资格与构成、答辩活动开展的环节、答辩活动的时间展开、答辩结果评议等主要规定，共同构成一个完整的博士学位论文答辩的制度规则。

2. 理论基础

博士学位论文答辩程序或规范的研究，多以"程序正义理论""学术管理理论"和"质量管理理论"为理论基础，对博士学位论文答辩中的公平、自由和学位论文质量等问题进行探讨。由于博士学位论文答辩规则及其执行情况，不仅涉及规定条款本身，而且还与规定条款的执行主体密切相关，因此，原有理论基础还不能完全满足博士学位论文答辩本身。研究试图利用规范理论和学术共同体理论，分别对规则条款的合理性与答辩委员对规定的严格执行程度进行分析，了解目前博士学位论文答辩规定条款的制定情况与执行情况。

（1）规范理论。西方学界对规范规则的研究由来已久，最早可以追溯到古希腊道德哲学和法哲学中对于规范是怎么样一种存在的探讨，但并未形成系统的规范理论。长期以来，关于规范问题的研究只散见于伦理学、宗教学、知识论等分支学科中。在我国，徐梦秋教授早在 2011 年出版了专著《规范通论》，率先提出要建立一门规范论学科。他认为，规范理论是以规范的总体为研究对象，规范的总体包括道德规范、法律规范、科学规范、技术规范、政策规章、团队纪律、风俗习惯和社交礼仪等。规范理论对伦理学、法学、政策科学、越轨社会学、制度经济学中的个人行为或集体行为具有指导意义。

当前的规范规则研究主要集中在两个方面：一是发生学理层次上的，通过如实、中立地描述规范的形成、变化、发展和消亡，揭示规范的本质与功能；二是

---

① 刘建明，王泰玄. 宣传舆论学大辞典 [Z]. 北京：经济日报出版社，1993：865.
② 熊武一. 当代军人辞典 [Z]. 北京：新华出版社，1988：582.

合理性意义上的，通过对规范的形式与实质进行研究，以获得对规范合理性和可行性的价值判断。简而言之，规范理论通过阐释"规范何以可能"和"规范如何实现"这两个核心问题，对各活动主体在合理规范的指导下推进实践活动的充要性进行论证。①

将规范规则理论引入本研究，一来是出于集体答辩活动需要规范理论来指导共同体成员的答辩行为的考虑，二来是考虑到在规范理论的视角下，可系统检验当前博士学位论文答辩规定的合理性与可行性。

（2）学术共同体理论。"共同体"（Community）是社会学中的一个基本概念，由德国学者斐迪南·滕尼斯最初提出，他认为共同体就是基于自然意志（如情感、习惯等）与血缘或地缘关系而形成的一种社会有机体。② 德国学者马克思·韦伯认为在个人场域中，只要社会行为参与者主观感受到的情感与他人同属于一个整体，这时的社会关系就可成为共同体。③ 英国思想家鲍曼认为，共同体是指社会中存在的、基于主观或客观上的共同特征而组成的各种层次的团体、组织。④ 宋琳认为共同体一般指若干社会群体（民族、家庭等）或社会组织（机关、团体等）聚集在某一区域里，形成一个在生活上互相关联的大集体。⑤ 虽然不同学者对共同体概念的表述存在差异，但其所描述的共同体内涵都指向一种相近地域、相邻研究领域的成员集合，及成员集体所共有的集体追求或共有目标。

"学术"一词缘于西方，指系统的、专门的学问。1942 年，英国哲学家托马斯·布朗依在其《科学的自治》一文中首次使用"学术共同体"这一概念，他认为"今天的科学家不能孤立地践行它的使命。他必须在各种体制的结构中占据一席之地。……每一个人都属于专门化了的科学家的一个特定集团。不同集团的科学家共同形成了不同的学术共同体"。⑥ 因此他把全社会从事科学研究的科学家作为一个具有共同信念、共同价值、共同规范的社会群体称之为学术共同体。美国社会学家爱德华·希尔斯更是直接指出大学就是一个从事学术职业的学者自我管理、集体决策、平等相处的学术共同体。⑦ 我国学者马骁认为"由遵循统一范式及其约束的学术人所组成的科学研究群体就是学术共同体"。⑧ 韩启德提出

---

① 徐梦秋. 规范通论 [M]. 北京：商务印书馆，2011：1 – 59.

② 滕尼斯. 共同体与社会——纯粹社会学的基本概念 [M]. 林荣远，译. 北京：商务印书馆，1999：58 – 65.

③ 韦伯. 社会学的基本概念 [M]. 胡景北，译. 上海人民出版社，2000：49.

④ 鲍曼. 共同体：在一个不确定的世界中寻找安全 [M]. 欧阳景根，译. 南京：江苏人民出版社，2003：2.

⑤ 宋琳. 科学社会学 [M]. 北京：中国科学技术出版社，2017：104.

⑥ 曾国屏. 自然辩证法教程 [M]. 北京：清华大学出版社，2005：367.

⑦ 爱德华·希尔斯. 学术的秩序：当代大学论文集 [C]. 李家永译. 北京：商务印书馆，2007：92.

⑧ 马骁. 学术共同体及其组织理论研究 [D]. 淮北：淮北煤炭师范学院，2009：12.

所谓的学术共同体就是指一群志同道合的学者遵守共同的道德规范和团体规则，相互尊重、彼此交流，共同推进知识的生产、传播与应用和学术的发展，由此而形成的群体。[①] 苌光锤、李福华等人还明确提出相应的内在制度是组成学术共同体的必备要素。[②] 由此可见，外国学者为学术共同体区别于一般社会群体与社会组织的外延奠定基础，国内学者则为探讨学术共同体还应遵守统一范式及行业规定等内涵作出努力。

结合已有定义，学术共同体可理解成为实现共有目标、具有专业技能、且能自觉遵守共同体内部行为制度的专业人士所组成的学术团体。学术共同体理论的核心在于"学术"二字，要求其成员以学术为志业，坚持求真精神与集体信念，遵循学术规范与规定条款，科学履行学术评价与审核权利。[③]

从学术共同体的外延与内涵来看，博士学位论文答辩委员们就是一个学术共同体，其共有目标为在忠于学术、坚持真理、捍卫学术自由的基础上，把关与提升论文质量；由数名相关研究领域的专家、教授组成；有需要答辩主体共同遵守的规定条款。换言之，博士答辩委员会既是答辩活动的主体与承担者，担负着审核和评价学术成果的责任，也是答辩规定的执行与维护者，更是带头遵循学术规范、坚持学术操守和坚持进行公正学术评价的学术团体。将共同体理论引入本书，旨在通过该理论来强化答辩委员应秉持学术精神、遵守规定条款的共同体意识。

总之，博士学位论文答辩活动既需要规范理论指引"外在的"答辩行为、维护答辩秩序，也需要通过学术共同体理论强化答辩主体"内在的"共同体意识，应秉持学术标准、遵守规定条款，严把论文质量关。二者相辅相成、互为前提，共同构成博士学位论文答辩规定及其执行研究的理论基础。

（三）文献综述与研究问题

1. 文献综述

检索中国知网、维普、万方、国家图书馆、北京大学图书馆和北京师范大学图书馆馆藏目录，检索式：篇名＝博士学位论文答辩规定与执行/博士学位论文答辩规定/博士学位论文答辩执行，文献分类目录：社会科学Ⅱ辑＝高等教育学，检索日期为2019年11月14日，获得1条检索结果。后又将篇名检索扩大为主

[①] 韩启德. 中国科协主席韩启德在第十四届中国科协年会致开幕词 [EB/OL]. http：//scitech. people. com. cn/n/2012/0908/c1007 - 18954679. html，2022 - 10 - 22.

[②] 苌光锤，李福华. 学术共同体的概念及其特征辨析 [J]. 淮北：淮北师范大学，2010：36 - 38.

[③] 刘道玉. 大学是学术共同体 [EB/OL]. http：//www. sohu. com/a/302609802_594109，2020 - 02 - 01.

题检索，检索式：主题 = 博士学位论文答辩，获得 13 篇检索结果，其中仅有 2 篇文献与博士学位论文答辩主题直接相关。以"主题 = 博士学位论文答辩/研究生学位论文答辩"为检索式，获得 161 条检索结果，排除与硕士学位论文答辩规定及其执行相关的文献，10 篇文献与主题直接相关。

研究还以 norms/rules of Ph. D. dissertation defense、implementation of Ph. D. dissertation defense、dilemma of Ph. D. thesis defense、status of doctoral oral defense、doctoral dissertation defense 等为关键词在 Pro Quest、Web of Science、Springer Online Journals 和 NU search UK 等引擎中进行外文检索，获得 5 条检索结果。

经甄别，排除报道性消息和与博士答辩规定及其执行情况无关的研究，本书最终确定了 17 篇与研究主题直接相关的文献，其中 10 篇期刊论文，2 篇硕士学位论文，5 篇英文期刊论文。对文献内容进行思维导图式分析后发现，相关文献的研究内容主要涉及"论文答辩是确保博士论文质量的关键环节""博士学位论文答辩过程中存在的问题"和"完善博士生答辩规定的建议"三方面。

（1）论文答辩是确保博士学位论文质量的关键环节。早在 20 世纪 90 年代初，毕国明等就认识到学位论文答辩是确保高等教育质量的重要手段和途径。[①] 曾庆馀指出，论文答辩是答辩申请人与答辩委员之间进行的一场深度学术交流会。就答辩人而言，经过答辩委员会高水平的专家、学者以及其他同行的质询与建议，可以使答辩申请人对其学位论文从立题、设计、实验技术到结果分析中的不足和瑕疵有所认识；就答辩委员而言，通过对论文中基本概念、研究成果和相关研究方法以及某些有争议的问题进行提问，能在一定程度上检测出答辩申请人的论文是否存在找人代笔、捏造数据、篡改结论等学术不端问题，实现了对答辩申请人数年之所学的检阅与对论文质量的把握。[②] 李春认为论文答辩是研究生培养全过程的最后一个环节，做好论文答辩，是提高研究生学位论文质量的必要条件。[③] 杨阳等人指出论文答辩是答辩人现场接受学术规范检验的过程，是检验论文真实性、考察论文是否为答辩人独立完成的环节。在该环节中，教师、学生面对面就论文的一些问题进行提问和答辩，有利于遏制抄袭和剽窃、弄虚作假等现象，倡导良好的学风。[④] 李广民等人也提及学位论文答辩是确保论文质量最关键

---

① 毕国明. 精心组织提高水平——浅谈毕业论文的评阅与答辩［J］. 创造，1995：48 – 49.

② 曾庆馀，李德锐. 论文答辩是研究生培养的重要环节［J］. 汕头大学学报（人文社会科学版），2008，24（2）：68 – 70.

③ 李春. 基于过程管理的医科研究生学位论文质量控制研究［D］. 南京：东南大学，2014：17.

④ 杨阳，闻书宁. 关于论文答辩的几点思考［A］. 法制博览，2016：319.

的一个环节和检验论文质量的最有效的措施。①

美国研究生协会（CGS）对美国和加拿大 50 所大学有关研究生学位论文答辩情况进行了调查研究，之后发表了题为《博士学位论文的作用与性质：政策报告》（The Role and Nature of the Doctoral Dissertation：A Policy Statement）的研究报告，结果显示有 37 所大学认为研究生学位论文答辩是研究生教育中不可或缺的一种"加冕体验"，是申请人经过多年研究、写作后报告和展示自己专业知识和智力活动成果的最佳机会。博士学位论文答辩对其他将要参加学位论文答辩的申请人来说，也是一种学习经历，能为之后毕业论文的写作和答辩提供指导。②

综上所述，国内外学者较为一致地肯定博士学位论文答辩的价值，认为博士学位论文答辩是确保博士学位论文质量和博士培养质量的关键环节，是培养博士研究生必不可少的环节。

（2）博士学位论文答辩规定执行环节存在问题。我国博士学位论文答辩规定执行过程中存在的问题，比较具有代表性的研究主要集中在以下四个方面：

一是认为博士答辩规定存在缺陷。李春会专门对辽宁省 10 所大学的博士论文答辩规范进行研究后发现，国家层面的答辩规范存在滞后性、中观大学层面的答辩规范缺乏可操作性、微观院系层面的职责缺乏规定性。③

二是认为大学层面并未严格履行聘请答辩委员之责。王普霞、郭胜伟等人指出大学层面并未严格履行聘请答辩委员的职责，而是任由研究生导师经过"缜密思考"后来确定答辩委员人选。最后委员会虽然在人数、职称等方面符合相关要求，但是所请的专家都是和导师有社会关系的。这些专家都会在答辩过程中"手下留情"，所提问题的深度及广度方面缺乏力度，泛泛而谈，敷衍了事，缺乏严肃、客观、公正的科学态度。④ 邢茂迎、杨美华、孙亚林等人指出在实际的学位论文答辩过程中，由于答辩委员大多由导师聘请，人情化现象严重，现场"一团和气"，致使研究生学位论文答辩徒走过场。⑤

三是认为用来审验论文质量的具体答辩流程已沦为形式。周珞晶指出，在答辩会上，博士生介绍自己的学术研究，答辩委员们问一些不痛不痒的问题，学生

① 李广民，丁金光，欧斌. 试析学位论文答辩对论文质量保证的作用 [J]. 黑龙江教育（高教研究与评估），2011（5）：1 - 3.

② The Role and Nature of the Doctoral Dissertation：A Policy Statement [EB/OL]. http：//www. cgsnrt. org/ Publication PolicyRes/role. htm.

③ 李春会. 我国研究生学位论文答辩规范研究 [J]. 沈阳：沈阳师范大学，2010：31 - 32.

④ 王普霞，郭胜伟. 研究生学位论文答辩中存在的问题及整改措施 [J]. 南京中医药大学学报（社会科学版），2006，3（3）：181 - 183.

⑤ 邢茂迎，杨美华，孙亚林，等. 研究生学位论文答辩工作存在的问题与对策 [J]. 医学教育探索，2009，8（11）：1331 - 1333.

回答问题，委员讨论答辩决议，照相、吃饭，只要按照程序走完，没有不通过答辩的，论文答辩诸环节已经失去了原来的把关意义。① 曾庆徐、李德锐等人提到，近年来有的大学一个半天安排数名研究生答辩，数量多达八九名。一个半天按 4 个小时计，每名研究生答辩时间仅有 20 多分钟。即便研究生和答辩委员都争分夺秒，答辩会也不可能深入过细，实际上只是匆匆走完答辩流程、草草结束答辩活动而已。②

四是认为整个答辩活动执行过程缺乏有效的监督机制。陈勇、钱旅扬等人指出整个答辩过程中缺乏有效的监督机制，答辩委员多为知名专家，工作很忙，没时间仔细阅读论文，答辩时提不出具有针对性和争论价值的问题。有时答辩委员碍于导师的情面，让博士生的学位论文轻易过关。③

（3）完善博士学位论文答辩规定的建议。文献中关于完善博士学位论文答辩规定的具体建议主要有以下四种：

第一种观点认为严格的答辩程序是保障论文质量的必要条件。较早认识到规范的论文答辩程序是切实提高论文质量的根本保证的学者是聂万贤，他建议要按照规定制度和程序实施答辩活动，这样论文质量才有保障。④ 王蓓指出完善的研究生学位论文答辩制度是提高学位论文质量的基础。⑤ 李春会认为，研究生学位论文答辩是研究生培养过程中的一个重要环节，严格的答辩程序，科学完善的答辩规范是研究生学位论文质量的保证。⑥ 上述文献让研究者意识到：答辩规定对保障论文质量的重要性不言而喻，研究博士学位论文答辩规定及其执行情况是有现实意义的。

第二种观点认为应建立答辩巡视制度。杨东晓等人建议为避免答辩流程不流于形式，可学习北京理工大学的研究生学位论文答辩巡视制度，成立答辩巡视小组，对研究生学位论文答辩会进行抽查、监督和评估。具体举措有：①限定学位论文答辩的时间下限。②严格遵守答辩秩序，加强学位论文答辩的严肃性。③明令在答辩委员对研究生论文进行质疑的过程中，研究生导师不得代为回答。④明确要求答辩前认真阅读答辩人的学位论文，以便更好地把握论文内容，提升"辩

---

① 周珞晶. 关于我校博士学位论文评阅和答辩规定的思考 [J]. 高等教育研究学报，2007，145（3）：93 - 94.

② 曾庆徐、李德锐. 论文答辩是研究生培养的重要环节 [J]. 汕头大学学报（人文社会科学版），2008（2）：69.

③ 陈勇、钱旅扬. 研究生学位论文中存在的问题及对策 [J]. 中国高等医学教育，2003（1）：45.

④ 聂万贤. 规范毕业论文的答辩程序切实提高论文工作质量 [J]. 党校教育，2000：46，50.

⑤ 王蓓，王振芬，王维静，等. 完善研究生学位论文评审和答辩制度提高学位论文质量 [J]. 西北医学教育，2006，14（6）：681 - 759.

⑥ 李春会. 我国研究生学位论文答辩规范研究 [D]. 沈阳：沈阳师范大学，2010：1.

论"的质量与水平。⑤将答辩秘书的职责规范化并形成制度文本。①

第三种观点则建议彻底落实公开答辩。李军民等人认为我国现行的答辩会上虽有不少的教师和学生参与，但他们只是单纯地旁听，很少有提问的机会，原因在于：一是答辩时间有限而不允许；二是担心一些意想不到的问题让研究生和答辩委员难堪；三是没有这种提问的惯例，即使对论文有质疑，碍于情面和场合也不好意思问。这种状况既不利于学术检验也不利于交流学习。② 应鼓励除答辩委员以外的教师和学生旁听及提问，这是接受公众监督的方式之一，同时还利于避免答辩委员提问过于空泛、答辩流程过于单一和答辩现场记录缺失等问题。③

第四种观点认为应设立论文答辩救济制度，以督促实现教育公正。朱勇等人坚持认为研究生论文答辩通过与否，将对申请人身份、前途产生重要影响。因此有必要在提高标准、严格程度的同时设置相应的答辩救济措施，增加一道甄别、筛选程序，减少偶然因素导致的可能风险，是非常必要的。④

综合来看，目前我国学者专门针对博士学位论文答辩规定及其执行情况的研究相对欠缺，具体表现在：从研究范围来看，本书尚未检索到专门研究博士论文答辩规定及其执行情况的著作与学位论文，有关博士论文答辩规定及其执行情况相关的论述多散见于与研究生培养质量、研究生论文管理和研究生论文质量研究相关的文献之中；从研究方法来看，国内文献以文献研究法和比较研究法为主，思辨研究较多，主观性较强，多局限在理论层面，缺乏实证研究。尤其是，缺乏用具有代表性的样本数据或实证资料来论证答辩规定的具体执行情况，致使部分研究结果的真实性与推广度有待考证。

2. 研究问题

研究以规范理论和学术共同体理论为分析框架，试图对以下问题作出回答。

（1）"双一流"建设高校是否制定了完善的博士学位论文答辩规定？已有规定主要用于约束哪些环节和哪些内容？

（2）博士学位论文答辩规定的具体执行情况如何？

（3）博士学位论文答辩规定未得以严格执行的主要原因？

（4）提出完善博士学位论文答辩规定的建议。

---

① 杨东晓. 研究生学位论文答辩巡视制度的探索与实践［J］. 学位与研究生，2008，17（1）：52 - 55.

② 李军民，刘小兵，李玲，等. 新形势下学位论文评阅与答辩形式改革探索与实践［J］. 成都中医药大学学报（教育科学版），2016，18（4）：37 - 39.

③ 顾海兵，陈芳芳. 博士学位论文答辩过程中的学术失范问题——基于财经专业［J］. 学术界，2011，159（8）：123 - 127.

④ 朱勇. 严格答辩程序完善答辩救济——关于研究生学位论文答辩制度建设的思考［J］. 学位与研究生教育，2006（3）：23 - 26.

二、研究设计与研究过程

(一) 研究内容与研究方法

1. 研究目的与研究内容

研究的目的在于探索"双一流"建设高校的博士学位论文答辩规定及其执行情况，以及在规范理论和学术共同体理论的指导下探讨答辩规定未得以严格执行的主要原因，从而引起各学位培养单位对博士答辩过程中存在的问题与困境的重视。

为实现上述研究目的，研究进一步细化出以下4步更为详细的研究内容（见图6－17）。

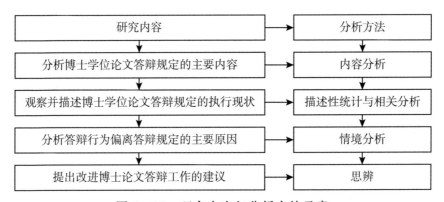

图6－17 研究内容与分析方法示意

（1）通过对样本大学的博士答辩规定条款进行内容分析，了解博士论文答辩规定的主要内容。

（2）观察样本大学12个"一流学科"的博士学位论文答辩活动，对博士答辩规定的执行情况进行描述性统计分析，把握当前博士学位论文答辩规定的执行现状。

（3）在规范和学术共同体理论的指导下，对观察和访谈资料进行情景分析，讨论答辩行为偏离答辩规定要求的主要原因。

（4）结合分析、观察和访谈结果，得出研究结论，用思辨的方法提出改进博士学位论文答辩工作的具体建议。

2. 研究方法

（1）资料收集方法。研究主要通过实物收集法、参与式观察法和非正式访谈法收集资料。资料收集方法包括以下具体方法：

第一，实物收集法。在进入答辩现场前，笔者运用实物收集法收集了 11 所样本大学的 15 份博士答辩规定。通过对规定条款的分析与整理，了解各大学博士学位论文答辩规定的主要内容，为后期分析答辩行为是否依规执行提供具体参照标准。

第二，参与式观察法。笔者以答辩听众的身份进入观察现场，利用自编《博士学位论文答辩规定及其执行情况观察表》对北京地区 11 所"双一流"建设高校的博士学位论文答辩活动（不含涉密论文答辩）进行参与式观察，以期掌握各高校及其相关专业内博士学位论文答辩规定的执行现状。

第三，非正式访谈法。资料分析与观察结果有助于解决"答辩现状是怎样"的问题，但不能解释"为什么会这样"的深层次问题。因此，笔者还对 28 名答辩活动参与者（7 名博士答辩人、4 名答辩主席、11 名答辩委员、5 名答辩听众和 1 名答辩巡视员）进行了非正式访谈，试图更进一步地了解参与者相关行为背后的原因。

（2）资料分析方法。资料分析方法主要有内容分析法、描述性统计法、编码和情境分析法。首先，研究对"双一流"建设高校博士学位论文答辩规定的具体条款进行内容分析，以把握答辩规定的主要内容。其次，将对观察资料进行描述性统计，以直观反映大学博士学位论文答辩规定的具体执行情况。最后，还需对访谈资料进行编码和情境分析，为访谈参与者的相关行为提供解释。

需要特别说明的是，由于大学博士答辩时间相对集中且历时较短，仅凭笔者一己之力难以在短时间内收集充足的观察资料。故笔者借团队之力，与 23 名团队成员一同展开观察。为确保观察效度，团队成员在进入观察现场前皆经过统一培训，且部分观察活动由 2 人及以上共同完成。后由笔者在观察活动结束当晚对回收的观察记录进行增补、比对、整理与编码，以便为后续调试资料收集与整理方向提供依据。

为更好地整理资料，本书将博士答辩规定文本的编码设置为：S + 大学（如 SD 大学）；将观察资料的编码设置为：观察资料 + 序号 + 观察日期 + 观察大学 + 观察学科 + 观察者数量 + 关键人物（如观察资料 01 号 0521 日 Q 大学 Sc3Ap）；最后将访谈资料的编码设置为：访谈资料 + 序号 + 大学 + 访谈对象 + 关键事件（如访谈资料 03 号 W 大学 CoQu）。此外，在观察的过程中，观察者还形成了一些观察备注，在书中用"观察备注"来表示。

鉴于博士答辩活动的情境性，本书用情境分析法对观察和访谈资料进行分析。情境分析法的优点在于能将资料置于研究现象所处的自然情境中，按照故事发生的先后顺序，对过去发生的关键事件和人物进行还原再加以分析。这是一种将整体分散，再进行整合的方法，先看到的是资料的整体情形，然后将资料打碎进行分解，最后将分解的部分整合成一个完整的、坐落在一个真实情景中的故事。① 情景分析强调对事物做整体的、动态的呈现，注意寻找将资料连接成一个叙事结构的关键线索。就本书而言，笔者会打破资料收集时间与来源的界限，仅以一定的任务、活动流程或共同行为为线索对答辩情境仅是高度还原和深入分析。

（二）研究过程

1. 研究情境的进入

（1）进入现场。在正式进入观察现场前，笔者须提前知晓样本大学"一流学科"的博士答辩活动是否对外公开以及具体答辩时间、地点等信息。为此，笔者的论文指导教师为以上信息的获取提供了巨大帮助。研究团队以答辩听众的身份，对公开举行的博士答辩活动进行参与式观察。

需要进一步说明的是，观察者之所以以答辩听众的身份直接参与到所观察对象的群体和活动中去，一是考虑到答辩听众本身就是答辩活动的现场参与者与观察者，二是考虑到以答辩听众的身份进行隐蔽性观察可避免协商进入研究现场的困难，三是还能在不破坏和影响观察对象的原有结构和自然情境中，获取比较真实的观察材料。

（2）预研究。考虑到研究的实际需要，笔者自编并校正了《博士学位论文答辩规定及其执行情况观察表》（以下简称《观察表》）。2018 年 11 月编制完初始《观察表》后，前后进行了 6 论咨询与讨论，如表 6 - 35 所示，对《观察表》中不合适的观测点、含歧义的表述进行调整与修正。2018 年 12 月，笔者利用 S 大学的 13 场（文学、历史学和理学）博士学位论答辩活动对《观察表》进行试测。再根据试测结果继续调试《观察表》，随即增加了"答辩委员迟到、离场和使用手机"等观测点。2019 年 3 月，再由研究团队中的另外 4 名成员继续利用 S 大学的 6 场（教育学和政治学）博士学位论文预答辩活动对《观察表》进行试测。之后再次对《观察表》进行微调，进一步简化了"提问、回答数量及其时长与内容"等观测点的表述，最终于 2019 年 4 月底形成终版《观察表》。

表 6 - 35　　　　　　　2018 ~ 2019 年《观察表》咨询讨论情况

序号	日期	咨询地点	咨询对象	修改帮助
1	2018. 11. 22	850 室	指导教师	确定三个基本观测维度
2	2018. 11. 28	850 室	指导教师	筛选答辩程序、内容和时间节点

---

① 陈向明. 在行动中学做值得研究 [M]. 北京：教育科学出版社，2003：2 - 292.

序号	日期	咨询地点	咨询对象	修改帮助
3	2018.12.13	851室	答辩秘书	根据经验，进一步调整观测点及其观察内容
4	2019.03.12	851室	指导教师	将大部分开放式问题修改为封闭式问题
5	2019.03.25	851室	答辩秘书	增加"迟到、离场和使用手机"等观测点
6	2019.04.02	851室	观察者	简化"提问、回答数量及其时长与内容"等设计

《观察表》共设置64个观测点，主要包括博士论文答辩的基本情况、主要答辩环节执行情况以及答辩委员认真程度三部分内容。其中，答辩基本情况含答辩日期及地点、答辩人专业、答辩委员数量、校外专家数量、校外专家是否任答辩主席、导师是否任答辩委员和单位时间内答辩人数量等内容，共10个观测点；答辩主要环节含答辩会开始时间、是否准时开始、答辩是否限定各环节时长、谁介绍答辩人情况、答辩人汇报论文、质询回答时长限定、实际时长及其开始、结束时间、质询和回答模式、导师是否离场回避、导师是否帮助学生回答辩护、听众是否提问、委员提问数量、答辩人回答数量、双方是否有连续追问与补充回答、问答双方是否存在言语或内容误解及相应误解原因、休会或投票表决时长及其开始、结束时间、表决方式与结果、本场答辩人的论文是否需要修改、答辩决议是现场撰写还是现场修改、谁来认定论文修改合格、认定修改合格的方式、论文修改期限、宣读决议及用时、答辩结束时间和答辩总时长等内容，共41个观察点；答辩委员认真程度包含委员迟到、中途离场及离场时长、使用手机及使用时长、是否提前阅读论文等内容，共13个观察点。观测记录的填写比较简易，基本能保证团队成员在相关观测点的辅助下顺利完成观察与记录任务。

2. 研究对象的选择

本书采用目的抽样法，以北京地区11所"双一流"建设高校为例，对博士学位论文答辩规定及其执行情况进行研究。具体的研究对象、学科门类及预计观察的场次分配情况如表6-36所示。

表6-36　　　　　　　　观察对象、学科及场次分配情况

序号	大学名称	大学类型	预计观察的一流学科	预计观察场次
1	北京大学	一流大学建设高校	医学、历史学	20
2	清华大学	一流大学建设高校	理学、工学	10
3	中国人民大学	一流大学建设高校	文学、哲学、经济学、管理学	35

续表

序号	大学名称	大学类型	预计观察的一流学科	预计观察场次
4	北京航空航天大学	一流大学建设高校	工学	5
5	北京理工大学	一流大学建设高校	理学	5
6	北京师范大学	一流大学建设高校	教育学、艺术学	10
7	中国农业大学	一流大学建设高校	农学	10
8	中央民族大学	一流大学建设高校	法学	10
9	北京外国语大学	一流学科建设高校	文学	5
10	中国传媒大学	一流学科建设高校	艺术学	5
11	首都师范大学	一流学科建设高校	教育学	5

备注：预计观察 120 场博士学位论文答辩活动

考虑到博士答辩时间相对集中且历时较短、北京地区大学数量最多和笔者本人就读于北京等因素，特选择北京地区作为调研对象。之所以进一步将样本确定为"双一流"建设高校，主要是因为"双一流"建设高校在很大程度上代表了全国范围内某专业领域内的最高水平，北京地区"双一流"建设高校博士学位论文答辩制度及其执行情况是否能成为严格按规执行之表率，值得一探究竟。此外，这类高校的开放性和对旁听者的包容性较高，利于观察者以校外听众的身份顺利进入答辩现场。最后，考虑到样本的代表性以及 12 个学科门类（除军事学外）答辩规定可能存在的差异性，研究最终决定以北京地区全部的 8 所一流大学和 3 所一流学科大学为样本，参照各大学"一流学科"的设置情况，尽可能平均分配各学科或专业的观察场次，研究预计每个学科门类观察 10 场答辩活动，观察场次共 120 场左右。

3. 研究阶段的安排

本书究主要安排了四个阶段：

第一阶段：查阅国内外关于"博士学位论文答辩规定及其执行研究"这一主题的文献，确定该主题是否具有现实研究意义与继续研究空间，最后进一步聚焦并敲定研究问题。

第二阶段：设计初步的研究方案，并着重对可行性进行分析。其后，设计《观察表》，展开预调查，预测《观察表》的简洁性与实用性。

第三阶段：进入研究现场收集观察和访谈资料。24 名团队成员正式入场观察的时间为 2019 年 5 月 4 日至 2019 年 6 月 10 日，观察活动历时 38 天，累计观察 157 场博士答辩活动，总时长为 195.76 小时。其中，笔者本人参与了 67 场博士答辩活动的观察。依据"三角验证法"，剔除掉 13 份存疑和相互矛盾的观察记录后，研究共收集 144 场有效观察记录。研究通过对 28 名研究参与者（7 名博士答辩人、4 名答辩主席、11 名答辩委员、5 名答辩听众和 1 名答辩巡视员）的非正式访谈，整理出近万字的重要访谈内容。

第四阶段：分析实物、观察与访谈资料，撰写并修改报告。

（三）研究效度与伦理

质的研究者本不需要回应质的研究结果是否需要推广、是否具有代表性等问题，但根据目前研究报告的写作惯例和实证研究思路，质的研究者也需要关注研究效度与伦理问题。[①]

1. 研究效度

研究效度，直接关系着研究结果是否可靠地反映了被研究对象的真实情况。[②] 本书采用三角验证法、尽可能收集丰富的原始资料、对研究者进行思考与反省等方式来验证研究效度。

（1）三角检验法。"三角检验法"又称"相关检验法"，指的是将同一结论用不同的工具、方法在不同的情境和时间里，对结果进行检验。其目的主要在于通过尽可能多的渠道对目前已经建立的结论进行检验，确保获得结论的最大真实度。[③] 在本书研究中，进行相关检验的方式有两种：一是将观察结果放到实物资料（即答辩制度）中进行检验；二是采取纵向对比观察法，同时由一名以上的观察者同时对同一答辩活动进行观察。两种方法相结合，共排除掉 13 份存在疑虑的观察记录。

（2）收集丰富的原始资料。通过丰富的原始资料对研究效度进行检验，也是质性研究中检验效度的重要方法之一。本书收集到的原始资料包括：样本大学的答辩规定文本、答辩主席持有的答辩流程及事项说明、答辩活动观察表、观察日志与备忘录和非正式访谈记录等。

（3）研究者的思考与反省。本书采取的是一种作为参与者的观察行动，即研究者以答辩听众的身份进入研究现场，隐蔽地观察公开举行的博士答辩活动。研究中提到的"我"是北京师范大学的一名在读硕士研究生。后续研究使用第一人称是为再现研究现场情境，让读者了解研究者在怎样的情境下收集到现有材料，从而对研究结论的可靠性作出判断。第一人称的叙事角度还使研究者有机会介绍自己对研究方法和研究过程的反省，使读者能够全方位透视研究过程。

---

① 陈向明. 从一个到全体—质的研究结果的推论问题 [J]. 教育纵横谈, 2000 (2)：1-8.
② 陈向明. 在行动中学做值得研究 [M]. 北京：教育科学出版社, 2003：268.
③ 陈向明. 质的研究方法与社会科学研究 [M]. 北京：教育科学出版社, 2000：403.

作为研究工具的"我"既是一名硕士生，又是一名研究活动的现场观察者，这种"双重"身份对本书研究效度既有正面影响，也存在一定的"效度威胁"。正面影响在于：第一，同为正在接受培养的研究生群体，能理解答辩人的紧张情绪、警惕心理和某些"时髦"表达；第二，"答辩听众"的身份有益于"我"与活动参与者建立对话，因为"学生"乐于帮助"学生"。第三，"学生身份"也为"我"找答辩主席或答辩委员"索要"现场版制度文本或流程规定助力。不利因素在于：第一，"我"作为一个非本校、非本研究领域的"外来人"，在面对面交流时，会被以"你不太了解我们学校（的情况）"或"我们专业的规矩你可能不清楚"为由，拒绝继续交流；第二，在观察者注意到答辩现场的某个关键事件后对其相关参与者进行追问时，笔者注意到自己所提之问具有某种暗示性和诱导性（似乎是为验证自己的设想或初步结论而故意发问），因此可能会对研究效度造成影响。

此外，答辩当天活动参与者比较繁忙，交流时间有限、现场访谈的环境不够理想，以及数次谈碰壁等因素的影响，研究决定放弃原计划的结构性访谈法，改用非正式访谈法。研究者并未对访谈内容进行录音，考虑到只有尽可能让研究参与者感到轻松，才愿意在后续的交流中畅所欲言。由于非正式访谈出于自然聊天情境之中，收集到的材料不仅比较自然，且更加真实可靠。用"真实的"材料去展现和验证分析与观察结果，更为可信。每次交谈结束后，笔者都立即将谈话内容中的重要信息记录下来，并及时进行资料补充与分类归档，为后续的编码与信息提取做好准备。

2. 研究伦理

首先，研究秉持保密原则，向所有提供答辩制度的参与者承诺：其所提供的任何资料仅用于研究需要，不做他用；研究会匿名使用校名、人名等信息，必要时还会删除敏感性材料。其次，研究坚持自愿原则，在非正式访谈过程中，参与者对于问题的回答完全出于自愿。最后，研究尊重观察团队成员的辛苦付出，依据公平回报原则为其提供相应酬劳。

三、"双一流"建设高校博士学位论文答辩规则执行调查结果

（一）博士答辩规定的具体内容

"双一流"建设高校已制定博士学位论文答辩规定，其条款主要从答辩委员会构成、答辩流程和答辩决议三方面进行把控。其中，答辩委员会委员资格的规

定条款较为详细，关于答辩流程和答辩决议的要求较为简略。

借鉴教育研究中的内容分析法，对博士答辩规定条款进行高频词汇、词频和权重统计。内容分析法是一种将用语言表示的文献转化为用数量或数据表示的资料研究方法，[①] 通过提取答辩规定中核心词汇的频数、权重或百分数来辅助解读答辩规定的主要框架与内容。

1. 博士答辩规定的主要框架

"双一流"建设高校博士学位论文答辩规定的主要框架由答辩委员会、答辩流程和答辩决议三部分组成。

首先，研究者手动录入大学的答辩规定条款后，借助"图悦"软件自动生成词频图，如图 6 - 18 和图 6 - 19 所示。该软件自动将博士学位论文、答辩委员会、答辩主席、学术评价、公开等词语识别为规定条款中的高频词汇。

图 6 - 18　答辩规定热词词频图

图 6 - 19　答辩规定热词权重图

---

① 杨小微. 教育研究的理论与方法 [M]. 北京：北京师范大学出版社，2008：356 - 364.

其次，根据霍尔斯第提出的可用"人物—行为""程序—结果"等作为界定单位（recording unit）进行对规定内容进行分析。① 基于词频和权重数据发现，提炼的高频词汇皆指向答辩活动的参与者，"人物"线索的显现，让后续的"行为"分析成为可能。引入"人物—行为"这一界定单位后，笔者提炼出以下信息，如表 6 - 37 所示。

由表 6 - 37 可知，规定条款着重对答辩委员会成员提问、审核、决议等行为进行要求，热词频次高达 732 次。如 Q 大学对答辩委员会委员就有提问、评议答辩人是否达到学位条例中博士学位论文的学术水平、讨论、通过并签署答辩决议书的规定。② 其中，"提问""评议""投票表决"和"签署决议"等词都是答辩委员的当然行为。

分析发现上述结果仍显冗长，主要框架不够凸显。最后，研究决定加入"程序—结果"这一界定单位继续透视答辩规定，发现答辩规定主要包含的答辩流程如图 6 - 20 所示。

博士学位论文答辩一般包括"介绍—陈述—问答—评议—宣读"5 个主要环节。作为审核主体的答辩委员，依据各答辩流程中答辩人的陈述和问答表现，最终作出答辩决议。如此，综合"人物—行为"和"程序—结果"等分析结果，笔者认为答辩规定的主要框架可拆解为答辩委员会、答辩流程和答辩决议三个部分，如图 6 - 21 所示。

综上所述，大学博士学位论文答辩规定的主要框架是由答辩委员会、答辩流程和答辩决议等三部分组成。

2. 博士答辩规定的具体内容

围绕答辩委员会、答辩流程和答辩决议的规定框架，分析"双一流"建设高校博士学位论文答辩规定的具体要求。高校博士答辩规定中对于答辩委员会的规定较为详细，而关于答辩流程和答辩决议的要求则较为简略。

就答辩委员会构成而言，条款规定委员数量至少由 5 人组成，但未设上限。绝大多数大学要求答辩委员的职称为正高级博导或专家；除 B、Q 两所大学外，大学皆禁止论文指导教师担任答辩委员；要求校外专家数量不少于 2 人；答辩主席应为正高职专业技术职务的博士生导师。就答辩流程而言，大学设有"介绍—陈述—问答—评议—宣读"5 个主要环节。

---

① 杨小微. 教育研究的理论与方法 [M]. 北京：北京师范大学出版社，2008：359 - 361.
② 清华大学研究生院. 培养篇 [EB/OL]. 清华大学研究生学业指南，2018：16 - 19. http：//yjsy. cic. tsinghua. edu. cn/docinfo/board2/boardlist. jsp？columnId = 00103&parentColumnId = 001. [2019 - 11 - 22].

表 6-37　以"人物—行为"为界定单位的答辩规定分析结果

人物	行为	原则	校际规定条款范例
答辩委员会委员/专家组（词频299）	提问/审查/评价/评阅/评议/查证/评定/决议/表决/商定/建议授予/签字/鉴署/签名（词频299）	学术造诣深、责任心强、作风正派、坚持原则/把关严格、保证质量、坚持标准、维护声誉/发扬民主/各抒己见、秉持质量观念、公正合理地作出决议	1. 答辩委员会委员提问； 2. 委员评议答辩人是否达到学位条例中博士学位论文的学术水平，并投票表决（SQ大学）； 3. 讨论并通过答辩决议书，签署决议； 4. 答辩委员会成员主要从具有丰富科研经验、热心教育事业、学术造诣深、责任心强、作风正派、坚持原则的教授及相当职称老师中遴选（SB大学）； 5. 答辩委员应秉持质量观念，坚持学术原则，维护学术声誉，公正合理地作出答辩决议（SL大学）； 6. 提问和答辩阶段，应充分发扬民主、各抒己见，允许在尊重答辩规则的基础上努力营造百家争鸣的学术气氛（SR大学）
答辩人/申请人/学位申请人/博士学位申请人（词频82）	报告/陈述/回答/对答/答辩/修改（词频76）	简明扼要/发扬民主/各抒己见/科学地、准确地回答提问	1. 答辩人应报告论文的主要内容（SB大学）； 2. 答辩人应科学地、准确地回答有关问题（应逐一回答提问，经答辩委员会主席同意，可携带与研究主题有关的书刊资料，可翻阅查证）（SR大学）
答辩主席（词频66）	主持/介绍/签署/宣布休（复）会（词频68）	责任心强、坚持原则	1. 答辩主席应由该领域学术造诣深、责任心强、坚持原则的博士生导师担任（SL大学）。 2. 答辩委员会主席须为博士生指导教师（摘自H大学）

续表

人物	行为	原则	校际规定条款范例
导师/论文指导教师（词频44）	回避/列席/离场/退场/旁听/介绍（词频41）	离场/退场回避/不能代研究生回答问题	1. 导师介绍申请人的课程学习与考核成绩、科学研究、学术活动及学位论文选题及撰写等情况。介绍完毕后，导师应离场（SS大学）； 2. 导师介绍研究生学习成绩及论文完成情况……但导师不能代研究生回答问题（SM大学）
旁听人（者）/听众/到会人员（词频28）	旁听/提问/监督/退（退）场（词频19）	/	1. 旁听者也可提问； 2. 休会（……旁听者退场）（SM大学）

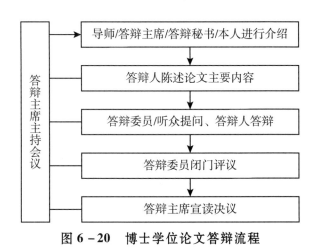

图 6 - 20　博士学位论文答辩流程

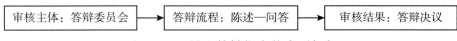

图 6 - 21　博士答辩规定的主要框架

　　绝大多数大学规定答辩人汇报的时长 20~45 分钟不等，3 所大学规定问答时长和答辩总时长为 50~90 分钟与 110~180 分钟。

　　就答辩决议而言，大学要求答辩人与观众退席，答辩委员闭门评议，经由全体答辩委员会成员的 2/3 或以上同意方为通过答辩。

　　（1）答辩委员会。博士学位论文答辩规定将答辩委员数量的下限设置为 5 人，未设上限。除 B、Q 两所大学外，其余大学皆禁止论文指导教师担任答辩委员。大学皆要求有一定数量的校外专家加入答辩委员会。答辩主席须由正高级职称或职务的博士生指导教师或专家担任。博士学位论文答辩委员会构成情况如表 6 - 38 所示。

表 6 - 38　　　　　　　　　博士学位论文答辩委员会构成情况

校名	委员数量	导师担任答委	外专数量	委员身份	主席身份
B 大学	至少 5 或 6 人（含）	√	至少 2 人	以校内教授为主 + 2 名校外专家（副高以上）	教授或相当职称的专家，导师不任主席
Q 大学	5~7 人	√	2~3 人	半数以上为博导/正高职称的专家 + 1 名论文评阅人 + 1 名学位分会委员 + 2~3 名校外专家	正高职称的博士生导师

续表

校名	委员数量	导师担任答委	外专数量	委员身份	主席身份
R 大学	5~7 人	×	大于 1/2 人（含）	校内博导（博士学位的副教授）+ 评阅人 + 校外专家	博士生导师 + 教授
H 大学	5~7 人	×	至少 3 人	2/3（不含）以上的博导 + 半数以上的评阅人 + 3 名校外专家	博士生导师
L 大学	5~7 人	×	2~3 人	教授 + 评阅人 + 校外专家	博士生导师
S 大学	至少 5 人（含）	×	2 人	博导/正高级专家 + 2 名校外专家	正高级专业技术职务的博士生导师
N 大学	至少 5 人或 7 人（含）	×	不少于 2 人	半数博导/正高级专家 + 2 名校外专家	正高级职称的专家
M 大学	5~7 人	×	2~3 人	博导 + 校外专家	博士生导师
W 大学	5~7 人	×	2 人及以上	教授 + 校外专家	正高级职称的教授
C 大学	5~7 人	×	不少于 2 人	博导 + 校外专家	博士生导师 + 教授
D 大学	5~7 人	×	不少于 2 人	教授 + 评阅人 + 校外专家	正高职称的专家

资料来源：清华大学研究生院. 培养篇［EB/OL］. 清华大学研究生学业指南，2018：16 - 1 http：//yjsy. cic. tsinghua. edu. cn/docinfo/board2/boardlist. jsp? columnId = 00103&parentColumnId = 001. ［2019 - 11 - 22］；北京大学研究生院. 北京大学关于博士研究生培养工作的若干规定 ［EB/OL］. 北京大学研究生手册，2019：3 - 4. http：//www. pkusz. edu. cn/uploadfile/2016/ 0908/20160908085132568. pdf，2019 - 12 - 20；中国农业大学研究生院. 中国农业大学学位授予工作细则［Z］. 关于印发《中国农业大学学位授予工作细则（暂行）》的通知，2019 - 04 - 10/2019 - 05 - 01；北京理工大学学位评定委员会. 北京理工大学学位授予工作细则［EB/OL］. 关于修改《北京理工大学学位授予工作细则》的决定，http：//grd. bit. edu. cn/docs/2016 - 10/ 20161010075652422951. pdf，2013 - 02 - 27/ 2019 - 03 - 25；中国人民大学学位评定委员会. 中国人民大学学位授予工作细则［EB/OL］. http：//grs. ruc. edu. cn/info/1025/1704. htm，2019 - 03 - 12/2019 - 03 - 22；北京航空航天大学学位评定委员会. 博士学位［Z］. 北京航空航天大学学位授予暂行实施细则，2017 - 07 - 01/2019 - 05 - 13；中央民族大学学位评定委员会. 中央民族大学学位授予工作细则［EB/OL］. 2013. https：//cles. muc. edu. cn/info/1189/1859. htm. ［2019 - 12 - 01］；中国传媒大学学位评定委员会. 博士学位［EB/OL］. 中国传媒大学硕士学

位、博士学位授予工作实施细则，http：//gs. cuc. edu. cn/_ upload/article/files/42/bf/e54666
644f78b9a5cac9610de782/44f5099d - fbe5 - 4bfb - 9233 - 95d2280efe8e. pdf，2017 - 09 - 19/ 2019 -
05 - 10；北京外国语大学研究生院．博士学位授予［EB/OL］. https：//graduate. bfsu. edu. cn/
info/1061/1317. htm，2018 - 06 - 28/2019 - 05 - 11；首都师范大学学位评定委员会．博士学位
［EB/OL］. http：//math. cnu. edu. cn/docs/2016 - 09/20160921160624035013. pdf，2019 - 05 -
12；北京师范大学研究生院．博士学位［EB/OL］. 研究生手册，2016 https：//wenku.
baidu. com/view/a1aa633b360cba1aa911dacc. html.［2019 - 11 - 22］.

（2）答辩委员会人数。除 B、N 两所大学外，其余大学皆要求其答辩委员会
由 5～7 名答辩委员组成。B 大学规定"答辩委员会至少由 5 人组成，如论文指
导教师加入答辩委员会，则至少要求有 6 名委员"。① N 大学要求"答辩委员会
至少由 5 位或 7 位博士生导师或具有高级职称的同行专家组成"。②

（3）答辩委员会主席。大学皆要求答辩主席由具有正高级或相当职称的博士
生导师或专家担任。除此之外，L 大学还规定"唯有该领域学术造诣深、责任心
强和坚持原则的博士生导师才能担任博士学位论文答辩主席"。③

（4）答辩委员会成员及身份。9 所大学规定，答辩委员的身份应是具有正高
级专业技术职称的博士生指导教师。比较特殊的是，B 大学规定"校外专家可以
是副高级以上职称"；R 大学规定"特别优秀的、具有博士学位的副教授亦可担
任博士学位论文答辩委员会委员，但人数不得超过答辩委员会成员总数的 1/5
（含 1/5）"。④ N 大学要求"半数以上的答辩委员须具有教授或相当正高级
职称"。

（5）校外专家人数。大学皆要求博士学位论文答辩委员会中应至少有 2 名校
外专家的加入。如 B 大学规定"答辩委员会应以校内专家为主，其中至少包含 2
名校外专家"。Q 大学规定"答辩委员会应有校外专家 2～3 人"。R 大学则规定
"我校和申请人所在单位以外的专家不少于一半"。H 大学规定"学历博士学位
论文的答辩委员会有其他单位专家至少 3 名（同一外单位一般只能有 1 名）"。⑤

---

① 北京大学研究生院．北京大学关于博士研究生培养工作的若干规定［EB/OL］. 北京大学研究生手
册，http：//www. pkusz. edu. cn/uploadfile/2016/0908/20160908085132568. pdf，2019 - 12 - 20.
② 中国农业大学研究生院．中国农业大学学位授予工作细则［Z］. 关于印发《中国农业大学学位授
予工作细则（暂行）》的通知，2019 - 04 - 10/2019 - 05 - 01.
③ 北京理工大学学位评定委员会．北京理工大学学位授予工作细则［EB/OL］. 关于修改《北京理工
大学学位授予工作细则》的决定，http：//grd. bit. edu. cn/docs/2016 - 10/20161010075652422951. pdf，
2013 - 02 - 27/2019 - 03 - 25.
④ 中国人民大学学位评定委员会．中国人民大学学位授予工作细则［EB/OL］. http：//grs. ruc.
edu. cn/info/1025/1704. htm，2019 - 03 - 12/2019 - 03 - 22.
⑤ 北京航空航天大学学位评定委员会．博士学位［Z］. 北京航空航天大学学位授予暂行实施细则，
2017 - 07 - 01/2019 - 05 - 13.

L 大学规定"其中应有 2 ~ 3 名校外专家"。N 大学规定"其中校外专家不少于 2 人"。M 大学规定"应有 2 ~ 3 名校外专家"。① S 大学规定"其中 2 位须为校外专家"。C 大学规定"校外专家不少于 2 人"。② W 大学规定"校外专家应有 2 人及以上"。③ D 大学规定"校外专家不少于 2 人"。④

（6）对论文指导教师的规定。除 B、Q 两所大学允许指导教师作为答辩委员外，其余 9 所大学皆明文规定"博士生指导教师不能担任所指导博士生的学位论文答辩委员会委员，但可列席旁听博士学位论文答辩会"。此外，B 大学还规定"如果导师未担任答辩委员，则应回避评议"。回避评议是指，答辩博士生的导师在介绍有关情况、参与提问和听取答辩后，应回避答辩委员会评议阶段；Q 大学也进一步明确"指导教师（最多一人）可作为委员参加答辩会，但不能担任主席""申请人的论文被抽查时，其指导教师不得担任答辩委员会成员"与"答辩委员会组成实行亲属回避制度，申请人亲属不得担任答辩委员或秘书"等补充条款。值得注意的是，R 和 S 两所大学在其答辩规范明令"列席旁听的指导教师应在部分环节进行回避或离场"。如 R 大学规定"博士生导师在本人所指导的博士生进行博士学位论文答辩时，在'会议秘书介绍情况''答辩人简要介绍论文主要内容'和'宣读决议'等三个阶段应在场旁听，但在'委员提问''答辩评分及投票表决'和'答辩委员会决议'等三个阶段应当回避；S 大学也规定"介绍完毕后，导师应离场回避"。⑤

（二）答辩流程

答辩流程中设计的具体答辩环节和答辩时长要求是两个极其关键的因素。具体答辩环节规定了答辩活动开展的先后顺序，而答辩时长要求是保障各环节充分进行的重要前提。

1. 答辩环节

大学的答辩流程都有"介绍—陈述—问答—评议—宣读"5 个主要环节。

---

① 中央民族大学学位评定委员会. 中央民族大学学位授予工作细则 [EB/OL]. 2013. https：// cles. muc. edu. cn/info/1189/1859. htm. [2019 – 12 – 01].

② 中国传媒大学学位评定委员会. 博士学位 [EB/OL]. 中国传媒大学硕士学位、博士学位授予工作实施细则，http：//gs. cuc. edu. cn/_ upload/article/files/42/bf/e54666644f78b9a5cac9610de782/44f5099d – fbe5 – 4bfb – 9233 – 95d2280efe8e. pdf，2017 – 09 – 19/2019 – 05 – 10.

③ 北京外国语大学研究生院. 博士学位授予 [EB/OL]. https：//graduate. bfsu. edu. cn/info/1061/1317. htm，2018 – 06 – 28/2019 – 05 – 11.

④ 首都师范大学学位评定委员会. 博士学位 [EB/OL]. http：//math. cnu. edu. cn/docs/2016 – 09/20160921160624035013. pdf，2019 – 05 – 12.

⑤ 北京师范大学研究生院. 博士学位 [EB/OL]. 研究生手册 2016 https：//wenku. baidu. com/view/a1aa633b360cba1aa911dacc. html. [2019 – 11 – 22].

B 大学的答辩环节中，首先由答辩主席宣布答辩委员会名单、主持各项议程，再由导师介绍答辩人的学习、科研情况；R 大学在陈述环节要求答辩人除介绍学位论文主要内容外，还应着重阐述论文的主要观点和创新之处，以及其他需要进一步研究的问题；L 大学在答辩环节要求答辩委员会及答辩会参加人员提问，博士生回答。在提问过程中，还特别强调答辩委员会不仅要考察答辩人答辩过程中暴露出的问题及研究过程中存在的问题，还要全面考察论文的研究深度、论文的内容及结构安排的合理性等；R 大学规定答辩人应简明扼要地回答答辩委员及旁听人员提出的有关问题。提问后，答辩人可有 20 分钟的准备时间。答辩人可携带与学位论文有关的书刊资料，经答辩委员会主席同意，可翻阅查证。提问和回答阶段，应充分发扬民主，各抒己见，允许在尊重答辩规则的基础上努力营造百家争鸣的学术氛围；S 大学规定，答辩环节应即问即答，不得另行准备。

2. 答辩时长要求

大学除了对答辩流程有规定外，还对部分环节的时长进行了规定。客观地说，答辩时长过短，不利于答辩主体间的充分交流；而答辩时间过长，也容易产生倦怠感，这两者都不利于保证问答效果和答辩质量。

由表 6 - 39 可知，绝大多数大学都集中对汇报时长作出了规定，仅有 2 ~ 3 所大学对准备、问答、休会以及总时长做了零散的规定。具体来看，用于答辩人汇报的时长 20 ~ 45 分钟不等，问答时长保持在 50 ~ 90 分钟左右，答辩总时长多为 110 ~ 180 分钟左右。

表 6 - 39　　　　　　　　博士学位论答辩的时长要求　　　　　　单位：分钟

校名	汇报时长	准备时长	问答时长	闭门决议时长	总时长
B 大学	≈学 0 ~ 50	/	≈学 0 ~ 60	/	≈110 ~ 140
Q 大学	≈学 0 ~ 45	/	/	/	/
R 大学	≤学 0	准备 ≈备 0	/	/	/
H 大学	≥学 5	/	/	/	/
L 大学	≈学 0 ~ 45	/	/	/	120 ~ 180
S 大学					
N 大学	≈学 0 ~ 45	/	≈学 0 ~ 60	/	≈学 10 ~ 135
M 大学	≈学 0 ~ 30	准备 ≈备 0	/	/	/
W 大学	≈学 0 ~ 30	/	90	休会 ≈10	/
C 大学	≈学 0 ~ 30	/	/	/	/
D 大学	≥学 0	/	/	/	/

注：总时长是介绍、汇报、问答、决议、准备和宣读时长的总和。其中，准备时长是指

答辩委员会允许答辩人在回答问题前离场进行准备的时长。

资料来源：清华大学研究生院．培养篇［EB/OL］．清华大学研究生学业指南，2018：16－1 http：//yjsy. cic. tsinghua. edu. cn/docinfo/board2/boardlist. jsp? columnId＝00103&parentColumnId＝001.［2019－11－22］；北京大学研究生院．北京大学关于博士研究生培养工作的若干规定［EB/OL］．北京大学研究生手册，2019：3－4. http：//www. pkusz. edu. cn/uploadfile/2016/0908/20160908085132568. pdf，2019－12－20；中国农业大学研究生院．中国农业大学学位授予工作细则［Z］．关于印发《中国农业大学学位授予工作细则（暂行）》的通知，2019－04－10/2019－05－01；北京理工大学学位评定委员会．北京理工大学学位授予工作细则［EB/OL］．关于修改《北京理工大学学位授予工作细则》的决定，http：//grd. bit. edu. cn/docs/2016－10/20161010075652422951. pdf，2013－02－27/2019－03－25；中国人民大学学位评定委员会．中国人民大学学位授予工作细则［EB/OL］. http：//grs. ruc. edu. cn/info/1025/1704. htm，2019－03－12/2019－03－22；北京航空航天大学学位评定委员会．博士学位［Z］．北京航空航天大学学位授予暂行实施细则，2017－07－01/2019－05－13；中央民族大学学位评定委员会．中央民族大学学位授予工作细则［EB/OL］. 2013. https：//cles. muc. edu. cn/info/1189/1859. htm.［2019－12－01］；中国传媒大学学位评定委员会．博士学位［EB/OL］．中国传媒大学硕士学位、博士学位授予工作实施细则，http：//gs. cuc. edu. cn/_ upload/article/files/42/bf/e54666644f78b9a5cac9610de782/44f5099d－fbe5－4bfb－9233－95d2280efe8e. pdf，2017－09－19/2019－05－10；北京外国语大学研究生院．博士学位授予［EB/OL］. https：//graduate. bfsu. edu. cn/info/1061/1317. htm，2018－06－28/2019－05－11；首都师范大学学位评定委员会．博士学位［EB/OL］. http：//math. cnu. edu. cn/docs/2016－09/20160921160624035013. pdf，2019－05－12；北京师范大学研究生院．博士学位［EB/OL］．研究生手册2016 https：//wenku. baidu. com/view/a1aa633b360cba1aa911dacc. html.［2019－11－22］．

（三）答辩决议

答辩决议部分主要对委员会闭门评议以及答辩决议宣读两方面进行规定。

1. 委员会闭门评议

在闭门评议环节，大学均要求答辩人和旁听人员离席退场。

除Q、M、W 3所大学未提及投票方式与通过比例外，其余大学皆对此作出过规定，即"经由全体答辩委员会成员的2/3或以上同意方为通过答辩"。由表6-40可知，B、R和C大学规定"全体成员2/3（含）的同意票视为通过答辩"；而其余5所大学则规定"同意票数必须超过2/3方为通过"。

表6-40　　　　博士答辩委员投票方式、通过比例设置情况

学校名称	投票方式	通过答辩的比例设置
B大学	不记名	经全体成员2/3或以上同意
Q大学	/	/
R大学	无记名	经全体成员2/3（含2/3）以上

学校名称	投票方式	通过答辩的比例设置
H 大学	无记名	达全体成员 2/3 以上（不含 2/3）
L 大学	无记名	经全体成员 2/3 以上同意
S 大学	不记名	需获全体委员超过 2/3 同意
N 大学	不记名	经全体成员 2/3 或以上同意
M 大学	无记名	/
W 大学	不记名	/
C 大学	无记名	同意票达全体成员的 2/3
S 大学	无记名	经全体委员 2/3 以上同意

资料来源：清华大学研究生院．培养篇［EB/OL］．清华大学研究生学业指南，2018：16－1 http：//yjsy．cic．tsinghua．edu．cn/docinfo/board2/boardlist．jsp? columnId =00103&parentColumnId =001．［2019－11－22］；北京大学研究生院．北京大学关于博士研究生培养工作的若干规定［EB/OL］．北京大学研究生手册，2019：3－4．http：//www．pkusz．edu．cn/uploadfile/2016/0908/20160908085132568．pdf，2019－12－20；中国农业大学研究生院．中国农业大学学位授予工作细则［Z］．关于印发《中国农业大学学位授予工作细则（暂行）》的通知，2019－04－10/2019－05－01；北京理工大学学位评定委员会．北京理工大学学位授予工作细则［EB/OL］．关于修改《北京理工大学学位授予工作细则》的决定，http：//grd．bit．edu．cn/docs/2016－10/20161010075652422951．pdf，2013－02－27/2019－03－25；中国人民大学学位评定委员会．中国人民大学学位授予工作细则［EB/OL］．http：//grs．ruc．edu．cn/info/1025/1704．htm，2019－03－12/2019－03－22；北京航空航天大学学位评定委员会．博士学位［Z］．北京航空航天大学学位授予暂行实施细则，2017－07－01/2019－05－13；中央民族大学学位评定委员会．中央民族大学学位授予工作细则［EB/OL］．2013．https：//cles．muc．edu．cn/info/1189/1859．htm．［2019－12－01］；中国传媒大学学位评定委员会．博士学位［EB/OL］．中国传媒大学硕士学位、博士学位授予工作实施细则，http：//gs．cuc．edu．cn/_upload/article/files/42/bf/e54666644f78b9a5cac9610de782/44f5099d－fbe5－4bfb－9233－95d2280efe8e．pdf，2017－09－19/2019－05－10；北京外国语大学研究生院．博士学位授予［EB/OL］．https：//graduate．bfsu．edu．cn/info/1061/1317．htm，2018－06－28/2019－05－11；首都师范大学学位评定委员会．博士学位［EB/OL］．http：//math．cnu．edu．cn/docs/2016－09/20160921160624035013．pdf，2019－05－12；北京师范大学研究生院．博士学位［EB/OL］．研究生手册 2016 https：//wenku．baidu．com/view/a1aa633b360cba1aa911dacc．html．［2019－11－22］．

除此之外，R 大学还规定"答辩委员会委员应根据《博士学位论文答辩评分表》的评价项目和评价要素，对答辩人的论文和答辩情况作出评分。答辩委员会应对答辩人答辩情况充分交换意见，然后作出是否建议授予学位的决定。在作出决定时，应以无记名投票方式进行。经全体答辩委员会成员 2/3 以上（含）表决通过的视为答辩通过"。

2. 答辩决议宣读

对答辩决议及其宣读进行规定的大学有且仅有 1 所。R 大学规定"决议内容除包含投票结果外，还必须有对论文不足之处的评语和修改要求，否则无效；答辩委员会决议应当面向答辩人宣读，并形成书面文件经答辩委员会主席签字后报校学位评定委员会办公室备案"。在宣读决议环节，L 大学规定答辩主席应在研究生在场的情况下公开宣读决议书。

（四）博士答辩规定的执行结果

研究共观察了 156 场博士学位论文答辩活动，经检验，研究者剔除了 12 份存疑的观察记录。因此，本书基于 144 场有效答辩观察记录，进行规定条款的执行情况分析。由表 6 - 41 可知，有效《观察表》的学科分布为理学 12 场、工学 26 场、农学 18 场、医学 11 场、文学 11 场、历史学 6 场、哲学 7 场、艺术学 6 场、经济学 18 场、法学 15 场、教育学 8 场、管理学 6 场。其中，观察的自然学科答辩场次占 46.53%，社会学科答辩场次占 53.47%。

表 6 - 41　　　　　　　　　有效《观察表》的基本信息

校名	一流学科	观察场次
B 大学	医学、法学	15
Q 大学	理学、工学、管理学	16
R 大学	哲学、管理学、经济学、法学、文学、艺术学	36
H 大学	工学	8
L 大学	工学	7
S 大学	教育学、理学、历史学、文学、经济学	20
N 大学	农学、工学	22
M 大学	法学	8
W 大学	文学	5
C 大学	艺术学、文学	6
D 大学	教育学	1

1. 规定条款的总体执行概况

研究发现，"双一流"建设高校博士学位论文答辩规定的总体执行情况可概况为以下三点：第一，大学答辩规定的详略程度与执行情况好坏紧密相关。规定对答辩委员会成员组成资格、人数的规定较为详尽，在答辩过程中各大学能够严格执行。规定对提问、问答和决议环节的要求较为简略，相应地其执行情况也较差。答而不辩甚至不答，答辩意见不能落实到论文修改与完善中，使答辩的形式甚于实质。第二，部分大学的答辩规定有死角，对相关重要行为没有作出要求。答辩过程中，答辩委员会委员迟到、中途离场和长时间使用手机等现象非常突出。第三，虽有规定，但答辩过程中不执行规定的现象也十分普遍。指导教师未按规定回避，影响答辩进程、代替学生答问和参与论文决议，以及随意缩减答辩时长等违规行为严重影响了答辩质量。

2. 执行情况良好的具体体现

（1）绝大多数答辩活动的委员会构成符合规定。答辩委员会是博士学位论文质量的审核主体，其构成的规范性事关审核主体的专业性与答辩结果的公正性。

在这组 N = 144 的样本数据中：有 76 场答辩活动的答辩委员为 5 人，占比为 52.8%；有 83 场答辩会的校外专家为 2 人，占比为 57.6%；有 81 场答辩活动的校外专家未任答辩主席，占比为 56.30%。总体来看，绝大部分"双一流"建设高校依规组建了博士答辩委员会。具体表现为：到场的答辩委员和答辩主席身份合规；97.92% 的答辩活动的答辩委员数量合规；89.58% 的答辩活动的校外专家数量合规，以及 85.41% 的答辩活动的论文指导教师依规未担任答辩委员（见表 6 - 42）。统计发现，R 大学的博士答辩委员会组建情况最差：有 3 场答辩活动不仅答辩委员不足，而且还允许答辩人的论文指导教师担任答辩委员，甚至有 9 场答辩活动的校外专家人数不足答辩委员的一半。除此之外，S 和 W 大学也存在校外专家人数不足的情况。

表 6 - 42 答辩委员会构成的执行情况

项目	答辩委员身份合规	答辩主席身份合规	答辩委员数量合规	导师依规未任/任答委	校外专家数量合规
场次	144 场	144 场	141 场	123 场/18 场	129 场
占比	100%	100%	97.92%	85.4%	89.58%

①全部答辩委员及答辩主席身份合规。除 B、R 和 N 大学允许副高级专家或博士生导师担任答辩委员外，其余大学皆要求答辩委员由正高级或相当职称的教授、专家或博士生导师担任。经观察，答辩委员会成员及答辩主席身份皆符合答辩规范。

研究发现 2019 年 5 月 18 日在 N 大学举行的工学博士学位论文答辩会现场，有 3 名"格外年轻"的答辩委员，在答辩主席并未介绍答辩委员的情况下，观察者与邻座的答辩听众（同专业博士一年级学生）进行交谈后得知"他们三个是去年人才引进来（我们学院）的，一进来就是副教授，虽是副的（职称为副教

365

授），也带博士（研究生）"（访谈资料04号0518日N大学En&Aud）。答辩结束后笔者再次比对该大学答辩制度条款"博士学位答辩委员会至少由5位或7位博士生指导教师或具有正高级职称的同行专家组成，其中半数以上成员须具有教授或相当的正高级职称"。现场有5名教授、3名副教授职称的博导，符合规定。

较为特殊的是，B大学现场版答辩规定要求"答辩主席应由答辩委员现场选举产生"。2019年5月14日B大学药学专业答辩现场有5名男性委员，1名女性委员，依规答辩委员现场选举女性委员担任主席。经访谈得知"她是北京某某医院的主任药师，小有名气。"（访谈资料0514日B大学Med&Aud）因此，现场选举的答辩主席，身份符合规定。

②97.92%的答辩活动其答辩委员数量合规。答辩委员会成员数量符合规定的场次有141场，占比为97.92%。绝大多数大学规定答辩委员数量需为5~7人，超过5或7人也符合规定，但少于5人则不行。R大学的3场经济学专业的答辩现场连同论文指导教师共5人，然而该校明文规定"博士学位答辩委员会至少由5~7位博士生导师或具有高级职称的同行专家组成"且"指导教师不能担任答辩委员会委员"，委员数量明显不符合规定。

鉴于B、Q、N等3所大学对委员人数的规定略有差异，本书还特别观察了上述三校的情况：B大学的11场答辩会中，有2场答辩活动的论文指导教师担任了答辩委员，同时其答辩委员人数也相应增加至8人，符合规定；Q大学有7场答辩会其答辩人的导师担任了答辩委员，但并未任答辩主席，符合规定；N大学规定"博士学位答辩委员会至少由5位或7位博士生导师或具有高级职称的同行专家组成"，实际平均每场有8至9名答辩委员出席，符合规定。

③85.41%的答辩活动其论文导师依规未任所指导博士生的答辩委员。据统计，B、Q两所大学有18场答辩活动其论文指导教师依规担任答辩委员；除R大学答辩委员数量不足的3场答辩活动外，其余123场答辩活动的论文指导教师皆未担任所指导学生的博士答辩委员，合规比例为97.92%。123场答辩活动中，有27场活动其论文指导教师全程未出席，以及有3场答辩会论文指导教师依规回避了后续的评议环节。

④89.58%的答辩活动的校外专家数量合规。据观察，除R、S和W3所大学的15场答辩会校外专家人数不足外，其余89.58%的答辩会校外专家数量合规。

为引起高校对聘请校外专家工作的重视，研究特详细列出上述3所大学的违规表现。如R大学规定"其校外专家不少于1/2"，而实际的答辩会中有2场答辩无校外专家，有7场答辩会的校外专家仅1人；S大学的答辩规范规定"答辩委员中应有2~3位校外专家"，而其中2场博士答辩会校外专家仅1人；W大学规定"答辩委员会由2人及以上的校外专家组成"，而该大学有4场答辩校外专家仅 1 人。

（2）所有答辩会都依次进行汇报和问答环节。统计结果表明，100% 的答辩会都依规执行汇报和问答环节，具体执行情况如表 6 - 43 所示。

表 6 - 43　　　　　　　介绍、汇报与问答环节的执行情况

分类	执行汇报环节	执行问答环节	执行介绍环节
场次（场）	144	144	33
占比（%）	100	100	22.92

①所有答辩活动执行了汇报环节。汇报环节，要求答辩人在规定时间内简明扼要地汇报其主要研究成果，其价值在于让研究者公开地展示其数年研究所得，旨在通过汇报来检验答辩人口述的内容是否与写作的内容相一致，更是为下一步的问答环节打基础、做准备。总体来看，汇报环节在众环节中的执行情况非常好：144 场答辩会都进行了汇报活动。具体而言，144 场答辩的平均汇报时长为 24.2 分钟，汇报时长最短为 4 分钟，最长为 63 分钟。

②所有的答辩活动执行了问答环节。问答环节，指答辩委员会成员和听众对答辩人进行提问，由答辩人根据自己的学术理解进行回答辩护的过程。问答环节能为答辩委员后续作出答辩决议提供依据，因此它是论文答辩活动的关键所在。统计表明，所有大学都执行了问答环节。具体而言，144 场活动的平均问答时长为 36 分钟，最短为 7 分钟，最长为 102 分钟。其中，平均每场提问时长为 26.93 分钟，最短提问时长 5 分钟，最长提问时长 72 分钟；平均每场答问时长为 11.90 分钟，最短答问时长不足 1 分钟，最长答问时长 40 分钟；平均每场提问数量为 13 个，最少提问数量 2 个，最多提问数量 34 个；平均每场答问数量为 9 个，最少答问数量 0 个，最多答问数量 34 个。

（3）绝大多数的答辩活动现场宣读答辩决议。

①97.92% 的答辩活动进行闭门评议。闭门评议环节要求除答辩委员和答辩秘书外，其余无关人员一律退场。经观察，141 场答辩活动执行了闭门评议环节。平均每场评议环节用时 10.69 分钟，最长用时 44 分钟，最短用时 2 分钟。评议用时短于 10 分钟的仅有 22 场，占比为 15.28%。由观察备注可知，有 18 场答辩会是由答辩委员现场撰写答辩决议，其用时皆超过 25 分钟。这也表明，126 场答辩活动的答辩决议属于提前备好、交由答辩委员现场修改的类型，占比为 87.5%。

②96.53% 的答辩活动场宣读答辩决议。观察后得知，有 139 场答辩会现场宣读了答辩决议，占比 96.53%。其中，88 场答辩会的答辩主席仅简单宣读"经

无记名投票……全票通过，建议授予博士学位"等决议内容，宣读时长不足1分钟，占比为61.11%。现场宣读答辩结果的139场答辩会中，仅有1场答辩结果显示为"不通过"，答辩通过率约为99.99%。决议环节执行情况如表6－44所示。

表6－44　　　　　　　　　决议环节的执行情况

分类	闭门评议	现场宣读	宣读修改意见
场次（场）	141	139	56
占比（%）	97.92	96.53	38.89

3. 执行情况较差的主要表现

依据答辩活动展开的先后顺序，观察发现，"双一流"建设高校博士学位论文答辩活动执行情况较差的主要表现有：一是答辩委员会委员迟到、中途离场和长时间使用手机等现象较为普遍；二是答辩过程中答而不辩甚至不答，答辩意见不能落实到论文修改与完善中等现象较为常见；三是指导教师未按规定回避，影响答辩进程、代替学生答问和参与论文决议，以及随意缩减答辩时长等现象较为严重。

（1）答辩委员迟到、中途离场和长时间使用手机等现象普遍。不同于博士学位论文答辩活动的庄重严肃，答辩活动中委员迟到、中途离场和长时间使用手机等现象突出。

由表6－45可知，"双一流"建设高校的博士答辩过程中，答辩委员会委员迟到、中途离场和使用手机的场次分别是38场、60场和99场，占总场次的比例分别为25.69%、41.67%和68.75%。从具体人数来看，144场答辩活动共聘请了821名专家担任答辩委会委员，其中50人迟到、99人中途离场、263人使用手机。从具体时长来看，答辩委员会委员迟到总时长为886分钟（约为14.77小时）。单名答辩委员至少迟到1分钟，R大学的一名答辩委员最长迟到了42分钟；答辩委员会委员中途离场总时长为589分钟（约为9.82小时）。单名答辩委员至少离场2分钟，C大学的一名答辩委员最长离场39分钟。答辩委员会委员使用手机的总时长为1351分钟（约为22.52小时）。单名答辩委员会委员全程至少使用手机1分钟，最长使用手机41分钟。以上数据表明，答辩委员会委员迟到、离场和长时间使用手机等现象在"双一流"建设高校答辩活动中较为普遍。

表6－45　　答辩委员会委员迟到、离场以及使用手机的统计情况

委员迟到情况	迟到场次	占比	迟到人数	迟到总时长
	38场	25.69%	50人	14.77小时

委员离场情况	离场场次	占比	离场人数	离场总时长
	60 场	41.67%	99 人	9.82 小时
委员使用手机情况	使用手机场次	占比	使用手机人数	使用手机总时长
	99 场	68.75%	263 人	22.52 小时

无论是迟到、中途离场还是长时间使用手机等现象，都反映出答辩委员会委员态度散漫、缺乏严肃，对博士学位论文答辩活动不够重视，这不仅有损答辩活动的庄重性，更无形地影响着学术风气与答辩氛围，不利于教育广大研究生。

（2）答而不辩甚至不答、答辩意见难以落实等现象较为常见。问答与决议作为检验和评价博士学位论文质量的关键环节，在整个答辩过程中发挥着举足轻重的作用。研究发现，问答与决议环节中，答辩人答而不辩甚至不答，以及答辩意见难以落实到论文修改与完善中等现象较为常见。

统计结果表明，144 场博士学位论文答辩活动中，答辩委员会委员的提问数量为 1 927 个，答辩人回答提问的数量为 1 089 个。也就是说，43.49% 的问题答辩人都没有予以回答。此外，答辩委员会委员用以提问和阐述个人观点的时长为 1 804 分钟，而答辩人用以答辩的时间为 797 分钟。换言之，问答环节中近 70% 的时间都用于答辩委员提问和阐述个人观点，而绝大多数答辩人的表现都是答而不辩甚至不答。研究认为，问答过程中只答不辩甚至没有回答，不利于问答双方形成学术交锋和深入探讨学术问题。

同时，观察还发现 144 场博士学位论文答辩活动的宣读决议时长共计 253 分钟，平均到每场答辩活动的用时仅为 1.76 分钟。因此，绝大多数答辩主席仅简单宣布无记名投票结果与最终答辩结果。研究认为，现场宣读的答辩决议未包含答辩委员会委员所给出的具体修改意见，以及论文修改合格后的审核主体，无益于确保答辩人通过答辩后还能将论文修改建议落到实处。

（3）超六成答辩活动的论文指导教师未依规回避。指导教师未依规离场回避是整个答辩过程中最严重的违规行为。原因在于，表面上论文指导教师并未作为答辩委员，但却以列席旁听为由，直接干预答辩过程、代替学生答问，甚至还全程参与后续的闭门评议环节，实际上行使着属于答辩委员的权力。此举不仅有违答辩程序的公正，还直接影响到答辩结果的公正与客观性。如前所述，除 B、Q 两所大学外，其余 9 所大学皆明令禁止导师担任所指导博士生的答辩委员。大学订立此回避条款，是维护审核主体学术自由与确保论文质量的举措，希望答辩委员坚持学术标准，公正、客观地进行论文评议与投票表决。

然而，在实际的答辩活动中，高达 96 场答辩活动的论文指导教师以"列席旁听"之名"自然"地参与其后的问答与闭门评议环节，违规占比为66.67%。据统计，这96场答辩活动中，有81场答辩活动都存在导师帮助学生辩解、回答的违规现象。如此大比例的导师未依规回避，以及明目张胆地参与后续评议和帮助学生作答，是妨碍答辩进程、干扰委员判断以及影响答辩结果的严重违规行为。

（4）超八成答辩活动的总时长大幅缩水。答辩会总时长为介绍、陈述、问答、评议、宣读等环节时长的总和。最基本的答辩时长能帮助保障每一环节答辩任务的实现。然而，博士答辩总时长大幅度缩水，十分不利于答辩活动质量检验功效的充分发挥。

答辩总时长严重缩水主要原因在于97.62%的答辩活动的问答时长远远低于规定用时，以及77.08%的答辩活动故意省略了介绍环节。由表6－41可知，有B、L、N 3所"双一流"建设高校对答辩总时长进行了限定。实际上，三校的44场答辩活动中，有39场答辩总时长不足110分钟，违规比例高达88.64%。仅以其中的L大学为例：7场答辩活动中，有5场答辩总时长甚至不到规定总时长（120～180分钟）的一半。B、N、W 3所大学对问答时长有要求，在这42场答辩活动中，仅有1场（B大学）答辩活动符合时长规定。也就是说，高达97.62%的答辩会都存在问答减时的现象。

与此同时，统计结果表明，仅有33场答辩活动完整地介绍了要求事项，占比为22.92%。未依规进行介绍环节的111场答辩活动中，有8场答辩活动直接省略了全部介绍事项，46场答辩活动跳过了答辩主席或秘书宣读答辩流程、时长和介绍答辩委员环节，30场答辩活动略过了导师、秘书或本人介绍答辩人学习和科研情况等环节，27场答辩会略过了答辩人宣读论文原创声明和外审意见等环节，违规比例高达77.08%。

四、调查结果分析与讨论

"双一流"建设高校博士学位论文答辩活动中执行情况较差是有原因的。分析影响答辩规定执行效果的原因，有助于找准症结，为后续改进答辩工作提出有针对性的操作建议。观察与访谈结果显示，答辩规定缺乏合理性、答辩委员共同体意识不强以及学术界的不良风气三个因素对规定条款执行结果影响较大。

（一）博士学位论文答辩规定缺乏合理性影响执行效果

徐梦秋教授指出"如果调控人行为的规范体系或规定条款不合理，那么人的行为就会出现执行偏差。"[1] 因此，首先讨论规定条款的合理性对执行结果而言十分必要。规范理论将规定的合理性分解为可行性与可接受性两个部分。[2] 可行性是指规定条款相对完善，能明确地指引人的活动与行为。具体到答辩规定的可行性，是指答辩规定条款相对完善，能明确为答辩主体提供确切的行为指引，让答辩行为有据可依。若答辩条款不够完善与明确，将会直接导致答辩行为混乱无序，甚至影响预期目标的达成。

1. 部分高校的博士学位论文答辩规定不够完善

研究发现，"双一流"建设高校博士学位论文答辩活动中，除答辩委员迟到、中途离场和长时间使用手机等现象外，也存在答辩主席不明权责、问答模式相异以及现场时长规定十分随意等现象。对比各校的答辩规定后，研究认为此类无序行为的出现，是由于规定条款没有对上述内容作出要求，从而导致相关答辩行为无章可依和修改意见难以落实。

首先，规定未明确答辩主席的权利与职责，导致部分答辩主席（尤其是校外专家担任答辩主席）权利得不到保障，也未能尽到保证程序公正、解释答辩纪律要求和平衡答辩人与答辩委员回答与提问的机会之责。相反，部分答辩主席在答辩过程中欠缺严格执行规定条款的底气，不仅未制止答辩委员提前离场的行为，还默许论文指导教师给予答辩人规定条款之外的准备时长，以及纵容论文指导教师私自压缩答辩时长、代替学生答问，甚至还默许答辩委员将决议投票权转交给答辩人的论文指导教师。

答辩主席（校外专家）：……以前就是 Z 老师领导我，今天还是听 Z 老师的指挥，这个她指哪儿我往哪儿。（委员席众人哄堂大笑）那×××同学请开始你的陈述。

（观察备注：答辩主席并未说明陈述时长，他手中握有的规定载明：陈述时长不超过 20 分钟。）

……

答辩主席：接下来，就该提问了！时间有限，先肯定，再提建议，捡重点吧（左右顾盼其他答辩委员），当然了，我也只是建议哈，我不清楚贵专业以前的规矩，我说得不对就听大家的。

（观察备注：为何要听大家的？明明握有答辩规定，为何不按规定执行？是客套，还是没底气？）

答辩委员 1：那我先简单讲一下，我本来 16：20 就准备走的（赶飞机）。第

---

[1] 徐梦秋，张爱华. 规范的合理性及其判定的程序与标准 [J]. 哲学动态，2009（9）：33.

[2] 徐梦秋，张爱华. 规范的合理性及其判定的程序与标准 [J]. 哲学动态，2009（9）：37.

一个，刚刚（答辩开始前）我让×××（答辩人）简单给我说了一下她的论文，我还没来得及看，最近特别忙。我的感觉就是论文的主线好像不止一条，理论的论证一定要充分。第二，提前祝贺你，现在是准博士，通过答辩就去掉"准"字！我就讲这么几句，一会儿的投票，就有劳Z老师了！不好意思了各位，必须得走（拿起手机看时间），快晚了！（又和几位委员握了握手，遂提包离开）

（观察备注：答辩委员1将投票权"拜托"给Z老师即答辩人的论文指导教师。）

答辩委员2：我昨晚才回国，论文没来得及看！但我刚刚很认真地听了你的汇报，我有个疑问啊，你虽然梳理了很多关于"职业转换"的相关定义，也有自己的看法和认识。但我总感觉你说的不是职业转换，反而有点像角色或者身份的转换啊？（伸头看导师）Z老师您觉得呢？

指导教师：是呀，我说过了呀！她没采纳啊，非要坚持做职业转换！她以后的研究方向都给她想好了，她不听呀……

（补充日志：以上对话是否表明答辩委员和导师都认为核心概念和论文内容有出入？为何未继续质疑答辩人？）

答辩委员3：你看为啥只有Z老师能拿大课题，这就是差距，眼界不一样。你只看到了1，她却帮你把2、3、4、5都看到了，这就叫远见！就朝职业转换做下去，以后评职称发文章都有了！好，这就是我的建议，我的发言也就到此结束。

……

答辩主席：Z老师，您看我们是直接开始回答还是准备下再开始？

指导教师：小×（答辩人），你觉得你需要准备下再回应吗？

答辩人：（笑，频点头）如果有，当然最好了！

指导教师：（笑）那就给你20分钟，好好准备去吧！

答辩人：（笑）谢谢老师！

（补充日志：该校的制度条款中没有设置准备时长，而论文指导教师直接越权给予答辩人20分钟的准备时长。）

（观察备注：答辩活动正式开始前，答辩主席和导师商量相关环节时长。实际上，答辩主席手里握有答辩秘书提前准备的答辩规定。）

（观察资料01号0515日R大学MaAd&Cha）

答辩主席（校内）：我看回答就1人20分钟吧。（用笔在纸上写）

论文指导教师：不行，不行，太长了，（每人）5～10分钟就行了！大家下午都有事儿，Q老师和M老师下午有课，P老师要出差。

答辩主席：好！那就5～10分钟。

（观察备注：主席清嗓准备主持答辩活动，现场很快安静。）

答辩主席：各位老师，各位同学，大家上午好！我是×××，很荣幸能担任上午会议的答辩主席。原计划今天用全天的时间进行 4 位博士同学的答辩，刚刚听说咱们的几位老师下午另有工作安排，我们争取一上午完成任务。时间紧，任务重，和 X 老师商议后呢，咱们这样安排：每位同学陈述 10 分钟，老师提问 20 分钟，平均到每位老师身上就 4 分钟左右的时间，同学回答呢就 5～10 分钟，尽量精简，能合并的（问题）就一起作答！如果没问题，那咱们就直接开始吧。第一位是××同学……

（观察资料 15 号 0516 日 R 大学 PhiAd&Cha）

答辩委员 4：我不知道大家对他这个定义有没有不同的理解啊？这个定义在我们学物理的人眼里是这样理解的……（备注：我听不懂，但意思是这个定义在数学和物理学中含义肯定不一样），但你表述的定义和我所知的显然不一样！你能解释一下吗？

答辩人：（回翻 PPT）把学位论文中的定义又照读了一遍。（声音颤抖）

指导教师：关于这个概念的定义，我再稍微补充一下啊……

答辩委员 5：×老师的意思是，基于不同的学科理解和背景，应该在概念部分做一个简要说明，对吧？

答辩委员 4：对，因为我们学物理的一看这个概念肯定不会像你写的这样理解。我还有一个疑惑，关于你这个 78～79 页这个图……

（备注：答辩人一直在翻论文，已来回翻了 2 遍，也未开口回答，看表情挺着急。）

指导教师：（站起来，找到白板笔在白板上作图，一边绘图一边进行解释。）

（观察备注：答辩委员 2、3 也相应提出了问题，但只要当答辩人声音发颤地说了几个字后，都是由导师接下话来帮助答辩人进行解释。）

（观察资料 16 号 0521 日 S 大学 Sc1Ad&Answer）

其次，大学答辩规定中未指明问答模式，导致答辩活动为省时而采取集体答辩或合并部分流程的模式，加剧了问答过程中答而不辩甚至不答的现象。这会影响答辩活动的连贯与深入，致使答辩活动把关论文质量的功效受影响。

仅有 R 大学提出"申请者的学位论文答辩应逐一开展，保障和监督质量，申请人应逐一回答提问"的要求，且该条款虽有指出要逐人答辩，答辩人要逐一回答提问，但是也并未明确具体的问答模式，即问答双方是即问即答，还是准备后再答。经观察，实际的问答环节中存在以下四种问答模式：

第一种模式，是提问与回答交替进行，答辩人即问即答；

第二种模式，是委员逐一提问，答辩人现场记录结束后，立即逐一作答；

第三种模式，是委员逐一提问，答辩人现场记录，离场准备一定时间后返场作答（答辩人离场准备时间通常是答辩会用来中场休息的时间）；

第四种模式，是委员逐一提问，答辩人现场记录，待该时段全部答辩人陈述完毕后，返场作答。（该时段所有答辩人的陈述时长也是前一位答辩人离场准备的时长）

上述四种问答模式意义各有不同，具体表现在：第一种即问即答的模式，对问答双方的要求最高，也最容易产生思想交锋和学术争鸣。第二、第三、第四种提问模式，需要答辩人现场记录提问并在脑中加工整理后再作回答，存在提问未被完整记录或被答辩人"有意遗漏"的隐患与风险；第三、第四种问答模式，不仅直接给予答辩人一定的准备时长，而且不同出场顺序不同的答辩人所获准备时长并不平均，通常而言，第一位陈述者准备时长远远长于后续答辩人。

统计结果表明，有 128 场答辩活动采用的是第四种问答模式。以 C 大学为例，原计划利用 5 月 23 日白天的时间（约 8 小时）举行 4 名博士研究生的学位论文答辩活动。事实上，4 名博士生实际答辩时长被压缩为 3 小时 45 分钟（08：40 至 12：20），且为进一步"节约时间"，问答环节采取第四种问答模式，从第 1 名答辩人至第 4 名的陈述时长和问答时长（分别为 25 分钟和 30 分钟、23分钟和 22 分钟、20 分钟和 17 分钟、13 分钟和 9 分钟）皆呈递减趋势；相应地，第 1 名答辩人至第 4 名答辩人的准备时长（分别为 56 分钟、33 分钟、13 分钟，8 分钟）减幅较大。

与此同时，在采用第四种问答模式的答辩活动中，答辩人答而不辩甚至不答等现象十分普遍。然而，导致答辩人答而不辩甚至不答的原因，除了上述的时间紧凑外，还有答辩委员或答辩主席允许答辩人不必一一作答，以及论文指导教师阻止答辩人辩论等原因。

答辩主席：好了，咱们 4 位老师都提问完毕。请允许（我）先补充一句然后再提问。你把老师给你提的问题汇总一下，能回答的就一起回答，现场回答不了的，下去继续思考。好！我有这样 2 个问题……

（观察资料 19 号 0523 日 M 大学 Law2Chairman）

答辩委员 4：我对动画产业不太了解。我觉得中国动画产业是失败的。所以我下面的问题可能并不需要你作答，也有可能这本没有答案。当然了，你能答上来肯定更好，（可以）互相讨论嘛！博士论文建模的必要性在哪里？模型的复制性经得起现实的检验吗？你论文里建的模型能够回应这些现实问题吗？如果现实问题依然存在，就可以简单地说明模型并未发挥它的功能和作用了吗？相反，我倒觉得应该用实践来检验模型和理论，然而学位论文里面的模型和理论有几个是可复制的？这就是一对不可调和的矛盾！你说是不是？当然了，我说过你不一定要回答，我自己也有这些疑惑……

（观察资料 20 号 0520 日 C 大学 Art1Com）

论文指导教师：专家说什么你就好好听着，认真做笔记就行了，你辩什么辩？现在是你辩的时候吗？博士学位到手了？你还辩上了！你以为现在是集体讨论呢？这是什么场合？

（观察资料 21 号 0523 日 M 大学 Law2Advi）

再次，大学未对不同学科的答辩时长作出差异性规定，以致各学科实际答辩用时与规定答辩时长相差甚远，甚至出现答辩总时长严重缩水影响答辩效果的恶果。为探究校际或专业之间是否存在差异性时长需求，研究基于已收集的时长数据分别进行了多因素方差分析、单因素方差分析和独立样本 t 检验。分析结果表明，不同大学与不同学科间答辩总时长差异性显著，同一大学不同学科间答辩总时长差异性显著，以及自然学科和社会学科间答辩总时长差异性显著。

第一，不同大学、不同学科间答辩总时长差异性显著。以答辩总时长为结果变量，以不同大学和学科为因素变量，进行多因素方差分析，统计分析结果显示（见表 6－46），不同大学间主效应明显，$F_{(10,277)} = 6.811$，$P = 0.000 < 0.001$；不同学科间主效应明显，$F_{(11,276)} = 14.891$，$P = 0.000 < 0.001$；不同大学与不同学科交互效应显著，$F_{(10,11)} = 12.222$，$P = 0.000 < 0.001$。因此，可以得出结论，博士学位论文答辩总时长在校际和学科间差异显著。

表 6－46　　　　　　　不同大学、不同学科间总答辩时长的
多因素方差分析结果

源	Ⅲ型平方和	df	均方	F	Sig.
校正模型	138 755.452[a]	25	5 550.218	14.886	.000
截距	897 480.434	1	897 480.434	2 407.124	.000
大学	25 653.609	10	2 565.361	6.881	.000
学科	61 072.352	11	5 552.032	14.891	.000
大学＊学科	18 227.976	4	4 556.994	12.222	.000
误差	97 684.993	262	372.843		
总计	2 144 196.000	288			
校正的总计	236 440.444	287			

注：a. R Squared = 0.587（Adjusted R Squared = 0.547）。

经 Scheffe 事后多重比较检验表明，L 大学与 S、W、D 大学的答辩总时长的均值存在显著差异，W 和 D 大学与 L、R、M、C 大学的答辩总时长的均值存在显著差异，D 大学与 L、R、M、C、N、H、B 大学的答辩总时长的均值存在显著差异。样本大学博士论文答辩总时长从长到短的排序是：D 大学、W 大学、S 大学、Q 大学、B 大学、H 大学、N 大学、C 大学、M 大学、R 大学、L 大学（见表 6 - 47）。

表 6 - 47　　　　　　大学间答辩总时长的相似子集分析结果

大学名称	观察场次	分组			
		1	2	3	4
L 大学	7	57. 714			
R 大学	36	69. 250	69. 250		
M 大学	8	69. 750	69. 750		
C 大学	6	72. 833	72. 833		
N 大学	22	78. 636	78. 636	78. 636	
H 大学	8	81. 000	81. 000	81. 000	
B 大学	15	84. 933	84. 933	84. 933	
Q 大学	16	90. 375	90. 375	90. 375	90. 375
S 大学	20		103. 100	103. 100	103. 100
W 大学	5			108. 800	108. 800
D 大学	1				124. 000
Sig.		0. 117	0. 085	0. 212	0. 091

注：（1）显示了子集中组的平均值；根据观察到的方法；误差项为均方（误差）= 372. 843；

（2）使用谐波平均样本量 = 10. 935；

（3）这些组的规模是不相等的，使用组大小的谐波平均值，不能保证第一类错误级别；

（4）Alpha = 0. 05。

经 Scheffe 事后多重比较检验表明，管理学、医学、文学、教育学与经济学、艺术学、哲学专业答辩总时长的均值存在显著差异，文学、教育学与经济学、艺术学、哲学、法学、理学、农学、历史学专业答辩总时长的均值存在显著差异，教育学与经济学、艺术学、哲学、法学、理学、农学、历史学、工学、管理学、医学专业答辩总时长的均值存在显著差异。各学科答辩时长从长到短的排序是：教育学、文学、医学、管理学、工学、历史学、农学、理学、法学、哲学、艺术学和经济学，如表 6 - 48 所示。

表 6 - 48　　　　　12 个学科答辩总时长的相似子集分析结果

学科名称	答辩场次	分组			
		1	2	3	4
经济学	18	58.222			
艺术学	6	62.667			
哲学	7	64.000			
法学	15	70.267	70.267		
理学	12	78.250	78.250		
农学	18	78.500	78.500		
历史学	6	79.167	79.167		
工学	26	80.000	80.000	80.000	
管理学	6		94.667	94.667	
医学	11		98.182	98.182	
文学	11			107.727	107.727
教育学	8				131.750
Sig.		0.353	0.050	0.054	0.196

注：（1）显示了子集中组的平均值；根据观察到的方法；误差项为均方（误差）= 372.843；

（2）使用谐波平均样本量 = 10.935；

（3）这些组的规模是不相等的，使用了组大小的谐波平均值，不能保证第一类错误级别；

（4）Alpha = 0.05。

第二，同一大学不同学科间答辩总时长差异性显著。鉴于在 R 大学观察的场次最多（36 场），且涉及 7 个学科门类，故以 R 大学为个案进一步分析同一大学中不同学科门类间的答辩总时长是否存在差异。

对 R 大学中 7 个不同学科门类的答辩总时长进行 One - Way ANOVO 的统计分析，结果表明（见表 6 - 49），$F_{(6,65)}$ = 23.27，P = 0.000 < 0.001，同一大学中 7 个不同学科门类的论文答辩总时长主效应极其显著。经事后多重比较检验表明，其经济学与文学、法学、管理学专业答辩总时长存在显著差异；哲学、经济学与法学、文学专业答辩总时长存在显著差异；文学与历史学、哲学、艺术学、经济学、法学、教育学专业答辩总时长存在显著差异。R 大学各学科间答辩总时长从长到短的排序为：文学、法学、管理学、历史学、艺术学、哲学、经济学。

377

表 6 - 49   R 大学不同学科间答辩总时长单因素方差分析结果

R 大学	答辩场次	答辩时长（分）	统计检验
文学	1	160 ± 0.000	
法学	4	100.67 ± 22.08	
管理学	7	87.50 ± 1.73	
历史学	2	77.25 ± 14.23	
艺术学	17	76.5 ± 12.12	$F = 27.311$
哲学	3	64 ± 8.30	
经济学	2	55.12 ± 16.24	
总计	36	69.25 ± 26.25	

第三，自然学科和社会学科间答辩总时长差异性显著。对自然学科和人文社会学科的答辩总时长进行独立样本 t 检验，统计分析结果表明（$t = 0.485$，$df = 286$，$p = 0.000 < 0.001$），如表 6 - 50 所示。自然学科和人文社会学科的答辩总时长存在极其显著的差异，即自然学科的答辩总时长长于人文社会学科的答辩总时长。

表 6 - 50   自然与人文社会学科答辩总时长的
独立样本 t 检验分析结果

学科类型	答辩场次	答辩时长（分）	t 检验
自然学科	67	82.27 ± 21.65	
人文社会学科	77	80.62 ± 33.72	$t = 0.485$

分析结果表明，论文答辩总时长在校际、学科之间皆存在显著性差异。因此，可反推出大学未对不同学科的答辩时长作出差异性规定是不合理的。大学理应正视不同学科的差异性时长需求，合理设置各环节用时以及论文答辩总时长。

最后，规定条款未载明答辩决议的撰写主体、修改建议及后续审核主体，易致修改建议难以落实，无益于博士学位论文质量的提高。正如王凤萍所言，论文答辩活动是培养过程的延伸，是答辩委员集体指导答辩人进行科研和报告的过程，重在为研究生进一步完善学位论文进行指导和提供修改意见。[1] 研究认为，为确保答辩人后续根据修改建议将论文修改落到实处，在答辩决议中注明具体的修改意见、修改时限以及后续审核主体十分必要。

---

[1] 王凤萍. 关于研究生学位论文答辩制度的思考 [J]. 中国轻工教育，2006：45 - 46.

大学对答辩决议的规定有且仅有"答辩委员会形成并签署答辩决议"14字简单要求。可观察发现，8.33%的答辩决议由答辩委员现场撰写形成，91.67%的答辩决议为秘书小组或答辩人提前撰写，后交答辩委员现场修改形成。值得注意的是，由答辩委员现场形成的答辩决议在较大篇幅上直指研究不足和后续修改方向，较少对论文的主要内容进行赘述（详见答辩决议一）。而由答辩委员现场修改后形成的决议，更多是对学位论文研究内容、方法和结论进行复述，较少提及研究不足和修改建议（详见答辩决议二和答辩决议三）。论文质量要有效提升，由答辩委员现场撰写答辩决议，并将具体修改建议、期限和后续审核主体列入其中，才是有效敦促答辩人认真修改论文、实现质量提升的有效举措。

答辩决议一

（观察备注：由答辩委员现场用时39分钟撰写而成）

该论文以"产出导向法"促成有效性为理论基础，采用辩证研究范式，开展了两个阶段关于促成活动的设计及有效性的教学实践。论文选题新颖，具有较大的现实意义和理论价值。

该论文回顾了相关文献，论证了本研究的必要性和学术价值。该研究设计合理，思路清晰，数据来源丰富，数据分析到位，结论具有说服力。论文的创新之处在于完善了促成有效性理论，为一线教师提供了可借鉴的教学活动和方法，丰富了产出导向法促成环节的教学实践。论文结构清晰，文笔流畅，符合学术规范。

建议作者：

①进一步补充二语课堂教学研究的相关文献，紧密围绕二语课堂教学的教学实践进行综述，切勿本末倒置；

②高效利用已收集的案例，进一步优化对促成教学活动标准逻辑关系的论证；

③精简文中与"产出导向"有关的图示，应以一目了然为最终目标；

④通篇规范学术用语，排除英语中语序表达的干扰，采用主—谓—宾结构表达观点；

⑤尽量匹配结论和建议数量，建议继续凝练研究结论，或进一步扩充研究建议。

在答辩过程中，该生能够较好地回答问题。答辩委员经无记名投票，一致同意授予该生博士学位。

（观察资料07号0519日W大学Li3Res）

答辩决议二

（观察备注：由学生 TQ 撰写，答辩委员 XC 修改，用时约 11 分钟）

研究对具有高化学活性和独特物理特性的纳米多孔尽数对催化、能源、传感等领域的发展具有重要意义。本论文研究新型超细海绵状纳米多孔技术的制备形成机制和性能。选题具有重要理论价值和实际应用指导意义。论文的主要创新成果如下：

1. 发展了基于覆盖效应的去合金新方法，制备出具有超细尺寸、海绵状形貌、大孔隙率分布均匀的新型纳米多孔金属；

2. 阐释了非晶合金去合金化制备抄袭海绵状纳米多孔金属的机理，解释了覆盖效应导致的表面扩散激活性能增加是形成新型多孔机构的主要原因；

3. 探索了超细海绵状纳米多孔镍作为超级电容器的应用，揭示了其优异赝电容性能的机制。

论文研究工作表明，作者具有坚实宽广的理论基础和系统深入的专业知识，有独立从事科研工作的能力。论文撰写规范、叙述清楚、逻辑严密、分析合理、结论可信，是一篇优秀的博士论文。答辩过程中表述清楚，回答问题正确。经答辩委员无记名投票表决，一致同意××同学通过论文答辩，并建议授予其工学博士学位。

（观察资料 11 号 0524 日 H 大学 En2Res）

答辩决议三

（观察日志：答辩秘书写，委员现场修改，用时 8 分）

传统家训的伦理思想是中国优秀传统思想中不可缺少的一部分。××同学以《××××》为题，深刻论述了家训作为一种伦理教育，对当下时代变革和家国共建的重要价值。家训的传承作为一种代代相传、口口相授、耳濡目染的教化载体，在当今社会被赋予了新的时代意义，即民主与团结。

该论文选题符合时代需求，文献资料全面，研究内容深广并举，表达合理，论据有力，写作规范，结论有所创新。××同学通过博士阶段的学习与写作，掌握了该专业的理论知识，具备了独立从事科学研究的能力。

在答辩过程中，该生较好地回答答辩委员提出的问题。经答辩委员会成员无记名投票，认为该论文已经达到了博士学位论文水平，全票通过博士学位论文答辩，建议授予哲学博士学位。

（观察资料 02 号 0516 日 R 大学 Phy2Res）

相比较而言，美国的博士学位论文答辩规范中的部分条款则值得借鉴。其答辩委员会一般会对博士生学位论文的答辩结果给出"较小修改后通过"和"较大修改后通过"的有条件通过。获有条件通过的论文，要求答辩主席在《答辩评价表》（Final Exam Result Form，FER）上写明哪些内容需要修改。"较小修改后通过"的论文的修改期限规定为6个月内；"较大修改后通过"的论文修改期限要求大于3个月但又不能超过12个月。美国博士学位论文答辩获"较小修改后通过"论文待答辩人修改后，由原答辩委员会每个成员在《论文通过表》（Thesis Dissertation Approval，TDA）上签名后才能提交论文。"较大修改后通过"的论文，除要求委员会每个委员在《论文通过表》上签名外，答辩委员会主席还需向学院院长提交修改合格的书面证明。[1][2] 由此可见，美国博士学位论文答辩委员会在答辩决议中，不仅对论文修改的时间作出要求，而且对修改论文的把关人作出规定，一方面能够有效地监督答辩人必须对论文作出修改，另一方面明确答辩委员会成员和答辩委员会主席各自职责，确保把关人必须负起自己的责任，"严防死守"博士学位论文的最后一道质量关。

2. 部分答辩规定条款的可接受性较低

规范的可接受性是指规定条款能够被适用范围内的全体成员或多数成员认同并遵守。若规范不被它适用范围内的人们认同和遵守，其现实价值则会大打折扣。

如前所述，超六成答辩会存在论文指导教师未离场回避的现象表明：禁止博士生的论文指导教师担任答辩委员的规定并未得到认同与遵守。此外，访谈也发现，绝大多数访谈参与者对"不允许博士生的论文指导教师担任答辩委员"和"论文指导教师在部分环节应离场回避"等条款也颇有微词。

论文指导教师：情况我就介绍到这儿，是不是该回避了？

答辩主席（校内）：不用，不用！我们学校这个规定就有问题，你看人B大学就很人性化，导师都是可以投票的！同为'双一流'，差距太大！是吧？（左右看向其余答辩委员）

答辩委员4：是有这么个要求，但我们基本不按它来（基本不执行回避规定）。所以，我们共同邀请D老师留下来指导工作！

（观察备注：该导师被"强留"下来后，问答环节帮学生解释，也一同参与了闭门会议。）

（备注日志：B大学确实允许论文指导教师作为答辩委员，因此其导师拥有

---

① Computer Science，Stony Brook University. Graduate Student Handbook 2019 ［EB/OL］. https：//www. cs. stonybrook. edu/sites/default/files/drupalfiles/basicpage/graduate – handbook. pdf. ［2019 – 9 – 23］.

② School of Marine and Atmospheric Sciences，Stony Brook University. Graduate Student Handbook 2019 – 2020 ［EB/OL］. https：//cpb – us – e1. wpmucdn. com/you. stonybrook. edu/dist/8/95/files/2019/09/Graduate – Student – Handbook – 2019 – 2020. pdf. ［2019 – 09 – 23］.

评议表决权）

（观察资料 08 号 0521 日 S 大学 Li2Cha&Ad）

部分答辩委员和论文指导教师认为，禁止指导教师担任答辩委员剥夺了导师的投票权与学术自由。

"诶，你说，导师当委员能咋？有什么导师必须要回避的理由？这也是我们（教师）之间的一种学术交流，对不对？可以和学生交流，但不能和学生导师交流？这是什么道理？（身体向左侧，和 3 号答辩委员对视）！还有就是，答辩你不让导师参加，出了问题你就要人家担责？这叫连坐懂不懂？自己学生论文写得如何？达标没有？谁最清楚？谁清楚啊？你说，是不是导师最清楚？但导师连最基本的投票权都没有，这就是学术自由？这就尊重导师意见了？简直可笑！"

（访谈资料 05 号 0521 日 S 大学 Co&Advisor）

"什么规定？谁规定的？这个规定怎么来的？征求谁的意见了？这是典型的行政力量妨碍学术自由！你们校外的学生都能进来听，哦，我们导师坐这儿还成违规了"。

（补充日志：这位答辩委员试图以答辩规定"来源"不合理，来论证部分答辩条款的不合理性。该委员还认为这是典型的行政力量妨碍学术自由的表现。）

（访谈资料 06 号 0530 日 L 大学 EngAd&Leave）

还有部分论文指导教师坦言，导师参与问答讨论和闭门评审是长期以来业内"心照不宣"的惯例。

论文指导教师：这个问题问得我……怎么看待啊？就我个人而言，留下来，是今天上午要来介绍学生情况，也没安排其他工作了。当然了最重要的是想听听几位专家提出的宝贵意见，尤其是两位外单位专家的意见；加上这个（论文）设计本来就是大课题的一部分，（研究）越钻越深也越容易遇到瓶颈，同行的意见十分珍贵！……对了，你这么问我是不是觉得我造成干扰了？我对评审老师们有信心！……我发言与否，肯定不会影响评审的专业判断！

（访谈备注：同行交流只能选答辩的时候吗？这答复"好官方"，言下之意就是不会造成干扰咯？那导师忙不迭地替学生接话和解释干吗？）

（访谈资料 07 号 0530 日 L 大学 EngAdLeave）

论文指导教师：是听过有这条，但（我们）一直都这样（观察备注：这是指大家默许的、已有的惯例?）！我们每年都有（学生）答辩，老师之间也是互相帮忙。平时都很忙，但既然挤时间赶过来了，像今天一样，茶具还挺有特色的吧？（观察备注：用来招待答辩委员的茶和茶具是该导师去日本出差时带回的，一共三套茶具，导师请答辩委员们自己挑选喜欢的茶具品茶）欸，大家一边答辩，一边喝点茶，两不误，我觉得这才叫学术交流，我这"发起人"如果不来就没这种氛围，得有人"招呼"才能热。把门关起来一顿批评，这也不对，那也不行，叫什么？叫审问！再说了（我）又不投票，也改变不了什么，最终还得看论文如何和学生的表现，没必要太拘泥于形式上的条条框框。

（访谈备注：这位导师似乎是"出了名"的爱拍照，我坐他后面发现他在手机上修图，还时不时给4号委员"秀"修图成果。问答环节一结束，他就急切地召集大家一顿"猛拍"，后续只说了一句"今天就到这儿了"作为结束语，不见举行闭门会议，也不知答辩结果如何。）

（访谈资料02号R大学PhyAd&Leave）

答辩人希望论文指导教师能作为答辩委员，是出于担心被其他答辩委员刻意刁难而影响最终答辩结果的原因。

答辩人：当然希望导师当评委了！导师在，至少不用担心会被刻意刁难吧！毕竟这个论文是老师指导完成的，当着我导（的面）"踩"我（指挑剔、否定论文，还是刁难学生？总之是个贬义词！），也不会否得太狠吧……有绝对完美的论文吗？不可能！他们都是懂这个的人，任谁都能随便从实验环节、环境或者结论给你挑出几个毛病来。论文的毛病，说轻也轻，说大就能大，关键看有没有人替你圆。如果遇到毛病挑多了，万一（言论）再一边倒，上哪儿申冤去？败局已定，学位（证）就飞了！几年的努力不就白瞎……

（访谈资料08号0530日L大学EngSt2&Ad&Leave）

答辩人：导师任不任答辩委员我不在意。只要他（导师）请的人和他没有私仇就行。12月的时候我们院有个师姐就沦为炮灰了，我们私下觉得她太冤了，老师之间的私怨全报他身上了。同样都是写新文创，她的就被从头到脚一通批！另一个写新文创产业经济的就是一通夸！……这不过几天还得再答一次（辩）！……所以啊，只要没有私怨就不怕，毕竟论文还是认真写出来的。当然了，如果导师能来镇场子最好，就算不开口，搁那一坐，评委脸色都要好看点。

（访谈资料10号0520日C大学Art1Stu&Leave）

答辩委员、论文指导教师和答辩人难以接受"禁止导师作为答辩委员"和"要求导师回避评议"等条款的要求，影响了相关条款的实际执行效果。

（二）答辩委员学术共同体意识不强影响执行效果

博士学位论文答辩委员会作为一个典型的学术共同体，其成员理应不受行政权力、个人好恶、亲疏远近、利益关系等主观因素的影响，立足学术立场、坚持学术标准、遵守答辩规定，对论文进行科学、客观的评审，以捍卫论文质量。答辩委员作为评价主体和规定的执行者，若其共同体意识不强，则会直接影响评价结果的公正性与答辩规定的执行效果。

1. 部分答辩委员难以坚持学术标准

尽管共同体理论和大学的答辩规定条款都要求答辩委员坚持学术标准，不得对不符合要求的学位论文降格以求。但在实际的答辩活动中，部分答辩委员却难以只坚持学术标准，针对论文质量严格作出学术意义上评价。答辩委员往往还会以学术标准以外的"取样艰难""没人反对""同事关系"以及"毕业不易"等主观因素作为评判论文质量的标准。

"我看你这篇文章是去西藏等 5 个地区采集的样本，我 12 年（2012 年）去过一次，头痛得没法入睡，多待一秒都煎熬，你坚持去这里采集样本数据，挺不容易的，至少这个创新就有了，其他的（问题）就构不成问题了。"

（观察备注：博士论文只要满足了创新点就能通过答辩了?）

（观察资料 04 号 0518 日 N 大学 En3Co）

笔者：您一进场就说这篇论文是在用一个"错误的"理论"推翻"整篇论证，但为何在之后的问答环节您却没有就此进一步质疑答辩人呢?

答辩委员 4：（看看我，看看雨）啊，之前读论文的时候，就知道他理论用错了。当然了，这仅代表我个人观点哈。你去看《×××》这本书，就是专门介绍这理论的。我敢肯定的是，他根本没吃透（该理论），用这个理论没有起到验证的作用，反而推翻了他通篇论证。这个理论最初不是这样用的，……这个不是专业人士的一般看不出来。

笔者：那您没有就此理论基础质疑答辩人是出于什么考虑呢?

答辩委员 4：我和那个学生平时挺熟的，所以一进去我就"咋呼"出来了，（该答辩委员在门口看见答辩人时，就大声说"你完全就是在用一个错误的理论来推翻整篇文章!"）没想到大家（答辩委员）还挺积极，来得都差不多了，导师也赫然在列。抬头不见低头见你懂吧?加上他自己也能扯，哦，是圆，也是一种能力，就没再问。再说都到这一步了，导师默许、外审和预答辩都通过了，别人都没吭气，我去掀翻别人研究，你觉得这打击大不大?大家都明白，没人捅破的，结果什么?听到了吧?就是全票通过!大家的态度就是全票通过!

笔者：所以您认为经过前面导师把关、论文外审和预答辩三个环节，其他审核主体都没有对此提出疑问，就没必要太过于坚持自己的学术标准了吗？

答辩委员 4：这，怎么说呢，至少我本人绝不建议我自己的学生这样用这个理论，根本说不通！一看就是外行！别人会笑话的，这就叫误导！但话说回来，老师之间观点相异也属常见，学生写都写好了，完成博士论文不容易，挺煎熬的，头顶都差不多快秃完了，还年轻着呢！如果是你，花那么长时间和精力去写十几万字的博士论文，我用一个理论给你全否了，你心脏能行不？

（访谈资料 09 号 0602 日 S 大学 Edu2Co&Stander）

实际上，答辩委员只坚持学术标准才是统一学术质量与切断人情因素的唯一出路。否则，答辩委员秉持相异标准，各行其是，不仅难以保证规定的执行效果，更难保障博士论文的质量底线。

2. 部分答辩委员纪律意识不强

基于答辩活动的集体性与可观摩性，答辩委员理应严守答辩活动的纪律。比如答辩委员应守时，保证答辩活动按时举行。同时，在答辩过程中，答辩委员应认真听取汇报与应答内容，言传身教，维护论文答辩活动的严肃性。

观察发现，因答辩委员迟到、使用手机和离场的时长合约 47.11 小时，占答辩总时长的 24.08%。具体而言，答辩活动中有 50 名答辩委员迟到，导致超 1/4 的答辩活动延迟举行。迟到委员最少迟到 1 分钟，最多迟到 42 分钟，累计迟到时长为 886 分钟，约 14.77 小时。近七成的答辩委员在答辩过程中使用手机，单人最短使用 1 分钟，最长为 41 分钟，使用手机时长共计 1 351 分钟，约 22.52 小时。此外，超四成的答辩活动存在委员中途离场的现象，单人最短离场 2 分钟，最长 39 分钟，离场时长共计 589 分钟，约 9.82 小时。以上数据表明，在答辩活动中，仅由于部分答辩委员纪律意识不强就导致近 1/4 的答辩时长的浪费。答辩时间本就宝贵，若再因答辩委员迟到、中途离场和使用手机等因素占用时间和分散注意力，必将大大降低答辩效果。

3. 学术界的不良风气已影响执行效果

学术风气从本质上讲是学者人格、学术精神、治学态度、价值取向、社会文化环境等多种因素的综合体现，它虽是无形的，却对一个时代、一个国家的学术发展有着深远影响。[1] 就高校而言，健康向上的学术风气，能引领学术研究者严谨治学、求真务实，产出高质量的学术成果，生活于其中的年轻学子也会受到熏陶而心性高洁、奋发向上。反之则导致学子放弃学术品质而粗制滥造、急功近利、沽名钓誉，最终造成一个时代或国家学术质量的整体下滑。

---

① 宫丽艳，刘经纬. 论学术风气与大学软实力［J］. 学术交流，2013（6）：216–219.

385

常宝英等人的研究指出，由于受人情因素、面子问题、利益关系等不良学术风气的影响，导致研究生答辩徒走流程，致使论文答辩失去了质量把关的作用。① 研究也发现，人情至上、形式主义等不良学术风气已对答辩过程产生敷衍放水、利益共谋等负面影响。

委员 2："今天下午的 3 个都是你学生？"

导师："对啊，都是往届的，2 个 15 年（2015 年）的，一个是 14 年（2014 年）进来的！"

委员 2："现在博士战线越拉越长，送走不易啊！"

导师："情况都差不多，应届的都不符合（毕业）条件，没办法啊！他们每个手上都有 7~8 个专利，去年还给××公司做了项目，反应特别好，人都蛮优秀的，但学校现在要求发表学术论文，对他们这种（专业型博士）来说太难了！（指不擅长完成学术论文）没发够，就不让答辩！人没送毕业，还限制我们招生！你知道我们这个领域发论文多难！啊，对吧？（拍了拍另外一位答辩委员）再说了，一般的期刊敢收我们的论文吗？"

委员 3："（被拍者）大笑。收是敢收，但根本不敢见刊啊！这要是见了刊，你们就有麻烦了！（猜测这和他们研究的领域有关，可能是指具有一定的保密性。）这不，拖了几年，再不毕业不行了，规定 6 年必须得毕业，否则要清退啊！等会儿提问的时候，懂得吧，好容易走到了这一步。"

（观察备注：走到论文答辩这步特别不容易？暗示委员提问别太刁钻、较真？）

答辩主席："懂！我今年那个（博士生）估计也送不走（毕不了业）。论文发表就把人卡了！现在能到我们手里的，问题都不大，问题是现在好多学生都到不了我们手里！所以说，大家都要珍惜能到我们手里的学生，互相帮扶，携手共渡难关！都是难兄难弟，避免不了！"

（观察备注：接收到"暗示"，3 名答辩人站在导师身旁，相视一笑，深深松了一口气。）

导师笑道："听到了？！别紧张，好好说，说完了就是他们（答辩委员会）的事儿了，就了了！"

（观察资料 06 号 0530 日 L 大学 Eng2Ad）

由此可见，答辩委员与论文指导教师之间"互相帮忙"以及"共同努力送

---

① 常宝英. 关于研究生学位论文评阅与答辩的几点思考 [J]. 高等教育研究学报，2009，32（3）：50 - 52.

走彼此博士生"是这个学术圈子里心照不宣的"正常"现象。实际上，正是学术界中已有的"社会关系""利益牵扯""互相作假"以及"形式主义"的不良学术风气导致答辩规定被置诸高阁，致使答辩规定的质量控制功能被弱化。

（三）讨论

1. 答辩规定与学术自由的关系

我国现行对博士学位论文质的管理，倾向于依靠颁布制度或制定规定等途径来提升学位论文质量。[①] 但无论是制度还是规定条款，其本质都是用来约束个体或集体行为的行政手段，这种行为约束与大学所提倡的学术自由之间矛盾突出。研究认为，讨论答辩规定与学术自由的相互关系，对实现论文质量把关和追求学术自由的双重目标十分必要。

本书在核心概念中就指出答辩规定具有约束、指导答辩行为的作用。同时，研究者在对访谈参与者关于"禁止论文指导教师担任答辩委员"和"在问答和评议环节论文指导教师应离场回避"等条款的看法进行访谈时，部分答辩委员和论文指导教师表示"行政力量催生的导师回避制度，实际上是对学术自由的破坏，学术不自由，论文质量自然高不了。"（访谈资料 11 号 0525 日 H 大学 Eng&Com）、"这是典型的行政力量干预学术自由"（访谈资料 05 号 0521 日 S 大学 Co&Advisor）。这表明，大学教师认为规定条款限制了答辩主体，尤其是答辩委员的学术自由，不利于论文质量的提升。但这只是问题的一个方面，不能因此就片面认定答辩规定妨碍了学术自由。相反，笔者认为任何自由都是有边界和条件的，个人自由应服从集体自由，学术自由也不例外。事实上，论文答辩作为一种集体学术活动，它更需要以集体学术自由作为前提，[②] 不能从心所欲、为所欲为，因此就需要答辩规定来约束和指导集体答辩行为。答辩规定作为一种界限或底线要求，它所维护和协调的是绝大多数答辩主体或主流群体的学术自由。观察发现，已有的答辩规定，不仅赋予学术共同体主导答辩活动与评价学术成果的外在活动自由，还通过设置陈述、问答、决议等流程环节来保障答辩委员、听众与答辩人阐述自己观点的内在思想和言论自由。

因此，答辩主体应客观看待答辩规定与学术自由的关系：答辩规定以保障绝大多数答辩主体的学术自由、保证论文质量以及维护学术声誉为终极目标。

2. 博士答辩的本质是通过仪式还是学位考试

目前，关于答辩活动的本质的说法主要有两种：一部分观点认为答辩活动只

---

① 刘玮. 博士学位论文管理制度演变及其逻辑的个案研究［J］. 北京：北京师范大学，2015：1.
② 左志德. 学术自由及其责任［M］. 北京：中国社会科学出版社，2017：45.

是学位申请人获得博士学位的一种通过仪式，具有形式性和庆祝色彩；另一部分观点则认为，博士学位论文答辩活动是答辩人获得博士学位前必须通过的严格意义上的口语考试。对博士答辩本质的理解不同，直接影响答辩主体对答辩规定的重视程度及对答辩规定的执行严格程度。

琳妮等（Lynne et al.）认为学位论文答辩是一种具有观赏性的最终通行仪式。① 斯韦尔斯等（Swales et al.）指出英国博士候选人的学位论文在答辩前已发表，博士答辩实际上是一场仪式性的公开学术辩论活动。② 解飞厚和周珞晶等人指出，我国研究生论文答辩几乎"零失败"，学位论文答辩已经渐渐成为一个研究生结束学习生涯的庆祝仪式。在答辩会上，博士生介绍自己的工作，答辩委员们问一些不痛不痒的问题，学生回答问题，委员讨论答辩决议，照相、吃饭，只要按照程序走完，没有不通过答辩的，论文答辩已经失去了原来的意义。③④

与之相反，哈佛法学院研究生指导手册指出，博士学位论文答辩是候选人研究经历中的重要组成部分。它为候选人提供了公开解释和捍卫其智力研究成果的宝贵机会，还为博士候选人如何修改论文和得出结论提供了一个专业且权威的咨询团队。⑤ 凯利（Kelly）和李广民等人则强调，博士学位论文答辩是公开甄别候选人能否获得"学术执照"和成为共同体内值得信赖的成员的身份认证考试，标志着博士候选人从"做学生"到"做学术"的转变，必须严阵以待。⑥⑦ 张文琪指出，我国政策文本将博士学位论文答辩定义为学术态度公开公正、实事求是，学术标准严格合理，学术氛围庄重且能体现学术尊严的博士学位考试。⑧

---

① Lynne D. Robert and Kristen Seaman, Good Undergraduate Dissertation Supervision: perspectives of Supervisors and dissertation coordinators [J]. International Journal for Academic Development, December 2017 (23): 28 - 40.

② Swales J. M. Research genres: explorations and applications [M]. New York: Cambridge University Press, 2004: 147 - 169.

③ 解飞厚. 研究生论文评阅与答辩中的几个问题 [J]. 学位与研究生教育, 2002, 25 (3): 57 - 60.

④ 周珞晶. 关于我校博士学位论文评阅和答辩规定的思考 [J]. 高等教育研究学报, 2007, 145 (3): 93 - 94.

⑤ Harvard Law School. Graduate Program Handbook 2019 - 2020 [EB/OL]. https://cn.bing.com/search? q = Harvard + Law + School. + Graduate + Program + Handbook + 2018 - 2019&go = 提交 &qs = n&form = QBLHCN&sp = - 1&pq = harvard + law + school. + graduate + program + handbook + 2018 - 2019&sc = 0 - 55&sk = &cvid = B80D9430D9F44B4BAB5BF82ABCE8EC71. [2020 - 03 - 31]

⑥ Frances Kelly, Reflecting on the Purpose of the PhD Oral Examination [J]. New Zealand Journal of Education Studies. Vol. 45, No. 1, 2010: 77 - 83.

⑦ 李广民, 丁金光, 欧斌. 试析学位论文答辩对论文质量保证的作用 [J]. 黑龙江教育（高教研究与评估）, 2011, 949 (5): 1 - 3.

⑧ 张文琪, 曾国权, 朱志勇. 博士学位论文答辩的情景定义及其制度属性：基于政策文本的分析 [J]. 学位与研究生, 2020 (1): 20.

经观察，"双一流"建设高校博士答辩活动中大多存在答辩人致谢、导师发言、献花与合影留念答辩规定之外的仪式环节。现场有答辩委员指出"（论文）汇报嘛听多了，都差不多。我最喜欢看的就是致谢！写论文和参加答辩，咱们都一样，被迫的！而致谢这才是真情流露，每年都能看到哭的学生，我觉得这才是答辩的真正意义。你看啊，都说'百年树人'，足见老师培养你们花了多少心血，这致谢就能看出大家是否怀有一颗感恩的心，能不能铭记师恩。古时候都说'一日为师终身为父'，你能忘记你父亲吗？不能！对吧？……（访谈资料17号0519日W大学Lit2&Com）"甚至还有答辩委员表示"（我）就等着照相呢，否则（我）早走了。最后一次大合照，理应整整齐齐的，等你们到了这岁（我们的年龄），拿出来看看'嚯，当年是这些老师给我做的博士评审'"。（2八访谈资料18号0521日S大学Lit1&Com）由此可见，致谢、合影等环节的加入，在一定程度上冲淡了整个博士答辩活动的严肃性与学术性。实际上，按照国际惯例，博士候选人有且仅有2次机会申请博士学位论文答辩，若均答辩失败，则终止授予学位。因此，博士答辩并不意味着答辩人能百分之百的通过，仅将其视为一种庆祝博士毕业和通过答辩的仪式还言之过早，甚至还会诱导答辩主体本末倒置，忽视博士答辩实质上是对论文质量把关的过关性考试。

当然，答辩过程中，也有部分答辩委员视答辩活动为"正规考试"，带头答严肃对待与客观评价。这类严格执行博士学位答辩考试的行为值得推广与学习。

带今天就算你们×老师（导师）在场我也要这样说，你每章都在不足与思考，既然意识到了不足，为什么没有及时调整研究策略去弥补不足呢？我看你这研究是分阶段的，第1阶段的研究有不足，我理解，到第4个阶段了，还是存在同样的不足，一个博士论文通篇都在不足，我想问你研究的意义何在？你分析一大堆青藏高原的风力数据到底想告诉我们什么？我问你，你的是结论是什么？到现在了还是把研究结果往这一扔人就跑了，说得过去吗？这好比一场考试，你什么都没有准备好？凭借什么通过考试？"

（观察资料05号0518日N大学En3Co）

"我不仅仅是答辩委员，更是答辩主席，所以我选（择讲）实话，即使会得罪一部分群体，我也有这个义务（要讲实话）。刚刚我没发言啊，但这么多位老师讲了这么多，你（指答辩人）自己心里也应该有数，你这个论文被毙的可能性很大，不是很大，是百分之百，基本上所有老师都看不过去。你也知道，如果你的论文有问题，主席是要担责任的，对我的惩罚就是口头批评，对你的惩罚就非常重了，是要背一辈子的学术污点。这么多的问题至少能说明你不够重视你自己的学位论文，写作不勤快，下笔不严谨，态度不认真！你们刚刚也听到了，关于你的答辩决议，我们在里面讨论的时间很长，因为没有刻意控制音量，我开门去洗手间的时候发现有同学趴在门口竖着耳朵听里面的动静，我也可以告诉你，对于你论文的争议并不大，我们在里面讨论的是要不要再给你一次机会？最后呢，我们决定再给你一次机会，修改意见我们也都提出来了，再给你最后一次机会，一个星期后再次答辩，如果你还是不改，那作为成年人的你就只能为自己的行为负责了。当然了，一周后的答辩，我很有可能会被 fired 掉，不，是被替换掉，但我仍然坚持认为，学术是一件痛苦并且严肃的事，只有实打实的才踩得出属于你自己的脚印。在座的同学也是一样，你敷衍科学敷衍研究，学术界的前辈不一定会答应，这才是我们坐在这儿的所有意义。"

（观察资料 05 号 0518 日 N 大学 En3 Ad&Ch）

"你（答辩人）翻到倍氧化物晶体生长的推导公式，这个公式一看就有问题，你还洋洋洒洒地用一堆数据套公式得出了 5 个结论！（站以来，用右手指关节敲击论文中的公式部分）预答辩的时候我就提醒过你要好好在核验你的公式，结果到现在了，公式还是没写对！第一步……第二步……我推导了 2 遍，确定从第二步开始就出错了！（观察备注：步步深入、连续发问十几个，我听不懂，全是专有名词。但这个老师音量逐渐升高，越问越激动，答辩人的手越来越抖。导师之前还背靠椅背，没过多久就坐直坐正并且开始拿笔在纸上开始计算起来！）方程错误，你说还有必要讨论你的结论吗？考试过程中，步骤错结果也错，一分都拿不到，这你比我有经验。马上下去改，改完了我要检查！你这个论文就算交上去也过不了我们学位分会这关！"

（观察资料 03 号 0517 日 Q 大学 En1 Ad&Ch）

3. 样本的代表性问题

样本的代表性，指的是样本能多大程度地再现总体的属性与结构。一般而言，样本的代表性越高，把对样本的研究结论推论到总体的可靠性程度就高；反之，则低。然而，关于质性研究的样本究竟应具有代表性，还是该强调其典型性，以及研究结果是否需要外推和关注其推广度等问题，仍无定论。如陈向明认为，质的研究者本不需要回应质的研究结果是否需要推广、是否要有代表性等问题；[①] 王宁则认为质的研究应该看重样本的典型性而非代表性；[②] 印（Yin）却坚持质的研究分为探索性研究和结论性研究，探索性研究面临的是尚无定论的领域，自然不涉及研究结果的代表性问题；结论性研究结果在同类研究情境中则可

---

① 陈向明. 从一个到全体——质的研究结果的推论问题 [J]. 教育纵横谈，2000（2）：1 - 8.
② 王宁. 代表性还是典型性——个案的属性与个案研究的逻辑基础 [J]. 社会学研究，2002（5）：123 - 125.

用来推广。①

本书研究认为，根据当前研究报告的写作惯例，将代表性或推广度等问题提出来进行讨论的做法，确实更合乎实证研究思路。除此之外，笔者也希望自己的研究成果除能真实反映样本大学博士答辩规定的执行情况外，还能与样本范围外有类似经历的个人或群体产生共鸣与实现认同，为其后的答辩行为与答辩工作提供借鉴和参考。

本书着眼于大学的答辩规定及其执行情况，以我国高等教育资源最为丰富的北京地区的 11 所"双一流"建设高校为调研对象，其样本覆盖了 12 个学科门类下的 144 场"一流学科"的答辩活动，具有一定的代表性。然而，研究发现，即便是在这类答辩规定相对完善以及专业发展领先的国内知名大学中，其博士学位论文答辩规定执行情况尚且如此不容乐观，其他地区或"非双一流"大学的执行情况会较之更好吗？北京地区答辩规定执行情况较差的现象只是个例吗？实际上，李春会与周珞晶等人的研究结果表明，辽宁省、湖南省等地区也存在博士学位论文答辩规定不够科学和规定执行不力等现象。因此，本书获得的博士答辩规定执行现状的结论能较大程度地再现当前博士答辩活动的真实情况。

五、研究结论与改革建议

（一）研究结论

1. 博士学位论文答辩总时长在校际与学科间差异性显著

研究以答辩总时长为结果变量，以不同大学和学科为因素变量，多因素方差结果表明，不同大学间主效应明显，不同学科间主效应明显，不同大学与学科交互效应显著；单因素方差分析结果表明，同一大学、不同学科间答辩总时长差异性显著；独立样本 t 检验结果表明，自然学科和社会学科间答辩总时长差异性显著。

2. 规定的详略程度与执行情况好坏直接相关

11 所"双一流"建设高校都制定了博士学位论文答辩规定，但是规定的详略程度与执行情况好坏直接相关。"双一流"建设高校对答辩委员会成员资格、人数的规定较为详尽，在答辩过程中各大学能够严格执行。然而规定对提问、问答和决议环节的要求较为简略，相应地其执行情况也较差。尤其是，绝大部分大学未明确规定问答环节中的问答模式，导致某些专业在答辩过程中答而不辩甚至

---

① Yin, R. K., Case Study Research: Design and Methods (3rd edition) [M]. Thousand Oaks, CA: Sage Publications, 2003.

不答，答辩意见不能落到论文修改与完善中，使答辩的形式甚于实质。

3. 博士答辩规定存在死角，未对相关行为作出要求

答辩过程中答辩委员会委员迟到、中途离场和长时间使用手机等现象十分普遍。由于"双一流"建设高校的博士答辩规定存在死角，并未对这类行为作出规定，导致答辩活动中最基本的纪律得不到保障。

4. 大学普遍存在有明确规定却不严格执行的现象

"双一流"建设高校普遍存在有明确规定却不严格执行的现象。论文指导教师未按规定回避，影响答辩进程、代替学生答问和参与论文决议，以及随意缩减答辩时长等现象严重损害了答辩质量。

5. 规定不合理、委员共同体意识弱和不良风气影响执行效果

在规范理论和学术共同体理论的指导下，本书认为答辩规定未得以严格执行的三个主要原因分别为答辩规定缺乏合理性、答辩委员共同体意识不强与在答辩规定执行过程中受到不良风气的干扰，导致答辩规定的执行效果受影响。

（二）改革建议

针对目前"双一流"建设高校博士学位论文答辩中规定不完善与规定不执行的问题与不足，本书提出以下三点拙见，希冀能为进一步改善答辩规定的执行现状提供参考。

1. 完善答辩规定条款，确保答辩活动有章可循

答辩规定是否完善与具体，关乎答辩行为是否有序与有据可依。因此，大学需要进一步细化规定条款，确保答辩活动有章可循。首先，答辩规定应明确答辩纪律，禁止迟到、长时间离场与使用手机等行为。同时，应赋予答辩主席监督答辩纪律、保证程序公正和平衡问答机会的权责，让答辩主席成为答辩规定的执行者与监督者。其次，要明确问答模式与合理设置各学科的答辩时长下限。建议借鉴 R 大学，将问答环节固定为逐人进行答辩、问答交替、即问即答的模式，确保学术交流与自由。大学在设置时长下限时，要充分考虑各专业特点与实际需求，合理设置问答和总时长下限，建议借鉴美国哥伦比亚大学和石溪大学的时长设定方式，[1][2][3] 保

---

① Department of Latin American and Iberian Cultures，Columbia. Ph. D. Student Handbook 2019 – 2020 ［EB/OL］. http：//laic. columbia. edu/programs/student – handbook/，2019 – 03 – 19.

② Computer Science，Stony Brook University. Graduate Student Handbook 2019 ［EB/OL］. https：// www. cs. stonybrook. edu/sites/default/files/drupalfiles/basicpage/graduate – handbook. pdf，2019 – 08 – 22/ 2019 – 9 – 23.

③ School of Marine and Atmospheric Sciences，Stony Brook University. Graduate Student Handbook 2019 – 2020 ［EB/OL］. https：//cpb – us – e1. wpmucdn. com/you. stonybrook. edu/dist/8/95/files/2019/09/Graduate – Student – Handbook – 2019 – 2020. pdf，2019 – 09 – 23.

证问答时长占答辩总时长的一半及以上，为答辩委员能充分审验论文质量提供基本的时长保障。最后，鉴于博士答辩时间有限，是否通过答辩的结果又必须当场宣布。已通过答辩的博士研究生容易忽略论文的后续修改任务，进而影响博士学位论文质量的提升。因此，建议将论文的具体修改建议、修改时限和修改合格的审核主体列入答辩决议中，以保证答辩人能彻底落实后续修改任务。

2. 细化问答和决议环节的规定，保障学位论文及答辩质量

问答和决议作为答辩过程中的关键环节，对检验博士论文质量至关重要，应着重抓住博士论文答辩的问答和决议等关键环节，提高论文答辩质量。首先，本书建议应充分鼓励答辩过程中辩论或辩护行为。因为提交到答辩委员会手中的学位论文，即使经过博士生几年的撰写仍会存在这样或那样被答辩人忽略的瑕疵。通过答辩委员的质疑与答辩人的辩护，一来能充分暴露论文存在的不足，二来也能真正体现民主平等、学术自由等良好学风。因此，研究建议学习和借鉴 Q 大学的问答模式——有答有辩、有攻有守有学术交锋。与绝大多数答辩活动中，答辩人畏不敢言多点头称是的回答风格不同，Q 大学的博士生在答辩现场能与答辩委员平等讨论、共析疑难，充分体现出"双一流"建设高校应有的师生良性互动、深度交流等良好的学术氛围。其次，本书建议答辩委员在决议过程中，应严格遵守答辩规定，将学位论文质量置于首位，切断主观干扰因素，对学位论文质量作出学术意义上的客观评价。

3. 建立答辩事前事中事后监督链，强化优良学风建设

受到 R 大学专门给答辩委员发放《博士学位论文答辩委员聘任书》、S 大学特意准备《致答辩委员会专家的一封信》、C 大学专门成立的"博士答辩督导小组"和 L 大学施行的"答辩现场巡视制度"等举措的启发，建议大学建立事前事中事后监督链，形成优良的学术氛围。答辩前，答辩委员可签署《答辩承诺书》，提醒答辩委员应坚持学术标准、严守答辩纪律，认真履职。答辩过程中，应加强答辩现场巡视或远程视频监督，全流程、全视角地监督答辩活动的举行情况。答辩活动结束后，应落实答辩责任倒查机制。答辩委员肩负审核重责，理应坚持标准、认真履职、审慎决议。若已通过答辩的博士学位论文在抽检中被定义为风险论文，或被证实存在学术不规范现象，应立即启动责任倒查工作，坚持"谁通过（谁签字）、谁负责"的原则，依规追究答辩主席、答辩委员的失察之责，并依据调查结果作出相应处分。通过事前提醒、事中监督和事后追责等全链条的把控，减少违规行为、严守博士论文质量底线。

附 录

国务院学位委员会历次会议
及授权审核主要内容

国务院学位委员会历次会议及授权审核主要内容

时间/学位授权 审核序次	国务院学位委员会会议审核结果
1980 年 12 月 15 日至 18 日	国务院学位委员会第一次（扩大）会议，会议通过《国务院学位委员会关于审定学位授予单位的原则和办法》，决定设立学科评议组负责全国学位授予单位的审定工作
1981 年 6 月 12 日	国务院学位委员会第二次会议，决定按学科门类设立 44 个学科评议分组，并通过聘请成员的名单。7 月，国务院学位委员会学科评议组第一次会议评审我国首批博士和硕士学位授予单位
1981 年 10 月 8 日	国务院学位委员会第三次会议在北京举行，会议通过《学科评议组试行组织章程》；通过经学科评议组第一次会议审核的我国首批博士和硕士学位授予单位及学科、专业名单，并报国务院批准
1981 年 11 月 3 日/第一次 学位授权审核	国务院批准了我国首批博士点 812 个，硕士点 3 185 个；批准博士学位授予单位 151 个，硕士学位授予单位 358 个

续表

时间/学位授权 审核序次	国务院学位委员会会议审核结果
1983 年 3 月 15 日	国务院学位委员会第四次会议通过了修订的《高等学校和科研机构授予博士和硕士学位的学科、专业目录》，并公布试行；审议了进行第二批博士和硕士学位授予单位审核工作的文件
1983 年 12 月 5 日/第二次 学位授权审核	国务院学位委员会第五次会议，通过经学科评议组第二次会议审核的第二批博士和硕士授予单位及学科、专业名单，并报国务院批准。第二次学位授权审核后，我国有博士点 1 151 个，硕士点 4 254 个；批准博士学位授权单位 196 个，硕士学位授权单位 425 个
1985 年 2 月 16 日	国务院学位委员会第六次会议，审核通过第二届学科评议组成员名单；通过《国务院学位委员会关于做好第三批博士和硕士学位授予单位审核工作的几点意见》，认为自行增列博士生指导教师工作和在一定学科范围内下放增列硕士学位授权学科、专业的审批权可选择部分学位授予单位先行试点
1985 年 5 月 至 6 月	国务院学位委员会组织部分学科评议组成员和有关专家，对政治经济学、物理化学、有机化学、通信与电子系统、化学工程五个专业，首次进行硕士学位授予质量的检查和评估
1986 年 7 月 28 日/第三次 学位授权审核	国务院学位委员会第七次会议，审核了第三批博士、硕士学位授予单位及学科、专业名单，经国务院同意，该名单由国务院学位委员会直接批准。第三次学科授权审核后，我国有博士点 1 830 个，硕士点 6 407 个；批准博士学位授权单位 238 个，硕士学位授权单位 545 个
1988 年 10 月 17 日至 18 日	国务院学位委员会召开第八次会议，会议通过了《国务院学位委员会议事规则》研究了进行第四批博士、硕士学位授予单位审核工作的问题等
1990 年 10 月 5 日 至 6 日/第四次学 位授权审核	国务院学位委员会第九次会议，审核通过第四批博士、硕士学位授予单位及学科、专业名单；通过《授予博士、硕士学位和培养研究生的学科、专业目录》；原则同意在我国试办工商管理硕士学位，我国专业学位设置试点工作开始。 第四次学位授权审核后，我国有博士点 2 107 个，硕士点 7 534 个；博士学位授予单位 271 个，硕士学位授予单位 586 个

时间/学位授权 审核序次	国务院学位委员会会议审核结果
1991 年 12 月 17 日至 18 日	国务院学位委员会第十次会议，审批国务院学位委员会第三届学科评议组成员名单，审议我国学位和研究生教育"八五"计划和十年规划，讨论我国学位和研究生教育改革工作
1992 年 11 月 9 日至 10 日	国务院学位委员会第十一次会议，审议《关于学位与研究生教育改革和发展的若干意见》；审议《关于审核博士生指导教师及少量博士、硕士学位授权学科、专业的几点意见》；讨论 1993 年工作要点和工作安排；原则通过了《建筑学专业学位设置方案》，批准设立建筑学专业学位制度，提出专业点评估合格成为高等学校获得专业学位授权的基本条件
1993 年 4 月 26 日	国务院学位委员会发出《关于做好博士、硕士学位授权点审核工作的通知》，全面部署第五批博士、硕士学位授权点的申报和审核工作。5 月 26 日，国务院学位委员会发出《关于认真做好并严格控制新增博士和硕士学位授予单位推荐和审核工作的通知》，提出了审核新增博士、硕士学位授予单位的原则和基本条件，并对新增学位授予单位的申报和整体条件的评审工作提出了具体要求
1993 年 9 月 21 日至 29 日	国务院学位委员会学科评议组第五次会议，审核了新增博士、硕士学位授予单位和新增博士、硕士授权学科、专业点及博士生指导教师
1993 年 12 月 10 至 11 日/第五次 学位授权审核	国务院学位委员会第十二次会议，审议通过了第五批学位授权审核结果；审改了《关于进一步改革学位授权审核办法的意见》；原则通过了《关于开展学位与研究生教育评估工作的报告》，并公布给予"黄牌""红牌"警告的单位及其学科、专业点名单；开展由省级学位委员会组织审批硕士点的试点工作。 第五次学位授权审核后，我国有博士点 2 398 个，硕士点 8 467 个；博士学位授予单位 271 个，硕士学位授予单位 586 个
1995 年 4 月 10 日至 11 日	国务院学位委员会第十三次会议，审议通过博士生指导教师审核办法改革方案，对 1995 年学位授权审核工作作出安排，审议通过设置并试办法律专业硕士学位等

续表

时间/学位授权审核序次	国务院学位委员会会议审核结果
1996 年 4 月 29 至 30 日/第六次学位授权审核	国务院学位委员会第十四次会议，审批第六批博士、硕士学位授予学科专业名单；同意数学等 5 个学科共 26 个学科点试行按一级学科行使博士学位授予权；审议通过《专业学位设置审批办法》；批准设置和试办教育硕士专业学位。 第六次学位授权审核后，我国有博士点 2 604 个，硕士点 9 799 个；博士学位授予单位 277 个，硕士学位授予单位 633 个
1997 年 4 月 23 日至 24 日	国务院学位委员会第十五次会议，审批了《授予博士、硕士和培养研究生的学科、专业目录》，审议并通过了关于 1997 年博士、硕士学位授权审核工作的意见，设置医学和工程硕士专业学位方案等
1997 年 6 月 6 日	国务院学位委员会、教育委员会颁布了新修订的《授予博士、硕士学位和培养研究生的学科、专业目录》；新的学科、专业目录是对 1990 年目录的修订；新目录增加了管理学学科门类，授予学位的学科门类增加到 12 个
1998 年 1 月 14 日	国务院学位委员会批复同意军队学位委员会及北京市学位委员会、天津市学位委员会等 16 个地方学位委员会在国务院学位委员会授权的学科范围内审批硕士点
1998 年 5 月 20 日至 23 日	国务院学位委员会学科评议组第七次会议，审核了新增博士、硕士学位授权点
1998 年 6 月 17 日至 18 日/第七次学位授权审核	国务院学位委员会第十六次会议，审批了国务院学位委员会学科评议组第七次会议审核通过的新增学位授权单位及授权点名单。 第七次学位授权审核和调整对应学科专业目录后，我国有博士硕士学位授权一级学科点 388 个，博士点 1 769 个，硕士点 8 361 个；博士学位授予单位 303 个，硕士学位授予单位 655 个
1999 年 5 月 10 日至 11 日	国务院学位委员会第十七次会议，审议并通过了《关于进行第八次博士、硕士学位授权审核工作的意见》，决定第八次博士、硕士学位授权审核工作制定并发布申报博士点的学科专业指南，较大幅度扩大了按一级学科审核学位授权的学科范围，对博士学位授权一级学科点的审核增加答辩程序，扩大了省级学位委员会和部分学位授予单位自审硕士点的试点范围

397

时间/学位授权 审核序次	国务院学位委员会会议审核结果
2000 年 12 月 26 至 28 日/第八次 学位授权审核	国务院学位委员会第十八次会议，审议并原则通过了《国务院学位委员会工作报告》《国务院学位委员会议事规则修改意见》《国务院学位委员会年工作要点》；批准了《第八批博士和硕士学位授权学科、专业名单》。第八次学位授权审核，增列博士学位授权一级学科点 310 个；增列博士点 442 个，调整原有博士点 1 个；增列硕士点 2 598 个（其中国务院学位委员会审批的硕士点 229 个，省级学位委员会审批的硕士点 1 765 个，部分学位授予单位自行审批的硕士点 604 个），调整原有硕士点 11 个。此次审核工作还结合硕士学位授予单位研究生培养工作的评估，新增 7 所院校为博士学位授予单位
2002 年 3 月 26 日至 27 日	国务院学位委员会第十九次会议，审议了关于开展第九批学位授权审核工作，强调要继续深入研究博士、硕士学位授权审核办法的改革，逐步形成以国家宏观管理与高等学校自主办学有机结合，与社会主义市场经济体制相适应的学位授权审核制度
2003 年 7 月 25 日至 26 日/第九 次学位授权审核	国务院学位委员会第二十次会议，原则通过了第九批学位授权审核新增博士学位授权学科专业名单；并决定从第九批学位授权审核起，对审核通过的新增博士学位授权学科专业名单增设一个月的公示期。审议通过了国务院学位委员会 2003 年工作要点。学位委员结合审议第二十次会议报告和 2003 年工作要点，讨论了加强学位与研究生教育工作的有关问题。 第九次学位授权审核后，我国有博士、硕士学位授权一级学科点 974 个，博士点 1 707 个，硕士点 12 590 个；博士学位授权单位 341 个，硕士学位授权单位 775 个
2005 年 1 月 22 日至 21 日	国务院学位委员会第二十一次会议，审议通过了《关于进行第十次博士、硕士学位授权审核工作的意见》，在 2005 年进行包括新增博士、硕士学位授予单位在内的第十次学位授权审核工作，在清华大学、北京大学试行自行审核博士学位授权一级学科点；审议通过《关于开展对博士、硕士学位授权点定期评估的几点意见》，对 1998 年（含 1998 年）以前获得学位授予权的学科进行评估，定期评估按照学位授权的层次进行，国务院学位委员会将统一组织博士学位授权点的评估工作，硕士点的评估分别委托省级学位委员会和军队学位委员会进行。 2005 年，增设马克思主义理论一级学科及所属二级学科，共批准新增马克思主义理论博士学位授权一级学科点 21 个，新增二级学科博士点 55 个；新增马克思主义理论硕士学位授权一级学科点 74 个，新增二级学科硕士点 186 个

续表

时间/学位授权 审核序次	国务院学位委员会会议审核结果
2006 年 1 月 23 日 至 24 日/第十次 学位授权审核	国务院学位委员会第二十二次会议，审议并原则通过了《中国学位与研究生教育发展纲要（2006 - 2020 年）》《第十批博士和硕士学位授权学科、专业名单》：批准增列博士学位授权一级学科点 390 个，博士点 678 个；增列硕士学位授权一级学科点 2 163 个，硕士点 4 099 个；新增博士学位授予单位 19 个，新增硕士学位授予单位 32 个；会议讨论了清华大学、北京大学自行审核增列博士学位授权一级学科点的结果。会议审议并原则通过了《关于 2005 年博士学位授权点定期评估工作的报告》《国务院学位委员会 2006 年工作要点》：撤销 3 个博士点，6 个博士学位授权一级学科点和 16 个博士点，责令其进行整改并于两年之后重新进行评估
2007 年 1 月 24 日至 25 日	国务院学位委员会第二十三次会议，强调今后的工作重点要切实转到提高研究生培养质量上来。审批《国际汉语硕士专业学位设置方案》、审批《翻译硕士专业学位设置方案》、讨论"博士质量分析"工作方案和学位工作与研究生教育的发展思路等
2007 年 8 月 24 日	国务院学位委员会第二十四次会议，围绕《关于改革博士、硕士学位授权审核办法的思考》《关于改革研究生培养机制的思考》进行了深入讨论，并就全面提高研究生培养质量问题进行了重点研讨，关注《中国博士质量报告》阶段成果及《博士、硕士学位授权审核办法改革方案》等
2008 年 1 月 14 日	国务院学位委员会第二十五次会议，审议并原则通过了《博士、硕士学位授权审核办法改革方案》，进一步发挥省级政府在优化学位授予单位布局、促进学位授权审核工作与国家经济建设及社会发展相协调等方面的指导、规划作用；进一步扩大学位授予单位在授权审核工作中的自主权，委托部分学位授予单位开展自行审核本单位博士学位授权学科的试点，增列学位授权学科的数量实行限额控制；进一步拓宽学位授权审核的学科专业口径，学位授权一般按一级学科进行申报和审核

续表

时间/学位授权审核序次	国务院学位委员会会议审核结果
2008 年 12 月 29 日至 30 日	国务院学位委员会第二十六次会议，审议并原则通过了《国务院学位委员会第二十五次会议以来工作的进展情况报告及会议议程的说明》；审议并原则通过了《国务院学位委员会学科评议组组织章程（修订稿）》《国务院学位委员会第六届学科评议组成员名单》《学位授予和人才培养学科目录设置与管理暂行办法》《社会工作硕士专业学位设置方案》《教育博士专业学位设置方案》《2005 年博士学位授权学科定期评估责令整改的 22 个学科点再评估的结果》《国务院学位委员会 2009 年工作要点》；对专业学位总体设计研究、博士质量调研分析工作和名誉博士学位授予办法进行了研究和讨论
2010 年 1 月 27 日至 28 日	国务院学位委员会第二十七次会议，研究讨论新形势下学位与研究生教育发展的战略调整问题，会议的主要内容包括讨论现有学位授权单位 2010 年增列授权学科点的审核工作方案、专业学位教育发展总体方案、关于新增博士、硕士学位授予单位规划阶段工作以及国务院学位委员会 2010 年工作要点。会议还审批了《国务院学位委员会关于授予境外有关人士名誉博士学位暂行规定》《关于对 2006 年定期评估中责令整改的硕士学位授权点再评估结果的处理意见》，审批了国家行政学院申请新增为博士、硕士学位授予单位问题
	2010 年新增博士和硕士学位授权点审核工作于 2010 年 5 月启动，至 12 月底结束。本次审核主要是对已有二级学科博士点的一级学科申请增列一级学科博士点和已有二级学科硕士点的一级学科申请增列一级学科硕士点的审核工作，授权审核全部按一级学科进行。其中 58 所经教育部批准设立研究生院的学位授予单位新增博士、硕士点，由学位授予单位自行审核。其他学位授予单位新增博士点由省级学位委员会进行初审，国务院学位委员会学科评议组进行复审；新增硕士学位授权点由省级学位委员会进行审核

时间/学位授权审核序次	国务院学位委员会会议审核结果
2011 年 2 月 12 至 13 日/第十一次学位授权审核	国务院学位委员会第二十八次会议，审议通过了《2010 年新增博士、硕士学位授权一级学科点名单》。此次共审核通过博士学位授权一级学科点 1 004 个，硕士学位授权一级学科点 3 806 个。博士、硕士学位授权学科动态调整。2016 年，根据《关于开展博士、硕士学位授权学科和专业学位授权类别动态调整试点工作的意见》和《博士、硕士学位授权学科和专业学位授权类别动态调整办法》，在全国范围内开展博士、硕士学位授权学科和专业学位授权类别动态调整工作。共有 25 个省份的 175 所高校撤销 576 个学位点，其中博士学位授权一级学科点 28 个，博士点 23 个；硕士学位授权一级学科点 201 个，硕士点 220 个；硕士专业学位授权点 104 个。共有 178 所高校增列了 365 个学位点，其中博士学位授权一级学科点 32 个，硕士学位授权一级学科点 169 个，硕士专业学位授权点 164 个。学位授权点合格评估。2014 年，国务院学位委员会、教育部决定开展学位授权点合格评估工作，评估工作分为学位授予单位自我评估和教育行政部门随机抽评两个阶段，其中 2014～2018 年为自我评估阶段，2019 年为随机抽评阶段。国务院学位委员会根据学位授权点合格评估结果，分别作出继续授权、限期整改或撤销学位授权的处理决定。处理决定向社会公开。学位授权点专项评估。为保证研究生教育质量，作为我国学位授权审核制度的一部分，2014 年起开展了学位授权点专项评估工作，对部分学位授权获得时间较短的学位授权点进行专项评估，专项评估主要是检查学位授权点研究生培养体系的完备性，包括师资队伍（队伍结构、导师水平）、人才培养（招生选拔、培养方案、课程教学、学术训练或实践教学、学位授予）和质量保证（制度建设、过程管理、学风教育）等
2012 年 2 月 28 日	国务院学位委员会第二十九次会议，讨论了《关于深入推进研究生培养机制改革，教育部提高研究生教育质量的意见（讨论稿）》，审批了服务国家特殊需求博士人才项目及经再次复议通过的 2010 年申请增列的博士学位授权一级学科名单
2013 年 7 月 10 日至 11 日	国务院学位委员会第三十次会议，审批了国务院学位委员会办公室提交的《关于立项建设博士、硕士学位授予单位及其授权学科审核情况的报告》，审议通过了《关于加强学位与研究生教育质量保证和监督体系建设的意见》《关于开展博士、硕士学位授权学科和专业学位授权类别动态调整试点工作的意见》等

续表

时间/学位授权审核序次	国务院学位委员会会议审核结果
2014 年 11 月 5 日至 6 日	国务院学位委员会第三十一次会议，会议突出了提高质量这一主题，会议讨论了《关于加强专业学位研究生联合培养基地建设的意见》《关于加强专业学位研究生案例教学的意见》《关于加强学术学位研究生课程建设的意见》《关于做好研究生担任助教、助研、助管和学生辅导员工作的意见》4 个文件。会议同时审议通过了《关于第三十次会议以来开展的主要工作和下一阶段工作的考虑》《国务院学位委员会第七届学科评议组成员名单》《关于调整学位证书制发方式和管理办法的意见》《中医专业学位设置方案》和《关于将"农业推广（暂用名）硕士"定名为"农业硕士"的报告》
2016 年 1 月 8 日	国务院学位委员会第三十二次会议，审议了《关于深化博士硕士学位授权审核办法改革的意见》《博士硕士学位授权审核办法》和 2017 年学位授权审核工作的实施方案。基本思路：一是坚持服务需求、提高质量，以优化学科结构为重点，引导学位授权单位走内涵式发展道路，主动服务经济社会发展需求；二是突出质量标准，按照新增学位授予单位、新增一级学科和专业学位类别，分别制定基本条件，改变过去以分配数量指标为主要方式的做法，通过质量标准通过规模控制；三是进一步扩大省级统筹和高校办学自主权
2017 年 1 月 23 日	国务院学位委员会第三十三次会议，审议并表决通过了《关于第三十二次会议以来开展的主要工作和下一阶段工作的考虑》《2016 年学位授权点专项评估结果》《有关院校学位授予权调整名单》；审议并原则通过了《博士硕士学位授权审核办法》《学位授权审核申请基本条件》《2017 年博士硕士学位授权审核工作方案》《服务国家特殊需求人才培养项目验收评估工作方案》《关于〈学位条例〉修订工作的说明及其参考稿》
2018 年 1 月 29 日至 30 日/第十二次学位授权审核	国务院学位委员会第三十四次会议，审批了《2017 年学位授权审核结果》《2017 年"服务国家特殊需求人才培养项目"验收评估结果》《2017 年学位授权点专项评估结果》《2017 年学位授权点动态调整结果》等。会议审议并原则通过了《关于推进高等学校做好学位授权自主审核工作的意见》《关于加强授予研究生毕业同等学力人员硕士博士学位管理的工作方案》

时间/学位授权审核序次	国务院学位委员会会议审核结果
2019 年 5 月	国务院学位委员会第三十五次会议，会议审议通过了《关于下达 2018 年学位授权点专项评估结果及处理意见》《学士学位授权与授予管理办法》，审议批准了《2018 年动态调整撤销和增列的学位授权点名单》《2018 年学位授权自主审核高校撤销和增列的学位授权点名单》《工程硕士、博士专业学位授权点对应调整名单》《2019 年增列的学位授权自主审核单位名单》等

403

参考文献

[1] 阿利森. 康德的自由理论 [M]. 陈虎平, 译. 沈阳: 辽宁教育出版社, 2001.

[2] 艾琳, 王刚. 行政审批制度改革探究 [M]. 北京: 人民出版社, 2015.

[3] 保尔森. 德国大学与大学学习 [M]. 张驰, 译. 北京: 人民教育出版社, 2009.

[4] 鲍尔生. 德国教育史 [M]. 滕大春, 译. 北京: 人民教育出版社, 1986.

[5] 鲍嵘. 美国学科专业分类系统的特点及其启示 [J]. 比较教育与研究, 2004 (4): 1-5.

[6] 布洛克. 西方人文主义传统 [M]. 董东山, 译. 上海: 生活·读书·新知三联书店, 1997.

[7] 曹峰旗. 从外延转向内涵: 马克思主义理论一级学科建设的回顾与思考 [J]. 毛泽东邓小平理论研究, 2018 (11): 97-103, 108.

[8] 曹昭乐, 钟秉林. 研究生学位授权审核改革理念 [J]. 高教发展与评估, 2017, 33 (6): 4-5, 59-66.

[9] 陈洪捷. 德国研究生教育的新发展 [J]. 比较教育研究, 1993 (5): 41-45.

[10] 陈洪捷, 何爱芬, 王顶明. 改革博士学位授权审核机制促进地方高水平大学发展 [J]. 高等教育研究, 2019 (11): 59-66.

[11] 陈洪捷, 沈文钦, 高耀, 等. 学位授权审核机制改革与我国研究生教育治理路径的调整 [J]. 教育研究, 2016, 37 (1): 17-25.

[12] 陈学飞, 叶祝弟, 王英杰, 等. 中国式学科评估: 问题与出路 [J]. 探索与争鸣, 2016 (9): 59-74.

[13] 陈永明. 日本教育——中日教育比较与展望 [M]. 北京: 高等教育出版社, 2003.

［14］陈钟颀．推进研究生教育改革提升研究生教育国际化水平［J］．学位与研究生教育，2011（12）：1-4．

［15］崔峰．关于研究生科技创新能力培养环节的研究［D］．西安：西北工业大学，2004．

［16］崔高鹏．美国州立大学董事会权力的变迁［M］．杭州：浙江教育出版社，2015．

［17］邓聚龙．灰色预测与决策［M］．武汉：华中理工大学出版社，1986．

［18］范柏乃．政府绩效评估理论与实务［M］．北京：人民出版社，2005：232-233．

［19］范军伟．我国现行硕士、博士学位授权审核机制改革研究［D］．兰州：兰州大学，2010．

［20］范运衡．1980年以来英国留学生教育研究［D］．北京：北京师范大学，2007．

［21］方彤．略论19世纪德国研究生教育的诞生、发展、影响［J］．河北师范大学学报（教育科学版），2003，5（6）：34-41．

［22］菲利普·G.阿特巴赫，简·莱特．高等教育国际化的前景展望：动因与现实［J］．别敦荣，杨华伟，陈艺波，译．高等教育研究，2006（27）：12-21．

［23］弗兰斯·F.范富格特．国际高等教育政策比较研究［M］，王承绪，译．杭州：浙江教育出版社，2001．

［24］傅维利，贾金平．美国世界一流大学生师比的特征［J］．比较教育研究，2019（1）：6．

［25］傅伊德·金．西方教育史［M］．任宝祥，吴元训，译．北京：人民教育出版社，1985．

［26］高等教育局大学振興課．ここまで進んだ大学院教育改革-検証から見える成果と課題-［EB/OL］．［2015-05-11］．http：//www.mext.go.jp/component/a_menu/education/detail/__icsFiles/afieldfile/2012/10/23/1299723_01.pdf．

［27］高耀．学位与研究生教育主动服务需求的动态调控机制研究——基于学位授权审核的视角［J］．中国高教研究，2019（6）：87-93．

［28］高益民．日本专业学位教育的初步发展［J］．比较教育研究，2007（5）：33-37．

［29］宫原诚一，丸木政臣，伊崎晓生，藤冈贞彦．资料日本现代教育史4（战前）．東京：三省とう，1974．

［30］谷海玲．英国高等教育国际化的策略研究［D］．广州：华南师范大

学，2005.

[31] 郭健. 哈佛大学发展史研究 [M]. 石家庄：河北教育出版社，2000.

[32] 郭玉贵. 美国和苏联学位制度比较研究 [M]. 上海：复旦大学出版社，1991.

[33] 国家职业分类大典修订工作委员会. 中华人民共和国职业分类大典 [M]. 北京：中国劳动社会保障出版社，2015：8.

[34] 国务院学位委员会. 博士硕士学位授权审核办法 [Z]. 2017 - 03 - 13.

[35] 国务院学位委员会. 国务院学位委员会第三十三次会议. 博士硕士学位授权审核办法（送审稿）[R]. 2017：1 - 11.

[36] 国务院学位委员会. 国务院学位委员会关于高等学校开展学位授权自主审核工作的意见 [Z]. 2018 - 04 - 19.

[37] 韩映雄. 世界主要发达国家学位授权制度分析 [J]. 高等教育研究，2009（8）：75 - 77.

[38] 何谐. 我国高等职业教育学位制度的构建研究 [D]. 重庆：西南大学，2017.

[39] 贺红岩. 博洛尼亚进程下德国学位制度的改革 [D]. 石家庄：河北师范大学，2007.

[40] 胡鞍钢，刘生龙. 中国经济增长前景及动力分析（2015—2050）[J]. 国家治理，2017（45）：4 - 10.

[41] 胡莹. 关于我国研究生学位授权审核制度的再思考 [J]. 研究生教育研究，2015（1）：32 - 36.

[42] 胡志刚. 研究生学位授权审核制度发展原则研究 [J]. 学位与研究生教育，2011（5）：67 - 71.

[43] 华东师范大学课题组. "十三五" 期间我国经济社会发展趋势与研究生教育规模预测研究 [R]. 华东师范大学，2015.

[44] 黄海平. 英国博士生论文答辩一瞥 [J]. 学位与研究生教育，2003（5）：42 - 43.

[45] 黄明东，陶夏. 高等教育第三方评估机构的法律身份及其适用逻辑 [J]. 大学教育科学，2018（3）：51 - 56.

[46] 姜爱红. 德国高等教育学位制度历史演变探析 [J]. 学位与研究生教育，2015（12）：68 - 72.

[47] 靳希斌. 人力资本学说与教育经济学新进展 [M]. 北京：教育科学出版社，2010.

[48] 康翠萍. 学位论 [M]. 北京：人民教育出版社，2005.

406

［49］克拉克．探究的场所——现代大学的科研和研究生教育［M］．王承绪，译．杭州：浙江教育出版社，2001．

［50］兰伊春．论 19 世纪前期德国高等教育改革［J］．青海师范大学学报（哲学社会科学版），2005（5）：62－65．

［51］李安萍，陈若愚，潘剑波．我国高职专科层次学位的适切性分析——基于学位设置动因及学位内涵比较的视角［J］．中国职业技术教育，2016（6）：39．

［52］李福华，姚云，钟秉林．中国研究生学位授权审核法治化 35 年的回顾与发展展望［J］．高等教育研究，2017，38（9）：50－55．

［53］李海生．我国博士生延期完成学业的影响因素分析——基于对 42 所研究生院的问卷调查［J］．学位与研究生教育，2012（5）：9－15．

［54］李锦奇．区域高等教育结构调整研究［D］．武汉：华中科技大学，2010．

［55］李立国，黄海军．中国研究生教育的规模结构与经济增长［M］．北京：教育科学出版社，2015．

［56］李梦卿，安培．日本高等职业教育学位制度及其特征［J］．学位与研究生教育，2014（12）：68－71．

［57］李梦卿，张君第．"工士"学位在我国职教人才培养中的可实施性研究［J］．湖北工业大学学报，2009，24（3）：14－16，32．

［58］李全亮．陕西省研究生教育预测模型实证研究［J］．数学的实践与认识，2008，38（13）：148．

［59］李硕豪，李文平．2013—2030 年我国高等教育规模发展研究——基于适龄人口和经济水平的分析［J］．开发教育研究，2013，19（6）：73－80．

［60］李雪筠．建立正常的国民收入分配机制缩小居民收入差距［J］．财政研究，2003（6）：34－36．

［61］梁传杰，罗勤，梁碧涛．对研究生学科专业目录调整的回顾与思考［J］．中国高教研究，2007（1）：35－46．

［62］梁桂芝．联邦德国研究生教育和学位制度［J］．学位与研究生教育，1984（1）：87－91．

［63］廖文武，刁承湘．探寻研究生教育的岁月：恢复研究生教育 30 年［M］．上海：复旦大学出版社，2009．

［64］廖湘阳．研究生教育发展战略研究［M］．北京：清华大学出版社，2006．

［65］林梦泉，龚桢梽．改革环境下我国学位授权审核的不适应性分析及几点思考［J］．学位与研究生教育，2009（7）：19－24．

［66］林晓霞．关于日本高等教育质量保证机制改革的初步研究［D］．福建师范大学，2003.

［67］刘冰．英国大学研究生教育的研究［D］．大连：辽宁师范大学，2010.

［68］刘存绪．教育经济学［M］．成都：西南财经大学出版社，2002.

［69］刘晖，侯春山．中国研究生教育和学位制度［M］．北京：教育科学出版社，1988.

［70］刘晶．研究生教育自我评估制度探析——德国和法国的经验［J］．学位与研究生教育，2014（11）：57 - 62.

［71］刘叔才，尹平．基于BP神经网络的研究生教育发展规模预测［J］．中国社会医学杂志，2008，26（6）：13.

［72］刘一玮．自主审核高校新增学位授权点的困境与对策［J］．黑龙江高教研究，2018，36（12）：36 - 39.

［73］刘仲林，程妍．"交叉学科"学科门类设置研究［J］．学位与研究生教育，2008（6）：17 - 21.

［74］卢锐．湖北省研究生教育规模预测的实证研究［D］．武汉：中南民族大学，2011.

［75］陆益民，黄险峰．英国研究生导师制度及借鉴［J］．广西大学学报（哲学社会科学版），2006，28（10）：11，13.

［76］罗琴．高等教育质量观下的高校规模适度发展研究［D］．长沙：湖南师范大学，2007.

［77］马晓．我经历的英国博士学位论文答辩［J］．中国研究生，2016（6）：34 - 35.

［78］麦可思研究院．2019年中国大学生就业报告（就业蓝皮书）［R］．北京：社会科学文献出版社，2019.

［79］孟繁华．教育管理决策新论——教育组织决策机制的系统分析［M］．北京：教育科学出版社，2002.

［80］孟虹．欧洲教育一体化下的德国研究生教育改革［J］．河南教育：高校版，2009（10）：44 - 45.

［81］米红，吴智鹏．福建省高校在校生规模与第三产业经济发展水平的关联分析［J］．理工高教研究，2006（1）：6 - 9.

［82］齐昌政，郝书会，赵弘，等．论学科建设与研究生教育的协调发展［J］．研究生教育研究，2014（3）：66 - 70.

［83］秦琳．从师徒制到研究生院——德国博士研究生培养的结构化改革［J］．学位与研究生教育，2012（1）：59 - 64.

［84］日本国立教育研究所．日本教育的现代化［M］．张渭城，徐禾夫，译．北京：教育科学出版社，1980.

［85］宋晓平，梅红．我国学位授权审核改革要点探析［J］．学位与研究生教育，2010（2）：61－65.

［86］苏兆斌，李天鹰．我国学位授权审核制度的回顾与反思［J］．研究生教育研究，2011（4）：11－16.

［87］孙进．德国高等教育认证——机构、程序与标准［J］．高等教育研究，2013（12）：88－95.

［88］唐艺卿，姚云．研究生学位授权审核需求与改革［J］．高教发展与评估，2017（33）：77.

［89］天野郁夫．近代日本高等教育研究［M］．玉川：玉川大学出版部，1989.

［90］瓦尔特·吕埃格．欧洲大学史：近代早期的欧洲大学（1500－1800）（第二卷）［M］．贺国庆，王宝星，译．保定：河北大学出版社，2008.

［91］汪霞．世界一流大学研究生培养模式和课程体系研究：Research on graduate education systems and graduate programs in world-class universities［M］．南京大学出版社，2015.

［92］王二宝，刘全菊．关于提高研究生培养质量的思考［J］．高教发展与评估，2005，21（3）：47－49.

［93］王建成．高等教育认证制度研究［D］．北京：北京师范大学，2006.

［94］王璐，王向旭．当今英国研究生教育规模和结构的变化与走向［J］．比较教育研究，2017，211（12）：61

［95］王任模．博士生培养质量与规模研究［J］．研究生教育研究，2017，39（3）：8－12.

［96］王秀槐．德国日本与美国主要大学研究所学位授予比较研究［J］．复旦教育论坛，2006，4（2）：19

［97］王艳．大众化下研究生教育规模化发展现状与对策研究［D］．兰州：兰州大学，2009.

［98］王战军，乔伟峰，李江波．高等教育监测评估的内涵、方法与展望［J］．教育研究，2015（6）：29－37.

［99］王站军，周文辉，李明磊，等．中国研究生教育70年［M］．北京：中国科学技术出版社，2019.

［100］吴光辉．转型与建构——日本高等教育近代化研究［M］．北京：世界知识出版社，2007.

[101] 吴洁莹. 英国的学位授予权审批制度——历史、现状及特点 [J]. 浙江教育学院学报, 2006 (3): 72-77, 88.

[102] 吴延璆. 日本近代化研究 [M]. 北京: 商务印书馆, 1997.

[103] 吴怡英. 博士、硕士学位点授权审核制度的沿革分析 [D]. 苏州: 苏州大学, 2010.

[104] 吴镇柔, 陆叔云, 汪太辅. 中华人民共和国研究生教育和学位制度史 [M]. 北京: 北京理工大学出版社, 2001.

[105] 细谷俊夫. 新教育学大事典 (8) [M]. 东京: 第一法规出版株式会社, 1990.

[106] 谢安邦. 比较高等教育 [M]. 南宁: 广西师范大学出版社, 2003.

[107] 谢维和, 王孙禹. 学位与研究生教育: 战略与规划 [M]. 北京: 教育科学出版社, 2011.

[108] 谢作栩, 黄荣坦. 20 世纪下半叶中国高等教育规模发展波动研究 [J]. 教育研究, 2000 (10): 15-20, 27.

[109] 许红. 中美研究生培养模式比较研究 [M]. 成都: 四川大学出版社, 2010.

[110] 杨岑. 辽宁省研究生教育规模预测研究 [D]. 沈阳: 东北大学, 2013.

[111] 杨汉清. 比较高等教育概论 [M]. 北京: 人民教育出版社, 2003.

[112] 杨明, 赵凌. 德国教育战略研究 [M]. 杭州: 浙江教育出版社, 2014.

[113] 姚宇林. 我国高校地质科技人才培养规模预测研究 [D]. 长沙: 湖南师范大学, 2007.

[114] 姚云, 钟秉林. 第十二次博士硕士学位授权审核政策解析 [J]. 研究生教育研究, 2018, 46 (4): 9-13.

[115] 易红郡. 战后英国高等教育研究 [M]. 长沙: 湖南师范大学出版社, 2016.

[116] 易今生. 关于中国学科专业分类调整的思考 [J]. 高教发展与评估, 2015, 31 (6): 68-73, 84.

[117] 袁治杰. 德国博士学位法律制度研究及其对我国的启示 [J]. 比较法研究, 2009, 23 (6): 149-158.

[118] 约翰·布鲁克斯. 高等教育哲学 [M]. 王承续, 郑继伟, 张维平, 等译. 杭州: 浙江教育出版社, 2002.

[119] 约翰·惠特尼霍尔. 日本: 从史前到现代 [M]. 邓懿, 周一良, 译.

北京：商务印书馆，1997.

[120] 翟亚军，王战军. 省级政府学位与研究生教育管理职能的历史演进及未来走向 [J]. 学位与研究生教育，2012（4）：64 – 67.

[121] 张华英. 创新型高层次人才培养与创新型研究生指导教师队伍建设研究 [D]. 湖南师范大学，2008.

[122] 张建新. 高等教育体制变迁研究：英国高等教育从二元制向一元制转变探析 [M]. 北京：教育科学出版社，2006.

[123] 张瑞，王番，王承绪. 中外教育比较史纲近代卷 [M]. 济南：山东教育出版社，1997.

[124] 张淑林，崔育宝，裴旭，等. 我国专业学位研究生教育供给与需求的分析 [J]. 中国高等教育，2017（2）：29 – 32.

[125] 张晓立. 解析美国高等教育 [M]. 北京：中央编译出版社，2012.

[126] 张秀峰. 美国专业学位教育研究——基于"专业性"的视角 [M]. 上海：上海交通大学出版社，2016.

[127] 张振刚，刘源，赵振新，等. 美国宏观因素对研究生教育各层次规模影响作用研究——基于协整方法的实证研究 [J]. 研究生教育研究，2011（5）：85 – 90.

[128] 张振刚. 美国宏观因素对研究生教育各层次规模影响作用研究 [J]. 研究生教育研究，2011（5）：85 – 90.

[129] 张振刚，朱永东. 美国高等教育质量保障体系 [M]. 北京：高等教育出版社 2013.

[130] 中国—东盟研究中心课题组. 中国—东盟高等教育区域性合作研究 [R]. 中国—东盟研究中心，2011.

[131] 周洪宇. 学位与研究生教育史 [M]. 北京：高等教育出版社，2004.

[132] 周丽华. 德国大学与国家的关系 [M]. 北京：北京师范大学出版社，2008.

[133] 周叶中，程斯辉. 研究生培养模式改革研究 [M]. 北京：人民教育出版社，2013.

[134] 朱永东，张振刚，田帅. 区域经济因素和人口因素对研究生教育规模扩张的影响——对广东省的实证研究 [J]. 高等工程教育研究，2010（4）：100 – 104.

[135] AAU Committee on Graduate Education. Report and Recommendations [R]. Washington, D. C: The Association of American Universities of Committee on Graduate Education, 1998.

［136］Abedi J, Benkin E. The effects of students' academic, financial, and de-mographic variables on time to the doctorate［J］. Research in Higher Education, 1987, 27（1）: 3 – 14.

［137］Academic Senate Santa Cruz Division. Enrollment Management at U. C. Santa Cruz: Planning and Information Needs［EB/OL］. https: //senate. uc-sc. edu/committees/cpb – committee – on – planning – and – budget/reports/enroll-ment/CPBEnrollMngmntRt1348. pdf.

［138］Archibald. Robert B. Redesigning the Financial Aid System: Why Colleges and Universities. Should Switch Roles with the Federal Government. Baltimore, MD: The Johns Hopkins University Press, 2002.

［139］Blume S, Amsterdamska O. Post-graduate education in the 1980s［R］. Paris: Organization for Economic Co-operation and Development, 1987.

［140］Burgess R G. Proceedings of the 1997 annual conference of the Society for Research into Higher Education, Buckingham, 1997［C］. London: Open University Press, 1997.

［141］BurtonR. Clark. THE RESEARCH FOUNDATONS OFGRADUATEEDUCA-TON［M］. California: University of California Press, 1993.

［142］Campbell R & Siegel B N. The Demand for Higher Education in the United States, 1919 – 1964［J］. The American Economic Review, 1967, 57（3）: 482 – 294.

［143］Chandra Shah, Gerald Burke. An undergraduate student flow model: Aus-tralian higher education［J］. Higher Education, 1999, 37（4）: 359 – 375.

［144］Choy S P, Cataldi E F. Graduate and First – Professional Students: 2007 – 2008, Washington, DC: National Center for Education Statistics, U. S. De-partment of Education, 2011.

［145］Collins, J. L. The relationships between age, undergraduate grade point average, and time to completion of a doctoral degree［D］. Alliant International Univer-sity, 2013.

［146］Council of Graduate Schools. The Master's Degree［M］. Washington, DC: Council of Graduate Schools, 1976.

［147］Egron – Polak E, Hudson R. Internationalization of higher education: growing expectations, fundamental values［R］. Paris: IAU, UNESCO, 2014.

［148］Emest Rudd, Renate Simpson. The Highest Education: A study of gradu-ate education in Britain［M］. New York: Routledge, 1975.

中国社会需求变化与学位授予体系发展前瞻研究

［149］ Everett Walters. Graduate Education Today ［M］. Washington, D. C. : American Council on Education, 1965.

［150］ Frankel M M, Gerald D E. Projections of Education Statistics to 1988 – 89 ［J］. 1988, 3 （4）: 186.

［151］ Frasier H S. An Analysis of Institutional Characteristics That Contribute to Extended Time to Doctoral Degree ［J］. Proquest Llc, 2013.

［152］ Glazer J. S. The Master's Degree: Tradition Diversity, Innovation ［R］. Washington DC: Association for the study of higher education, 1986: 142.

［153］ Gururaj S, Heilig J V, Somers P . Graduate Student Persistence: Evidence from Three Decades ［J］. Journal of Student Financial Aid, 2010, 40 （1）: 31 – 46.

［154］ Hanson E M. Strategies of educational decentralization: Key questions and core issues ［J］. Journal of educational administration, 1998, 36 （2）: 111 – 128.

［155］ Jane M. Armstrong. Achievement and Participation of Women in Mathematics: Results of Two National Surveys ［J］. Journal for Research in Mathematics Education, 1981 （5）: 356 – 372.

［156］ Jerald Bailey and Juan Correa. Evaluation of the Profamilia Rural Family Planning Program ［J］. Studies in Family Planning, 1975 （6）: 148 – 155.

［157］ Jeroen Bartelse, Eric Beerkens, and Peter Maassen. Graduate Education Reform in Europe, Asia and The United Kingdom ［J］. The Academic of Management Review, 1997, 2 （4）: 853 – 886.

［158］ J. S. Brubacher, W. Rudy, Higher Education in Transition: A History of American Colleges and Universities ［M］. New York: Harper & Row, 1976.

［159］ Lori Thurgood, Mary J. Golladay, and Susan T. Hill. U. S. Doctorates in the 20th Century ［R］. National Science Foundation, VA 2006: Table 3 – 2.

［160］ Maresi Neard, Raymond June and Debra sands Miller. Graduate Education In the United States ［M］. Garland Publishing Inc, 1997.

［161］ Marilou T. Healey and Daniel J. Brown. Forecasting University Enrollments by Ratio Smoothing ［J］. Higher Education, 1978 （4）: 417 – 429.

［162］ Maurice Kogan and Stephen Hanney. Reforming Higher Education ［M］. London: Jessica Kingsley Publishers, 2000.

［163］ Patricia Hinchey. The graduate grind: A Critical Look ［M］. London: Garland Publishing, Inc, 2000.

［164］ Paul Westmeyer. A History of American Higher Education ［M］. Springfield: Charles C. Thomas Publisher, 1985.

[165] Robert G. Burgess. Beyond the First Degree: Graduate Education, Life-long Learning, and Careers [M]. London: Society for Research into Higher Education & Open University Press, 1997.

[166] Shah, Chandra, Burke, Gerald. An undergraduate student flow model: Australian higher education [J]. Higher Education, 1999, 37 (4): 359 – 375.

[167] S. H. Spurr, Academic Degree Structures: Innovative Approaches [M]. New York: McGraw – Hill, 1970.

[168] Taylor, John. Changing Teaching and Learning in the Period to 2005: The Case of Postgraduate Higher Education in the UK [J]. Journal of Higher Education Policy and Management, 2002, 24 (1): 53 – 73.

[169] THIEME W. Deutsches Hochschulrecht [M]. Koln: Karl Hey-mann, 1986.

[170] Thompson, H. R. Statistical Problems in Airline Reservation Control [J]. Journal of the Operational Research Society, 1961, 12 (3): 167 – 185.

[171] Tuckman H, Others A. On Time to the Doctorate. A Study of the Increased Time To Complete Doctorates in Science and Engineering [J]. 1990.

[172] Water Crosby Eells. Degrees in Higher Education [M]. Washington, DC: Center for Applied Research in Education, 1963.

[173] WOLTER A. Das deutsche Gymnasium zwischen Quanlitat und Qualitat. Die Enruicklung des Gymnasius und der Wandel gesellschaftlichen Wissens [J]. Oldenburger universitatsreden, 1997 (95): 27.

后 记

《中国社会需求变化与学位授予体系发展前瞻研究》书稿终于提交了，走到这一步，心中莫名其妙的轻松。

每每申报课题，都有一种再次"参战"的冲动。课题到手，则陷入研究的不断缠斗中，要调动资源和协调关系，但能欣慰看到团队中老师智慧、学生成长、朋友支持。课题结题，完成书稿，的确轻松。但轻松之余不得不思考社会科学研究的价值。自己提出的问题是不是研究问题，理论是不是真理论，对策或建议是不是最优的，特别是提出的建议如果不被采纳，研究的价值何在？这些疑问一直伴随着研究过程，而在课题结束阶段更为强烈。

按照后记写作惯例，现在应该写到文责自负部分了。

第一章第一节、第二节：姚云、周川，第三节：刘雪倩、姚云；

第二章：李福华，刘雪倩；

第三章：曹昭乐、李福华、王佳丽、田凤、姚云；

第四章第一节：钟秉林、李福华、苏原正，第二节：韩雪、姚云，第三节：梁传杰、苏原正，第四节：王佳丽、姚云；

第五章第一节：吴敏、姚云，第二节：高艺轩，第三节：吴敏；

第六章第一节：刘雪倩，第二节：吴宗聪，第三节：周利。

书稿写作和完成中，课题组成员秦惠民教授、王伯庆教授、刘宝存教授、高益民教授、孙进教授等或完成部分章节，或提出写作思路和修改意见。本书的统稿工作由姚云、李福华负责。

政策性课题的研究过程让我们重新认识行政主管部门领导。课题开始前，我总认为教育政策是拍脑袋的结果，行政领导考虑不周全。但深入接触后，才知他们的不容易。课题组接触最多的是国务院学位办和教育部研究生司的领导，他们要考虑到自己机构的定位、各省份的利益、全国不同类型层次高校的利益，还要考虑不同专家团队的意见，最后要把所有意见集合成一个政府文件颁布，实施后又要能获得大多数利益者认同，他们容易吗？比较而言，做专家还是相对容易，

415

你只管把意见一股脑表达出来，不需要协调多方意见后生成文件，也不需要执行文件，说比做的确更容易些。在此，感谢国务院学位办徐维青副司长、徐洪波副司长、欧百刚调研员、马玲副处长等。他们不仅在课题研究方面给予调研等方面的支持，而且他们的协调能力、平衡利益关系能力和学术能力，让人不得不佩服。

感谢国务院学位委员对本课题的支持，他们作为中国研究生教育发展政策的直接影响者和决策者，63人中有38人欣然接受我们的访谈。感谢我校北京师范大学及其教育学部和高等教育研究院的支持！感谢兄弟院校的支持，没有你们给我们课题组到20多个省市提供便利，我们的调研活动将无从开展。感谢专家组对本课题结题的鉴定和中肯意见。感谢教育部给予我们研究团队机会，我们在竞标中获胜，也才有了后续的故事。最后，感谢经济科学出版社对本书出版的大力支持，特别是本书责编陈赫男不厌其烦地解决作者提出的问题。

我们课题组好像喜欢上了研究生教育和认识到研究生教育发展的重要性，有如我们课题组拿到课题申请批准书后，为增强仪式感和责任感，团队步行去离我校7公里外的中华世纪坛，用心去体会中华民族大记事中的中国学位制度。我们会持续关注研究生教育发展，这或许会成为课题组成员终身的研究兴趣点。

姚云
北京师范大学英东楼 850
2022 年 3 月 5 日

教育部哲学社會科学研究重大課題攻閩項目
成果出版列表

序号	书 名	首席专家
1	《马克思主义基础理论若干重大问题研究》	陈先达
2	《马克思主义理论学科体系建构与建设研究》	张雷声
3	《马克思主义整体性研究》	逄锦聚
4	《改革开放以来马克思主义在中国的发展》	顾钰民
5	《新时期　新探索　新征程 ——当代资本主义国家共产党的理论与实践研究》	聂运麟
6	《坚持马克思主义在意识形态领域指导地位研究》	陈先达
7	《当代资本主义新变化的批判性解读》	唐正东
8	《当代中国人精神生活研究》	童世骏
9	《弘扬与培育民族精神研究》	杨叔子
10	《当代科学哲学的发展趋势》	郭贵春
11	《服务型政府建设规律研究》	朱光磊
12	《地方政府改革与深化行政管理体制改革研究》	沈荣华
13	《面向知识表示与推理的自然语言逻辑》	鞠实儿
14	《当代宗教冲突与对话研究》	张志刚
15	《马克思主义文艺理论中国化研究》	朱立元
16	《历史题材文学创作重大问题研究》	童庆炳
17	《现代中西高校公共艺术教育比较研究》	曾繁仁
18	《西方文论中国化与中国文论建设》	王一川
19	《中华民族音乐文化的国际传播与推广》	王耀华
20	《楚地出土戰國簡册［十四種］》	陈 伟
21	《近代中国的知识与制度转型》	桑 兵
22	《中国抗战在世界反法西斯战争中的历史地位》	胡德坤
23	《近代以来日本对华认识及其行动选择研究》	杨栋梁
24	《京津冀都市圈的崛起与中国经济发展》	周立群
25	《金融市场全球化下的中国监管体系研究》	曹凤岐
26	《中国市场经济发展研究》	刘 伟
27	《全球经济调整中的中国经济增长与宏观调控体系研究》	黄 达
28	《中国特大都市圈与世界制造业中心研究》	李廉水

序号	书　名	首席专家
29	《中国产业竞争力研究》	赵彦云
30	《东北老工业基地资源型城市发展可持续产业问题研究》	宋冬林
31	《转型时期消费需求升级与产业发展研究》	臧旭恒
32	《中国金融国际化中的风险防范与金融安全研究》	刘锡良
33	《全球新型金融危机与中国的外汇储备战略》	陈雨露
34	《全球金融危机与新常态下的中国产业发展》	段文斌
35	《中国民营经济制度创新与发展》	李维安
36	《中国现代服务经济理论与发展战略研究》	陈　宪
37	《中国转型期的社会风险及公共危机管理研究》	丁烈云
38	《人文社会科学研究成果评价体系研究》	刘大椿
39	《中国工业化、城镇化进程中的农村土地问题研究》	曲福田
40	《中国农村社区建设研究》	项继权
41	《东北老工业基地改造与振兴研究》	程　伟
42	《全面建设小康社会进程中的我国就业发展战略研究》	曾湘泉
43	《自主创新战略与国际竞争力研究》	吴贵生
44	《转轨经济中的反行政性垄断与促进竞争政策研究》	于良春
45	《面向公共服务的电子政务管理体系研究》	孙宝文
46	《产权理论比较与中国产权制度变革》	黄少安
47	《中国企业集团成长与重组研究》	蓝海林
48	《我国资源、环境、人口与经济承载能力研究》	邱　东
49	《“病有所医”——目标、路径与战略选择》	高建民
50	《税收对国民收入分配调控作用研究》	郭庆旺
51	《多党合作与中国共产党执政能力建设研究》	周淑真
52	《规范收入分配秩序研究》	杨灿明
53	《中国社会转型中的政府治理模式研究》	娄成武
54	《中国加入区域经济一体化研究》	黄卫平
55	《金融体制改革和货币问题研究》	王广谦
56	《人民币均衡汇率问题研究》	姜波克
57	《我国土地制度与社会经济协调发展研究》	黄祖辉
58	《南水北调工程与中部地区经济社会可持续发展研究》	杨云彦
59	《产业集聚与区域经济协调发展研究》	王　珺

序号	书　名	首席专家
60	《我国货币政策体系与传导机制研究》	刘　伟
61	《我国民法典体系问题研究》	王利明
62	《中国司法制度的基础理论问题研究》	陈光中
63	《多元化纠纷解决机制与和谐社会的构建》	范　愉
64	《中国和平发展的重大前沿国际法律问题研究》	曾令良
65	《中国法制现代化的理论与实践》	徐显明
66	《农村土地问题立法研究》	陈小君
67	《知识产权制度变革与发展研究》	吴汉东
68	《中国能源安全若干法律与政策问题研究》	黄　进
69	《城乡统筹视角下我国城乡双向商贸流通体系研究》	任保平
70	《产权强度、土地流转与农民权益保护》	罗必良
71	《我国建设用地总量控制与差别化管理政策研究》	欧名豪
72	《矿产资源有偿使用制度与生态补偿机制》	李国平
73	《巨灾风险管理制度创新研究》	卓　志
74	《国有资产法律保护机制研究》	李曙光
75	《中国与全球油气资源重点区域合作研究》	王　震
76	《可持续发展的中国新型农村社会养老保险制度研究》	邓大松
77	《农民工权益保护理论与实践研究》	刘林平
78	《大学生就业创业教育研究》	杨晓慧
79	《新能源与可再生能源法律与政策研究》	李艳芳
80	《中国海外投资的风险防范与管控体系研究》	陈菲琼
81	《生活质量的指标构建与现状评价》	周长城
82	《中国公民人文素质研究》	石亚军
83	《城市化进程中的重大社会问题及其对策研究》	李　强
84	《中国农村与农民问题前沿研究》	徐　勇
85	《西部开发中的人口流动与族际交往研究》	马　戎
86	《现代农业发展战略研究》	周应恒
87	《综合交通运输体系研究——认知与建构》	荣朝和
88	《中国独生子女问题研究》	风笑天
89	《我国粮食安全保障体系研究》	胡小平
90	《我国食品安全风险防控研究》	王　硕

序号	书　名	首席专家
91	《城市新移民问题及其对策研究》	周大鸣
92	《新农村建设与城镇化推进中农村教育布局调整研究》	史宁中
93	《农村公共产品供给与农村和谐社会建设》	王国华
94	《中国大城市户籍制度改革研究》	彭希哲
95	《国家惠农政策的成效评价与完善研究》	邓大才
96	《以民主促进和谐——和谐社会构建中的基层民主政治建设研究》	徐　勇
97	《城市文化与国家治理——当代中国城市建设理论内涵与发展模式建构》	皇甫晓涛
98	《中国边疆治理研究》	周　平
99	《边疆多民族地区构建社会主义和谐社会研究》	张先亮
100	《新疆民族文化、民族心理与社会长治久安》	高静文
101	《中国大众媒介的传播效果与公信力研究》	喻国明
102	《媒介素养：理念、认知、参与》	陆　晔
103	《创新型国家的知识信息服务体系研究》	胡昌平
104	《数字信息资源规划、管理与利用研究》	马费成
105	《新闻传媒发展与建构和谐社会关系研究》	罗以澄
106	《数字传播技术与媒体产业发展研究》	黄升民
107	《互联网等新媒体对社会舆论影响与利用研究》	谢新洲
108	《网络舆论监测与安全研究》	黄永林
109	《中国文化产业发展战略论》	胡惠林
110	《20世纪中国古代文化经典在域外的传播与影响研究》	张西平
111	《国际传播的理论、现状和发展趋势研究》	吴　飞
112	《教育投入、资源配置与人力资本收益》	闵维方
113	《创新人才与教育创新研究》	林崇德
114	《中国农村教育发展指标体系研究》	袁桂林
115	《高校思想政治理论课程建设研究》	顾海良
116	《网络思想政治教育研究》	张再兴
117	《高校招生考试制度改革研究》	刘海峰
118	《基础教育改革与中国教育学理论重建研究》	叶　澜
119	《我国研究生教育结构调整问题研究》	袁本涛 王传毅
120	《公共财政框架下公共教育财政制度研究》	王善迈

序号	书 名	首席专家
121	《农民工子女问题研究》	袁振国
122	《当代大学生诚信制度建设及加强大学生思想政治工作研究》	黄蓉生
123	《从失衡走向平衡：素质教育课程评价体系研究》	钟启泉 崔允漷
124	《构建城乡一体化的教育体制机制研究》	李 玲
125	《高校思想政治理论课教育教学质量监测体系研究》	张耀灿
126	《处境不利儿童的心理发展现状与教育对策研究》	申继亮
127	《学习过程与机制研究》	莫 雷
128	《青少年心理健康素质调查研究》	沈德立
129	《灾后中小学生心理疏导研究》	林崇德
130	《民族地区教育优先发展研究》	张诗亚
131	《WTO 主要成员贸易政策体系与对策研究》	张汉林
132	《中国和平发展的国际环境分析》	叶自成
133	《冷战时期美国重大外交政策案例研究》	沈志华
134	《新时期中非合作关系研究》	刘鸿武
135	《我国的地缘政治及其战略研究》	倪世雄
136	《中国海洋发展战略研究》	徐祥民
137	《深化医药卫生体制改革研究》	孟庆跃
138	《华侨华人在中国软实力建设中的作用研究》	黄 平
139	《我国地方法制建设理论与实践研究》	葛洪义
140	《城市化理论重构与城市化战略研究》	张鸿雁
141	《境外宗教渗透论》	段德智
142	《中部崛起过程中的新型工业化研究》	陈晓红
143	《农村社会保障制度研究》	赵 曼
144	《中国艺术学学科体系建设研究》	黄会林
145	《人工耳蜗术后儿童康复教育的原理与方法》	黄昭鸣
146	《我国少数民族音乐资源的保护与开发研究》	樊祖荫
147	《中国道德文化的传统理念与现代践行研究》	李建华
148	《低碳经济转型下的中国排放权交易体系》	齐绍洲
149	《中国东北亚战略与政策研究》	刘清才
150	《促进经济发展方式转变的地方财税体制改革研究》	钟晓敏
151	《中国—东盟区域经济一体化》	范祚军

序号	书 名	首席专家
152	《非传统安全合作与中俄关系》	冯绍雷
153	《外资并购与我国产业安全研究》	李善民
154	《近代汉字术语的生成演变与中西日文化互动研究》	冯天瑜
155	《新时期加强社会组织建设研究》	李友梅
156	《民办学校分类管理政策研究》	周海涛
157	《我国城市住房制度改革研究》	高 波
158	《新媒体环境下的危机传播及舆论引导研究》	喻国明
159	《法治国家建设中的司法判例制度研究》	何家弘
160	《中国女性高层次人才发展规律及发展对策研究》	佟 新
161	《国际金融中心法制环境研究》	周仲飞
162	《居民收入占国民收入比重统计指标体系研究》	刘 扬
163	《中国历代边疆治理研究》	程妮娜
164	《性别视角下的中国文学与文化》	乔以钢
165	《我国公共财政风险评估及其防范对策研究》	吴俊培
166	《中国历代民歌史论》	陈书录
167	《大学生村官成长成才机制研究》	马抗美
168	《完善学校突发事件应急管理机制研究》	马怀德
169	《秦简牍整理与研究》	陈 伟
170	《出土简帛与古史再建》	李学勤
171	《民间借贷与非法集资风险防范的法律机制研究》	岳彩申
172	《新时期社会治安防控体系建设研究》	宫志刚
173	《加快发展我国生产服务业研究》	李江帆
174	《基本公共服务均等化研究》	张贤明
175	《职业教育质量评价体系研究》	周志刚
176	《中国大学校长管理专业化研究》	宣 勇
177	《"两型社会"建设标准及指标体系研究》	陈晓红
178	《中国与中亚地区国家关系研究》	潘志平
179	《保障我国海上通道安全研究》	吕 靖
180	《世界主要国家安全体制机制研究》	刘胜湘
181	《中国流动人口的城市逐梦》	杨菊华
182	《建设人口均衡型社会研究》	刘渝琳
183	《农产品流通体系建设的机制创新与政策体系研究》	夏春玉

序号	书　名	首席专家
184	《区域经济一体化中府际合作的法律问题研究》	石佑启
185	《城乡劳动力平等就业研究》	姚先国
186	《20 世纪朱子学研究精华集成——从学术思想史的视角》	乐爱国
187	《拔尖创新人才成长规律与培养模式研究》	林崇德
188	《生态文明制度建设研究》	陈晓红
189	《我国城镇住房保障体系及运行机制研究》	虞晓芬
190	《中国战略性新兴产业国际化战略研究》	汪　涛
191	《证据科学论纲》	张保生
192	《要素成本上升背景下我国外贸中长期发展趋势研究》	黄建忠
193	《中国历代长城研究》	段清波
194	《当代技术哲学的发展趋势研究》	吴国林
195	《20 世纪中国社会思潮研究》	高瑞泉
196	《中国社会保障制度整合与体系完善重大问题研究》	丁建定
197	《民族地区特殊类型贫困与反贫困研究》	李俊杰
198	《扩大消费需求的长效机制研究》	臧旭恒
199	《我国土地出让制度改革及收益共享机制研究》	石晓平
200	《高等学校分类体系及其设置标准研究》	史秋衡
201	《全面加强学校德育体系建设研究》	杜时忠
202	《生态环境公益诉讼机制研究》	颜运秋
203	《科学研究与高等教育深度融合的知识创新体系建设研究》	杜德斌
204	《女性高层次人才成长规律与发展对策研究》	罗瑾琏
205	《岳麓秦简与秦代法律制度研究》	陈松长
206	《民办教育分类管理政策实施跟踪与评估研究》	周海涛
207	《建立城乡统一的建设用地市场研究》	张安录
208	《迈向高质量发展的经济结构转变研究》	郭熙保
209	《中国社会福利理论与制度构建——以适度普惠社会福利制度为例》	彭华民
210	《提高教育系统廉政文化建设实效性和针对性研究》	罗国振
211	《毒品成瘾及其复吸行为——心理学的研究视角》	沈模卫
212	《英语世界的中国文学译介与研究》	曹顺庆
213	《建立公开规范的住房公积金制度研究》	王先柱

序号	书 名	首席专家
214	《现代归纳逻辑理论及其应用研究》	何向东
215	《时代变迁、技术扩散与教育变革：信息化教育的理论与实践探索》	杨 浩
216	《城镇化进程中新生代农民工职业教育与社会融合问题研究》	褚宏启 薛二勇
217	《我国先进制造业发展战略研究》	唐晓华
218	《融合与修正：跨文化交流的逻辑与认知研究》	鞠实儿
219	《中国新生代农民工收入状况与消费行为研究》	金晓彤
220	《高校少数民族应用型人才培养模式综合改革研究》	张学敏
221	《中国的立法体制研究》	陈 俊
222	《教师社会经济地位问题：现实与选择》	劳凯声
223	《中国现代职业教育质量保障体系研究》	赵志群
224	《欧洲农村城镇化进程及其借鉴意义》	刘景华
225	《国际金融危机后全球需求结构变化及其对中国的影响》	陈万灵
226	《创新法治人才培养机制》	杜承铭
227	《法治中国建设背景下警察权研究》	余凌云
228	《高校财务管理创新与财务风险防范机制研究》	徐明稚
229	《义务教育学校布局问题研究》	雷万鹏
230	《高校党员领导干部清正、党政领导班子清廉的长效机制研究》	汪 曦
231	《二十国集团与全球经济治理研究》	黄茂兴
232	《高校内部权力运行制约与监督体系研究》	张德祥
233	《职业教育办学模式改革研究》	石伟平
234	《职业教育现代学徒制理论研究与实践探索》	徐国庆
235	《全球化背景下国际秩序重构与中国国家安全战略研究》	张汉林
236	《进一步扩大服务业开放的模式和路径研究》	申明浩
237	《自然资源管理体制研究》	宋马林
238	《高考改革试点方案跟踪与评估研究》	钟秉林
239	《全面提高党的建设科学化水平》	齐卫平
240	《"绿色化"的重大意义及实现途径研究》	张俊飚
241	《利率市场化背景下的金融风险研究》	田利辉
242	《经济全球化背景下中国反垄断战略研究》	王先林

序号	书　名	首席专家
243	《中华文化的跨文化阐释与对外传播研究》	李庆本
244	《世界一流大学和一流学科评价体系与推进战略》	王战军
245	《新常态下中国经济运行机制的变革与中国宏观调控模式重构研究》	袁晓玲
246	《推进21世纪海上丝绸之路建设研究》	梁　颖
247	《现代大学治理结构中的纪律建设、德治礼序和权力配置协调机制研究》	周作宇
248	《渐进式延迟退休政策的社会经济效应研究》	席　恒
249	《经济发展新常态下我国货币政策体系建设研究》	潘　敏
250	《推动智库建设健康发展研究》	李　刚
251	《农业转移人口市民化转型：理论与中国经验》	潘泽泉
252	《电子商务发展趋势及对国内外贸易发展的影响机制研究》	孙宝文
253	《创新专业学位研究生培养模式研究》	贺克斌
254	《医患信任关系建设的社会心理机制研究》	汪新建
255	《司法管理体制改革基础理论研究》	徐汉明
256	《建构立体形式反腐败体系研究》	徐玉生
257	《重大突发事件社会舆情演化规律及应对策略研究》	傅昌波
258	《中国社会需求变化与学位授予体系发展前瞻研究》	姚　云

......